快时代 慢思考

给躁动社会理性的力量

曹林——著

中国发展出版社

图书在版编目（CIP）数据

快时代慢思考：给躁动社会理性的力量/曹林著．—北京：中国发展出版社，2015.11（2017.9 重印）

ISBN 978-7-5177-0403-4

Ⅰ.①快…　Ⅱ.①曹…　Ⅲ.①媒体—中国—文集
Ⅳ.①G219.2-53

中国版本图书馆 CIP 数据核字（2015）第 217498 号

书　　　名：快时代慢思考：给躁动社会理性的力量
著作责任者：曹　林
出 版 发 行：中国发展出版社
（北京市西城区百万庄大街 16 号 8 层　100037）
标 准 书 号：ISBN 978-7-5177-0403-4
经　销　者：各地新华书店
印　刷　者：北京科信印刷有限公司
开　　　本：710mm×1000mm　1/16
印　　　张：23
字　　　数：363 千字
版　　　次：2015 年 11 月第 1 版
印　　　次：2017 年 9 月第 5 次印刷
定　　　价：45.00 元
联 系 电 话：（010）68990642　68990692
购 书 热 线：（010）68990682　68990686
网 络 订 购：http：//zgfzcbs.tmall.com//
网 购 电 话：（010）68990639　88333349
本 社 网 址：http：//www.develpress.com.cn
电 子 邮 件：fazhanreader@163.com

自序

10 年中青报评论生涯：拒绝被贴标签

近来微信上盛传一篇《中国 100 名意见领袖名单大全及简要评点》的文章，作者按自己的偏好列出自己所认为的百名意见领袖并作了点评，评价标准是：发表文章的数量，对其名字和相关问题的网络搜索结果的质与量，其意见对特定问题、制度或人群产生的影响力或推动力，在一个行业的影响力，外媒对他的评价和传播频率，其文章或意见的公允度和公信力，主流媒体对其采访的次数和深度，平时在网上和其他媒体上的活跃度，公众对他的认知度和信任度，等等。名单包括左、中、右和其他立场的舆论活跃人物。

本人荣幸忝列其中，对我的点评是：他恐怕是 100 人中最年轻的，从学生时代开始写政论和时评，及至今天，几乎每篇文章都能掀起一个舆论热潮，他一定是年轻人的偶像。——这个评价中多有溢美之词，实不敢当。不过却也说出了一个事实：我在中青报发表的评论常能引发业界、学界和舆论界的讨论。我自认评论写得并不好，但我对中国问题有着一定的评论敏感，评论所涉及的话题和观点常能成为讨论的热点。比如《当新闻学院院长是需要资格的》《中国没有鹰派，只有咬自家人的鸟派》《谈论韩寒是一件危险的事》《中国应该如何深层“去周永康化”》《2013 年度人物我选“中纪委”》《反新闻规律的“贪官新闻”》等评论都成为公共话题。

有人喜欢我的表达并认同我的观点，给了我很多美誉；也有人很不认同我的观点，正如我的微博和评论下的跟帖和留言评价不一一样。我身上被贴了很多标签，有人骂我“公知”，有人骂我“五毛”，有人说我是“汉奸”，有人攻击我是“愤青”，还有“体制婊”“人格分裂”之类的骂名。网上还流传着一个某些极端网友排的“汉奸榜”，我名列其中。常有人问我的立场是左还是右，拟或中左或中右，我是很反感这种站队的，我不左不右拒绝站队，只依据事实说是非作判断。有人说我是体制内媒体的评论员，难免会为体制辩护。我并不认为体制内外有一道难以逾越的墙，无论站在什么位置，都得讲理，而且这个理得是一个理，事实只有一个，逻辑是共通的讲理原则，并非体制内讲这个理，而体制外是另外一套理。

所以我比较认同人民网“网络达人”的介绍中对我的评价：在一些重大社会热点事件和话题中“立于中流”，在错综复杂的舆论场中标立方向，坚持正确的舆论导向，体现了一名体制内“意见领袖”在网络中的独特价值。

时间过得真快，我在中青报已经写了10年评论了，梳理这10年在海运仓2号的积累，我觉得对我职业生涯最宝贵的是积累了讲理耐心。

一、评论不是抡道德大棒

我到中青报写的第一篇“上了头条”引发很大舆论影响的评论，应该是那篇《我们看着日本，世界看着我们》。评论所产生的舆论冲击，让我感受到了作为一家大报评论员“意见领袖”的影响力，同时也体验到了评论涉日话题的危险，感受到了如果没有强大的内心，真不敢当评论员。

2004年，中国举办了那年的亚洲杯足球赛。由于历史的恩怨，中日交战的比赛总弥漫着一股很不友好、充满火药味的氛围。决赛是在中日对抗，网友的帖子一个比一个激烈：我无意煽动人们的反日情绪，我只是无法忘记那段历史；体育精神没有国界，可人的感情是有国界的；我们球迷有表达自己感情的权利；我要在决赛上多贴反日标语，多“嘘”日本人——球迷的躁动通过网络论坛迅速地传播和膨胀。此次在重庆的比赛中中国球迷已有过很不友好的表示，甚至外交部都介入表态“中方期待着中日球迷能在8月7日非常文明地欣赏到一场精彩比赛”。

刚进入中青报没几天的我接受了一个写作任务，引导中国球迷理性观赛，不要在球场上发泄仇恨。中青报以能尽最大限度地给年轻人创造机会而在媒体界闻名，只要你有能力，能够抓住机会，总能脱颖而出。我在中青报工作10年，7次获得中国新闻奖，很多都是前辈对后辈的提携，把推荐的机会尽可能地让给年轻人，让年轻人在业界去“挣名气”。

怎么写这样的评论呢？领导并没有给我什么条条框框，而是让我自由发挥。我虽然刚到中青报不久，但对中青报的气质和文化还是比较了解的。绝不能像某些党报机关报那样，写成一篇充满说教和灌输意味的文章。其他媒体写成官样说教文章，公众不会当回事，因为公众根本不看，但如果中青报写成那样，就肯定被骂得体无完肤了（因为读者对中青报有期待，觉得跟那些官派十足的媒体不一样）。每逢大事，媒体有与人民日报“对版”的传统，著名报人、刚退休不久的中青报前总编辑陈小川有一句很牛气的名言：我们也要与他们对版，但对版绝不是为了一样，而是为了不一样。中青报有自己的特色和个性，年轻人的报纸就要敢于不一样。

很多官媒肯定会对球迷说教一番，站在道德高地用那些大道理去做“舆论引导”。我知道这样的评论肯定会引发抵触，扪心自问，说服不了自己，何以说服得了别人？我后来的立意是：我们看着日本，世界看着我们。回避了讲“文明观球”之类大道理，而是让球迷在更大的视野中看待自身的行为可能带来的伤害。首先对球迷的情绪表达了理解，然后苦口婆心地提醒球迷：作为一次国际体育盛会，亚洲杯的决赛决非两个国家的事，观众绝非只有中国人和日本人，全世界的人都可以通过卫星的传送看到现场直播。退一万步讲，即使我们可以不尊重日本人的感受，但我们能够不在乎自己在全世界人民心目中的形象吗？我们是东道主，邀请客人来踢球，却在球场上嘘请来的客人，会严重影响中国人的大国国民形象。

因为角度的新颖和说理的诚恳，这篇评论发表后立刻成为热议的焦点，很多网站都放到了头条的位置。第一次“上头条”，就体验到了中青报的影响力。我知道自己有几斤几两，网站看重这篇评论，并非自己写得多牛逼，而是这篇文章是发在中青报头版，意味不一般。后来副总编辑毛浩访日时，很多日本媒体同行竟然都看过这篇评论，并表达了对中青报在中日问题上这份理性的敬意。

二、论证的耐心

给学生讲新闻评论的时候，我常说的一句话是：不要把自己的评论降低到网络跟帖的层次。网络跟帖很多都是情绪，即使有观点，也没有论证，所以是“不讲理”的代名词。对于时事评论，想到一个论点并不难，难的是你能不能去论证它。论点的说服力依赖于论证的有效性。

很多评论都染上了一种霸道的强迫症，带着一种真理在握毋庸置疑的口吻强迫别人接受。没有论证的耐心，急于让别人接受自己的观点；没有倾听不同观点的心理准备；没有一种“假如别人更有理就会接受别人观点”的准备。有些人常抱怨公众不讲理，自己讲的理为什么别人就听不进去。其实没有说服不了的公众，关键是你没有论证和说服的耐心，只有缺乏说服力的论证。

2014 年我获得中国新闻奖的作品《防范和克制我们的灾难情绪》，就是通过有力的论证，让情绪化的公众看到自己身上的问题。浙江余姚发生水灾，全城被淹，公众习惯性地把矛头指向政府，认为政府预警不力、救灾不力、善后不力。甚至发生了围攻市府、迁怒媒体等群体性事件。这种语境下，我知道讲大道理是没有用的，空洞的“让市民冷静”的呼吁起不到作用，只会激起抵触。

我通过讲一个故事，让情绪化的公众看到了自己在陷于情绪中所带来的误判。有网友曝料称：余姚三七市镇某领导下乡视察水灾，某领导因穿高档鞋子，迫不得已由年近六旬的村书记将其背进灾民家里——水灾汹涌下民众苦不堪言，穿着高档鞋来视察的领导却让六旬书记背，这消息自然在舆论中炸开了锅，当地也在舆论压力下迅速严惩了那位干部。可据媒体最新调查称，那位干部穿的是布鞋而不是高档鞋子，也不是耍官威“骑”在村民身上，而是两人关系很熟很好，互称“小哥”和“小阿爸”，纯粹是开玩笑背过去的。

这个新闻故事本身就是一个有力的论据，让狂躁的网友看到了自己的问题。那张误读公众的照片其实有很多破绽，所有的“事实”都是网友想象出来的。当然，这个新闻故事虽然很有代表性和典型性，但只是一个“孤证”。学者余英明提醒做学术的年轻人：不要犯上近代学者钢筋（观念架构）太多，水泥（材料）太少的毛病。有次与清华新闻学院教授史安斌一起参加一个评奖，史教授也批评很多学生论文：手持孤证，包打天下，一个孤证就能洋洋洒洒写一篇论文。其实时评毛病也是一样，孤证成文无视反例。为避免孤证，我又举了雅安地震中几个被误读的案例来强化文章论证的效力。

我在评论中还提出了一个概念：灾难情绪。评论之所以能提起议题，很多正在于能提出一个让人“眼前一亮”的新概念，用这个能让人会心点头的新概念去揭示新现象或新问题。我的定义是：灾难来临时舆论会弥漫一种与平日不一样的“灾难情绪”，这种不冷静的情绪如果得不到防范和克制，会滋生很多冲突，带来很多与自然灾害相伴而生的“次生社会灾害”。这一方面源于弱小、弱势的人们在自然灾害前的惊慌，一方面源于对政府工作习惯性的不满。这种灾难情绪会驱使民众带着放大镜和“找茬”心态去解读官员的一言一行，官员言语稍有不慎，就可能引发强烈的反弹。灾难舆论场中的人们心态比平常要敏感和脆弱很多，容易被激怒和点燃，也容易发酵成集体的不满，将对灾难的不安和伤痛都转移和发泄到一个假想的“稻草人”身上大加鞭挞。

论证的耐心表现在，不是简单地批评那种非理性情绪，而是发现支持情绪背后的社会问题和大众自身没有觉察到的病症，从而产生说服效果。据后来当地政府部门称，这篇评论对引导民众的灾难情绪起到了很好的效果，对扭转舆情起到了正面作用。

三、评论要有“同情的理解”

很多人对评论的理解就是“批评”，对评论员的印象就是“啥事都评啥事都批评”。甚至有人调侃说，要想成为评论员，心理要足够的阴暗，这种阴暗能使其从任何事情中挑出毛病。

将评论简单化为“批判”，当然是很肤浅的。这种肤浅的认知，来自人们对一些评论的印象，喷子式评论看多了，就很厌烦那种“见啥骂啥”的恶劣文风。喷子式评论就是那种典型的“网络式乱骂”：房价高骂开发商，看不起病骂医院，上学贵骂大学，航班延误了骂空姐，产品不合格骂代言人，道路拥堵骂开车的人多，治安不好骂外地人，贫富差距大骂改革，油价涨了骂市场，道德滑坡骂金钱，官员做事骂炒作，腐败横行骂贪官，骂公知骂五毛骂汉奸骂愤青……见啥骂啥，以骂塑造斗士和批判的姿态，却很少扪门自问一下骂得对吗，骂得符合逻辑吗?

虽然我觉得时事评论在社会分工和文体定位中确实是一种批判的文体，歌功颂德的工作有太多的人在做，时评就是要挑刺。但批判不等于乱骂，需要有批判的耐心。我一向觉得，批判是很容易做的事，张口就来，难的是，批判要以逻辑和论证赢得别人的认同。如果一种批评甚至能让被批评对象心服口服，就能充分体现论证的力量。

2013 年，有网友微博爆料湖北来凤县一高中为考上清华的学生立塑像，雕像下有长长的碑文，介绍其出生年份，高考时的分数，还称“他开创了来凤教育的新篇章，书写了平民教育的神话”。此事引来网友无数吐槽。这事儿确实有不少可以吐槽的地方，简直就是一场滑稽的闹剧。考上清华就立塑像，显得过于功利和急躁；为大活人立塑像，显然过于愚昧和夸张。于是，网上对来凤一片讨伐之声。

我写评论有个习惯，不仅看记者写的报道，还会通过信息搜索看看相关背景资料，避免被记者和网络牵着鼻子走。我查了一下来凤县，发现，“湖北省扶贫办”对这个地方的介绍是：来凤县属国家重点贫困县之一，2010 年，农民人均纯收入 3240 元，仅相当于全国平均水平的 54%，农民人均纯收入低于 2300 元的贫困人口 11. 34 万人，低于 1196 元的贫困人口 10. 0565 万人。来凤县农村贫困发生率达到 42%，比全国平均高出 25 个百分点。来凤县地处山区，大部分地区靠天收，大部分乡镇处在山大沟深的边远山区。

当一个评论员了解到这个背景，读到了这段对这个国家重点贫困县的描述后，就不会带着强烈的优越感肆意地嘲讽当地为考上清华的状元立塑像这种看似疯狂的行为了。在一个发达的城市，不会把考上清华北大太当回事，毕竟每年太多学生进入这些学校了；在一个发展机会很多的地方，也不会如此崇拜高考状元和迷恋清华，经商，求学，人们有很多向上流动和改变命运的通道。可是，我在评论中写道：那些正在星巴克里喝着咖啡浏览着网页时而发出笑声的朋友，这是一个国家重点贫困县，这是一个农民人均纯收入仅相当于全国平均水平一半的地方，这里大部分人靠天吃饭，设身处地想一想，也许就能想到他们寄望于考上名校改变命运的急切，理解他们“书写平民教育神话”的迫切。

我举了这样一个案例来说明我们需要学会“同情地理解”，需要尝试站在别人的立场去思考：记者在中国一贫困山区采访时看到孩子的母亲给孩子泡方便面，记者对那个母亲说，以后尽量让孩子少吃这些油炸的速食垃圾食品。孩子的母亲说“没关系，不经常吃。但是每年都会给孩子煮一次，因为今天是孩子的生日，其实我们根本舍不得吃”。

站在一个道德高地上去批评，是太容易做到的事，但理解却需要能力，评论员不能失去这种“同情地理解”的能力。理解并不是为了妥协，不是让批评虚无化，降低批评的尖锐，而是让批评建立在一个有人情味的基础上，没有情怀的批判是只会毁坏人心和激发对抗的冷漠。

我与不少被我批评过的对象最后都成了好朋友，他们觉得我的评论不是那些胡说八道为骂而骂的恶评，说到了真正的痛处，触及了实际问题，他们愿意接受批评。其实，很多官员和地方政府并不排斥批评，他们怕的不是批评，怕的是那些不了解情况就乱下判断的瞎评乱评，而且这些瞎评往往在网上还有很高的人气，让他们头疼。

四、对社会细微变化的洞察

当评论员的时间长了，评论写多了，会成为“时评油子”，对一些社会问题的判断会形成很多套路和教条。一看到某个事件，就会条件反射般想到某个论点。这种套路迎合着评论员的惰性，无需多少思考就能得出一个论点，非常方便实用，却毫无营养可言。一是对知识生产的不负责任，对自己则是一种重复，不用动脑子；二是对读者的不负责任，毫无附加值的观点既浪费版面又浪费读者时间；三是对社会问题的不负责任，快餐式的观点淹没了对深层次问题的洞察。

所以我一直提倡，在动笔写评论之前，要学会否定那些快速涌现在自己脑海里的那些观点（这种“第一反应”往往都是迎合你思考惰性的教条，每个人也都能想到），学会在别人停止思考的地方再进一步去思考。这样才能突破表层，深掘背后深层次的现象和问题。对读者来讲，最容易的事是放弃阅读，如果评论缺乏一定的附加值，很难留住读者。

我写过一篇评论，题目叫《从医生、记者到公知——传统精英职业在中国的下流化》，从碎片化的社会热点中看到了一种耐人寻味的社会现象，将个案上升为普通问题。每个人都能看到的社会热点是：医生在当下中国社会中被妖魔化了，医患冲突不断，医务工作者的形象很糟。如果停留于分析医生形象为何被妖魔化，格局就很小，也很容易走进套路。

深入分析后我发现，不仅仅是医生这种职业被贬低，过去那些带着神圣光环的精英职业群体，在今天都面临着巨大的形象、声誉和“下流化”的危机，被拖进了一个受到大众排斥和仇恨的舆论漩涡中，典型如医生、教师、校长、记者、专家和公共知识分子。这些职业在过去的评价都很高，受人尊崇，享受着被崇拜，但今天甚至都成为骂人的称呼了，比如，“你们全家都是校长”。

从“个案”到“现象”的认知，就需要发掘和耐心分析。我分析了这几个原因：一是现代化祛魅，世俗化让传统赋予这些职业的神圣光环被无情剥离；二是消费社会使顾客成为上帝；三是期待太高，相对堕落感最强烈；四是网络使权力资本发生转移，大众成功实现对精英的逆袭。

评论员需要对社会现象有这种敏锐的洞察力，从别人察觉不到的静态和正常中看到微妙的变化，从别人的习以为常中敏锐地看到问题。社会的很多变化常常是很细微的量变，评论员要能用自己的触觉捕捉到变化后质变的前奏。评论员提供的产品不是用道德演讲去迎合民粹民愤，而是提供对社会变化和变革的洞察与认知。比如，我写的评论《慎说“腐败只是个别”是倒逼出的清醒》，就是观察到官方以往经常说“腐败只是个别现象，多数官员都是好人”，但现在很少这么说了。我写的评论《“反腐规律”的失效与法治的胜利》，就是觉察到舆论过去总结出的很多反腐败规律，如“刑不上常委”“名字出现在党报上就很安全”“退休了就安全了”，等等，在高压反腐的今天都失效了。

五、为什么要批评《环球时报》

很多人都问过我，你跟《环球时报》的总编辑胡锡进有私仇吗？为什么总骂他？或者问，作为同行，你是不是眼红环球的发行量比你们大？不仅很多人以这种“有过节”的角度看待我对环球的批评，可能胡锡进自己也这么看，从其几次微博言论看，说我是“想甩总甩不掉的口香糖”“恶意攻击同行”“违反了同行不批评的行业伦理”，等等，可见对我的批评一直耿耿于怀。

我与胡锡进并无过节，纯粹只是观点之争罢了。我很反感那种将不同观点之争上升到两家媒体论争的站队思维。就像我在《当新闻学院院长是需要资格的》一文中批评林治波，只是批评林治波这个人，根本无关林所供职的单位和其他事。一些脑子不够用的人就喜欢将这种观点的批评上纲上线，仿佛批评某个人就是批评其后的单位，用“政治正确”的大帽子压人。

没有谁掌握着真理，报纸上登出来的观点并不是金科玉律，谁都可以批评，同行当然也可以批评。长期以来，中国新闻界有一条不成文的陋习，就是媒体间不相互批评——就是胡锡进所言的“不相互攻击的行业道德”（自己不喜欢的拄我们都习惯称为“攻击”）。对此我并不认同，我觉得我所供职的媒体也是不认同的。中青报日常的舆论监督报道，不仅会指向腐败的公权力，也会指向同行的一些败类，指向业内的一些丑恶现象。比如，我们披露过一些媒体记者在矿难后收矿主的金元宝，我们披露过某些媒体地方记者站的管理混乱，记者在经营压力下以“有偿不新闻”敲诈企业。

我们敢于和勇于批评同行，一是源于对舆论监督的理解。不仅要监督公权，媒体也应该被监督，媒体圈内也有很多败类。二是源于对“打铁还须自身硬”的职业内省。如果媒体同业自身缺乏自省自净、道德自治能力，岂能履行舆论监督之能力。三是源于对自身的自信。我们监督媒体同行，也欢迎媒体同行的监督，我们有这个自信把自身置于同行的监督与批评之下。

《中国青年报》资深记者卢跃刚在香港中文大学新闻学院讲座时对大陆传媒的分析很有道理。他说，大陆新闻媒体与世界其他国家媒体一样，有着共同的“两面性”属性，概括有三：第一，既是社会公器，又是商业机器；第二，既是利益集团的监督者，又是独立的利益集团；第三，既被管理，又享有特权。稍不谨慎，便会堕入另外一面。媒体并不是真理的代表者，很可能从社会公器沦为商业机器，为什么同行不能批评呢？

《环球时报》那篇社论的核心观点是，腐败在任何国家都无法根治，关键要控制到民众允许的程度。这明显与中央一直强调的“腐败零容忍”态度不符，怎么就不能批评呢？民众对腐败也从来都是零容忍的，哪里会有“民众允许的程度”呢？实际上，当总书记后来重申了对腐败零容忍的态度之后，《环球时报》也在第一时间发表社论支持零容忍。一边说“将腐败控制到民众允许的程度”，一边支持零容忍，前后观点不是自相矛盾吗？我反驳其观点的评论《舍制度和民主之外，反腐无解》针对的正是此点。

我在这篇评论中说：腐败必须要反，而且不能有容忍，这是基本的大是大非，不容妥协。零容忍的制度之下，可能还会有腐败；可是，如果不是零容忍的话，如果单纯地以为“适度容忍腐败”的利益赎买和妥协让步可以换得政治清明，可以用“容忍小腐败”换得“不去大腐败”，纯粹是痴人说梦自欺欺人。——令人欣慰的是，当下的这场反腐风暴中中央纪委之所赢得了那么高的支持率，正在于那种对腐败零容忍的姿态：发个月饼都会撤职，没有什么民众允许的程度。

网上对《环球时报》有诸多的恶评，胡锡进个人的微博里面也都是对他的攻击。我对环球和胡锡进的批评从来都限于评论文本和观点逻辑层面，耐心地分析其文本和逻辑，耐心地说服。虽然胡锡进似乎从未表现出可能被说服的迹象，不过我不会放弃这种同行间理性争鸣的耐心。

我写了10年评论，基本坚持每天一篇时评，以后还会继续写下去。写作的过程中，我一直有种担心“会写空”的焦虑，陷入杨绛先生所批评的“读书太少却想得太多”的陷阱中，所以一直坚持读书，坚持做一定的研究工作。如今我很大一部分精力，都花在评论写作的研究和大学课堂的评论教学中，已经连续三年在北京大学给新闻学院的大三学生讲授新闻评论，在清华、中传、人大、复旦等数十所大学做过讲座。一条腿跨入学界，一方面是梳理自己的思考，探求评论写作的规律，在研究评论中提升自我；一方面是想将自己在业界的思考与年轻人分享，激起他们关注社会和积极表达的热情。

在北大的课堂上，我一直调动学生的写作冲动，鼓励学生把自己的想法写出来。让人高兴的是，刚刚过去的那个学期带过的那个班，20多个学生，光在中央级媒体上就发表了30多篇评论。山东的《鲁中晨报》还为学生们开了个叫“校园来信”的专栏，成为学生们表达的园地。好几个学生也在上了评论课后养成了评论表达的习惯。我在评论课上会弱化评论写作技巧的讲授，更多的是鼓励一种分析问题的不同视角，引导学生们突破固有思维而看到事物的另一面，这不仅是思维训练，也需要讲理的耐心。我最近在一所大学讲座的题目就是：快得窒息的时代让思考慢下来。

是的，很多事情上我们已经失去了慢的能力，评论和讲理，尤其需要耐心，需要慢下来。

目　录

第一辑　这些年听过的雷人雷语 / 1

官员的雷人雷语是中国舆论场中的一朵奇葩，所以雷，在于其反常识、反理性甚至是反人性的。当你惊讶于某个官员一句雷死人不偿命的雷语后，没几天另一个地方另一个官员又会曝出一句更突破你想象力的雷语。雷语各有不同，但共同的是话语背后权力的冷血、傲慢、嚣张、自负、把公民当屁民、不把民意当回事。评论无法对这些反常识的雷语无动于衷，这些年的评论记录了这些层出不穷的雷语，可悲是评论员和舆论的愤怒群嘲，并没有让雷人雷语绝迹。嚣张的权力不被关进笼子，雷人雷语会不断刷新着雷的记录。

讨论人治时别用伪问题掩盖真问题 / 2
法治权威永不能靠知错不改维护 / 4
每一句雷语后都有一副冷血面孔 / 6
“百姓要为呼吸新鲜空气买单”别成糊涂账 / 8
“免费开水使国资流失”让人目瞪口呆 / 10
“公务员无房影响反腐”是绑架财政 / 12
结婚不买房，到底谁在耍流氓 / 14
“大多数人是好的”是正确的废话 / 16
东莞不哭：恶搞背后的舆论潜流 / 18
惊闻“政府不吃亏”成为炸楼理由 / 21
“公平导致公务员热”怎么也说不通 / 23
告诉他“为何老百姓不公布财产” / 25
别用“钱少为何不辞职”去呛公务员 / 27
强力反腐改变了民间的“笑贫不笑贪” / 29
官员竟反问“你们凭什么这么相信我” / 31
不必轻易把一家之言当“风向” / 33
“财产不公示”给官员制造无数障碍 / 35

第二辑　突破想象力的官场怪象 / 37

腐败发展到了敢公然开房受贿的程度，乱花钱乱到了花千万改陋室的程度，造假严重到了用绑假桃花办桃花节的程度，特权发展到了贪官能带薪坐牢的程度，机构臃肿到了出现“马上就办办”这种奇葩机构的程度，人大弱势到了需要向媒体求曝光的程度。比这些官场怪象更奇怪的是，舆论觉得很奇怪，而官场并不觉得奇怪，反而觉得记者大惊小怪了。官场与民间舆论场仿佛是两个找不到交集、彼此无法理解的地方。

垃圾短信为什么会躲着高官走 / 38

“开房”才让“受贿”成为新闻 / 40

无比天真的“红段子抵制黄段子” / 42

“千万改陋室”后的权力烧钱癖 / 44

百万攀亲张艺谋 / 46

平民“自证活着”与贪官“带薪坐牢” / 48

假桃花节后，假的不只有桃花 / 50

组织市民雨中起舞：弱智的遮羞设计 / 52

考中央公务员奖 6 万的醉翁之意 / 54

“刷绿漆”背后的粉刷政治学 / 56

贪官装傻尿裤子不能仅当笑话看 / 59

“马上就办办”后病态的叠床架屋 / 61

“应酬多脂肪肝高”只是公众的自慰 / 63

一个“走路死”足以让所有繁华坍塌 / 65

每个贪官都曾有个完美的任职评价 / 67

第三辑　别把两会当“二会” / 69

每年全国两会之际，网络舆论场都会在围观和吐槽两会中开另一种形式的两会，网友喜欢把两会称作“二会”，觉得有些代表委员的提案方案太二，觉得一些媒体不报道严肃议政而去追星的行为很二，觉得一些明星代表委员不务正业的表现很二，觉得相关政府部门不敢面对尖锐提问的躲闪很二，觉得每年花那么多钱集中开会却收效甚微很二。其实，很多人对两会存在不少误解，包括代表委员不一定了解两会的意义，写这些评论就是教代表委员们别二。

代表委员不必讳言当“政治明星” / 70

高官退休才放炮晚不晚 / 72

舆论不要逼代表委员说假话 / 74

采访两会的媒体记者太多了吗 / 76

打捞两会上那些沉没的声音 / 78

为什么没高官参加代表就不积极 / 80

“一边倒赞成”未必就是好声音 / 82

别以明星脑残粉心态跪着写两会 / 84
终于有委员对警车开道感到不安 / 86
崔永元为代表委员议政树标杆 / 89
承认改革阻力是消除阻力的前提 / 91
跨界炮轰可以，但一定要用脚调查 / 93
动辄提议立法，偷懒的拍脑袋议政 / 95
港澳台代表风头被盖，政治进了一步 / 97
看一个代表，就看他的投票史 / 99
小组讨论不是跟中央领导的合影机会 / 101
农民工代表，你不必屈尊受人“接见” / 103
为何不能给作报告的总理一把椅子 / 105

第四辑　失去年轻人就是失去未来 / 107

国民党在2014年九合一选举中的惨败，让人们意识到一个问题，失去了年轻人，就失去了未来。其实比这个问题更重要的是，失去了教育，就失去了未来。中国当下最大的社会问题应该就是教育，我们常常反省自身与国外的差距，我们崛起了，变阔了，但人的文明程度并没有随GDP数字那样立刻高起来。看到外国出了个乔布斯，立刻有学校说要砸5000万培养乔布斯，羡慕其他国家出了无数诺贝尔奖，也想砸钱去批量生产诺贝尔奖得主，这种土豪思维下教育岂有前途。

中国最缺的不是官员而是名校长 / 108
“砸5000万培养乔布斯”暴露出的浮躁 / 110
不要歌颂对抗高考体制的孩子 / 112
不要过度阐释“小孩想当贪官” / 114
缺乏成人示范，班级民主不过一场游戏 / 116
教育别被“4个孩子进北大”遮望眼 / 118
“记领导人名字”向学生传播何种暗示 / 120
为何不能把“向耶鲁捐款”看成荣耀 / 122
大学与学生的距离，远不是网语能弥合 / 124
上了发条的社会，不断前置的起跑线 / 126
为什么陆步轩会说“给北大丢脸了” / 128
高考应全体裸考，加分已失去正当性 / 130
“千万别报体”背后的勤劳而不敬业 / 132
葛剑雄“公开是在救自己”说的是实话 / 134

第五辑 媒体不能成霉体 / 137

媒体报道社会问题，其实，媒体也是社会问题的一部分。我写评论批评同行时，有些同行会批评我“同行何苦骂同行”“同行相煎何太急”，甚至有人说“媒体已经被人瞧不起了，我们媒体人自己还骂自己”。我回应说，如果媒体人自己缺乏自我净化和自我批评的话，就更被人瞧不起了。媒体是社会公器，也是商业机器。媒体是利益集团的监督者，但自身也是利益集团，需要自省。

事实不清时耐心等事实是最好的姿态 / 138

新闻敲诈背后的灰色生存心态 / 140

“面露淫光”的网站编辑们 / 146

对“治污怎么能干”的官话不能当头棒喝 / 147

骂媒体最安全，媒体伦理便成焦点 / 149

谣言不死，因有人靠谣言活着 / 151

环保局局长戴不戴口罩都会挨骂 / 153

“扶老人”是怎样成为大新闻的 / 155

民工致信铁道部，别忙着先站队批判 / 157

“无门图书馆”书没增加，更让人尊重 / 159

传统媒体的自杀与他杀 / 161

别臆想出“良民证”这个稻草人去狂殴 / 165

“住人井”中的伦理困境 / 167

不要动辄说“中国人如何如何” / 169

警惕缺胳膊少腿的“残疾新闻” / 171

看到“某某潮”后别跟着一起瞎高潮 / 173

清理报刊亭中“悲情想象”的诱惑 / 175

媒体须节制在打拐中的激情 / 177

第六辑 杂七杂八和胡言乱语 / 179

胡舒立在接受颁奖时称，在中国做记者是幸运的，因为新闻素材取之不尽。胡舒立这种积极和乐观的态度，值得同行学习，做新闻的人需要这种乐观的韧性。提起在中国做新闻，很多媒体人讲述的都是消极、悲观、无力、无奈和不幸感。掌握一定话语权的记者都悲观无力，其他人又该怎么办呢？这是一份需要积极乐观的职业。

应该允许新闻发言人说错话 / 180

舆论硝烟中党报党刊的反逆袭 / 182

做官其实真的越来越容易了 / 184

落马贪官为何成最弱的弱势群体 / 186

别惊讶于官员竟那么支持八项规定 / 188
奶粉问题倒不必上升到国耻层面 / 190
经受住监督的吴晓茅带来的教训 / 192
你永远无法说服那些骂赵雅芝的网喷 / 194
杨卫泽们为什么那么恨网恐网 / 196
别靠“美国人也乱扔垃圾”滋养自尊 / 198
复旦投毒案的仇恨需在沉寂中化解 / 201
“良心大厨”不是一碗心灵鸡汤 / 203
反新闻规律的“贪官新闻” / 205
花了钱也要守规矩 / 207
为什么对“旭日旗 T 恤”愤怒不起来 / 209

第七辑 职务写作不说假话 / 213

这一辑里选的都是给报社写的社论或评论员文章，在中国当评论员，最难写的就是这种规定动作和职务写作，体制内的人说真话并不容易，但又不能说假话。我一直坚守一个原则，即尽可能说真话，绝不说自己都不信的话，绝不创造性地说假话。很多人写社论都是当应付，我还是想争取读者，以对话的姿态写社论才会有人话。不能以这样的心态写社论：不管你信不信，反正我也不信；不管你看不看，反正我写了。这样当然就没人话。

60 岁风华正茂，一份成熟大报的担当 / 214
历史铭记 2008 / 217
从容向洋看世界 / 219
2006：新闻的力量 / 221
2008：坚守价值　勇于担当 / 224
2010：在理性的公民身上发现公民社会 / 227
2011：微时代中那些令人难忘的微进步 / 230
2012：我们都是这个时代列车的乘客 / 232
我眼中的 2013 年中国年度汉字：网 / 235
我们看着日本，世界看着我们 / 238
重塑“劳动最光荣”的价值共识 / 240
远离互联网幻觉，立足现实理解改革 / 242
离开国家认同，改革寸步难行 / 245
当积极公民才无愧这个改革时代 / 248
诚信不是奉献而是资本 / 251
用敬业精神追梦，以实战状态接班 / 254

主席小举动何以引发大反响 / 256
这一年，高速前行的中国学会了慢 / 258
用国家公祭的重量将历史刻在人心 / 261
我们欠春运服务者一声谢谢 / 263
让心灵在家的港湾里诗意栖息 / 265

第八辑 评论记录灾难史 / 267

在中国做评论员需要很强大的内心，一方面是要用这种强大的内心去面对各种喷子，一方面是面对灾难。中国多灾多难，有天灾有人祸，一般人可以选择不关注这些灾难，而媒体人和评论人不可以。评论员不仅要关注灾难，还要在公众陷入恐惧或灾难情绪之中时，作出冷静的判断。写了10年评论，评过无数灾难，对灾难的看法也在发生改变，这从我这10年写的灾难评论中可以看到我的心路历程。这些评论，既是对灾难的记录，也是个人面对灾难时心理不断成熟和理性的记录。

这一次政府学会了与谣言赛跑 / 268
人命关天，携手抗灾优先于一切 / 271
收买得了工程监理，但收买不了地震 / 273
集体哀痛中的中国无比坚强 / 276
不苛责　不添乱　不轻疑 / 278
节制我们的“象征癖” / 280
从今天开始保护孩子不再受伤害 / 282
把自己作为一个人融入救灾 / 284
汶川后玉树，这一次行动无需任何呼吁 / 287
微博让灾难中的人们更像公民 / 289
适当的节制和静默有时更有力量 / 291
煽情退场，回归一个专业有序的救援 / 293
宽容对待救灾背后的网络杂音 / 295
别借别人的灾难寻找自己的存在感 / 297
不要仅把地震和救灾当成一个热点 / 299
哀悼雅安，建震不倒的房子胜过一切 / 301
舆论不要配合恐怖分子传播仇恨 / 303
对不起，孩子！/ 305
避免幼童闷死悲剧更需爱的伦理 / 307
对矿难，我已无话可说 / 309
灾难报道为什么不会说人话 / 311

不能让对踩踏悲剧的健忘再跨年 / 313
城市应该让生活更美好 / 315

第九辑 围观名人窘事 / 317

名人常常成为舆论焦点，民众喜欢围观名人，评论需要拿名人当典型，名人的小问题常常被放大。这个问题上名人不必抱怨，当你从这种名气中获得了无数商业利益时，也要承受这种名气带来的围观困扰。看点名人不快乐的事，让自己快乐快乐，这是很正常的大众心态。名人被万众的鲜花掌声追捧时，千万不能沉浸于幻觉中把自己当成上帝，当你倒霉的那一天，那些追捧的力量会立刻变成狠踩你的力量。

卖力的春晚毁于用力过猛 / 318
那英的“泄密”击中了公众的焦虑 / 320
高晓松醉驾被拘何以成大新闻 / 322
马化腾“为谁说话”不是问题 / 324
“张艺谋回绝伦敦”迎合的大众虚荣 / 326
冯小刚与评论家要互相理解 / 328
黄海波嫖娼不可能得到主流认同 / 330
没提案的刘翔与想参政的陈一冰 / 332
张绍刚是畸形电视文化的牺牲品 / 334
“冠军逃课”何以引发舆论围观 / 336
倪萍委员不必跟媒体闹别扭 / 338
正常的柴静生子遭遇不正常的舆论 / 340
效忠祖国还是效忠耐克 / 342
柴静花自己的钱做了人大代表该做的事 / 344
姚明面前，无比矮小的中国大学 / 346

第一辑 Part 这些年听过的雷人雷语

官员的雷人雷语是中国舆论场中的一朵奇葩，所以雷，在于其反常识、反理性甚至是反人性的。当你惊讶于某个官员一句雷死人不偿命的雷语后，没几天另一个地方另一个官员又会曝出一句更突破你想象力的雷语。雷语各有不同，但共同的是话语背后权力的冷血、傲慢、嚣张、自负、把公民当屁民、不把民意当回事。评论无法对这些反常识的雷语无动于衷，这些年的评论记录了这些层出不穷的雷语，可悲是评论员和舆论的愤怒群嘲，并没有让雷人雷语绝迹。嚣张的权力不被关进笼子，雷人雷语会不断刷新着雷的记录。

讨论人治时别用伪问题掩盖真问题

2014 年 12 月中国社科院学者房宁一段谈法治与人治关系的观点，引发了舆论争议。他说，不应妖魔化“人治”，神化“法治”。法治和人治的关系，好比汽车大还是司机大。人治就是一个经验性的治理，法治就是一个规范性的治理。法治不是一个点，不是一条线，而是一个可能性的空间，那么在这个空间中就是人治。

抽象和空泛地看，这个观点挑不出什么毛病，虽然“人治就是经验性的治理”的定义过于随意和轻率，但也算是一家之言。纯粹从理论上看这话没啥问题，但结合中国具体问题看，就大有问题了，属于脱离了现实语境的废话，用庸俗的辩证法玩了一个抽象的概念游戏，以“不能妖魔化人治”这个伪问题，掩盖了“法治还远远不够”这个真问题。

法治是不是万能的呢？当然不是，再好的东西都会有弊端。受到现代政治所唾弃的人治是不是就一无是处呢？现代政治是不是就完全排斥人治呢？当然也不是，制度是人定的，人在执行制度，总有一定的人治空间，这也是绝没错的。理论上如此，但理论总是灰色的，只有与具体现实结合在一起、带着问题意识谈理论，才会有现实价值。在中国讨论法治人治关系时不能脱离“法治还远远不够”这个现实，在很多地方权和人大于法、法治根基还很脆弱、正自上而下努力重建法治权威的现实下，谈什么“不能妖魔化人治”不仅不合时宜，也是一种理论上的邪恶。

谈减肥，当然是不错的，但跟一群还没有解决温饱问题、营养严重不良的人谈减肥，是找错了对象。一个人几天没吃东西快饿死了，要吃方便面，你跟他说别吃这东西，方便面是油炸的速食的垃圾食品，这也是脱离了具体语境。法治确实不能神化，也不能把人治妖魔化，但在人治泛滥成灾、权力还没有被关进法治的制度笼子里的现实中，说这种与现实完全脱节的废话有什么意义呢？现在的问题其实恰恰相反，是有人在妖魔化法治，而神化人治，对法治强化得还远远不够，对人治的危害清除得还不够。

在法治根基极其脆弱的环境中，谈不要过度追求法治，这跟一个快饿死的人谈营养过剩的风险有什么区别？在人治仍在很多地方制造着罪恶、凌驾于法律之上的现实下，谈人治的好处和不可或缺，这跟一个营养过剩的人谈增肥的必要有什么区别？

领导层上任以来，一直把依法治国当成第一要务，不断强调着宪法的权威，不断重申任何组织或者个人，都不得有超越宪法和法律的特权，一切违反宪法和法律的行为，都必须予以追究，甚至用一次全会专门研究依法治国问题。之所以如此看重法治，就是针对中国的现实问题，意识到人治带来的灾难，自上而下推动一场将权力关进法治笼子里的限权革命。封建化在中国幽灵不散，人治毒素在中国根深蒂固，而法治传统非常稀薄。这种传统下，再怎么强调法治的重要性也不为过，再怎么反思人治弊端都不为过。

在中国讨论法治和人治的关系，不能缺少这种现实的问题意识，无法抽象空泛地谈。现代政治的一大进步，就是意识到法治的重要性，中国的政治现代化就是政治的法治化，法治也已经写入社会主义核心价值观成为全民共识。人治在现代政治中虽然无法避免，但要尽可能地将人的随意纳入到制度和规范的轨道，使国家和社会免受人的意志和权力的折腾。改革不能退步，理论家不能为受到唾弃的人治招魂。

现在理论界有一种邪气，某些理论家偏爱一种邪恶的逻辑，大家都说坏的东西，他非要标新立异用诡辩的逻辑说出“好”来。用不存在的伪问题去否定实在的真问题，抽象地空谈任何事情都有利有弊，民主有利也有弊，法治有利也有弊，自由有利也有弊，反对民主的人喜欢用“民主也有弊端”去否定民主的必要性，热衷人治的人用“人治也有好处”去为人治招魂，在反腐败才刚取得一点成效的时候讨论什么“过度反腐会不会伤害官心”，用庸俗的辩证法去混淆是非，使一切问题的讨论走向无耻的相对主义。

讨论中国问题需要有问题意识，缺什么补什么，而不能在臆想出的伪问题中逆改革潮流而行。

法治权威永不能靠知错不改维护

2014 年 12 月 15 日，备受舆论关注的呼格吉勒图案再审判决结果公布。当天上午，内蒙古自治区高级人民法院的法官向呼格吉勒图父母宣布了再审结果：撤销 1996 年判决呼格吉勒图流氓罪、强奸罪、故意杀人罪罪名，“事实不清、证据不足”，经过再审之后判决呼格吉勒图无罪。听完判决后，呼格吉勒图父母抱头痛哭起来，在场的许多记者也禁不住流下眼泪。

在舆论感慨呼格吉勒图案这个“迟到的正义”时，一种另类声音让人感觉非常刺耳。这种声音充满了反法治、反常识、反正义的邪恶思维，有人将呼格吉勒图案的纠错当成了一场阴谋，强词夺理地辩称：如果坚持用今日法治标准衡量过往办案，20 世纪 80 年代的严打案件或都将面临翻案，这是一个黑洞，也是一个阴谋，可能瞬间导致中国法治权威的崩塌。

真是滑天下之大稽，不去把矛头指向当初的刑讯逼供和违法办案，不去批判错案冤案的制造者，竟然指责纠错者是“用今日法治标准衡量过往办案”，这种颠倒黑白的逻辑简直比指鹿为马还无耻。报道呼格吉勒图案的记者数年来一直坚持为冤死者鸣冤，在死磕下终于获得迟到的正义，这种正义的追求竟然被污名为一个“阴谋”，就差说“受到境外敌对势力的操纵”了。

可怕的是，这种颠倒黑白的思维并非个别人的奇葩看法，而有不少响应者。这些人之所以这么想，不仅是脑子里进水，更是一股既得利益的反法治力量。持这种观点的多是公检法系统的人，一起起错案冤案将矛头指向某些地方公检法系统的无法无天，每一起冤案都涉及无数相关办案者。从佘祥林案到赵作海案，再到如今的呼格吉勒图案，这些冤案将公检法系统的混乱暴露得淋漓尽致，公安刑讯逼供，政法委胡乱指导，检察院不负责任，法院糊涂判案，为了追求效率或在严打和“维稳”名义下制造了无数冤案。这些办案者或已退休，或已升官，最排斥纠错的就是这些人，因为每一次对错案冤案的纠正都涉及对其办案责任的追究，每一次纠错也都涉及公检法的面子，所以这个系统的不少人都对舆论纠错有着强烈的抵触心态。

“（纠错）可能瞬间导致中国法治权威的崩塌”之类的声音，就是政法系统抵触舆论纠错的反应。冤案被纠正，公理得到伸张，当初的办案者却被推到审判台上接受舆论和正义的审视，各地无数潜在的错案冤案也都可能被推到舆论阳光下接受审判，当初那些依赖刑讯逼供之类非法手段办案的部门和人自然如坐针毡，担心系统性的纠错会曝出政法系统更多的丑陋，于是制造出这种根本站不住脚的奇葩言论干扰法治的纠错。

呼格吉勒图案的纠正，损害了法治权威了吗？当然没有，这种纠错使正义获得伸张，让法律赢得了尊重。为冤死者洗冤的判决，丝毫无损法治权威，它揭露的是昔日那些办案者的草菅人命和无法无天。说“纠错会让法治权威崩塌”，是一种无耻的绑架，将那些草菅人命者的违法办案与法律权威绑在了一起。如果真有法律权威受损，不是纠错导致的，而是当初那些违法办案者一手造成，如今的纠错是一种迟到的弥补。

有错必纠，这是一种起码的法治思维。法治权威不是靠维护错案的权威性来塑造的，明明是错案，却死挺着不去纠错，指鹿为马睁着眼睛说没有错，这不是法治，而是人治思维的延续。法治就是法治，今天跟昨天的标准是一样的，昔日的严打和错判并不是法治，而是人治，是领导批示和权力凌驾于法治之上，是有法不依。昔日发生错案，并不是昔日没有法，而是没有依法而行。今天回归法治，不是用今天的法治标准去溯及既往，而是回归常识，用法治常识去纠错，纠正昔日的反法治，让昔日无法无天的判决重新接受阳光的审视。

面对一起起错案冤案，政法系统需要的不是狡辩和遮羞，而是知耻后深刻地反省，用知错纠错来洗刷耻辱。

每一句雷语后都有一副冷血面孔

雷语时时有，近来特别多。两句最雷人的话分别是。江西瑞昌 6 名女童遭教师性侵，副市长蒋贤智对话受害者家长时说，“如果是我的孩子遇到了这样的事，我就不声不响地带她到一个没有人认识的地方去治病，不会向政府要一分钱”。另一个奇葩回复来自四川阆中国土局，当有网友问到“阆中商品房产权为何才 40 年”时，国土局回复称：40 年后，我们是不是还存在这个世界，不要考虑太长远了。(综合 2013 年 8 月媒体报道)

再冷静理性的人，面对这样的回复时，都会被激怒。虽然近来那位副市长后来进行了解释，称这样说只是强调“保护孩子隐私”。阆中国土局在舆论压力下也作了道歉，称言语确实不当，会追究相关人员责任。可这种息事宁人式的回复并没有让舆论平复，更不会终结官场雷语。舆论和公众一次次对雷人雷语的修理，并不会让官员变得更会说话，更无法阻止下一次更雷的话横空出世。

雷人雷语除了暴露了官员在公众面前习惯性的傲慢外，更暴露了官民话语和思维在某些方面的差异，甚至是对立。仿佛生活在两个世界的人，有不一样的思维方式、不一样的话语体系、不一样的道德准则，当这两个世界的人不得不交流时，必然会在话语和思维上发生冲突，彼此无法理解对方。民众视官员为雷人雷语，而官员同样会用异样的目光打量着目瞪口呆的舆论：很普通很正常的一句话，为什么这么大惊小怪？正像江西瑞昌那位副市长解释的那样，她还是认为她那句话没什么不妥，强调有前因后果和特定情境。

曾经跟一些官员交流过这个话题，他们都认为被舆论解读为无法忍受的雷人雷语，在他们看来并不雷，他们不理解在自己看来很正常的表达，为何会引发如此沸腾的民众批评。这种“认为很正常”愈发让我觉得很可怕，如果官场也认为这些话语雷人，那说明雷语只是个别现象，但如果这个系统中不少人觉得正常，说明这些话语就有了一定的代表性，体现着两个群体的断裂。官民两个舆论场的对立，不仅是在话语上，更是在根深蒂固的思维上。这个社会看得见的断裂，尤其鲜明地表现在官民的断裂上：官方认为正常的话语，在民众听来很雷人；民众认为是正常的维权，在官方看来是“刁民”。

所以舆论场经常处于一种自说自话状态，虽然人人口中都大谈正义与平等，但靠自己的权力帮着儿子走进官场的“官一代”所谈的平等，与在公务员面试中被“官二代”挤掉的第一名所谈的平等，完全风马牛不相及。“官二代”的平等观是：本地官场中很多官员的孩子都靠关系成功上位了，自己为什么就不能呢？这叫平等。而被“官二代”挤掉的农家子弟，他需要的平等是机会平等。那么，在官场内部，可能视“官员的孩子继续当官”为再正常不过的现象，而在民众看来却是雷人雷语。双方的价值标准完全不一样。两个平行世界的人永远不会有交集，双方不在同一个层面思考问题，无法形成有效沟通，永远只有彼此为敌、喋喋不休的骂战。

在阆中国土局的官员看来，也许觉得“40 年后，我们是不是还存在这个世界，不要考虑太长远了”这样的回复很正常，因为他们习惯了为错误的政策辩护，习惯了教训民众接受现实，觉得这样说理所当然。还有瑞昌那个副市长也是，也习惯了“遇事不要总找政府”这样的思维，所说会说“不会向政府要一分钱”。当公众批评其雷人雷语时，他们内心也许觉得舆论和公众才是雷人雷语。

每一句官场雷语背后都有一副冷血面孔，没有将心比心，没有设身处地，没有站在公众的立场上思考问题。最大的问题是，在思维的割裂下，他们并不觉得那是冷血，发自内心习以为常。

“百姓要为呼吸新鲜空气买单”别成糊涂账

治理污染已成共识，政府也给出了治理的时间表，但谁支付治理成本成为争议的焦点。中国很多社会问题就是如此，都说要治理，但一谈到谁付钱谁买单时，都不想掏钱了。一个引起讨论的论点是“百姓要为呼吸新鲜空气买单”。近来国家发展改革委能源官员姜克隽受访时称，非常赞成通过提高能源价格由百姓买单，支持直截了当地在成本中增加环境污染治理费用。他说对企业征收环境税，企业仍会将此转嫁到商品价格中，实际上还是消费者自己买单。(2013 年 9 月 25 日《南方都市报》)

“百姓要为呼吸新鲜空气买单”让百姓听起来虽不中听，却是符合常理常识的正当诉求。呼吸新鲜的空气虽然听起来是天经地义的事，但在一个“先污染后治理”的发展理念支撑的社会中，却并非如此。空气和水已经被污染，新鲜空气已经成为奢侈品，我们不得不为呼吸新鲜空气支付成本。在家中安装各种空气净化器，到空气清新的地方度假，到环境优美的地方买房，是我们在私人领域中为呼吸新鲜空气买单。可这只能营造一个宜居的小环境，我们多数时候是与其他人在一个被污染的大环境中呼吸空气，不得不为改善这个大环境、在大环境中呼吸新鲜空气而买单。

百姓要为呼吸新鲜空气买单，听起来很无奈，却是人们在享受着工业化的发展成果时又不得不支付的代价。一边开宝马一边喝污水、呼吸脏空气，被称为悲惨式发展，要想告别悲惨就要花钱。公众并不只是污染的受害者，很多时候也是污染的制造者：汽车的尾车，燃放烟花爆竹，使用空调，生活越来越依赖电、石油和化工，这些都是让空气变得不新鲜的污染源。人们无法一边开着大排量的汽车一边又扮成污染受害者而把责任推给别人。这个问题上，没有谁可以站在道德高地上带着道德优越感去把雾霾的矛头指向别人。正如有人批评爱把 PM2. 5 监测仪带在身边监测空气并转发监测数据的潘石屹，称潘石屹所开发楼盘的工地也是污染源之一，小潘也应该带个监测仪去自家工地测测，监测自己的工地有没有防风防尘措施。

但也要防止一种“泛责任论”倾向，就是以“百姓要为呼吸新鲜空气买单”的堂皇名义将环保变成一笔糊涂账，将环保责任都推到百姓身上，然后都从百姓身上拔毛，理直气壮地涨价和增收各种费，拣百姓这个软柿子捏。

百姓要为呼吸新鲜空气买单，只是一个笼统抽象的原则，比这个原则更优先的治理原则应该是“谁污染谁买单”，笼统地“要为呼吸新鲜空气买单”在实际的操作中要转化为具体的、精准的“谁污染了空气谁就要支付治理成本”。现在最大的问题是，环保已经成为一笔糊涂账。就拿雾霾来说，严格地看，每个人都有责任，但这样的描述会使雾霾责任成了一笔糊涂账：谁都有责任，可是好像谁又都没有责任，谁都可以推卸责任。所以，应该分清主次责任和道德法律责任的区别，不能眉毛胡子一把抓，更不能以含糊其辞的“人人有责任”掩饰政府的决策失误和企业的唯利是图。

很多企业直接往居民的饮用水源中排污，舆论批评其是“要钱不要命”，其实这种批评只对了一半：他们确实“要钱”了，可要的却不是自己的“命”，而是别人的“命”。他们把空气和水弄脏了，可以在赚够钱后转移到其他地方，而老百姓没法转移，还得留下喝这水、呼吸这空气。这种情况下，如果不是精准地让企业付费，而是笼统地说“百姓要为呼吸新鲜空气买单”，就是混账透顶了。怎么能企业排污，百姓埋单呢？一个官员就曾痛批过这种现象，说：不少地方企业违法排污，结果却是“老板赚钱、群众受害、政府埋单”，这不能允许。必须让污染企业付出代价，必须在制度设计时精准地做到谁污染谁买单。

“免费开水使国资流失”让人目瞪口呆

免费提供一杯开水，这是服务机构最基本的待客之道，不过，昆明儿童医院、妇幼保健院等不少医院已不再免费提供了，而需要患者付费买开水，投币5毛钱接一杯。其收费的理由让人瞠目结舌：不是为了以市场化手段节约用水，也不是资金短缺需收费筹资，而是“避免国资流失”。言下之意即是：公立医院免费给患者提供一杯开水，开水中包含的国有资产就会流失。（2011年3月24日云南网）

此言听起来似乎有理由，医院是公立医院，是用公共财政（国有资产）建起来的，买水、烧水等等都需要钱，而这些钱都来自国资，如果免费向人供应了，国资就随着开水流到外人的胃里了。可如果细究一下，就发现这个理由纯粹是胡扯了：其一，一杯开水的成本才多少钱？患者在医院看病花了多少钱？难道那么高的收费连一杯免费开水都享受不了？其二，医院是公立的，是靠国资建起来的，而国资每一分都来自民众纳税，纳了税的患者免费喝一杯开水怎么了？其三，公众的反问非常有力，外人喝水是国资流失，那医生护士们喝水算不算国资流失？医院收开水费却不提供发票，是不是国税的流失？

荒唐的“免费开水使国资流失”，见证的不仅是某些公立医院的霸道，和他们唯利是图、丧失公益的混乱市场化，处处想着从患者钱包里掏钱，更暴露了他们在对待国有资产上霸道的双重标准：一边是内部人鲸吞和滥用国有资产，一边是对外部人苛刻之极。

“免费开水使国资流失”论，看起来像个笑话，其实不然，这样的话是经常被一些国有企业、公立部门的负责人挂在嘴上的。在有关固定电话月租费是否该取消的讨论中，“防止国资流失”成为电信部门拒绝取消月租费的借口，而手机双向收费也是为了“国有资产保值增值”；国有银行扩张财源，收取跨行查询费等费用，是为了避免国资流失；电力部门涨电价，一直很理直气壮的理由也是“不让国资流失”；航空公司严禁飞行员跳槽，理由是“飞行员是国有资产”；更可笑的是，李宇春竟然都成了国有资产，天娱老总就说：李宇春是国有资产，卖了她们，那叫国有资产流失。

看起来这些国有企业是多么爱护国有资产啊，时刻想着保护国有资产，甚至连一杯开水都不放过。可实际上，“避免国资流失”不过是他们盘剥公众和乱收费的一个堂皇的借口，作为外人的老百姓不能沾国资一分钱的便宜，沾一点他们就要大嚷“国资流失”了。可内部人却可以随意挥霍，中石化买个吊灯都要花上百万，国企随便开个会都是花上千万，高管拿着惊人的年薪，私有化中高管们更几乎以零成本将国企变成私有资产。这时候，他们就对国资的流失熟视无睹了。“国资流失”仅仅只是针对老百姓。

这是一个很有意思的现象，理论界和媒体提出的“国资流失论”，本是针对国企乱花钱的，批评很多国资都在无民众监督的情况下流失到个人腰包中，比如20世纪90年代末的那一波私有化浪潮。提出“国资流失”，主要是要提起对国企高管和内部人的限制和约束。可在现实中，这种理论的阐释权和话语权竟反被国企老总们所掌控，成为他们向公众和消费者乱收费的一个工具。舆论没有成功地借“避免国资流失”控制住对国资张开血盆大口的内部高管们，反被高管们以“避免国资流失”设立了无数个乱收费的项目。银行收费，电信收费，电力涨价，甚至医院收开水费，不都基于这个“防止国资流失”吗？

公立的身份和“国资”的话语权在这些强者手中左右逢源，一边可以借公立身份向上要钱要补贴，在市场中又借公立的垄断身份排斥民营、盘剥消费者。在开水的问题上就是如此：一边可以借“患者要喝开水”向国家要钱，一边又可借“防止国资流失”向患者收开水费，上下其手双向收费。

“公务员无房影响反腐”是绑架财政

在今年广东省“两会”上，政协委员江龙提交提案称，对大部分廉洁奉公严格自律、依靠政府预算以获取全部收入的公职人员来说，独自购买商品房将会遇到越来越大的资金困难，倘若长期得不到妥善解决，势必严重影响党风廉政建设和反腐败工作的实际成效，他因此建议满足公职人员的基本住房需求。近日该省住建厅回复了他的提案，解决公职人员的住房问题。（2011 年 5 月 17 日《南方日报》）

媒体以短短的 13 个字概括了这位政协委员的意思：公职人员买房难，无房影响反腐。这基本上没有歪曲他的意思。无房怎么就会影响反腐呢？江龙委员没有明说，但意外之意是显而易见的：公职人员凭工资买不起房，如果正当途径无法满足他们的住房需求的话，住房压力下，他们就会寻机贪钱去买房。公职人员凭合法收入买不起房，就会通过腐败去买房，于是反腐就很难见成效。

这位政协委员的话，很容易让人想起清华大学一位反腐专家的话：在今后步入“汽车时代”后，中国应该让绝大多数公务员买得起私车——无疑，公务员无房影响反腐，这是对公众和财政赤裸裸的绑架和勒索：不满足公职人员住房需求的话，我们就会理直气壮地去腐败，反腐败就别想取得什么成效。

首先来看，“公务员无房影响反腐”其实完全是一个伪命题。公职人员的合法收入买不起房，这是一个现实。可是，从反腐败的现实看，既有抓到的那些贪官，有几个是因为“买不起房”而去腐败，去滥用权力权钱交易的？腐败的根源在于权力缺乏监督，跟“买不起房”没有半点儿关系。他们腐败的目的也不是简单的买房，而是满足无休无止的贪欲。即使满足了他们的住房需求，他们一样会贪污腐败，因为有了房后他们还想有更多的东西，美元、二奶、别墅，等等，贪欲无休无止。

不能把腐败的动因归咎到“公职人员买不起房”上，如果一套房子就能遏制住公职人员的贪欲，一套房子就能养廉，好，民众即使每个人都露宿街头，也要先满足公职人员们的住房。

然后，从公职人员的收入来看，比较那畸高的房价，他们确实买不起房。这个问题上，许多高级官员都坦陈过，靠工资根本买不起房。可是，一个有公共情怀和民生关怀的公职人员该怎么面对这个问题呢？不该是先悲痛于自己买不起房，然后借此向上级财政撒娇要房，而是应由此思考民生的艰辛和高房价之痛：公职人员处于这个社会的中上阶层，连收入和福利比较不错的公职人员都买不起房，普通老百姓就更买不起了。这样在与百姓“共同的利益感觉”下，应该去倾力治理高房价，挤掉高房价中的水分，加大保障房的供给，让大家都买得起房、住得起房，而不是利用“掌控资源者”的身份首先解决本群体的住房问题。

如果公职人员首先都通过公共财政解决了个人的住房问题，对高房价没有了痛感，高房价与他们一点儿关系都没有的时候，没有了“共同的利益感觉”，还怎么指望他们去调控和降房价？

再从技术上看，公务员靠自己的收入虽然买不起房，但可以像普通老百姓那样租房住啊。政府部门不是总批评年轻人在住房上的观念有问题吗？说人人有房住，不是让每个人都拥有一套房，而是让大家都有房住就可了，是“居者有其所”，而不是“居者有其屋”，鼓励大家都去租房，而不是买房。在这个问题上，公职人员应该起到示范作用，用自己的行为向公众说明：不去买房而是租房，一样过得很好。公职人员靠合法收入，完全可以租得起房。

我觉得，公职人员是不宜纳入保障房体系的，如果纳入的话，那么，保障房资金将都会首先满足公职人员的住房需求，普通百姓只能往后排，因为公职人员掌握着资金的分配，他们必将首先满足本群体的需求。公职人员最先享有保障，公职人员住最好的保障房，那样的保障房就完全变了质。

结婚不买房，到底谁在耍流氓

“结婚不买房就是耍流氓!”上海某公寓楼盘的广告撕破了底线，赤裸裸地从一个侧面揭示了房子跟婚姻的关系。近日，有新闻网站联合婚恋网发起了一项针对当代年轻人婚房观的调查，调查中关于“结婚不买房，就是耍流氓”的问题引发了广大网友的围观和热议。调查显示，反对“结婚不买房就是耍流氓”和赞同“婚房应由男女双方来买”的人都超过了半数。(综合2012年2月媒体报道)

针对广大女青年的“结婚不买房，就是耍流氓”，男青年也悲壮地喊出了“结婚非要房，才是耍流氓”。一时间，两句针锋相对的口号，使买房问题再一次成为婚姻的争议焦点，似乎双方互以“流氓”相讥。

“结婚不买房，就是耍流氓”——这句话似乎显得当下的女青年有多么的拜物拜金，用房子绑架婚姻，用房子要挟爱情。其实，这完全是夸张的说法，夸大了房子在婚姻和择偶中的位置。我在给北大大三新闻系的学生讲课时，就这个问题现场进行了调查，结果40多个学生中只有1个学生支持“结婚不买房，就是耍流氓”。当然，支持“结婚非要房，才是耍流氓”的也没有几个。大家普遍认为这种说法过于极端。房子当然重要，但不至于在婚姻中扮演如此重要、甚至核心的角色。

有必要注意到，“结婚不买房，就是耍流氓”的议题，是房产商设计出来的。答案就很明显了，他们无非是想借此夸大房子的重要性，从而更多地卖房。房产商主导的这个卖房广告，就是忽悠年轻人买房。尤其是在这个房地产市场很不景气的情况下，更是如此。他们借一切机会来渲染买房的重要性。某个楼盘还有一句著名的广告语：有情人终成房奴，有房人终成眷属——同样是卖房推销术。

这样夸张的宣传，主要目的是在广大男女青年和丈母娘中制造一种心理暗示——买个房，才对得起新娘，买个房，嫁出去才有保障；并制造一种从众的恐慌和舆论的压力——仿佛现在整个社会都是这样，结婚必须买房，没房就 BYE BYE；同时向男女青年传递不切实际的期待，制造一种“有房才有尊严，结婚必须以有房为条件”的消费文化。

其实，房产商们一直在不遗余力地渲染这种房产消费文化。比如任志强，他一直在忽悠年轻人，鼓励“80 后”要志向高远，劝诫年轻人不要浪费青春，面对当前高不可及的房价，可以当做动力，应该以高标准的住房为生活奋斗目标——表面上看是鼓励年轻人奋斗，可这纯粹是一种精神鸦片。任志强不可能不知道，“以高标准的住房为生活目标”将造就怎样一代胸无大志的年轻人。当年轻人的理想被房子束缚和绑架，这个民族怎么可能与发达国家那些拥有自由梦想的年轻人进行竞争。

这么看，问题就很明白了。结婚不买房，问题并不在男女青年，冲突的双方并不是男女青年，而是将房价抬高、使房子成为一个问题的地方政府和开发商。结婚不买房，流氓不是男女青年，而恰恰就是制造这句广告语的开发商，及其身后力挺房价的地方政府。

10 多年前，结婚买套房，并不是个问题，只有房价飙升到当下这种令人无法企及的高度时，才成为一个严峻的问题。换一个角度看，结婚买套房，并不是一个过分的要求，毕竟，没有房就缺乏归属感和安全感。可如今在这畸高的房价下，对刚毕业和毕业几年的年轻人来说，买套房是何其之难！所以，男青年买不起房是可以理解的。是谁逼得男女青年陷入这种尴尬的境地，又是谁让婚房成为婚姻的坟墓的？流氓到底是谁，答案显而易见。

“大多数人是好的”是正确的废话

谈到某个社会问题、批评某种社会现象或曝光某个丑闻时，常听到一种回应或辩解是：大多数人是好的，违法乱纪的只是极个别现象。说到城管问题时，会听到有人辩解说“城管大部分是好的，少数不好现象被放大了”；说到腐败问题时，会听到有人说“领导干部大部分是好的，极个别贪腐现象影响了干部整体形象”；说到教师的失德行为时，立刻会有人说“多数教师都是好人，坏人还是极少数”。“大多数是好的”已经成为一种流行的官腔和万能的套话。

大部分是好的，这话错吗？当然没错，从辩证法来看，当然是极辩证、极正确的，但又是典型的正确的废话。这种表达有意义吗？没啥意义。又没人说城管都是坏人，也没人说城管都是暴力执法，而只是曝光城管粗暴执法的现象，批评城管体制隐藏着激化街头冲突的危险，权力很容易被滥用。也没有人说领导干部都是坏人，而只是忧心于权力得不到约束，坏制度也会将好人变成坏人。用“大部分是好的”来回应舆论质疑纯粹是答非所问转移话题，用正确的废话掩饰真实的问题，用“大多数人是好的”转移视线回避矛盾。

最高法院院长周强说，司法公正来自个案公正的积累。这种对个案公正的重视非常值得赞赏。2013 年两会时，农业部新闻发言人回答记者对中国农产品安全问题的提问时，回答得也非常精彩：1% 的问题也要尽 100% 的努力。他们就没有沾沾自喜于“99% 农产品都是安全的”，而是把目光投向那 1% 有问题的；没有用“大多数是好的”去敷衍公众，而是正视那极少数。无论是对待腐败，还是对待各个群体、各个领域中的违法，都要避免拿“大多数是好的”这种正确的废话去诡辩，慎言“问题只是极少数”。

大多数人是好的吗？从辩证法来说，可能是。可如果不重视出现的体制痼疾，无视暴露出的制度问题，“大多数人是好的”这个道德根基是很靠不住的。千里之堤，毁于蚁穴，你能说“大多数堤坝是坚固的”吗？不要小瞧那些“极少数人的问题”，就拿司法腐败来说，即使只占1%，但落到具体的人身上就是100%的不公正；国产奶粉的问题，即使只有1%不合格，可我们谁也无法保证自己喝的奶粉就不是那1%有问题的。贪腐虽然也是“少数和个别”，违法乱纪也是，可如果找不到治本之策，就很难以“多数是好的”去安慰和引导公众理性看待。

少数城管有问题，应该以体制改革去解决问题，少数官员有问题，应该将害群之马清除出队伍，而不是用“多数是好的”来掩饰和回避。

到底有多少是好的，多少是坏的？什么又叫“极个别”？这从统计学上也说不清楚，也无法统计，这种统计也没有意义。“多数是好的”只是一种想当然的辩证游戏。一边是城管与商贩的冲突不断，一边却沾沾自喜于“城管多数是好的”，这一方面让公众看不到解决问题的诚意，一方面在回避问题中不断激化矛盾。各领域业的问题都是如此，不要用这种“正确的废话”去欺人与自欺。

东莞不哭：恶搞背后的舆论潜流

2014 年年初网上铺天盖地都是央视暗访东莞色情服务的新闻，央视当初策划这一选题的时候，绝没有想到这种“曝光丑恶”的报道会惹火烧身，使自己成为网友吐槽的矛头。卖淫虽不合法，暗访也合新闻伦理，但央视自以为正义的报道，却在网络上受到了差不多是一边倒的嘲讽，此种舆情背后的社会分裂很耐人寻味。

网民很有才，很多倒没有公开地支持东莞的色情业，而是以恶搞和戏仿的方式解构着央视扫黄镜头的崇高。像“东莞不哭”“东莞挺住”“东莞加油”“今夜我们都是东莞人”之类从抗震救灾中征用的话语，充满着反讽的意味。用官媒报道抗灾的崇高话语去描述央视扫黄，就是为了在消解崇高中去恶心人。扫黄激起的狂欢，类似于游街激起的亢奋，这种流里流气且带着兴奋的语言，半是恶搞半当真，一方面是围观的大众在表达着窥淫的狂欢，一方面是习惯性发泄着对央视这个体制代表符号的不满。

很多人可能并不支持那些违法的色情服务，他们反感的可能是扫黄者的道德优越感。如此大的吐槽声，反映着中国社会结构性和制度化的对抗，价值观的断裂和阶层的对立，借助着扫黄这种影响性事件再一次得到公开的表现。法律层面的扫黄迅速被政治化，央视义正词严的扫黄镜头，被当成了强大体制的象征，而蹲地、抱头、掩面的失足少女，自然被想象成了被压迫、被欺凌的底层。镜头后的霸权与小姐在镜头下的瑟瑟发抖，这种强弱的对比和对抗的隐喻，迅速使有着受害者心态的大众习惯性地站到了“弱者”那一边。人们已经习惯了站队，在央视与小姐的对立中迅速选择了自己站立的位置。

对央视符号的不满，决定着大众的情感取向，人们习惯性地将其看作某种强大权力的象征。人们也许反感和反对嫖娼，但如果央视报道了一起嫖娼案件，人们就会在情感上站到嫖客的那一边，想象出各种迫害的阴谋论。一般媒体暗访酒店皮肉交易，只会成为一般社会新闻和网友娱乐谈资，而央视出手，则被添加了很多复杂的情绪和过度的阐述，对权力和体制的不满会杂糅和转嫁到对央视的批评上。

有人批评央视欺软怕硬，有人批评其不敢触碰腐败却聚焦这种鸡毛蒜皮，有人指责央视自身一堆问题却把矛头指向别人，甚至嘲讽这是“同行相煎”。其实央视的报道也在指向色情业后面的权力保护伞，批评“报警无人理会”，并曝光了涉嫌公车公款嫖娼的公职人员，可在对央视符号的惯性认知下，这些都被忽略了。网民深陷于“央视断小姐活路”的被压迫受害想象中不能自拔，在讨伐央视中“享受”着鞭挞权力和反抗体制的快感。

加上很多腐败丑闻中官员“与多名女性保持不正当关系”的性乱象让公众瞠目结舌，很多关于官场淫乱和权媒性交易、旋转门的传闻也不断突破着公众的想象力，“管民不管官”的想象进一步刺激着人们对央视曝光东莞的愤慨。

虽然这种讨伐央视的情绪在网络上充满着正义感，我也在情感上同情那些失足少女（虽然有人嘲讽说记者收入不如小姐，没有资格同情她们），但从法理和职业层面我并不反对央视的暗访（当然有不少不人性的细节，比如小姐脸上未打马赛克），不能把对体制的不满转嫁到对一个媒体正当履行自身职责的舆论监督中。底层反抗权力只是大众的情绪化想象，是一种错觉，更像一个笑话。

有人说，央视犯众怒是因为动了底层的“性利益”。可从报道中看，嫖资动辄700元到1200元，有几个底层人消费得起？此次扫黄主要指向大酒店，闻名的“莞式服务”也把目标客户定位于中上阶层，所以准备地说，应该是动了中上阶层的“性利益”。而这个阶层又掌握着相当大的网络话语权，这也是网络不满较强烈的原因之一。开玩笑地说，这有点儿像中层的消费者和下层的服务者联合起来讨伐下流的上流社会。性服务者未必都是底层，底层从事性服务未必就有道义合法性，不过是拿着“底层”这个带着道义优越性的符号去作为反抗权力的工具。有意思的是，“工具”这个词也成了互殴的工具，也有人指称央视是权力的工具。

这种一边倒讨伐央视的声音中，也带着互联网鲜明的男权特征。互联网上男权话语本就有优越感，而扫黄和“性交易合法化”的话题更带着强烈的男权色彩。从活跃的网络吐槽者的身份来看，多是男性，而女性则是沉默的，女性偶尔的发言也只是弱弱地表示对央视的支持。针对央视报道受批评，一个女网友称：那只不过是社会以男性为中心的劣根性的舆论一边倒。嫖娼对男性是有利的，也是男人压迫女人的表现，正常的女人肯定反对男人这种无耻的行为。——相信这位女网友的观点代表着很多女性的声音，但在男权话语垄断的互联网舆论中，这成了沉默的大多数。

左派右派的口水战无处不在，无时不在，央视东莞扫黄的舆情中自然也少不了左右的对立。左营基本都站在央视一边表现着扫黄的道德优越感，而右营则多是反对，并高谈阔论地分析背后的种种权力阴谋或政治斗争。撕裂的社会中，任何一件事都会引起左右的撕咬。

惊闻“政府不吃亏”成为炸楼理由

中国正进行着一场轰轰烈烈的城市化运动，大拆大建和爆破高楼差不多是每天都在发生的事，甚至比拼着拆建的速度和爆破的高度。虽见惯不怪了，但无锡将爆破一座高98米、总造价3776.7万、仅使用了7年的医院大楼的消息还是让人万分惋惜。好好的楼为什么要炸掉呢？政府的理由让人听来很是匪夷所思：政府不吃亏。

面对舆论对炸楼的质疑，无锡市规划局相关官员接受采访时称：建一个新的更大的医院，政府花掉10亿元多点，而转让一个老医院地块就获得12亿多元，应当说政府实现了盈余，此举是成功的。如果硬要说，拆掉高楼是一种损失和浪费，那损失和浪费的也是企业的钱。(2008年3月17日《现代快报》)

这位官员是在诡辩吗？不是诡辩，而是在说实话——“政府不吃亏”正是许多地方热衷于大拆大建和不惜比拼着炸楼的根本原因所在，不仅不吃亏，还大大地赚钱了，是大大的政绩。公众应该还记得去年浙江炸掉“西湖第一高楼”，准备在废墟上建另一座“西湖第一高楼”的新闻吧。为什么要炸了再建，就是因为卖地财政，炸楼后光卖掉地皮就能狠赚一笔。这也正是许多地方“经营城市”的秘诀所在：先由政府“做地”，推出一个概念。该区块经过建设后升值，带动地价上涨，政府可以通过卖地获得更多的财政收入，是为“卖地财政”。

照这个逻辑来看，政府确实是不吃亏的，而且靠炸楼狠赚了一笔——可这个世界是遵守能量守恒定律的，炸掉一座造价这么高、仅使用了7年的大楼，一座高98米的大楼灰飞烟灭，肯定损失和浪费了许多东西。政府不吃亏，肯定是要有人吃亏的，那成为垃圾的每一块砖每一块瓦的成本肯定是要有人承担的。政府官员说“损失和浪费的也是企业的钱”，这纯粹是扯淡。企业无利不起早，追逐利润最大化的企业才不会消化这些损失呢，最终所有成本都会均摊到普通老百姓身上，吃亏的是无力转嫁成本的平民。

先说这块地是怎么来的。我从新闻中注意到一个事实：2003 年，政府对无锡市第一人民医院地块规划进行调整，土地性质由医疗变为商业。也就是说，大楼刚建成 3 年，其被拆的命运已基本锁定——政府获益的关键正在于这个环节。因为目前土地属于国有，政府有权以公益的理由以极低的成本（有时甚至是零成本）征收任何单位和任何人的土地，然后又有权任意对土地的用途进行变更。在公益名义下以行政命令零成本征得土地，再贴上商业标签以高价将土地卖出去。政府赚得盆满钵盈，老百姓的利益却在征地中受损了。

一项统计显示，改革开放以来，低价征用制度从农民手中转移的利益大约在 15 万亿人民币左右，而卖地补偿给农民的不到其中的 5%。许多人的土地财富转变成了城市化和现代化的高楼大厦、公园广场、企业厂房，等等，但他们却因征地而致贫，形成 4000 万失地、失保和失业农民——声称“政府不吃亏”的官员，你们炸楼时把这笔成本考虑在内了吗？

然后是政府高价卖地必然极大地推高房价。这么多年各大城市房价所以疯涨，除了房地产开发商的暴利外，其中相当比例是政府高价出让土地向购房居民转嫁的部分，卖地财政是造成中国居民买不起房的一个很重要的原因——可以想象无锡炸掉医院高楼后干什么，无非是卖给房产商开发房地产，高昂的地价和炸楼所浪费的财富，必然都将转移到房价中让所有买房者承担。是的，政府不吃亏，吃亏的将是无数买房者。

还可以列举出许多炸楼的成本，比如医院会有拆迁成本，医院自身肯定不会承担，而会转嫁到医疗费用中让患者承担；政府因为卖地透支了政府未来几十年的财政资源，将导致以后的政府在供给公共品上缺乏财力——总之，那被炸大楼的半分成本都不会消失，都将转移到公众的生活成本中。

显然，这一切都根源于当下的卖地财政体制，这个体制不改，政府比拼着炸楼的冲动永不会受到遏制，“政府不吃亏”而“老百姓吃亏”的现象就永不会终结。

“公平导致公务员热”怎么也说不通

公务员热越来越热，面对这种热度和公众的质疑，有关部门开口回应了，建议舆论要“冷静看待”。人力资源社会保障部副部长、国家公务员局副局长杨士秋接受专访时分析了公务员热的四大原因，其中之一是：公务员考录提供了公平竞争机会，所以考生们很积极地考加考录。（2011 年 2 月 17 日《新京报》）

这不是该部门这一次这么表态，2008 年 11 月该部部长尹蔚民接受采访时就表达过这个观点。当时他为公务员热总结的四大原因是：一是就业压力大，二是公务员考录的公平、公开、公正，三是公务员职业的稳定性，四是报酬待遇比较稳定。他还反驳了报考热是因为公务员工作比较轻松和待遇高，称如今公务员已经越来越难当了。

公平的竞争机会导致了公务员热，这个奇怪的理由让人怎么想也想不通，连牵强附会都算不上。

一方面，公平竞争的机会在这个社会中多的是，难道说跨国公司的招聘很不公平，难道世界 500 强企业的招聘很不公平，难道海尔、联想之类企业的招聘很不公平、公开、公正？为什么只有公务员招聘才出现了这种人山人海、千军万马挤独木桥的场景？这是“公平的竞争机会”难以解释的。

另一方面，“公平的竞争机会”在逻辑上与公务员热也没有关系。人们参加一场招聘，最看重的其实并不是机会公不公平，而是这个工作的利益含金量如何，适不适合自己，有没有更大的发展空间，能不能获得更多的利益，等等——这是最看重的，“竞争机会公不公平”只是不太重要的求职考虑。一个人不会仅仅因为进入某个行业有着“公平竞争的机会”就会趋之若鹜，根本还在于职业本身的含金量。

很不正常的“公务员热”，到了官员那反倒成了反证公务员招考制度很公平的理由！这种掩耳盗铃、自说自话式的辩解很难获得公众的认同，只会强化舆论的反感。其实，官员辩称“公平的竞争机会导致公务员热”，目的无非是为了掩饰：一是掩饰公务员招考中的不公问题，一是掩饰公务员的高工资高福利问题。可实际上，这种不高明的掩饰，只会起到“此地无银三百两”的效果。

无论多么掩饰，其实根本无法回避公务员热中“高工资高福利”的问题。为什么那么多人对公务员岗位趋之若鹜，即使那么低的录取比例也打破头往里面挤，而且挤进这个队伍后很少有人会退出来——原因是明摆着的，高工资、高福利，较低的工作压力和较多的生活保障。人身上有许多重身份，可有一种身份是共有并根深蒂固的，那就是“理性经济人”。利益虽然不能解释所有社会现象，却是诸种解释中最重要的因素。做不做一件事，选不选择某种职业，利益总是最优先、最重要的考虑，这是“公平的竞争机会”掩饰不了的。

其实也无须以“公务员热”来反证公务员的高工资高福利，现实的生活见闻、媒体的报道中，住房保障，医疗保障，子女教育，公款吃喝，公车私用，公费旅游，等等，这种福利是其他岗位无法望其项背的。无法否认这是“公务员热”最大的利益背景。

“公平导致公务员热”也是想掩饰公务员招录中出现的种种不公。前段时间该部门曾专门回答过这个问题，称公务员招录为优秀人才进入公务员队伍提供了平等机会。据统计，2010 年中央国家机关新录用的公务员中，来自工人、农民、教师、医生、工程师、自由职业者等普通家庭的占 93. 2%。这显然是回应近来媒体一系列针对公务员招录中出现的“萝卜招聘”式丑闻。“九成来自普遍家庭”的统计并不能消除公众对招录不公的焦虑，一来数据不靠谱，二来这仅仅是中央机关的数据，而地方上的招聘就混乱多了。

告诉他“为何老百姓不公布财产”

《财经》记者采访某官员身份的政协委员时遭遇其“为什么老百姓不公布财产”的反问，这个堪称“2009 年度最牛反问”的问题激起了舆论的热议。网友很有意思，积极“响应”了那个官员的反问，纷纷在论坛晒出自己的财产明细，在欢迎监督的同时，也热切期盼官员们能后来跟上。我们公布了，就等你们了！（2009 年 3 月 16 日《华商报》）

也许网友是想借晒自己的财产来倒逼官员也公布财产：你不是反问老百姓为什么不公布财产吗？现在本不该公布的普通老百姓也在公布了，你们还有什么借口不公布呢？再不要以为老百姓占什么便宜了，请向老百姓看齐吧——理解网友此举的“逼官”意味，但我觉得，作为纳税人根本没必要以这种牺牲原则的方式来让官员公布财产。面对官员的雷人、欺人的反问，纳税人应该理直气壮地教导他：为什么官员必须公布财产，而普通老百姓却不必要。

首先要告诉那位官员，老百姓在这方面并非毫无作为，即使是普通老百姓，他们在财产的透明和阳光上也承担着比官员更多的义务。他们虽然没有公布财产，但法律规定“年收入 12 万以上的公民得向税务部门申报个税”——也就是公民向政府申报自己的收入了。对官员本该有对普通公民更严厉的规定和约束，在这方面有更多的要求，可相比之下，官员在这方面做了些什么呢？

然后应该跟这位官员说，当你脑海中浮起这个问题之前，你首先得问问以下这些问题：为什么不用公款给老百姓发工资？为什么不给老百姓配备公车？为什么不给老百姓特别的医疗福利？为什么不给老百姓发丰厚的房补？为什么不给老百姓跟自己同样多的权力？比较一下自己手中的权力、享受的福利与普通老百姓的不同，多问几个为什么，也许你就能想通“为什么老百姓不公布财产”了。

如果他还想不通，还可以引导他这样想：为何老百姓不公布财产呢？看来这位官员是很羡慕普通老百姓能享受到这种“财产不为他人所知”的隐私，很羡慕普通老百姓在财产私密上的权利——好，既然你羡慕老百姓享有这样的隐私权，那你愿意放弃你的高官职位而当一个普通老百姓吗？老百姓肯定很愿意让渡这种隐私权而当官，可你呢？你愿意让渡出自己的官职而去当一个可以享受到隐私权的普通百姓吗？如果不愿意，好，那你继续当你的官吧，但必须公布自己的财产，别羡慕老百姓那点儿可怜的隐私权了。

引导官员作这种换位思考是想告诉他，当你选择了当官的时候，你获得了别人得不到的权力和福利，你就不能再把自己当一个普通老百姓看了，你就让渡了许多权利，收入隐私权当然不再享有。

如果还想不通呢，好，你可以选择继续不公开自己的财产——但你必须时时刻刻忍受公众对你怀疑的眼神，怀疑你滥用权力牟取私利，怀疑你在权钱交易中收了无数赃钱，怀疑你抽的烟、戴的表、开的车、穿的衣服都与腐败有关，就像前段时间许多戴表的官员被误解“戴了天价名表”一样。其实，官员财产申报制不仅是对官员的约束，也是官员自证清白的一种手段：财产向公众公开了，起码能证明自己收入的透明和廉政的自信。而财产一天不公开，你就得不断忍受公众对你怀疑的眼神，忍受人肉搜索对自己无休无止的骚扰。

别用“钱少为何不辞职”去呛公务员

一谈公务员涨工资，舆论就会上火，公务员就会挨骂。这一次得到证实的涨薪，也习惯性地引发了舆论讨论，不过一个看得见的舆情变化是，反对声没以前那么大了，理解公务员的声音多了——这种舆情变化也许是反腐带来的，反腐挤压了官员和公务员很大的隐性福利空间，为涨薪赢得了一定的正当性。

不过还是有不小的反对声，比如这种声音就很流行：说公务员收入低，甚至被打入低收入阶层，可为什么很少看到公务员辞职呢？收入低为什么不辞职去找收入高的工作呢？——这种声音貌似有理，其实是一种对立的情绪。讨论公务员的薪资问题，还是应该基于事实，而不是用“钱少为何不辞职”这种话去呛公务员。

“钱少为何不辞职”的逻辑有两个问题：其一，“不辞职”是不是事实？没人辞职只是公众想象出来的一个数据，并没有得到数据支撑。实际上，我好几个公务员朋友都因为待遇问题而辞职了，到企业拿高好几倍的薪水，只不过一般都很低调。如今，公务员与其他职业的正常流动比以前频繁多了。其二，即使辞职的公务员很少，但不辞职的原因有很多。不辞职并不代表公务员的收入就很高，工资就不需要涨。

公务员工资低却很少辞职是可以理解的。比如，公务员岗位与其他职业相比还是有一定的特殊性。它涉及公共服务，须保障这个职位有一定的稳定性。企业也许可以关门，但一个公共服务的部门不能出现断崖式的员工跳槽。还有，有人就喜欢公务员岗位，他选择当公务员不只为了钱，更是一种职业爱好。再就是 换工作的成本很高，重新择业，重新上岗，重新换个单位，很折腾，而且自己学的就是这个专业。如今就业本就很难，千军万马挤独木桥考上公务员不容易，岂能不珍惜？最后，工资只是衡量择业的一个因素，公务员岗位还有其他的吸引力。

这么将心比心考虑一下，就不会动辄拿“钱少为啥不辞职”去呛公务员了。这种霸道的诘问，无法形成交流与沟通，只能强化民众与公务员的对立情绪，让涨工资话题变成一场口水战。一边是在晒工资单哭穷，一边说嫌钱少就走人，外面排着一群抢这个岗位的人呢——多像霸道老板的逻辑。纳税人可以监督“公仆”，但也别像恶老板那样由不得人讲理，拒绝正当的涨薪理由，把复杂的事实变成一句不由分说的“嫌钱少就走人呗”。

讨论公务员收入高低的问题，应该有一个客观可衡量的标准，而不是用“辞不辞职”的冰冷市场逻辑作标准。我觉得衡量标准有以下几个：跟公务员付出的劳动比，跟社会的平均工资比，跟城市的生活成本比，跟其他国家公务员在社会阶层的收入对比程度比——拿这几个标准去衡量会发现，中国的公务员，尤其是基层公务员，收入确实偏低。

讨论公务员工资问题，需要基于同一标准。现在很多貌似激烈的争论，都是关公战秦琼，根本没有形成对话。你说公务员收入低，他说公务员有很多隐性福利——某些地区某些领域到了一定级别的公务员，也许确实有隐性福利，但并非每个公务员都有，多数人可能是靠工资过日子。

讨论这个问题，还需要区分贪官和普通公务员。反腐败让公众大开眼界，看到了贪官让人瞠目结舌的巨额财产，他们工资基本不用，老婆基本不动，日常全部靠送，花天酒地，生活极尽奢华。现在横在涨薪话题上的一个标签障碍是，一提到公务员，浮现在人们眼前的都是一个个被腐败养得脑满肠肥油光满面的贪官；一提起公务员涨工资，激起的都是“贪官家的钱多得烧坏了多少台点钞机”之类愤怒想象。把这种想象延伸到多数无辜的公务员身上，涨工资的话题就没法聊了。

我觉得，广大公务员应该是财产公开的最大支持者，因为，他们是收入不透明的最大受害者。因为收入不公开，他们每个人的形象都被与贪官绑在一起，被认为享受着无数莫须有的隐性福利。所以，还是别说“钱少为何不辞职”这样的伪问题吧，多讨论些实在问题在当下更实际。

强力反腐改变了民间的“笑贫不笑贪”

2015年全国两会期间，中纪委打破了“盛会不打虎”的潜规则，公布了几名官员的落马信息。两会一闭幕，中纪委又连打数只更大的老虎。这种节奏见证着高压腐败的力度——来北京开两会的两名高官代表落马，来了北京就回不去了，产生了更大的威慑力。网上流传着好几个描述贪官听到“有两人开会后需要留下”后被吓得屁滚尿流的段子。曾有人说反腐让“官不聊生”，其实身上干净的官员并不受影响，主要是“贪官”不聊生。

这场致力于让官员“不敢腐、不想腐、不能腐”的反腐风暴，不仅深深地影响着官员的从政理念和权力观念，更深刻地改变着民众对腐败的看法。腐败官员一个个受到严惩，高级贪官一个个落马，天网恢恢，疏而不漏，甚至打破了“刑不上常委”的潜规则。民间很多人已经从过去暧昧并矛盾地一边仇腐一边却羡腐，转向了真正的仇腐恨腐。

前几天与一个在高校教书的朋友聊到这个话题，他说，现在真的有点儿同情那些贪官了——反腐败节奏这么紧，晚上怎么睡得着觉啊。刚刚还在主席台上作报告，说不定就被突然闯进来的纪委工作人员带走了；可能一边以领导的身份出现在报纸上，一边就被宣布落马了。还是做一个清官好，晚上在家不必担心有人敲门，开会时不会看着门担心纪委办案者随时闯入，不用整天焦虑于把那钱那房藏哪儿。从我的观察来看，朋友这种心态在当下民间很是普遍——其实不是“同情”贪官，而是对腐败的痛恨，对反腐败的拍手称快，而是乐见贪官的彻夜难眠，乐见腐败受到遏制。

在此之前，公众对腐败的态度并非如此，在很多时候存在着严重的“精神分裂”。虽然似乎人人骂贪官，人人恨腐败，腐败像过街老鼠那样人人喊打——但这种“仇腐”并不纯粹，其中隐藏着暧昧的“羡慕”。人们站在自己的位置上狠狠地骂贪官，可如果自己坐到那个位置，可能比贪官贪得更厉害。

人们骂贪官，其实并不厌恶特权，也不厌恶腐败。如果腐败能给自己带来好处，如果自己有能力有资格腐败，一定毫不犹豫地投入到腐败的怀抱中。人们很多时候并不是痛恨腐败，只是痛恨自己没有一样的腐败机会。这种心态下，有些地方在贪官落马后搞的贪官赃物展，并没有产生廉政教育的效果，反而刺激了一些人对贪官生活的羡慕忌妒：那么多美女，那么多豪宅，那么多存款，如果不是偶然落马，那日子过得多滋润啊。

一个小学生接受采访时的视频曾引发很多人的忧虑。这个小学生在被问到“长大了想当什么”时，他的回答竟然是“长大了想当贪官”，原因是“贪官有很多东西”——童言未必是真，但却能折射出成人世界暧昧、精分的羡腐心态。

一边骂特权一边羡慕特权，一边恨腐败一边却羡慕腐败，这复杂心态背后的原因有很多，比如利益至上缺乏原则，“利害高于是非”的精致利己主义在我们的社会中根深蒂固。还有一个很关键的原因是，腐败未受遏制，贪官过得很滋润。如果公众眼看着贪官公然地中饱私囊，毫无忌惮地滥用权力为亲朋谋取不正当利益，全家上上下下老老少少男男女女都参加腐败，其虽一脸的腐败相，民间也都传说着他的腐败事迹，可这样的人却不仅未受严惩，反而能八面玲珑步步高升——贪官日子如此滋润，叫人如何不羡腐，叫人怎么恨得起来？民众能感觉到腐败很严重，但因腐败落马的却见不到几个，大老虎更是精分地一边大贪一边倡廉，民众也会精分地一边恨腐一边羡腐。

这便是羡腐心态和羡腐文化的土壤，因为贪贿不受惩罚，贪腐过得很潇洒，人们便笑贫不笑贪，甚至笑廉不笑贪。一个官员如果家里穷，出入没公车，办事不找门路，可能会被瞧不起；一个官员贪得无厌，让整个家族都沾了光，能捞钱有关系有门路，家人会觉得有面子，大家也会投来羡慕目光。官员甚至敢公然炫耀下属的进贡，以此炫耀权力。

可高压强力反腐改变着羡腐文化的土壤，人们不再笑贫不笑贪，贪官和腐败不仅不再被羡慕，反而成为被同情的对象。当贪官落马已经成为家常便饭，“一落马就什么都不是”的贪官可怜相一再示众，人们看到“伸手必被捉”的制度正在努力形成时，对腐败便没什么可羡慕的了。不要小看民间在看待腐败问题上的心态转变，当社会不再“笑贫不笑腐”，腐败被全民仇视而非羡慕时，这种文化对腐败也是一种遏制。

官员竟反问“你们凭什么这么相信我”

“你们凭什么这么相信我?”猜猜看，这种反问出现在何种场景中？这不是在日常生活中，不是在请陌生人保管物品时，而是官员面对组织部门调研时的反问。全国人大代表、山东济宁市市长梅永红 2015 年 3 月接受采访时讲了一个故事：中组部曾来济宁调研干部制度，他向来调研的人提出一个问题：“你们凭什么这么相信我?”他认为，人是感情动物，是有私欲的，把人放到一个位置上，赋予他一个无边的权力，实际上是把他放在悬崖边上，这是非常危险的。

弄明白了，原来是请求组织千万别相信他个人的道德自觉和自律，而要约束他手中的权力。——这是官员非常罕见的反问。我们倒是听惯了官员相反的反问：你们凭什么这么不相信我？又是拍胸脯，又是表忠心，又是对天发誓，证明自己品性道德的“可信任性”，追问别人为什么不相信自己。

其实，那种“请你相信我”“凭什么不相信我”之类的承诺和自证是很无力的，“凭什么这么相信我”才是贴近现实、合乎人性的追问。这位市长的意思是：好人坏人都是靠不住的，信任永远不能建立在对个人品性的相信上。凭什么相信呢？只有以“不信任任何人”为起点，然后用制度去防范人性的恶，防范人的贪欲，把每个人想象成随时会滥用权力的无赖，才能有一个可控的结果。

市长让组织部门别相信自己，不是说自己是坏人，而是说要用制度遏制每个人的贪欲。赋予一个人强大的权力，却又不去监督他，这种放纵是把官员置于了随时会滑向腐败的危险境地。市长“求监督”，其实是在保护自己，使自己免于走向那种危险境地。

这位市长的言论，获得了其他人大代表的点赞。大家都觉得，作为一个市长能这样说，能有这种认知，非常不容易。很多官员都迷恋权力，寄望于更大的靠山、更大的权力、更高的官位，才能获得一点儿安全感，他们追求的是“不受监督”的安全感。可从周永康到徐才厚，再到苏荣和令计划，他们的位置够高的吧，可获得“安全”了吗？无限的权力不仅得不到安全，恰恰是危险的根源。把权力关进笼子，让腐败之手被捆起来，那才是真正的安全。东窗事发后锒铛入狱，一夜之间成为全民唾弃的对象，就什么都没有了。不能等到腐败落马后，才在法庭上哭诉“为什么不监督我”“为什么放任我走向堕落”“如果我第一次收钱时就受到警告就好了”。

政治发达的国家，在制度设计时常遵循“无赖假设”，把每个官员想象成无赖去防，而政治发展相对滞后的国家，都把官员想象成在道德上能自觉“甘当人民公仆”的天使，可结果却成了一坨坨的无赖。

想起全国政协葛剑雄的经历，当时他还是复旦大学图书馆馆长，他在2009年的时候就把图书馆的经费开支全部对外公布了。为何要公布开支情况？葛剑雄说：钱少时腐败不起来，然而钱多了制度却没有跟上来，公开财务支出的目的就是为防止腐败。他强调说“我这是在救自己”。他解释说：购买图书时产生的回扣一直以来是行业惯例。出版社卖书给书商会打折，书商卖书给图书馆也会打折，但账面上的售价却是按图书上的标价进行销售。这样产生的回扣一年可高达几百万。

一年回扣可高达几百万，多少人能经受住这么大的诱惑？对自己稍微放松一下，手稍微伸长一点，就轻易下水了。所以，葛教授立刻说：我说这不行，这样的话，我没几天就要犯罪了，非取消不可。他知道靠自己的自律可能抵制不了诱惑，于是就通过经费开支公开，让别人的眼睛来监督。经费开支全都公开后，众目睽睽之下，自己想腐败想拿回扣也拿不了。

这是通过公开回答了“凭什么这么相信我”的问题。

不必轻易把一家之言当“风向”

近来舆论和思想界比较混乱，出现各种群殴，各种围攻，各种激辩，各种喋喋不休的“混战”。比如求是网几篇网评引发的纷争，还有其他媒体的相应言论引发的讨论。这种舆论“混战”，一方面见证了当下舆论场的活跃，利益分化思想多元，另一方面表现了舆论场对一些问题缺乏基本的共识，对一些基本的价值缺乏“确定感”，充满不确定的焦虑，很容易对一些信息作过度解读过度阐释，从而引发不必要的舆论猜疑、攻击和冲突。

即使某一条新闻或评论发在党报党刊党网上，如果不是特别说明，不必动辄就解读为代表着某种官方态度。实际上，即使党报党刊党网，很多都在走市场化的尝试，去除高大上的姿态，而更关注评论本身的可读性和传播点，看重观点本身的痛点、泪点和吐槽点。《人民日报》是最官方的报纸了，以前评论比较少，如今每个版都有评论栏目，还有专门的评论版，哪里有那么多官方态度和声音？还是就评论本身去进行观点的论争，不必自寻烦恼地窥探和猜测背后的“背景”，甚至煞有介事地上升到“政治风向”。

特别反感一些外媒，动不动就故作神秘地分析文章背后的“风向”。我前段时间在中青报写了一篇评论，题目叫《“批评政府”和“抹黑中国”不是一回事儿》，呼吁一种理性的思维。评论影响很大，媒体转载很多，表明舆论对这个议题的关注。不过某些外媒就很煞风景了，开始猜这篇评论的背景，分析背后是不是高层的授意，是不是意味着“风向”的转变。这种阐释真把我这个作者吓 cry 了，哭笑不得。有意思的是，这种故作神秘分析“风向”的文章在舆论场上颇为流行，显得作者逼格很高，掌握着某种背景和内幕信息，其实多是扯淡。

过去“新闻联播”能够成为政治风向标，《人民日报》一两篇评论能影响股市，是传统媒体时代信息不透明和政治落后的产物。过去，信息渠道少，信息传播慢，新闻被垄断，而如今媒体越来越多了。老报人经常回忆当年党报那些深刻影响了中国社会的几篇政论，如真理标准讨论的文章，皇甫平的改革评论，等等。他们在怀念那个时代的政论辉煌时，感慨如今为何出不了那样的政论。我想，社会环境和媒介生态早已发生了巨大的变化，并不是这个时代没人写得出类似《实践是检验真理的唯一标准》这样的政论，而是“党报一篇政论改变一个时代”的环境早已发生改变。“一言兴邦”“一言丧邦”本就不是健康正常的时代。

传统时代的领导人，精通政治权术，热衷借助媒体造势，在政治斗争中通过自己所掌握的媒体放风，两报一刊，党报治国，社论治国，这养成了国人依赖党报窥探政治的习惯。中国正在迈向现代法治国家，政治也在去神秘化。传统那一套越来越被抛弃，政治运行越来越理性化、健康化和制度化。让人猜的神秘政治不是好政治，政治不应该是密室中的神秘权术，故弄玄虚的风向标应该让位于阳光透明的制度。

对媒体发出的文章不必一惊一乍地猜“风向”，今天发了这篇文章，猜是不是这个“风向”，明天发了那篇文章，又猜“风向”是不是变了，是不是有阶级斗争新动向了，事情是不是在起变化？这样放大那些属于个人观点的文章，制造了一个假想敌，自寻烦恼吓自己吓别人，将文章的观点敏感化，更是制造舆论和思想的混乱。

中国社会已进入正常发展的轨道，不可能出现价值观的大动摇和方向的大变化，失去了“反右”的社会基础。虽然人心思改革，社会变化日新月异，但经过30多年的改革开放沉淀后，中国自上而下已经形成了对一些问题的基本看法和稳定的政治经济价值观，民主和法治不会变，市场化的进程不会变，约束权力从严治官不会变，致力于强国富民的中国梦追求不会变。一个人说了算的时代已经是历史，依法治国的治国理政方针会使这个国家在不偏离法治轨道的方向上以稳定的速度前行。中国改革选择了一条温和渐进之路，调整中会有新常态，不会有休克疗法那样的大动荡大转向。这种认知的基本面上，应该有改革的“方向自信”，不能因为个别文章的“左”和少数声音的非理性而怀疑中国发展的方向。

“财产不公示”给官员制造无数障碍

政协委员吴翔请广州市委书记、市长率先公开财产，他认为，财产公开制度在国家层级于20年前已在研究，但相关法律法规迟迟未能出台。广州作为领风气之先的城市，应从领导开始率先公开财产，“这并无损领导形象，所以请书记市长率先公开”。（综合2015年2月媒体报道）

每年两会，无论是地方，还是全国，“推行官员财产公示制”的议题都会被舆论提起. 这种声音代表了主流民意的迫切期待，也是体制改革发展到当下无法绕过的障碍和必须啃的硬骨头。其实关于财产公示的改革已在渐进推进，比如很多地方已要求新提拔的干部、后备干部要公示财产，通过减小阻力的双轨制让制度先运转起来——渐进改革虽很务实，但这种妥协之举远远落在公众的期待后面，舆论一直在追问：官员为什么不敢公开财产呢？为什么非要等上级通知呢？

一些官员以恐惧、戒备和对抗的心态看待财产公示制，甚至充满情绪地对提起这个议题的记者反问“你为什么不公开财产”。其实，除了那些需要靠“不公开”来掩盖巨额财产的腐败官员外，多数官员应该支持财产公示。因为财产公示既是改革大势所趋，又更符合多数官员的利益。“财产不公示”已经成为推进改革的一个制度瓶颈，也给改善官员形象、弥合官民冲突、提升政府公信制造着无数障碍。

首先是改善官员形象的障碍。提起官员，现在网上很流行一句话：不查都是孔繁森，一查都是王宝森——这话有很大的情绪成分，但也反映了民众对官员深刻的极度不信任。尤其是贪官落马之后，被查出来的赃款都是数以亿计，查抄时运了多少辆卡车，数坏了多少台点钞机，这些略显夸张的描述加剧着公众对官员财产的想象空间。毕竟，这些贪官落马之前，都在公众面前秀过清廉，装过清官，内部的财产申报无一显示有问题。落马前后的形象对比，无法抑制住公众对官员财产的怀疑。拿什么证明自己与那些贪官根本不一样呢？

财产不公开，妨碍着普通官员与贪官形象的切割。舆论一直在追问：如果没有说不清的财产，为什么不敢公示财产？清清白白有什么好怕的？这种对官员的诘问未必合理，因为官员反对公开财产有很多原因，比如隐私的要求，保密的惰性，观念还没有转过来，不敢一个人公开，担心出风头得罪别人，需要等上级通知和组织要求，还有习惯性地看“风向”——虽然不公开有种种原因，但为了与贪官形象进行切割，为了避免公众一提起官员脑海里就浮现起家藏无数现金的腐败形象，为了证明自己的清白，有必要去支持财产的公开。财产不公开是贪官的制度红利，绝大多数官员没必要被贪官绑在一起。贪官财产不干净，所有官员形象都跟着受损。

然后，财产不公开，对公务员加薪形成障碍。公务员的工资已经很多年没有涨过了，而且逢涨必被骂。舆论阻力之所以这么大，主要是公务员被误读了，成为财产不透明的牺牲品。经常有公务员到网络上晒工资条，晒财产，证明自己收入微薄，可这种个体行为根本扭转不了舆论的偏见，因为公务员形象已经与贪官紧紧地捆绑在一起。记得有一次，一个公务员在某论坛晒完工资条和银行卡后，没人相信他，他不得不感慨：这是个诚信缺失的社会，怎么公开都无法取信于人。公务员个人晒工资条的大有人在，意外集体曝光工资表的也有，结果呢？得到的是“你们还有第二张卡”的回应。你根本就不打算相信，却还要求公务员晒工资，这其实也是在耍流氓。

不是公众不信，而是贪官引发的官员财产想象太根深蒂固、深入人心了。个体的晒收入行为太无力了，改变不了大局。很多青年公务员其实都是财产公示的最大支持者，他们不想背负着腐败的骂名。

财产不公示还制造着其他障碍，比如提升政府公信力的障碍，公信力需要阳光的照射，可官员收入不阳光，如何让人相信政府的阳光？也是其他改革的障碍，官员不首先改自己，很难塑造改革的公信力去改别人。都说要啃硬骨头，可财产不公示就是一大硬骨头，为什么啃不掉？把权力关进制度的笼子是改革的一大目标，制度笼子在哪里？不必东找西找，财产公示就是最好的笼子之一。财产透明了，官员可监督了，权力就在笼子中了。

Part 2

第二辑 突破想象力的官场怪象

腐败发展到了敢公然开房受贿的程度，乱花钱乱到了花千万改陋室的程度，造假严重到了用绑假桃花办桃花节的程度，特权发展到了贪官能带薪坐牢的程度，机构臃肿到了出现“马上就办办”这种奇葩机构的程度，人大弱势到了需要向媒体求曝光的程度。比这些官场怪象更奇怪的是，舆论觉得很奇怪，而官场并不觉得奇怪，反而觉得记者大惊小怪了。官场与民间舆论场仿佛是两个找不到交集、彼此无法理解的地方。

垃圾短信为什么会躲着高官走

垃圾短信漫天飞舞，治理效果不尽如人意，手机用户饱受困扰，而且在治理下越来越嚣张，似乎越治理越多。本来以为垃圾短信是每个人共同的烦恼，没想到在这里面，我们的领导也有特权——只要你是一定级别的官员，就可以不必受到垃圾短信的骚扰。这样的“国家机密”，不是媒体扒粪扒出来的，是运营商自己说的。

秘密是这样不打自招的。广州一位手机用户不堪忍受垃圾短信骚扰，将电信运营商告上法庭。在法庭上，被告方中国电信的律师解释称，接到传票后，电信公司已经将原告列入一份“红名单”，通知全体代理商不得再向原告发送广告短信。而那份红名单呢，基本都是省领导、市领导级别的人（据2011年10月《人民日报》报道）——这个律师的意思无非想说：既然已经进了红名单，既然今后不再会受到垃圾短信的骚扰，你就别告了，这官司就别打了。

本是息事宁人的话，无意中却曝出了一个惊天的秘密，原来电信运营商内部是有这样一个见不得阳光的红名单的，而这份红名单决定着谁可以不必受到垃圾短信的骚扰。

这样的红名单真让公众大开眼界！原来以为，像这样的垄断者只有黑名单，比如媒体报道了他们的丑闻，就让记者上黑名单；有乘客老在航班延误上穷追不舍，他们就把乘客加进黑名单——没想到，还有这种红名单。无疑，这样的红名单，就是一份特权名单，是一份优待名单，它是“特供”的代名词。

上了红名单，全体代理商就不得再向名单上的人发送广告短信了。意思很明显，电信运营商很强大，想发垃圾短信给谁就发给谁，不想让谁收到，在技术上就能做到。这无疑是电信自己打了自己一个耳光。因为电信以前被质问要为垃圾短信负责的时候，他们双手一摊，假扮成了一个很无辜的受害者：说自己不能控制垃圾短信，技术上没法儿屏蔽短信，自己也没有这个权力。最冠冕堂皇的理由就是："通讯权谁都有，我们不是执法部门，不可能在短信没发出之前作出屏蔽处理，而且目前的监控技术根本就达不到这一点。"

可这个红名单的存在，垃圾短信可以绕着高官走，说明电信运营商完全是在说谎，说明他们其实完全是可以对垃圾短信进行控制的。无非是，因为垃圾短信的利润诱惑太大，运营商舍不得放弃这部分利益，于是就撒谎说在技术上屏蔽不了。电信不小心自打了一个嘴巴。

电信运营商为什么要把高官设成红名单，让高官免受垃圾短信骚扰呢？倒想起一则新闻，去年东莞曾开展过一次扫黄行动。为什么要扫黄呢？可能就跟垃圾短信有关。当地领导很气愤地说：桑拿短信经常发到中央领导、省市领导的手机中。这个事情管不好，我要被追究责任，你们也跑不了。可能，正是从此以后，电信运营商就给某一级别以上的官员设了红名单。他们担心领导收到这些垃圾短信后很不高兴，既暴露了本地问题，又败了领导的雅兴。

更重要的原因在于，这些商人是很油滑的，深谙中国世象。他们知道，要想不被治理，只有先侍候好领导，别把领导惹不高兴了。一种事情如果和领导的切身利益联系起来，那领导肯定会下大力气去治理。如果领导本人经常受到垃圾短信的骚扰，他们一定会狠治垃圾短信。可让领导都上了红名单，领导感觉不到垃圾短信的骚扰，只有老百姓受苦，治理垃圾短信就没有动力了。

“开房”才让“受贿”成为新闻

5 月 4 日，一网友爆料湖南高校负责职称评审的评委名单刚刚确定即遭泄露，身为评委的警察学院教授刘一兵在宾馆“开房收钱”。这种赤裸裸的评审腐败让舆论大哗。5 月 5 日凌晨，湖南省教育厅在其官方网站上对此事进行了回应：目前已终止刘一兵教授 2011 年度高校教师系列职称评审专家资格，有关情况正在进一步调查核实。(2012 年 5 月 7 日《新京报》)

显然，“有关情况正在进一步调查核实”纯粹是官话套话罢了，如此公开的、近乎已成明规则的评审腐败，教育部门是不可能不知晓的，这种姿态不过是在舆论压力下的被动应付。丑闻已经掩不住，潜规则已经被曝光于阳光下，媒体和网友的“扒粪”让主管部门狼狈不堪。

其实，高校职称评审中的腐败问题，早不算什么新闻。自职称评审制度出现的那一天起，滥用评审权力就如影随形地“傍”上了这一制度。绝对的权力导致绝对的腐败，这一判断适用于一切权力，教育领域自然也不能例外。10 多年前我还是学生时，就已经听说过这种潜规则了，听说不少掌握着职称评审权、学位点评审权的教授，利用这种权力大肆受贿，只不过他们会给这种费用起一个好听的名字叫“辛苦费”“评审费”之类。10 多年前尚是半隐蔽的潜伏状态，还遮着一张皮，如今已经无耻到不要脸的地步，当成理直气壮、冠冕堂皇的事情，直接“开房收钱”了。

高校的职称评审腐败并非今天才开始有，不仅学术圈人人皆知，公众也都当成平常事了。新闻中透露的一个细节可资证明——看到“湖南省教育厅调查评审腐败”这则消息后，湖南省教育厅系统的工作人员韩辉（化名）松了一口气，他在高校工作的亲属今年 9 月也要评职称，他正打算四处打点关系。就目前形势分析，他“这笔费用省下来了”。由此可见，评审腐败早就是招摇过市的明规则、明腐败了，为什么到今天才成为“新闻”呢？

首先在于这个社会的腐败问题过于严重，已经严重到了公众根本不把教育领域内“这点儿小事”当成多大的新闻。当权力道德的基础秩序不断溃败，当“腐败重灾区”那些动辄收数千万、上亿的大贪们层出不穷地亮相时，当那些让公众目瞪口呆的大案要案一起起曝出时，公众的心理防线是在不断下沉的。可想而知，当那些位高权重的官员如药监局局长、交通厅厅长、国土局局长、发改委主任、纪委书记不断落马时，公众在目不暇接中怎么会有暇关注“清水衙门”的那点儿腐败，怎么会将“评审委员收个几万的评审费”当成多大的新闻？天文数字般的腐败数额和可怕的腐败现实，不断在抬高着媒体对腐败问题的新闻价值要求。

由于腐败问题一直得不到制度性的遏制，公众对于腐败的认知心理已经在悄然发生变化，不再将其定义成“腐败”，而看成是掌握权力后顺理成章的“权力附加值”。媒体虽然一如既往地对腐败进行口诛笔伐，可公众在心理上早已接受一个事实，寄望掌握着权力的人不利用权力牟利，实在比登天还难！所以，当下流行的是“权力变现”，手中有点儿小权力，都会将其变现为利润。没有权力，要创造权力；有了权力，要变现权力——这是比写在纸上忽悠人的法律制度更普世、更通行的“硬规则”“铁规则”。当一个教授掌握了决定别人命运、影响别人能否获得职称的权力之时，他当然不会放弃利用这种权力的机会。人们也都会心领神会地墨守这一硬规则，向其行贿。

这一次所以成为新闻，只是因为这位教授做得太过分，过分到“开房受贿”的嚣张地步——只是“开房”才让“受贿”成为大新闻而已。可怕的是，我们的社会肌体中不知还潜伏着多少公众已然麻木、失去了新闻价值的腐败！

无比天真的“红段子抵制黄段子”

河南南阳市纪委近日在《南阳日报》发布了一则倡议书，倡议广大市民用“红色短信”来抵制眼下流行在社会上的各类“黄段子”“灰段子”。“红段子”可以是廉政警句、励志短句，可以是哲理箴言、管理格言，也可以是真情祝福、幽默小品……鼓励全民传播“红段子”，让手机从此与“黄段子”“灰段子”告别。(2008 年 1 月 18 日《东方今报》)

鼓励全民传播“红段子”，让天下段子一片红，让手机从此与“黄段子”告别，既在“良币驱逐劣币”中解决了短信污染问题，让“先进文化”占领了短信舆论平台，又能借助“红段子”倡廉励志教育社会——兵不血刃中一石三鸟，这是多么天才的想法啊！可有点常识理性的人都会明白，这种想法是多么的天真和滑稽。

寄望全民能利用手机短信传播廉政警句、哲理箴言、励志短句之类道貌岸然的东西，就像寄望新婚夫妇能在枕头边和被窝里谈论反腐问题和关心民族兴衰一样靠不住，就像寄望朋友私人聚会时不开几句玩笑而是一本正经地励志一样滑稽——“文革”时代倒能这样，甚至夫妻间和父子间的谈话都动辄是“毛主席教导我们说”，狠斗私字一闪念，根本没有公私空间和公私交流语言之分。可那样的社会又是多么的可怕。

手机也是媒介，但不像报纸、电视、广播那样是面向大众的公共媒介，而是属于私人媒介或“自媒体”，是私人间点对点交流的工具——既然是私人性的，每传一条短信都是私人自己付钱，那公共部门就无权要求他们像公共媒介那样承担起公益责任，廉政、励志、教化什么的。我的手机我做主，只要不违反法律和公德，私人有充分的传播自由，相关部门无权干预。

实际上，反腐和励志之类“红段子”也根本不可能流行。由于传播的私人性和交流的私密性，手机短信本就是一种主流文化之外的亚文化，是人们消解主流文化压抑和解构宏大价值的一种方式。从报纸教化到电视灌输，从领导训话到现实教训，人们每天公共生活中在反腐和励志方面接受的宣传和教化还少吗？主流文化和公共媒介整天传播的就是这些东西，大家每天在公开场合谈论的也是这些东西。好不容易在手机这种私人空间中可以远离和回避这些。许多“黄段子”“灰段子”“黑段子”所以能流行，正在于其迎合了人们的这种亚文化需求。

生活中时时处处接受着各种“红段子”的规训，再让人们花钱发送“红段子”，这根本不可能。

其实许多地方都有过这种“以红段子驱逐黄段子”的倡导，比如重庆和广州就有过。不过发起者并不是地方纪委，而是作为短信传播平台的运营商——运营商所以发起这样的活动，并非他们多么富有社会责任感。实际上，“黄段子”所以泛滥成灾，正是运营商纵容甚至推动的结果，因为“黄段子”在刺激短信传播中增加了运营商的利润。曾有媒体调查过，运营商在“黄段子”利益链中其实扮演着非常重要的角色。他们倡导“红段子驱逐黄段子”，不过是一种营销手段：一来“红段子”可以刺激短信传播为其短信业务增加利润；另一方面可以粉饰其传播“黄段子”的道德污点，明明知道“红段子”抵制不了“黄段子”，但却能伪装出某种社会责任。

运营商倡导“红段子驱逐黄段子”是故意装傻，不知道南阳纪委的这种倡导是真傻呢，还是装傻？

“千万改陋室”后的权力烧钱癖

“山不在高，有仙则名。水不在深，有龙则灵。斯是陋室，惟吾德馨。”唐朝著名诗人刘禹锡任和州（今安徽和县）刺史时的住所，因这首《陋室铭》一举成名。如今陋室已成一种励志文化，许多家长以陋室激励孩子——陋室以“陋”闻名，而当地为了发展旅游，正准备投入数千万对陋室进行整体扩容改造，通过豪华包装将其打造成全新的“陋室园”。（2008 年 9 月 8 日《新安晚报》）

看到和县此种愚蠢之举，不由想起一则类似的故事。一个精擅鉴宝的人有次在一村民家发现一个废弃、残破、布满灰尘的花盆，他看出这是一个宝物准备花 10 万元重金买下，让村民等自己回去取钱——惊喜的村民实在看不出一个破盆会值这么多钱，感觉又脏又破又旧很不好意思，怕买主会反悔，就把盆洗刷干净并找匠人修补了一下，看起来像新的。那个人取钱回来看到后大惊，盆的价值本就在其破旧上，刷净修补后已经一文不值了。

充满人文意蕴的陋室只有这一处，而价值千万的豪华别墅每地都有，毫无特色。陋室的价值正在于其“陋”，包装成豪华楼后还有什么文化价值呢？村民的错误在于自己的无知，而安徽和县官员耗资千万将以“陋”闻名的陋室装修成豪楼，也是因为无知吗？事情没这么简单，官员不至于这么蠢。

问题首先在于钱对他们来说永远不是问题，花钱是最容易的事情。在许多发达国家，官员想上马什么项目最愁的就是钱，花钱要经过议会和纳税人的同意，说服议员们相信这个工程很有价值从而通过预算审批是件很难办的事情，许多工程都卡在纳税人拒绝通过预算上。而在我们这里花钱是最容易不过的事情，许多地方人大审批形同虚设，不过是政府的橡皮图章，纳税人在财政流向上又无法监督，怎么花钱完全凭几个长官的意志决断。既然钱来得这么容易，头脑一热大笔一挥就可以解决，长官们就养成了一种烧钱癖，养成了对花钱的集体无意识。无论做什么事首先想到的就是堆钱和烧钱，不管钱花得对不对、有无价值冲突。这种权力烧钱癖中，在如何开发陋室问题上，他们自然首先想到去烧钱，用钱去豪华包装，而不管豪华包装与“陋室”的价值冲突。

然后是官员对开发非常贫乏的想象力，陷入了某种发展主义迷思。一提到发展就是建高楼大厦，一提到开发就是富丽堂皇，一提到政绩就是楼堂馆所这些有着视觉观赏性的东西。他们看到发达省市高楼大厦的繁华，误以为修建豪楼也会给自己带来繁华。于是提到开发陋室时，他们就首当其冲地想到用豪楼去包装，用奢华去吸引——除了豪华和奢侈，除了烧钱去包装，想象力贫乏的他们对开发缺乏其他创造力。

另外一点很容易被人忽略，那就是豪华包装后的利益问题——许多贫困县所以非常热衷于上马动辄数千万，甚至上亿的大工程，不仅在于其盲目的政绩冲动，更在于某种隐蔽的利益驱动，因为大工程给能他们带来腐败机会。如果没有大的工程，欠发达地区的官员就会缺乏腐败机会——财政上就那么一点钱，贪一分一厘也会很容易被发现。有贪心而无钱可贪，即缺乏腐败机会。为什么说上了工程就有腐败机会了呢？因为工程汇聚了大批资金，无论是从银行借的钱，还是从当地企业收的钱，还是挪用的其他专项资金，反正钱集中起来了，有了大笔可支配的钱才会有不易被发现腐败的机会。“陋室”与“豪华包装”明显存在严重的价值冲突，甚至是在毁灭一种陋室励志文化，当地官员很可能并非不明白这一点，而是故意为之，是在利用上大项目为掏钱创造机会。

花钱容易也罢，缺乏想象力也罢，创造腐败机会也罢，这都与某种权力烧钱癖有关——理解了权力烧钱癖，也就能理解安徽千万包装陋室的错位之举了。

百万攀亲张艺谋

见惯了地方政府为争历史名人而大打口水仗的闹剧，什么襄樊和南阳争诸葛亮躬耕之地，辽阳和铁岭争曹雪芹的祖籍，鹿邑和涡阳争老子故里，山东与山西争愚公移山之地，安徽两镇争当金瓶梅艳事发生地……这种无聊的纷争和牵强附会的冠名，无非是为了提高本地知名度和开发旅游，把名人当作招商引资的资本。不过他们争的都是早灰飞烟灭、子虚乌有的历史名人。死人开不了口作不了证，只能任由活人涂抹和编排，这种名人缺席的争端少了不少可观赏性。如果争的是当下活着的当红名人，那会是怎样一番热闹、滑稽、妙趣横生的场景？且看广西与陕西的张艺谋之争。

中国著名导演张艺谋和运动员李宁4日在此间被广西官方授予“广西杰出贡献奖”，各获奖金百万元人民币。广西领导在颁奖时说：张艺谋和李宁为广西的文化体育事业作出了杰出的贡献。希望广西人民继续奋斗，以他们为榜样，为广西的发展贡献力量。(2008年12月5日中新社)

这个颁奖让人很诧异，李宁是广西人，这大家都知道。可张艺谋怎么就成了广西的杰出人才，为广西作出过巨大贡献并成为广西人的榜样了，这亲是怎么攀上的？众所周知，张艺谋不一直是陕西人吗？读了新闻才知道，原来张艺谋1982年大学毕业后被分配到广西电影制片厂，虽然他早已离开广西，但至今户口、编制仍属广西——于是就成为广西杰出人才了。有户口为证，有编制为凭，这亲攀得似乎顺理成章、毫无破绽。不过陕西人似乎并不认同，许多陕西网友在论坛上为张的符号归属大打口水仗。

除了曾在广西工作过，还有户口和编制仍在广西，张艺谋到底与广西有多大的联系？有几个人会把张艺谋与广西联系起来？张艺谋为广西作过多大的贡献值得百万巨奖？这种生拉硬凑、牵强附会、功利色彩十足的豪华攀亲真让人非常反感。在公众印象中，从拍电影到导演奥运，张艺谋从来都是以陕西人的身份出现的，电影带着陕西味儿，说话带着陕西腔，性格带着陕西气质，陕西人也已经习惯了将其当作一张陕西文化名片，视作陕西人的骄傲。张艺谋也在多种场合中强调过自己的“陕西人”身份，比如奥运开幕式后有记者追问其成功秘诀时，张艺谋就说：积累来源于自己性格里的“一根筋”，陕西人就是这样，质朴、倔强、低调地执著和坚持。

不过这种攀亲并非广西方面的一厢情愿，而是得到了陕西人张艺谋的认同。常说自己是“陕西人”的张艺谋这次成了“广西人”。他在接受“广西杰出贡献奖”的百万巨奖时回忆起当年在广西的奋斗经历：“从1982年至今，我已当了26年的广西人，今后还要继续当广西人。”——到底是国际一流导演，当被别人“导”时也懂得怎么“演”，就差慷慨激昂地说“生为广西人，死为广西鬼”“下辈子还当广西人”了。张导这番宣示“广西归属感”的深情表白，不知道是逢场作戏地迎合广西的攀亲，还是因为百万巨奖的神奇魔力。

说到张艺谋的广西户口，不禁想起奥运会后媒体的一则报道：说北京奥运让张艺谋获得无数赞誉，但谁知道，这么一个大名鼎鼎的大导演，竟然也只是“北漂一族”。张艺谋在接受“乡党”张朝阳采访时说出了心里话，他长时间是北京城里的“三无人员”！到现在，他也还只是拿着北京居住证，办护照都要回广西去。人住在南城，开着老板张伟平送的车……如果没有户籍壁垒，张艺谋哪里会被广西户口“绑住”？如果户口好办的话，张艺谋早就不会甘于漂在北京了。张艺谋的遗憾，户籍对人的捆绑，如今倒歪打正着成就了一个“广西杰出人才”，其中包含着多少反讽。

张导宣称“今后继续当广西人”，不知道陕西人听了会怎么想，是愤然开除张的省籍，还是花两百万设个“陕西杰出贡献奖”把他抢回来，逼其说“我还是当陕西人吧”以捍卫陕西的尊严？

平民“自证活着”与贪官“带薪坐牢”

又是手持当地报纸拍照，又是今年左手抓右耳、明年右手抓左耳，又是要到公证处开“未死亡证明”，一群靖江老人被政府要求以这些毫无尊严、毫不人道的方式“证明自己还活着”才能领到养老金的新闻，激起了舆论的炮轰。我很认同《晶报》邓海建先生的评论，以如此荒唐的方式让公民“自证活着”，折射出公权部门在纳税人面前的嚣张和霸道。查验养老金资格本是公共部门的责任，而他们将这种举证责任转嫁给了老百姓：你得证明自己还活着。发放养老金本是政府一项服务，而有些官僚却将其偷换成一种羞辱公民尊严的权力。

让公众倍感羞辱的是，这种证明“自己还活着”的事件并非靖江孤例。也许各地社保部门经常在“互相考察”中学习交流，“未死亡证明”可能已成为一种养老金的先进管理经验。2007 年媒体曾报道一位身患高血压、糖尿病的老人，顶着炎炎烈日，手持“未死亡证明”奔走于社保中心、街道退管办等 5 个职能部门，却一直领不到养老金——其实不仅在养老金发放上，还有低保金、保障金、助学金等许多公共服务中，都存在这种类似“未死亡证明”之类羞辱性的规定。比如许多地方低保资格上都有非常严苛的规定，老百姓得提供许多证明才能领得一份微薄的低保金：又得证明自己没有养宠物，又得证明自家没有超生，又得证明自家没有电脑、没有择校生……

如果这种不人道的政策对每个人都平等的对待、同样的严苛，那也许尚可以理解，毕竟民政部门的初衷是为了保护公共资金，保障公共财产不被骗取和侵占——公家的钱不骗白不骗，骗低保、骗养老金、骗助学金在当下确实非常严重，“未死亡证明”也是被逼出来的无奈、低劣之举。低信任度的社会中，鉴定真假的交易成本非常高，每个人都得为这种诚信丧失支付额外的、昂贵的代价——物质和精神上的双重代价，在日常生活中处处防着别人是骗子，处处被别人当作骗子防着，“未死亡证明”的羞辱即是这种精神代价。

可现实是，这种“盯防”并非平等对待，政府在这方面对待官员和平民有着双重标准：一方面对平民的监管非常严苛，想方设法、处处把平民当骗子防着，竭尽所能地防止“刁民”骗公家的钱，甚至不惜侵犯公民的权利和羞辱他们的人格——让老百姓“拿未死亡证明证明自己活着”就属于此。可另一方面呢，在同样的问题上，却对官员缺乏应有的，哪怕是最简单、最基本的监管，真把他们预设成了“毫不利己、专门利人”的天使，在很多方面对他们毫无设防。

最典型的案例是2008年11月媒体曝光的“官员夫人吃3份低保”：重庆市城口县人事局一位副局长兼编制办主任的夫人冉某竟然吃着3份低保，按月领取540元。还有更早一点曝光的“贪官带薪坐牢”：安徽潜山县综合经济开发区原副主任曹晓明获刑入狱，职务被罢免了半年，竟然每月按时拿工资——为什么官员家属竟然能吃3份低保，为什么贪官坐牢了竟然还能领工资？显然，这些荒唐的现象暴露出在对官员的监管上存在多么大的真空和漏洞，简直是毫不设防。不说“未死亡证明”这么不近人情的严苛标准，哪怕稍微有点儿监管防线，何至于连贪官落马都没有及时停发工资，何至于官员家属能毫无障碍、毫不被察觉地领3份低保。

一方面老百姓领养老金必须忍受“未死亡证明”这么毫不人道的审核，另一方面官员家属却可以毫无障碍地领3份低保，甚至官员坐牢后都可以照样领薪水，对公权力的监管和约束差不多是整个社会监管体系中最薄弱的一环——防民甚于防官，限弱者不限强者，这种监管上的巨大反差，更凸显出“未死亡证明”对平民和弱者的制度性羞辱。

假桃花节后，假的不只有桃花

陕西铜川市王益区是中国民间传说中孟姜女的故里。今年年初该区决定举办首届桃花节。活动当天，当地也举办了声势浩大的开幕仪式。但是由于今年气候异常，桃花盛开期预计比往年推迟 7～8 天（桃花节日期到时，桃花应该不会盛开），主办方就在桃树上绑了许多假花来烘托气氛。桃花节当天，约有 5000 多名游客慕名赏花，因为桃花没开，遗憾而归。媒体曝光后，铜川市委书记责令该区向游客和社会各界公开道歉。（2011 年 4 月 11 日中新社）

没有桃花就敢办桃花节，桃花没开就绑上假花烘托气氛忽悠游客，官场的这种丑态，简直让人啼笑皆非了。未有幸亲临现场看到这滑稽的场面，不过可以想象出那“千树万树绑假花”的场景是多么的可乐和荒唐。人面桃花相映红，可惜那是假花，映不出人面真正的笑容，只有官员滑稽的嘴脸——不知道丑闻被曝出后，当地官员的脸会不会羞得艳若假桃花。老黄瓜刷绿漆，装嫩；真桃树绑假花，装的是政绩。

桃花晚开，这是气候异常下的自然规律；而官员作假，则是制度变异下的官场规律。绑假花，看起来很可笑、很荒唐，其实这种荒唐的思维并非个案，在现实中非常普遍。我们能很容易回忆起一系列相关的滑稽新闻，造假思维的根深蒂固处处可见。

一些地方政府无心种树种草绿化，而在荒山上刷上绿漆，让人远远望去一片绿色，被媒体讥为“给荒山戴绿帽子”。有些地方不仅刷绿，而且还画上了草原上羊群吃草、一泻千尺的瀑布、庙宇等图案，远处看上去就和真的一样。某市为创建国家卫生城市，在臭味熏人的河两岸竖起了两道约 20 多米长的创卫墙，并于当年顺利通过验收，居民戏称为“遮羞墙”。在贫困地区，这种为遮挡贫穷而盖的“遮羞墙”更是常见。再想到统计数字造假、GDP 造假、调查结果造假……造假是制度性的。假桃花只是这种造假思维一次滑稽的发作。

绑上假花的假桃花节，荒唐可笑得让人捧腹，可深入追问，铜川这个假桃花节后，假的不只有桃花，而是处处是假。

这个桃花节，其实是当地未经审批擅自设立的假节日。如今，地方节会泛滥成灾。为了圈钱和炒作，各地都在办各种让人感觉匪夷所思的节会。为了“造节”，地方政府点子百出，什么板栗节、裤子节、豆腐节、猪王节、牡丹节，无物不可办节。有关部门统计，到2009年底，全国节庆活动估计8000~10000个。为遏制这种劳民伤财之举，国务院多次下发通知严禁办这类节会，中纪委、监察部、财政部和国务院纠风办去年又重申了这个通知。铜川王益区这小小的一个区就办什么桃花节，正属纠风办打击范畴。当地市委书记称，这个桃花会根本未向上级部门报告，未经批准。

未经报告，未经批准，这两个“无”，再加一个“没有桃花”——这个“三无”的假桃花节，可真是假的彻彻底底了。

还有更假的，假桃花被媒体曝光后，铜川的领导假作“事后才知道”。报道是这么描述的：9日，正在西安参加西洽会的铜川市委书记冯新柱获悉此事后，专程赶回铜川，连夜召开常委会认定这个桃花节未经批准，要王益区领导向游客和社会各界公开道歉——领导显得很无辜的样子，好像媒体报道后才知道这事。可报道同时还称：为了炒作这个桃花会，当地此前已利用当地媒体进行了广泛的宣传，正因为如此游客才纷至沓来。宣传得如此高调，领导在事前怎么可能不知道呢？这惊诧的表情，太假了吧！无非是想推卸责任。

假的还有问责。未经批准办桃花节，绑假桃花忽悠游客，该市领导要求官员向上级作深刻检查，向社会道歉。这个问责也太假了，未经批准花这么多钱违规办节，一个检查就了事了？骗了那么多游客花钱来看假桃花，一声道歉就可以了吗？这样轻飘飘的假问责，更像是鼓励官员造假。

组织市民雨中起舞：弱智的遮羞设计

江苏穷县灌南县投资上亿元建了一座豪衙，他们用的办法是技术含量最低的“挂羊头卖狗肉”。要钱时是说建“满足群众文化体育活动需要”的市民文化中心，披惠民的外衣搞到钱后，在实际中偷换成了政府新办公楼——豪衙丑闻曝光后，激起了舆论的激烈炮轰，纷纷谴责灌南地方这一恶劣的骗民之举。舆论压力下，地方政府开始以各种危机公关手段对曝光进行辩解，对批评进行回击，对丑闻进行遮羞。当然了，那些诡辩很不堪一击，那些回击很站不住脚，那些为遮羞而刻意设计的一些场景，也非常的可笑，非常的弱智。

先看看他们的辩解吧，丑闻被舆论曝光后，当地政府官员辩称“媒体报道非常偏颇”：混淆了县政府办公大楼和市民文化中心的概念，政府行政中心只是市民文化中心的一部分，这个项目还包括广场、绿地、体育中心、图书馆，等等，这些都是实实在在的惠民项目。(2009 年 2 月 19 日新华社)

这显然是一种狡辩。既然申报项目是“市民文化中心”，怎么如今加进了政府办公楼，申报的规划中有政府办公楼吗，政府办公楼又跟“市民文化”有什么关系？另一方面，既然“政府行政中心”占领了“市民文化中心”，那些所谓惠民的广场、绿地、体育中心还有市民的份吗？建在政府办公楼旁边与其联成一体，还不是政府官员的私人广场、私人绿地、私人体育中心？市民哪能轻易享受得到。

再说了，即使市民可以享受到广场、绿地和体育中心，可这还是“市民文化中心”吗——多美的事情啊，以惠民的名义建的大楼，享受最大利益的却是官员，公众只能到广场上和绿地边逛逛。官员住大楼，百姓看绿地；官员吃肉，百姓喝汤，这是哪门子的“市民文化中心”，活脱脱的就是一“官员文化中心”。建政府办公楼，那你就向上面申请经费说建政府大楼呗，为什么要挂“惠民”的羊头？再巧舌如簧的狡辩也涂抹不了这个事实：就是挂羊头卖狗肉。此辩解被驳后，当地政府又辩称“政府楼是从某酒店回购而来”。这同样很难自圆其说，“回购”难道就可以回避上级审批的程序？如果可以以如此方式建政府楼，那中央关于禁修豪衙的规定还不是一纸空文？

最可笑的是，他们不仅在语言上百般为政府办公楼辩解，更设计了不少场景来“粉饰”这个“市民文化中心”，比如“组织市民雨中在广场跳舞”。2月19日上午，江苏省灌南县城细雨霏霏。灌南丑闻发生后，《人民日报》记者到灌南对此事进行了追访调查。记者看到，在该市人民西路县四套班子办公大楼外的广场上，一群身着红装的居民在雨中翩翩起舞。“平时没有人，今天下雨怎么还有人来跳舞？”办公楼前大街上的环卫工人有些纳闷（2009年2月20日《人民日报》）——不仅灌南环卫工人会纳闷，地球人都会纳闷，平时不跳却偏偏选择下雨时到广场跳舞，是玩浪漫还是发神经病？

这显然是当地组织的一场遮羞设计，知道记者会云集灌南继续调查政府楼，于是安排一些市民到广场前跳舞，以显示这是一个属于市民的广场，一个丰富群体文化生活的场所，一个惠民的工程，而非如媒体所说属于政府——可惜天公不作美，下起了雨，让这场“市民在市民文化广场欢欣跳舞”的场面显得相当弱智、相当滑稽，一眼便能看出组织的痕迹和遮羞的意图。让市民在广场跳个舞，就能证明这个广场属于市民了，这种自欺欺人的安排实在可笑，低估了公众的智商。这些事实灌南地方根本遮掩不了：记者在采访政府新大楼周围居民时，询问他们“市民文化中心在哪里”，很多人都不知道。指给他们看政府大楼及周围建筑时，居民均称是“县委”或“县政府”。记者在现场看到，政府新大楼里面熙来攘往，而其他所谓市民文化中心空空如也。

组织市民雨中翩翩起舞，用来涂抹和粉饰被官衙偷换的市民中心，这是一个比许多贫困地方建“遮羞墙”（为遮贫困之羞而在村边建一堵华美的围墙）还蠢的行为，比组织的领导归来夹道欢迎、领导离任送万民伞还滑稽，这些官员世象真让公众大开眼界。

考中央公务员奖6万的醉翁之意

红头文件新闻多，各地荒唐的红头文件是媒体永远不竭的新闻富矿，隔段时间就会曝出一个让人匪夷所思的红头文件——新年伊始，广西恭城瑶族自治县就奉献了一个，该县规定，恭城青年考上中央机关及其直属机构公务员奖励6万元，考上广西区直机关公务员奖励3万元，考上桂林市直机关公务员奖励1万元。该奖励政策一经推出，便引发各方争议。(2010年1月4日四川在线)

反正钱不是自己的，纳税人又无法监管，动辄慷纳税人之慨奖这奖那，是不少地方政府的习惯——虽然奖得不正当，但有些奖还是有一定的合理性，可以勉强跟公共利益挂上钩，比如招商引资奖是为了吸引投资，纳税大户奖是为了激励纳税。可始终想不明白，考公务员跟公共利益有多大关系，有什么理由动用公共财政去奖励？看来恭城县领导也实在为这种奖励找不到一个正当理由，所以他们或以“公务繁忙”为由拒绝了采访，或毫无底气地说“奖励只为激励考生，并无其他过多考虑”。

奖励只为激励考生——真不明白考公务员有什么好激励的？天下这么多职业，最无须激励的可能就是考公务员了。公务员考试热得发烫，没什么比考公务员更不需要激励了。

只有那些没人愿意去而又与公共利益密切相关的行业，才需要政府动用公共财政激励优秀的年轻人去选择，以政府奖励矫正市场的失灵和资源的失衡。比如，很少有年轻人愿意当教师，选择到基层贫困边远山区当教师的人更是凤毛麟角，市场机制会加剧这种教育资源失衡，这就需要政府激励改变年轻人的选择函数，以公共财政补偿选择者的利益损失。基层的卫生、教育，涉农的产业和研发，太多的冷门职业需要政府的激励以扭转人才匮乏的现状。

在中国的语境中，最不需要政府激励的可能就是考公务员了，公务员巨大的利益含金量有一种天然的激励引力。在公务员职位高稳定、高福利、高幸福度的诱惑下，加上传统官本位观念的影响，如今可能没有哪个职业让社会这样趋之若鹜了，大家都争先恐后削尖脑袋往里面钻，公务员考试早就取代高考而成中国第一考，每年的考试人数都刷新历史纪录，每年热门岗位的“考录比”都再创新高。公务员热，也就是这个社会最优秀的人才资源都纷纷流向分配资源而不是创造资源的政府机关，这对一个社会——尤其是一个日趋老龄化的社会绝非好消息，这意味着社会创富能力的衰减。这是畸形的分配机制对人才资源所产生的误导，会导致社会可怕的逆淘汰，舆论纷纷呼吁应给公务员热降温。

降温，就是减少公务员的含金量和利益附加值，让公务员岗位少一点诱惑，给那些缺少诱惑的行业多一点诱惑，让优秀人才分流到更能创富的职业。而广西恭城所为，无异于火上浇油，让本就很火的公务员岗位再火一把。考生们本就趋之若鹜，还要你政府激励什么？广西恭城所以会悖逆逻辑地奖励考公务员，我想不外乎以下两种原因。

其一是便于地方向上争取资源。你看，他们并没有奖励当地所有的公务员考生，而只奖励自己的“上级部门”：考上中直机关奖 6 万元，考上广西区直机关奖 3 万元，考上桂林市直机关奖 1 万元——这是典型的中国式官本位逻辑，考得越高对他们日后争取资源也越有价值，所以就奖得越多，而考上本地是没有价值的，故无奖。资源分配掌握在上级部门手中，上面有了“自己人”，就会成为今后“跟部钱进”的地方中介。在中国政治中，官员“某某籍”的地缘身份和情感联系有助于地方争取到更多的资源，这种奖励是对未来的一种投资，鼓励向上考公务员是自下而上建立政治联系。

还有一种可能，就是公务员内部借奖励进行的利益分肥。因为在中国的制度语境中，那些能考上公务员的不少都有关系和后台，或是官员的亲戚，或直接就是官员的子女——以激励人才的名义给考上公务员的发巨额奖励，实际上就是给自己人发钱，是既得利益阶层的利益分配，以这种方式变相侵吞公共财政。

“刷绿漆”背后的粉刷政治学

“老黄瓜刷绿漆——装嫩”，而坟墓刷绿漆，是想装什么呢？装绿。近日媒体曝光了昆明宜良县“坟墓刷绿漆”的怪事。记者在宜良县采访时发现：公路两侧山上坟墓墓碑要么被刷上一层绿漆，要么被“披”上绿色的“伪装网”。村民被干部告知，如果不刷绿漆就会被炸坟。不过媒体曝光后不久，当地政府就回应称这并非政府组织，而是“村民个体行为”。（2010 年 7 月 22 日中经网、云南网）

真的是村民个体行为吗，村民为什么要花很高的成本、担着冒犯先人的骂名往自家坟头上刷漆？联想到宜良县正在推行“做好城乡园林绿化和生态建设工作，打造成为空气清新、环境优美、宜人宜居的生态旅游城市”的工作；再想到几年前云南富民农林局被舆论曝光，用绿漆掩饰被非法采石破坏的山体，远看绿葱葱，近看光秃秃，被当地村民讥笑为替大山戴“绿帽子”；再联想到一些地方不断曝出的“遮羞墙”，很难不让人怀疑，这也许又是一个遮羞的“绿帽子”。

“坟墓刷绿漆”背后有无政府组织，这还需媒体追踪调查。可从这样的新闻中，却能看到一个地方对“刷”的热衷。这个滑稽、荒唐的“刷”字，把一些地方热衷形象、只顾外表、只重形式的病态审美暴露得淋漓尽致。这个“刷”字起码包含着三层意思。

刷，首先满足了浮躁的官员对短期形象政绩的需求。打造绿化和生态城市，完全可以通过老老实实地植树造林和栽种草籽来完成——可十年树木，百年树人，树木的生长需要过程，绿地的形成需要时间，这是任期只有 3 ~ 5 年的官员们所不愿意等待的。深陷于短期政绩焦虑中的他们根本没有耐心等待草木的自然生长，而希望在最短的时间、以最便捷的方式、最迅速地让上级看到政绩。确实，绿化工程一刷就绿，没有什么比“刷绿漆”在外观上更能起到立竿见影的绿化效果了。

刷，也是一种迎合上级视察和权力审美的最便捷方式。刷绿漆搞绿化，纯粹自欺欺人，只能营造一种“远远望去一片绿色”的幻象。这样的绿色，对老百姓是毫无益处的，不仅不会改善生态环境和带来清新的空气，只会污染环境和破坏生态，让公众利益受损。不过这样的景象非常适合自上而下的领导视察，因为上级领导视察时，往往是在远处走马观花指指点点——只要能欺骗了领导的眼睛，让领导们觉得那是一片绿地，那就是绿地了。毕竟，自上而下的政绩考核体制下，决定着官员升迁的是上级领导，而不是老百姓。

刷，还有极强的遮羞功能。一刷遮百丑，一刷掩万羞，再丑陋的外观，都可以通过刷来遮掩。“刷”带着很强的欺骗性和迷惑性，人们常说“粉饰太平”和“涂脂抹粉”，其实质就是“刷”。坟墓，在官员看来是丑陋的，是影响其政绩形象的污点，刷上绿漆，远远望去，就是一片绿色了。

因为“刷”的这些功能，既满足了官员对短期政绩的需求，迎合了上级视察的形象审美，还有立竿见影的遮羞功能，所以，许多地方政府和官员非常热衷于“刷”——他们的日常政治，就是关于粉刷的政治；他们追求政绩的政治学，就是刷的政治学。下面看看媒体曝光过的那些“刷”。

某地高速路段为了营造“绿化”的效果，不仅像宜良这样，在高速公路两边的山上喷上了各种颜色的油漆，而且还画上了草原上羊群吃草、一泻千尺的瀑布、庙宇等图案，远处看上去就和真的一样。

某地承办市长峰会，为了在来访的各地市长面前树立形象，该市花1.5亿元把城市临街的老楼房、破旧民居都粉刷一新，一栋栋被各种涂料覆盖，表面崭新的“老房子”似乎一夜之间换了容颜，

5年前，河南某市为创建国家卫生城市，在臭味熏人的洋井河两岸竖起了两道约20多米长的创卫墙，并于当年顺利通过验收，居民们戏称其为“遮羞墙”。这两面墙每年都会被粉刷一新，可臭水沟一直没得到治理。

甘肃永靖县是国家重点扶持的贫困县，这个县部分公路两边，最近新竖起9处鲜亮整洁的高墙，令初来乍到者很感惊奇。此墙作何用途？当地政府称，

这是绿化美化农村环境的“文化墙”，而当地农民则毫不客气地称之为“遮羞墙”！

……

从一面面“遮羞墙”到一件件“刷绿漆”，官场流行的粉刷政治学，其实就是既有体制下官员们瞒上欺下的政治学。但愿宜良的“坟墓刷绿漆”真是村民个人所为，实在不想看到政府扮演这种愚蠢的角色。

贪官装傻尿裤子不能仅当笑话看

广西民政厅救灾救济处原处长龙志华因贪污受贿上百万元于近日被判刑20年，媒体近日报道了他的贪腐故事。这位厅官贪腐故事的精彩，不仅在于其竟连救灾款也揩油、迷信风水造生态，更让人啼笑皆非的是他的反调查能力：在调查期间，为了逃避问题，他不但装疯、装傻、装病、装死，还故意尿裤子，调查中耍尽无赖之能事。（2010年12月8日中新社）

装疯卖傻，故意尿裤子，显然，这是贪官反调查、反侦查的手段，是想以这种无赖的方式把水搅混，与调查者进行心理战，为侦查设置障碍，干扰调查的进行。对贪官这种充满笑点的“故意尿裤子”装疯行为，还真不能当笑话看，这说明在这么多年来反腐者与腐败者的较量中，贪官的反侦查、反调查能力越来越强了。

想起前几天媒体报道的另一条有关贪官的新闻，说湖北鄂州一位贪官落马前曾多次与同伙订立攻守同盟，几次与同伙进行反调查“演习”，给办案者带来了很多障碍——广西这位厅官，又是装病装死，又是故意尿裤子，死猪不怕开水烫，估计在心中也进行无数次类似的反调查“演习”了。

广西这位贪官是为了与调查者周旋和博弈，才装疯卖傻故意尿裤子，而20多年前反腐反贪刚开始的时候，贪官们是真被吓得尿裤子的。《人民日报》曾采访过我国首个反贪局——广东反贪局首任局长，这位局长谈起了1989年这样的反腐盛况：那场地震式的反腐风暴中，首月就有3485人自首。在通告期限的最后一天，至深夜12点钟，还有人到反贪局排队等候投案自首。连夜排队等候自首，被吓的程度可想而知。媒体虽未见贪官尿裤子的新闻，但可想而知，在强大的心理攻势下，贪官多没有见过世面，肯定会有人吓得尿裤子的。

可经过20多年与反腐者的较量，贪官已经大为成熟。其一，他们对于腐败的耻辱感已经大为减弱，不再怎么以贪腐为耻。其二，因为见过了大世面，心理已经非常坚强，不会一看到纪委让自首就惊慌失措了，而是非常淡定。不是纪委一找自己就立马“竹筒倒豆子”了，而是学会反侦查了。贪腐越来越隐蔽，很难被发现，即使被发现了，调查者也很难从他们身上获得进展。这在广西这位厅官上表现得很明显：以借钱的方式受贿，证据确凿也不认罪，在提审时甚至行贿办案人员。

看这位贪官的表演，丝毫没有落马者和阶下囚的样子，而像一个与办案者玩智力比拼和心理较量游戏的老手。在反腐战争中，这样的老手越来越多了，专家的调查显示：如今贪官的潜伏期是越来越长了，从 1978 年至 20 世纪 90 年代中期，贪官的平均潜伏期在 2～3 年。近年被调查的省部级干部犯罪案件中，平均潜伏期为 6.31 年，最长的达 14 年。潜伏期这个数据，说明贪官越来越会装，反侦查能力越来越强了。

装疯卖傻，说明贪官们应对调查时的心理很成熟。贪官的心理防线不崩溃，案件就难有较大的进展。贪官故意尿裤子不是笑话，而是当下反腐某种困境的表现。

“马上就办办”后病态的叠床架屋

中国的地方政府机构一大让外国人叹为观止的奇观是，拥有众多让人眼花瞭乱、莫名其妙的办公室，像什么“馒头办”“养狗办”“空饷办”“禁操办”（禁止大操大办办公室），等等——山东济宁的“马上就办办公室”让这个长长的名单又多了一个名字。济宁市委宣传部相关人士表示：“马上就办办公室”是为了提高行政效能，督促各部门养成“马上就办”的作风，增强执行力和公信力。（2011 年 2 月 23 日齐鲁网）

先说说地方政治中这种动辄设办公室的习惯，它堪称一种恶习了。随意设，随时设，随便某件事，领导灵感一发，都可以设个相应的办公室。有的是因人而设，为了给过剩的官员安排职位，专门设个办公室；有的是因事而设，为凸显对某事的重视，为此事专设办公室；有的是因为搞运动，比如为迎接上级检察，落实上级要求，会成立个专门办公室以示重视；还有完全是领导偶然的一句话一个指示，让爱看领导脸色行事的下级立马拍脑袋灵机一动，设立个专门的办公室落实领导指示。

比如 2008 年时，昆明市委书记仇和在云南富民县调研后与当地官员聚餐时，看到满桌的菜后随口说了一句“能否每盘菜都放一双公筷一把公勺，吃不完的菜打包带走，不仅节约也卫生”。没想到仇和这句即兴之言，竟在当地掀起了一场“餐桌革新”：当地领导立刻召开干部动员大会，发出本年第一号文件，成立了专门的领导小组（不知道这个办公室是怎么命名的）具体落实仇和这句话！这个让人瞠目结舌的办公室，把“动辄滥设办公室”的政治展现得淋漓尽致。

山东济宁设立的这个“马上就办办公室”，从其很随意、很别扭的名字就可以看出来，不知道是哪个领导灵机一动想出来的主意。如果设立这样的办公室真能提高行政效率，真正做到“马上就办”，那么设立再多的办公室都值得。可从现实看，叠床架屋的“马上就办办”很难真正提高行政效率，不过是使本就膨胀的政府部门又多了一个机构，使多如牛毛的政府招牌又多了一块，使“加强机关作风建设”的运动多了一个作秀的噱头。

当地政府部门的官员接受采访时称，“马上就办办”在济宁已经推行了一年多，是“效能济宁”的一个部分，目前多个部门都已经成立了“马上就办办公室”——从这个可以推断，这些“马上就办办”并不是亲自去办事，而是督促相关部门去落实和执行，是拿个鞭子催促别人“马上就办”。如果事情都要“马上就办办”去办，这是该部门无法承受的，其他部门也没有了存在的必要。也就是说，“马上就办办”是为了改变机关拖拖拉拉、推诿卸责的作风，提高政府部门的办事效率，而叠床架屋地在既有机构外“外挂”的一个机构，这个部门负责督促着各部门遇到问题时要“马上就办”，推动政府部门养成“马上就办”的习惯。

这种叠床架屋的行政思维，与我们在反腐上的制度思维是一致的。这个部门有问题，就设立一个部门去监督它，另一个部门也出问题，就再设立另一个机构去监督，可以不断地外设这样的机构——可这外挂的制度逻辑，永远都无法摆脱“谁来监督监督者”这个悖论，负责监督的那个人同样可能腐败，谁去监督他呢？同样，“马上就办办”面临着同样的悖论，“马上就办办”催促别人去“马上就办”，如果“马上就办办”同样有拖拉懒散、推诿卸责的作风，如何能让“马上就办”的作风在机关立足生根？就像物理学上的“第一推动力”问题一样，到底第一推动力来自哪里，谁去推动和保障“马上就办办”去“马上就办”？按叠床架屋的逻辑，只能是再设一个办公室去在“马上就办办”后面抽鞭子。

我不明白，为什么不通过“谁懒散拖拉就严惩谁”这样的法治安排，通过内在的制度压力去对懒散的公务员施压，逼他们依制度去“马上就办”，而非要借助“马上就办办”这样的外在部门去管？这种“办公室治”，其实是“人治”的翻版。

“应酬多脂肪肝高”只是公众的自慰

近日，湖北省体检中心对武汉地区5000名公务员的体检情况进行了分析，该调查是从来进行健康体检的公务员中随机抽取，共查出患有脂肪肝的2635例，患病率为52.7%。其中男性检出率明显高于女性，男性患病率为70.1%。专家分析这主要与喝酒、饮食习惯和运动少有关。（据2010年12月荆楚网）

医学专家没有明说脂肪肝是公款吃喝、贪污腐化、慷纳税人之慨吃出来的，可舆论和公众都心领神会地指向了公款吃喝，将脂肪肝当成了一种官员病、腐败病，与公款吃喝很自然地挂上了钩。

公务员群体脂肪肝患病率高，这是媒体隔段时间就会报道的新闻，而且这种新闻会以不同的方式表现出来。比如前段时间就有媒体报道称：某地专门关押落马高官的监狱向公众开放，这里的关押人员主要为经济犯罪高官。记者发现，不少落马高官到看守所后，由于生活规律，脂肪肝、“三高”问题都消失了，有些人甚至比进看守所前胖了10来斤——这样的报道，实际上隐含着同样的暗示。

医生面前只有病人，而没有公务员，没有公款吃喝——可很明显，医生们给出的体验报告，还是带着“公务员们还是少吃喝”的劝诫。公众无力约束公务员们的吃喝，但还是寄望于这种“让公务员们感受到切身利益受到伤害”的报道能约束他们的吃喝。可是，这是一种不切实际的期待。

“公务员应酬多脂肪肝高”的报道8年前就开始有了，按理说，这样的报道对公务员群体应该有所警示，会让他们意识到应酬和公款吃喝的危害，吃的虽然不是自己的钱，可是肝和胃是自己的，大吃大喝最终没沾什么便宜。即使纳税人无法追究，但最终总是要靠自己的身体健康去还的。可是，公务员们似乎对这样的报道熟视无睹，这样的健康警示每年都会出现，而且这种“吃喝腐败病”的患病率反呈增高倾向。媒体越是报道“脂肪肝患病率”高，相应的事实是，公款吃喝似乎愈演愈烈。每年全国两会，人大代表和政协委员们仍然焦虑于吃喝成本的节节攀升，为控制吃饭财政而声嘶力竭的提案议案，甚至提出了“以定期称体重来控制官员吃喝”这种看起来很搞笑，却很无奈的建议。

用公款大吃大喝，更易患脂肪肝，这个对公务员们有威慑力吗？根本没有，死刑的直接威慑都挡不住贪官“前腐后继”的步伐。丧命都在所不惜，作为富贵病的脂肪肝对他们根本没有半点儿威胁。不见棺材不掉泪，落马的贪官只是因为见到了棺材，才会有所触动，而且是在监狱里没有了大吃大喝的条件，他们的脂肪肝和“三高”问题才会消失。如果他们仍像在位时那样可以自由支配公款，他们才不会约束自己的胃口。

所以，“应酬多吃喝多脂肪肝高”的报道，对公务员是产生不了什么触动和警示作用的，至多只是公众聊以自慰、寻求心理平衡的一种方式：那些官员花纳税人的钱大吃大喝，既然民众无法控制他们，就由他们吃吧，让他们吃出脂肪肝，吃出“三高”，吃出腐败病，吃坏他们的身体，吃了总是要还的。无法控制官员吃喝的、郁闷的纳税人们，只能靠这样的报道，让自己有着强烈的被剥夺感的心理好受一些。

记得前段时间看过另一则报道，说湖南娄底冷水江市计生局最近公示了一批23人的申报病残儿通过初鉴公示名单，其中有9个病残儿的父亲是副科以上干部。因官员子女比例偏高，有网友发帖质疑有父母官拿健康儿女声誉来骗取二胎指标。有关部门接受记者采访时表示，欢迎群众举报，并称不排除官员压力大，喝酒应酬多，有较多生下病残儿的可能性——喝酒应酬多，有较多生下病残儿的可能性？事实是否如此，公众并不关心，公众更主要的是从这条消息里获得了一种自慰。不是幸灾乐祸，而是作为纳税人在无法监督自己所交税款不被浪费的情况下所产生的一种心理补偿：让你别大吃大喝你不听，你自己承担后果吧。

一个“走路死”足以让所有繁华坍塌

2012年4月，北京一女子掉热水坑被烫死的新闻，曾让举国舆论震惊，让很多人产生了一种不安感甚至恐惧感。人们不敢相信，在北京这样的繁华都市中，正常行走在宽阔大路上的市民，竟会以这种惨烈的方式死去。人固有一死，我们能想象出一千种死去的方式，但绝想不到这种方式：正常行走时，掉入热水坑中被烫死。怕交通事故，我们可以不开车，可以不出远门，但我们都得走路，走着走着就走没了，祸从天降的“走路死”让人毛骨悚然。

也许可以将此解释为偶然意外和极端个案，可经媒体的盘点发现，这并非个案，不少城市都发生过这样惨烈的一幕。同年8月14日，哈尔滨市南岗区辽阳街90号附近路面突然塌陷，4名路人坠入路面塌陷处，2人抢救无效不幸遇难。同日大连星海人家丁字路口一路面塌陷，一名18岁的学生掉入热力井，导致全身65%烫伤。8月11日晚，石家庄一场强降雨后，有市民因景观灯漏电而面临灭顶之灾。

我们的都市现在都建得富丽堂皇，似乎每个城市都在雄心勃勃地宣称建什么之城、什么之都，纷纷赶走小贩和穷人，推倒低矮的民居，到处涂脂抹粉，到处破旧立新，迷恋摩天大楼，迷恋霓虹闪烁。可是，一个“走路死”暴露的问题，就足以让所有的繁华坍塌，让所有的形象都蒙上阴影。

专家认为：屡屡发生的悲剧拷问着城市基础设施的质量和管理水平，市政部门应更加重视人们生命的价值，在规划设计和建设上应尽可能周全细致、保证质量，不能把事故原因都归于“意外”，如果始终没有人为“走路死”负责，那么城市质量就难尽快提高——确实如此，发生好几起“走路死”事件后，报道了，赔偿了，人们震惊了，可热点过后，并没有调查清楚症结出在何处，没有人为此受到处理。公民让人震惊的非正常死亡，很多就以“意外”的名义白白地逝去了。

一般出了这种事，地方都会急于息事宁人，急于“平息”舆论，没有人为公民“走路死”这种骇人听闻的非正常死亡付出代价，这当然无法阻止悲剧再次发生。于是我们看到，被试过的错一错再错：北京的悲剧在大连再次上演；大连的悲剧又在哈尔滨再次上演。“意外”成了常常刺痛公众神经、触痛公众心灵的常见新闻。久而久之，这似乎也就成了一种难以根治的社会癌症。

必须让相应的责任人和责任部门付出代价。路面不会无缘无故的坍塌，人不会无缘无故地“不慎”掉进热水坑。如果负责任地调查这样的事件，会从事故发生的责任链条中追查到责任人，有市政部门的疏于监管，有基础设施设计的标准太低——甚至建设时就不合标准，有工程存在质量把关不严的问题，还有对工程设施缺乏常态化检查维护，等等。这些都是具体的问题，具体问题上都有具体的部门和人，相应的法律都有规定。不要笼统地将问题推给一个宏观的、不可问责的抽象群体和观念，而应该具体到可问责的个人。

不动乌纱帽，不让其付出实实在在的代价，官员根本不会对公民的非正常死亡有任何痛感。

当然，这也与当下“绩地屁”的体制弊病有莫大关系，很多官员都热衷于形象和面子，热衷于可见的大楼大广场，热衷于掌握着其乌纱帽的上级们的城市审美，而忽略了那些直接关系市民生活舒适度、方便度和幸福度的细节。领导看不到下水道，所以没有管下不道；政绩的考核不会看工程和基础设施的日常维护，所以没有人重视这个日常看不到的东西；领导不会掉进热水坑，所以下属对此也不会当回事。任何一个问题，如果官员群体缺乏共同的利益感觉，如果不在上级视野之内，总难免陷入无解。

每个贪官都曾有个完美的任职评价

如火如荼的反腐风暴近来又掀一轮高潮，“一周5名省部级被查”的打虎成绩又创反腐纪录。贪官落马，一夜之间从天上跌到地下，其各种丑闻会立刻被嗅觉灵敏的媒体扒出，比如，如何滥用权力贪赃枉法，作风如何败坏、包养多少情妇，决策多么专断以让同僚敢怒不敢言，在海外有多少见不得阳光的资产，等等。在纪委的通报和媒体的扒粪报道中，贪官完全一副又贪婪、又荒淫、又虚伪的面孔。

可是，每一个落马后被扒得干干净净的贪官，都曾经有过一个近乎完美的任职评价。在其刚任职的时候，官方评价将其描述得像一个完人。比如落马的万庆良刚当市委书记时，官方评价是：有开拓创新精神，事业心、责任感强，工作热情高，精力充沛，也注意坚持民主集中制，性格直爽，敢于开展批评，要求自己严格。落马的副国级领导苏荣任省委书记时官方的评价是：为人正派，团结同志，对自己要求严格。

可就是这些“为人正派”“对自己要求严格”的官员，落马后被曝出的丑闻让人瞠目结舌。万庆良落马后，媒体曝光了其很多见不得人的丑事。中纪委的通报称，万庆良在被组织调查的前几天还到会所里大吃大喝。“不查都是孔繁森，一查就是王宝森”，网络是有记忆的，落马后的穷形尽相与落马前的完美评价形成强烈的反差，使官方评价非常尴尬。

如何看待这些贪官落马前的完美任职评价？倒不能简单地用落马后的媒体报道来否定此前的官方评价，将两者割裂和对立起来，应该辩证地看。一方面，人的变坏和官员的堕落并非一夜之间，而有一个缓慢的过程，今天的丑态百出并不能证明此前的官方评价就都是假的；另一方面，人有两面性，知人知面不知心，监督无法如影随形，组织看到的是官员的一面，而落马后媒体曝光的则是另一面。

还有一点也无法忽视，与落马前一边倒地赞美形成反差的是，官员落马后媒体往往都是一边倒地全盘否定，各种捕风捉影的丑闻把贪官描绘得一无是处。这当然也是不客观的。腐败堕落道德败坏是真，但此前在岗位上的“开拓创新”“工作热情高”“思想解放”“有驾驭复杂局面的能力”“思路清晰，决策果断”，等等，未必就是假的。

虽然如此，贪官落马后的扒粪新闻，还是让此前完美的任职评价无比尴尬。落马前后评价天壤之别的原因到底出在哪里呢？有必要反思：到底是当官让好人变坏了，还是坏人玷污了官员形象，披着伪善的面孔混进了官员队伍？到底是监督体制失灵了，从而未能发现官员的问题，还是贪官的伪装术太高明了，骗过了组织部门的眼睛？到底是更高的权力位置让官员有了膨胀感，抵制不住腐化的诱惑，还是一边贪腐一边升官？

完美官方评价的墨迹未干，两三年后就被纪委的通报证明既不“作风正派”也不“对自己要求严格”，这大大损害着官方评价的公信力。反腐风暴赢得了民心，人们在通报贪官落马的新闻下拍手称快之时也在追问，到底是谁将这些腐败分子提拔到现在如此重要位置的，提拔的人和部门都应警醒。也不能忽视对制度的反省，好制度让坏人无法作恶，坏体制会将好人变坏，一个个昔日在岗位上做出了不小成绩的能人最终却腐败堕落，问题不能都推到“人品恶劣、道德败坏”上。

当然，对官方评价也是一个有益的提醒，对官员作评价时一定要下笔谨慎，不能习惯性地套用赞美模式。反腐力度大，赞美须谨慎。否则，纪委的通报会让满纸的溢美之词陷入很尴尬的境地。

Part 3

第三辑

别把两会当二会

每年全国两会之际，网络舆论场都会在围观和吐槽两会中开另一种形式的两会，网友喜欢把两会称作“二会”，觉得有些代表委员的提案方案太二，觉得一些媒体不报道严肃议政而去追星的行为很二，觉得一些明星代表委员不务正业的表现很二，觉得相关政府部门不敢面对尖锐提问的躲闪很二，觉得每年花那么多钱集中开会却收效甚微很二。其实，很多人对两会存在不少误解，包括代表委员不一定了解两会的意义，写这些评论就是教代表委员们别二。

代表委员不必讳言当“政治明星”

“如果不是当了全国人大代表，我可能还在老家的二亩地里干活。”全国首批农民工人大代表胡小燕履职四年，从当年第一次接受媒体采访时的一脸羞涩，到如今应对媒体对答如流，勇于表达自己的见解，被称为“政治明星”。不过已经从当年的农民工变成白领的她，似乎对“政治明星”这个词很是惶恐，她赶紧推掉了这个帽子说：“我不是政治明星，我永远都是农民工的一员，已经打上烙印了。”（综合2012年3月媒体报道）

理解胡晓燕回避“政治明星”的本意，是不想让自己与其代表着的农民工阶层离得太远，作为农民工代表，就要始终与农民工兄弟姐妹们站在一起，作为他们中的一员为他们的权利在议政厅上鼓与呼。也许在胡晓燕看来，“政治明星”是一种高高在上的身份，这种“脱离群众”的身份可能会让她远离农民工，会让农民工感觉遥不可及无法接近。

作为一个农民工代表，胡晓燕始终不忘为农民工代言的草根情怀值得尊重，不过，她可能误读了“政治明星”的意思。这个时代，可能有很多“明星”都已经带上了负面意味，比如，“学术明星”常与霸道和垄断联系在一起，“娱乐明星”常与八卦与轻浮连在一起，可“政治明星”实在是一个没有任何负面色彩的褒义词，也是这个社会最稀缺的一种明星。

政治明星不是一种装点身份和涂抹虚荣的名片，它意味着一种担当，一种能力，还有一种将自己的利益与公共事务联系在一起、投身于政治为他人谋福利的博爱情怀。说一个人是政治明星，表明他敢于在公共事务上发表意见，勇于为民众代言，通过自己在公共事务上的见解和行动使自己成为舆论关注的焦点，做出了很多实实在在的成绩。他能言善辩，善于面对媒体，他不是善用花言巧语忽悠民众的政客，不是居高临下展示威仪的官僚，而是踏踏实实用自己的民主素养和亲民行动赢得民众发自内心的尊重与拥戴。

所以，人大代表胡晓燕不必讳言当“政治明星”，无须忌惮这个词，而应该理解人们称之其“政治明星”所包含的殷切期待。人们称其为“政治明星”，不是让你远离你代表的民众，而是与你代表的民众站得更近一些，在不辱选民使命、积极代言中成为一个明星。成为政治明星，才能站在更大的政治舞台上发挥更大的影响力。

成为政治明星，应该是每个负责任的代表的梦想，不想当政治明星的人大代表，不是称职的人大代表。已故的、曾供职于全国人大常委会办公厅的蔡定剑博士在《中国人民代表大会制度》中所言，代议机关是培养政治家的舞台：议会培养锻炼政党，也培养锻炼政治家，有利于提高政治家的素质和水平，为政府输送人才，提高国家管理水平。

确实如此，自现代代议制形成以来，代议机关就成为政治家的摇篮。比如雅典民主城邦时代，雅典执政官伯利克里、梭伦等人的能言善辩都是在城邦大会中锻炼出来的。西方很多国家的总统、首相和著名政治家都出身于议员，在议会充满火药味的过程中练就了一套政治从业技艺和思想——中国的人大与政协不同于西方的两院，人大代表更与西方的议员有本质的区别，但代议机关“培养政治明星”上应是普世的价值，我们的人大和政协也应以熏陶和培养出政治明星为荣。

政治家和政治明星在我们的语境中似乎还没有祛魅和脱敏，许多人讳言自己是政治明星，好像一说政治明星就是想当官，就有政治野心，就与争权夺利和钩心斗角联系起来。其实大可不必，发达的政治文明需要更多职业政治家的参与。代表委员们不必隐讳自身的政治诉求和抱负，两会应以培养出更多政治家为骄傲。

高官退休才放炮晚不晚

据说不少地方一把手天不怕地不怕，除了怕在任的上级外，就怕退休的前任。曾听一个地方官员讲过，他说：幸亏那些退休老同志不会上网，仅仅只是在生活中发发牢骚骂骂现任，不然的话，老同志们天天到互联网上去批评现任，他们就受不了了。普通网友曝个光、批评几句，还可以承受，老同志们要发飙，那可都是让现任吃不了兜着走的猛料。那位官员开玩笑说，千万别让老同志们学会上网。

理解官员们的这种“敬畏”，比如在召开的两会上，最尖锐的批评，最敢放炮的，最让官员们流汗的言论，往往正来自那些退休的高官。举个例子，卫生部规定医生必须签协议不收红包，该部门曾将此一规定当作反腐政绩，可全国政协常委、卫生部原副部长黄洁夫却毫不留情地批评，这个规定非常可笑，作为医生，我不会签，这是对医生的不尊重。

医生们估计也不满，可没人敢说，各级卫生行政部门的官员们估计也有微词，可没人敢批评上级的规定，但退休的前副部长就敢说。现任领导一定挺怵这个前任的，而且对这种批评必须听着。不只是这次两会，公众常听到来自退休高官的炮声。

听听这个尖锐的批评：现在“官满为患”，一些乡镇好几百个干部，小汽车停了几排——老百姓再勤劳，也养不起这么多官啊！这么尖锐的批评不是“公知”说的，而是中纪委原副书记刘锡荣。

再听这个“犀利哥”的炮声，说：中国目前的卫生医疗服务体系存在着严重的不公平现象，一些干部长期占据了干部病房、干部招待所、度假村，一年开支惊人。这位“犀利哥”不是韩寒或李承鹏，而是卫生部原副部长殷大奎。真是内行批内行，批得更在行。

这个骂得更干脆利落，说：好人不能当公务员，糟蹋好人；坏人也不能当公务员，那糟蹋老百姓。谁敢这么损公务员啊？不是普通人，而是离开官场的北京环保局原副局长杜少中。更让现任头疼的是这位前任，88 岁高龄的云南省政协原副主席杨维骏，他坐着政府专配用车为 12 名失地的农民开道，带他们到云南省政协反映问题。

犀利不代表着就正确，它代表的是议政胆量。这些发言者的职位前都带着个“原”字，有权不用，过期作废，加个“原”字就不是官而是民了。退休了，轻松了，失去的是权力得到的是自由，就敢说了。相对应的是，很多两会上的在任官员都不敢说。相映成趣的是，因为在任官员多当人大代表，退休官员多当政协委员，就形成了委员比代表更敢说的两会现象。

个别不认真履行代表职责的官员，要么是“装孙子”，对其他代表委员再尖锐的批评，都不回应不搭腔，假装认真记录，他们知道这时候不能说。要么是“要票子”，没把人大代表的身份当成参政议政，而是当成“跑部钱进”的机会，去拍上级领导马屁，跟中央要政策，向发展改革委和财政部要钱。要么就是“扯犊子”，说一些官话套话大话假话废话，开口闭口“听了总理的报告非常激动，深受鼓舞”，因为说废话最安全嘛！再就是“卖关子”，媒体一问敏感和尖锐的问题，就都回避，太极打得无比娴熟。他们信守言多必失，沉默是金。人家的代议士比的是谁更能说，我们比的是谁更能憋住话。

退休官员敢说，而现任的不敢说，倒让人没觉得那些退休官员在道德上就多么高尚了。他们在任的时候，一样也没说，一样是装孙子、要票子、扯犊子、卖关子。这是体制问题，在任的时候有很多顾忌，得看很多人的脸色，有很多想法，没什么比仕途更重要。现在退休了，没什么可怕的了，总不能不给我发退休工资吧，终于混到了不看别人脸色而让别人看自己脸色的时候，就敢甩开膀子抡圆了说了。

所以，还是尽可能少的让在任官员进人大和政协，让他们自己监督自己，太为难他们了，他们对自己也下不了手。而让更多退休官员去当代表委员，这个是可以有的。退休了的他们已不是官员了，但有热情，有经验，有资历，更有胆量，也就有了监督的能力。这不仅仅是退居二线发挥余热，而应该成为一种强化监督的制度安排。

舆论不要逼代表委员说假话

关于在两会上如何说话，一个人大代表和一个政协委员的态度截然不同。人大代表钟南山的话经常被一些媒体断章取义，然后遭遇网骂。他说：反正讲话就会挨骂，我不在意，也不去看，但话还是要说，还是要讲真心话。政协委员成龙可能是被一些媒体的恶搞伤着了，他在政协讨论发言时说，有时候不让记者进来我们可以讲一些真话，如果像现在这样子，我面对他们会讲很多假话。

一个说“即使被骂也要坚持说真话”，一个说“被恶搞后会讲很多假话”，两种态度截然相反——说实话，两种态度我都能理解，对钟南山代表坚持说真话的勇气充满敬意，对成龙委员面对记者会讲一些假话的委屈也非常理解。他们面对舆论骂声所作出的不同选择，不只是两个代表委员的态度，在代表委员中很有普遍性。比辨析真话假话更首要的是改变那种恶骂的舆论生态，代表委员的两会言论有受到特别保护的权利，本不必纠结于怎么说，但有时舆论形成了一种让代表委员不知道说什么的暴力。

断章取义者有之，比如像钟南山所抱怨的，他在全国两会批某个医生为赚钱多放了支架，在网上就被发酵成“反对放支架”。这种脱离语境而拎出一两句话制造新闻进行消费的现象很流行。移花接木者有之，把某个委员以往在其他语境中的某句发言拿到两会上炒，误导公众。制造冲突诱导暗示者有之，拿小道消息和莫须有罪名盯着一两个人恶炒。站队讨伐者有之，把某个代表委员想象成某个“阵营”的，挥舞道德大棒去攻击。

还有人喜欢站在道德至高点上看代表委员的言论——金融界的委员为银行说话，企业界的代表为企业争权利，公司呼吁政府减税，这些其实很正常，两会本就是一个各方利益博弈的平台。可这些正常发言却被泛道德化地解读，甚至被民粹声音追问“你在替谁说话”。

看到了这些，就会明白有的委员为何纠结于说真话还是说假话，为什么无奈地说对记者会讲假话，为什么讲真话成了一件需要极大勇气的行为。我们呼吁两会代表委员要说真话，要反映真实的社会声音，可有时候却没有真正做好听真话的准备，用一种舆论暴力逼着代表委员说假话。

真话是我们这个社会最稀缺的资源，一句真话比整个世界的分量还重。堵住真话之口的有很多因素，我们呼吁政府要创造条件让民众监督政府，约束权力，使真话免受权力的打压，也期待舆论能有更多的宽容，使很多问题保持在“可讨论状态”，不能代表委员一开口就上纲上线和肆意扭曲，一开口就贴上某个标签。参政议政，首先各方要把真实诉求摆到桌面上，让声音充分表达，然后才能在讨论中找到共识。如果慑于舆论暴力而说假话，嘴上一套心里一套，营造的也只能是伪和谐、伪共识。

需要厚道的媒体和记者，当然，也需要代表委员要有强大的内心，有讲真话的自信。开放的舆论有时就是这样多元杂乱，你说得再好再正确都会有人挑刺儿，永远都无法满足每个人，尤其无法满足那种见啥骂啥的喷子。公道自在人心，说自己的真话，对得起自己的良心，对得起代表委员的身份，对得起这个社会。

采访两会的媒体记者太多了吗

记者在报道两会，吐槽和围观代表委员，同时，记者也在被代表委员吐槽——继姚明委员批评那些“采访时要合影签名”的记者不专业后，被称为两会大炮的政协常委葛剑雄也把炮口对准了记者，抱怨“两会的媒体太多了”！他说，有些媒体拿到很多采访证，派出强大的阵容，但他们到底报道了多少？收视、收听率如何？他说，正是由于媒体资源过剩，才导致有些媒体盯准明星、富人穿什么衣服、表什么态等，既分散了公众的注意力，也是一种嘲弄。

葛剑雄说，他看到一个数字，说有8000多名记者——记者比代表委员还多。据两会新闻中心统计，2015年有3000多名中外记者报名采访全国两会——为什么有8000多名呢？葛剑雄没说错，报名采访和拿到采访证的有3000多名，实际远不止这个数字。我所知道的是，很多地方和媒体派了庞大的记者组随代表团进京，很多人没证进不了大会现场，就在代表委员驻地附近住下，抓住机会找认识的熟人带进驻地酒店采访。

全国两会，那么多代表委员，很多地方领导参加，媒体的地方意识又比较强，他们有新闻宣传报道任务，围绕本地官员和代表委员进行采访，报道本省代表团的讨论情况和本地领导的讲话，当然也要加入追明星、追高官、追专家的全国新闻大战。每个省、每个市，甚至很多有代表委员的县，报纸、电视、电台、网站都会派出“两会报道组”，否则似乎就会有“缺席”之感。中国那么大，那么多县市，代表委员来源那么广泛，强烈的地域意识和地盘观念下，记者扎堆是必然的现象。不知道今后随着地域观念的淡化、全媒体的融合和“围着地方领导转”的弱化，两会上庞大的记者群会不会瘦身？

一些代表委员就抱怨，会场部分道路的交通严重不畅，经过拥堵路段需20分钟以上，原因就是记者太多。其实相比国外类似一些重要公共事件的新闻大战，我们的两会记者并不算多，但抢新闻时的无序，追明星，拼体力不拼思考，爱扎堆不爱另辟蹊径，加剧着两会新闻战场上的拥挤。喧闹的扎堆场景，仿佛不是新闻大战，而是记者赶集。

一个做过很多有名两会报道的知名记者谈过她的两会采访体验：在采访中，她宁愿不去挤那些人多的地方，不去扎堆凑热闹，不追那些明星人物，不像许多记者那样都挤到人民大会堂、部长通道，而是守在人大分组审议的现场（这个地方不少时候是个门庭冷落的地方），因为这里最能反映参政议政的真实全景的表达。如果记者都有这种意识，不去大会堂门口堵明星堵部长，而是分散到各个分组审议现场去挖新闻，既不会出现新闻同质化和话题碎片化的尴尬，也不会像现在那么扎堆了。蝉噪林逾静，鸟鸣山更幽，越扎堆越热闹，真正的新闻越少。

葛剑雄所言“正是由于媒体资源过剩，才导致有些媒体追星和娱乐化”的逻辑其实是不成立了，记者太多并不必然导致媒体追星，纯粹是没找准角色位置所致。

记者扎堆上两会拼体力抢新闻背后的原因也很值得玩味，很多媒体之所以这么看重全国两会，记者这么爱跑两会，有着“过了这十来天”就抓不着部长和代表的心态。想采访部长，难；想找个人大代表，难；想找个领导谈谈当地敏感话题或热点新闻，难；而两会把这些都“逼”到了一起。如果“两会”不只是被压缩的这短短几天，而回归其常态运转的日常政治，记者也不必过度关注两会，把新闻资源都集中压缩在这几天了。

打捞两会上那些沉没的声音

两会议政众声喧哗，大会堂内外的两个舆论场每天都能生产出无数的两会声音，有的批评地方限牌，有的吐槽立法滞后，有的炮轰特权腐败，一个热点接着一个热点——这种此起彼伏的热点和话题盛宴中，总觉得把着麦克风、掌握着表达机会的还是平常那拨儿人，热闹只属于部分人。有必要超越浅层的热闹与嘈杂，不只是追热点和比谁更有胆量说狠话，而是去打捞和倾听那些在两会舆论场中沉没的声音。

相比过去，来自基层的代表受到关注的程度已经大多了，在经过“下基层”“群众实践活动”的教育之后，社会普遍更关注基层的声音，“基层代表”的身份在媒体那里也有了“新闻点”。领导人到各个代表团参加审议时，也都强调把更多的发言和互动机会留给基层代表，“多给基层代表发言的机会”已成为多数代表团审议讨论时达成的默契，“少报道领导，多报道基层代表委员”成为对两会报道的要求，这种默契和要求中体现着政治的进步。

但基层代表的声音在这个舆论场中还是太弱小了，“追星追官追热点新闻人物”的报道惯性，使基层代表的声音很容易就淹没在精英大佬们的言论中。虽然基层代表获得了表达机会，但在一些媒体报道中，我们看到的还只是基层代表的“传统剪影”——或者是“激动得说不出来来”，或者是“她那淳朴的乡音，逗乐了很多代表”。漫画化和标签化的刻板描述外，很少能看到基层代表到底说了什么，反映了什么问题，表达了什么困惑。俞敏洪听闻记者佩服其创业经历，笑笑称没什么——这是某媒体报的一条两会新闻。很多基层代表在讨论时说了很多，到媒体报道时就剩下一句话，“听了领导的讲话，憨厚的她露出会心的笑容”。而俞敏洪礼貌性的、毫无营养的一句客套话，却能做成一条两会新闻。

一些基层代表说得可能不如那些明星、高官和专家代表好，话语粗糙，缺乏新闻点，没有“料”，但反映的是实在的问题，代表着一个庞大的群体。两会不是比谁“说得更好”的秀场，而是不同利益群体的利益博弈平台。他们在日常语境中就缺乏表达机会，这种议政平台上应该多给他们话筒和镜头，让他们的声音和利益不再缺席。

基层代表是没有机会说，而有些代表是不敢说，尤其是有着公务员身份的代表——为什么不敢说？怕挨舆论和公众的板儿砖。比如在涨工资的话题上，公务员肯定有一肚子的话想说。舆论在这个问题上对公务员有很多批评，一直反对给公务员涨工资。公务员群体必然积蓄了很多观点，底层拿着较低收入的公务员也肯定希望代表们能说出自己的心声，寄望通过沟通赢得舆论的理解。可两会上这么多官员和公务员身份的代表，至今我没有听到哪个谈到过涨工资的话题。不说，自然就无法形成讨论，“一谈涨薪必挨骂”的现实自然就无法改变。

不仅是公务员涨薪的话题，很多问题上平常都争得不可开交，到两会上反而冷了下来。到了这种舆论场中，利益相关方反而不敢说了，成为被淹没的民意。

另一种被淹没的就是，“不同声音”不愿表达反对声。有记者采访全国人大代表、南开大学校长龚克，问他“全国人大提供的资料里，你的职务后面加了副部级”，龚克说：可别笑，这是丢人的事。把“行政级别”当成丢人的事，其他很多校长肯定不认同。比如几年前媒体曾采访过一个校长，他就高调反对取消高校行政级别，他认为，“中国目前是以行政级别来衡量社会地位，住房、医疗、政府谈话、民间交流，全跟行政级别连在一起，没这个什么都干不了”。官本位的大环境没变化，在资源仍以行政级别来分配的体制中，如果只是大学去行政化了，等于把高校逼入绝境。

很多校长代表可能都不认同龚克校长的话，但他们习惯了“不批评其他代表”，不会把反对声在两会上讲出来。于是很多时候就成了自说自话，没有形成有益的辩论。

为什么没高官参加代表就不积极

两会进入分组讨论和审议的阶段，代表逃会现象又成为刺眼的焦点。往年媒体就批评过一些代表团的代表不把纪律放在眼里，任性地缺席、迟到或早退。有记者往年还经历过出席人数不到 1/2 的小组讨论会，有的开会 20 分钟因没人发言便草草收场。今年仍存在这种现象，一些代表团一再强调：有要事务必向召集人请假，原则上不得请假。

有人替这些逃会代表辩护说：面对一些无聊的讨论，与其会场睡觉，不如回去补觉，缺席逃会本就是一种态度——这种辩护是站不住脚的，即使觉得讨论没意思，那么自己为什么不能在会上说点有意思的？难道讨论激烈的会议不是由每一个积极的参与者构成的？逃会既无组织纪律，更是严重失职。一个小组讨论会，那么多代表缺席，这是什么概念？这背后是多少民意的缺席？中国 13 亿多人，一共不到 3000 名全国人大代表，每个人大代表背后是多少人？一个代表每缺一次、逃一次会，意味着背后多少人的被缺席。

有媒体报道说：往往规模越大的会议，出席率会越高。像全体会议和全团会议，国家领导人、省委书记、省长在场的会议，代表们往往到的比较齐全。而到了小组讨论会，上座率就没那么有保障了。

这种“会议规律”很耐人寻味，为什么没有中央领导参加时，代表团的会风就得不到保障呢？一些人大代表，都是大人了，怎么还像幼儿园小朋友那样，整天得被盯着才守纪律。从电视镜头和媒体报道中，也能窥见这样的代表团开会潜规则：有中央领导来的时候，很多代表非常积极和热情，争着要发言，争着在领导面前去“表现”“抢风头”，安排各种电梯偶遇，设计各种姿势准备跟领导握手，叮嘱摄影者千万要抓拍自己跟领导的合影，甚至准备“哭穷”或要项目。但如果没有领导参加讨论，好像就可来可不来了。

据我所知，一些代表会对自己 10 天的两会会期时间进行这样的划分：中央领导来的话，自己必参加；本省大领导参加，自己也得参加；本团开放日记者云集，也不好缺席；其他情况，就属于“垃圾时间”，就成为私人时间了。

这样的“开会潜规则”显然是对代表身份的严重背离：当人大代表，不是为了和中央领导合影，不是获得领导亲切接见和握手的机会，不是在领导面前出风头。无论有没有领导来，无论有无记者围观，你都得履行一个人大代表的职责。第一，两会上没有领导，都是平等的代表身份。第二，两会没有“垃圾时间”，每一分一秒都应该用起来积极履职。

全国人大代表、浙江省委书记夏宝龙这两天的提醒非常重要，应该激起每个人大代表的重视。针对媒体报道的代表缺席现象，他说：现在会议已经开了一半，各位代表容易产生疲惫，容易松懈，但绝对不能无故缺席。一年就开一次会，你代表的是人民，你带的是一份责任，必须履行好自己的职责，要么你就别当人大代表。

“一边倒赞成”未必就是好声音

两会一些代表委员的言论挨了舆论板砖，被拍得体无完肤，也有一些代表委员获得了舆论一边倒的支持和叫好，比如有政协委员提出，元宵、重阳之类的传统假日应该放假，春节假期应该放到正月十五。——可以看到，凡是关于放假的建议，总能赢得舆论一边倒的支持。一边倒的支持并不代表着就是对的，这种支持很多时候是情绪化的，反对声很容易被淹没。公共讨论需要听取各利益方的声音，如果采访那些生产部门的负责人，他们肯定不会支持动不动就放假。

“一边倒赞成”未必就是两会好声音，有对话才有人话，有争鸣才有共鸣，缺乏真正讨论下的“一边倒赞成”，往往反映的只是某一个群体的声音。

这几天受到很多人赞成的还有另一个代表的观点，这个代表说，首都高校外迁请别忘了河南——在十二届全国人大三次会议河南代表团媒体开放日活动中，全国人大代表李光宇继续为河南学子呼喊，并请现场媒体给教育部捎话，鞠躬恳请教育部让更多河南孩子获得公平受教育的机会。这个呼吁教育公平的观点赢得了舆论掌声，网络差不多是一边倒的支持，赞成应该破除教育资源的垄断，推进公平教育。看起来是一边倒的支持，可如果深入思考一下，到现实中多采访一些人，就会发现，问题可能没有这么简单。什么是公平？每个群体、每个地方的人都习惯站在自己的利益立场考虑问题，觉得对自己倾斜才叫公平，可其他地方的人就不接受了。

还有雾霾治理问题也是如此，提起雾霾治理，人人都能站在道德高地上去作一番道德演讲，一边倒地向某个部门施压。可一旦说到具体的治理，让谁谁谁承担减排的责任，动动谁的奶酪，大家就都不乐意了，都成了雾霾治理的阻力。

不同的群体，站在不同的立场，对同一个问题就有不同看法。虽然民众的去行政化期待有道德优势和普世支撑，但那些基于中国国情的反对声音也能站得住脚。这就需要辩论，特别期待代表委员们能够针对这个问题辩起来，而不是当下这种两个舆论场的隔绝。一方面是舆论一边倒地叫好，一方面是有不同意见的校长们保持沉默，结果就是没有共识，去行政化的步伐原地踏步。

可我们的两会似乎缺乏辩论的传统，代表委员们似乎遵守着某种各说各话、互不批评、互留情面的潜规则：可以毫不留情地批评某种现象，可以言辞激烈地批评某个部委，可似乎就是不能直接批评另一个委员的提案，不肯针对另一个代表的议案发表不同意见。在这种一团和气、自言自语的两会氛围下，即使某个代表委员发表再荒唐的观点，也不会有人站出来批评；某个委员再站在本群体利益立场发言，相对利益群体的代言人也不会接茬展开针锋相对的辩论。大会堂场外的舆论场争得面红耳赤，可会场内却少有争论。

很多国家都有一个公共电视台专门直播议会的开会现场，这样的节目所以有很高的收视率，许多人所以愿意整天追着这个频道看，正在于其辩论。议员们为公共事务针锋相对的辩论，让公众看起来很有公民感觉。期待我们的两会也能建立起辩论制度，代表委员们能就公共事务展开辩论，那样的两会不仅更好“看”，也更能体现代议属性，更有会议质量。

别以明星脑残粉心态跪着写两会

两会在场的主角不仅仅是代表委员，还有跑两会的记者。成功的两会政治，需要敢说、会说、愿说、积极履职的代表委员，也需要能够尊重政治规律和新闻规律的记者，将两会好声音传播出去，善于打捞被嘈杂淹没的声音，能够发掘有价值的讨论，带着问题意识敏锐洞察到民主的细节。好代表委员与好记者的配合，才能激活两会政治的磁场，让不在场的公众感受到一场政治盛会的价值。可遗憾的是，娱乐化和追星化常常成为降低两会新闻品质的顽疾。

成功的两会舆论场是由好代表、好记者造就的，需要杜绝“三花”：别当花瓶委员，不当花痴记者，不提花哨建议——其中一“花”就是对记者的要求，别像花痴一样追着明星。

看着一些两会记者扛着长枪短炮追着刘翔跑，追着陈道明要签名，以跪求合影的花痴心态围着明星时，场外的公众高喝：媒体下次能不能别派娱乐记者来跑两会了。其实不是媒体派了娱记跑两会，而是一些两会记者缺乏两会政治的问题意识，不明白自己跑两会的职责所在，把跑两会的“公器”当成了私人追星的好机会，或者脑子里想的都是点击率和眼球，觉得围着明星转的两会花絮会有更高的关注度。

其实 2015 年两会舆论场和报道的娱乐化相比往年，已经得到了一定的遏制，很多记者同行的两会问题意识越来越浓了，远离了那种刚上两会时一看明星就兴奋的青涩和无知。一个著名媒体人就反思自己当年刚跑两会时的情景：第一年我在嘉宾聊天室聊的是那年追访到多少明星、代表委员，追访到多少高官。但是到了第四年，我自己跟我们的节目组已经开始理解，我们必须回答最基本的问题：两会是什么，两会的主体是谁，他们要做什么？追访明星式、花絮式、装点式的报道已经越来越被媒体放弃。

确实，娱乐化的报道已经越来越被鄙视了。在媒体同行中，写了这种报道，是挺丢人的，是要被集体鄙视的——不仅被同行看不起，更被读者看不起。别误以为读者的品味就停留在娱乐追星层面，很多公众对两会政治的期待远比一些上会记者深远多了。这两天就能看到，一些刚跑两会的记者所写出的那些娱乐化报道，在明星前失去职业自尊、失去专业精神的表现，受到了多大的舆论反感。

明星代表委员不是不可“追”，但必须是去追跟两会政治相关的新闻，而不是为了满足自己的窥视和猎奇，不是追明星的个人隐私或娱乐信息。记者报道姚明委员，称姚明委员参加了双周协商座谈会，建议将体育赛事审批改为备案，意见引起国务院领导重视，这叫两会新闻。称姚明委员说“现在很多孩子的体育是语文老师教的，健美操是英语老师教的，羽毛球是语文老师教的”，也是两会新闻。但说这个明星两会后准备参加什么比赛，准备拍什么电影，回应了跟谁谁谁的绯闻，就纯粹是跟两会无关的八卦娱乐了。

拿着那些珍贵的两会采访证，写这种娱乐八卦垃圾，是对新闻资源的极大浪费。两会记者围着明星转，让基层代表委员成为沉默的大多数，也是媒体话语权的极大滥用。

上了两会，明星就不是明星了，而是代表委员。上了两会，记者就得把个人趣味放到一边，就不是陈道明的崇拜者或刘翔的脑残粉，而成为公民的记者、带着两会思考的记者、完成两会政治传播的中介。以明星脑残粉的跪拜心态写新闻，写出的必然是成为笑柄的脑残作品。

终于有委员对警车开道感到不安

2011年年初某明星参加北京交管局春晚时忘带演出服，然后交管局警车开道帮其回家取衣服。事后该明星在微博上炫耀这种特权时，激起网众的愤怒并成为一起公共事件。向来不招舆论待见的“警车开道”一时成为众矢之的。适逢地方两会正在进行，为保证会议的准时进行，代表委员开会时一般都会有交通管制和警车开道，明星的“警车门”也一起让被警车开道的代表委员们陷入了尴尬。

不知道其他代表委员是什么态度，但公众起码知道，北京市政协港澳台侨工作顾问、英国道丰国际集团董事局主席许为平就对被警车开道如坐针毡。他在政协会议发言时表示：非常感谢政府给我们提供的便利，特别是交通便利，昨天一路警车开道，但是北京的交通已经很拥堵了，我们作为委员是来给政府出主意的，怎么能享受这种特权呢？许为平委员对警车开道的不安，赢得舆论一片掌声。

许为平对警车开道和交通管制的态度，不由让我想起导演冯小刚的态度，他在享受警车开道时也浑身不舒服。他说：我曾作为“中华海外联谊会”理事参加过他们的会议，住在北京饭店，在人民大会堂开会。开会那天乘巴士从饭店出来，经长安街至大会堂，沿途也是空出车道警车呼啸。途中我深感不安，不敢把脸扭向窗外，生怕被走过的群众认出指着我说：你看，这不是冯小刚那个王八蛋吗！——显然，冯小刚的不安，与许为平委员的不安是一样的，是对特权的不安。

有人不仅理直气壮地享受特权，还引以为荣地向周围的人炫耀特权，以特权凸显自己高人一等，以特权显摆自己的身份，以为人们会怀着无比景仰的心态来羡慕他们的特权——正是在这种病态心态泛滥成灾的语境中，对特权的不安尤为可贵。这种可贵的反思彰显出一种真正受人尊敬的品质和美德，那就是平等的公民意识。

当一个人享受不到特权时，他批评特权的姿态是值得赞许的，可当一个人作为既得利益者享受着特权，还能保持着对特权反感和拒绝的态度，并勇敢地将这种不满表达出来，就更值得赞许了。停留在言语上对特权的批判，也许仅仅是“吃不到葡萄说葡萄酸”“享受不到特权就说特权坏”的羡慕忌妒恨，而作为既得利益者在行动上的拒绝，言行一致，才是对这种不正当利益真正的超脱和发自内心的排斥。对平等的信仰，使其无法容忍自己站到平等的对立面，对送上来的特权如坐针毡。

其实，我倒不认为两会时的交通管制和警车开道是一种多大的特权，而认为那是一种可以理解的特殊安排。上千人一起开会，按既定议程到场对开会效率非常重要，可在像北京、上海、广州这种巨堵的大城市，交通随时可能发生瘫痪，时间是根本得不到保障的。如果不采取特别措施，大会议程很难按计划完成。而且，数千人的会议，这个堵在安定门，那个堵在朝阳门，还有的堵在阜成门，这对开会将是一场灾难，会就别开了，人等齐了差不多就到中午吃饭时间了。开会是为了公共利益，交通管制的特别安排，是为了保障这种公益，警车开道并非为了炫耀代表委员高人一等，而是为了高效率地完成会议议程，并无太大的不正当。

可虽然正当，但并不意味着合理，不意味着代表委员们可以理直气壮、心安理得地享受这种特别利益，认为“一切就该如此”。毕竟，这种为了代表委员出行方便的交通管制给市民出行带来了很大的不便，让本就拥堵的城市交通更雪上加霜。为了给代表委员让道许多人得等半天红灯，代表委员应对市民有歉疚之感。然后，为了保障开会时间其实并非只有交通管制唯一途径，代表委员完全可以早点出门赶往会场，或者与市民上班时间错开，或者乘坐有时间保障的公共交通（如地铁），同样能避开拥堵，只是没有交通管制那么方便和威风了。普通市民能克服的问题，代表委员为什么不能尝试克服一下？重要的是，代表委员开会本就是为克服民生，而交通管制这种方式则容易让代表委员与民生产生隔阂，享受着交通管制，哪会会对被堵在路上的民生有切身的利益共通感？开会不被堵，哪里叫开会，那是交通管制营造出的一种不真实的场景。

讨论公共事务，为了公共利益，代表委员们更该对公益有一种敏锐，不说非要拒绝警车开道，起码要对享受着这种给市民带来不便的特权心存不安。这方面政协委员崔永元也值得赞赏，他在 2010 年全国两会时说了一句让受到交通管制影响的北京市民很温暖的话：我们的会议给北京老百姓的生活带来了多大不便，提交与回复提案的态度要对得起这几天的交通管制。

崔永元为代表委员议政树标杆

作为主持人，崔永元在业内和观众中有着很不错的口碑，但作为政协委员，他也以尽职的参政表现赢得了舆论赞赏。2010 年两会时他那句“会议给北京老百姓的生活带来了多大不便，提交与回复提案的态度要对得起这几天的交通管制”曾激起媒体盛赞，2011 年小崔继续着他实话实说和敢言的风格，先是批评“有些提案回了跟没回一样”，再是“政府要为房产商输血”，还有对垄断行业的尖锐批评，让作为电视明星的他成为两会上的政治明星。

崔永元是一个明星委员，多数明星委员在两会中被追捧，靠的都是他们娱乐圈中的影响力，委员只是明星的后缀，人民大会堂只是他们那张明星脸的背景——而崔永元不是这样，明星只是委员身份的前缀，他在用自己高质量的提案和负责任的言说来让公众忘记他的明星身份，而记住“崔永元委员”。众多明星代表委员中，他是表现最好的，注意，不是“之一”。

从这几天他的两会表现看，他起码在两个方面为其他代表委员树立了标杆。

其一是在写提案上的认真负责精神。今年他虽然没有拿出提案，但一样赢得了公众的尊敬，因为他没有提案不是没准备，而是负责任的体现——他写了医改方面的提案，可他通过调研，跑了很多家医院，包括以患者名义暗访，才发现现实情况远不止这么简单，还须争取调研清楚后再拿出完整提案。为了自认为“最优秀”的提案，崔永元自称“玩了命了”。有时出国旅游，他也会让朋友引见当地的议员，了解医疗、保障房等情况。有一次，为调查煤矿工人的工作环境，崔永元跟煤矿工人一起下到了煤窑里。

这种“用脚写提案”的精神非常可贵，尤其在这个网络时代，不少代表委员都喜欢追逐时尚，到网上找线索和信息，开博客上微博，成为不沾地气地“键盘代表委员”，还美其名曰“网络问政”，这种百度一下就写出来的提案质量可想而知。正如曾创办了教育在线网站的政协委员朱永新所言：我喜欢从网络上发现提案线索，但我没有放弃传统的调研方式，我相信，无论网络发达到什么程度，“用脚写提案”永远不会过时。确实如此，崔永元肯定是认同这个判断的，没有脚踏实地的丈量，无法写出真实触及现实的提案。

其二是他那种唯真而不唯上、不唯民意、不唯自我的求真精神。白岩松前几天在央视节目中提到过一个政协常委的话：我们是来献计献策的，不是献媚的。此语引发许多人的共鸣，崔永元在这方面就做得很好，用他自己的话来说是“来这里不是享受荣誉的，是来承担责任的”。

从他的参政议政中看不出“媚”的取向。不媚权力部门，比如尖锐炮轰垄断的电信乱收费，炮轰某些政府部门对提案的回复“回了跟没回一样”。不媚媒体，不迎合媒体的新闻价值而炒作议题。他说：提案是委员参政议政的直接工具，不能随便用来炒作，那就有损了参政议政的这分尊严。更可贵的是不自媚，当意识到自己错了时，会坦诚道歉。比如最近当他意识到“美国洛杉矶手机费9.9美元包年”的数据错误时，他第一时间在微博致歉，承认误用数据，并反思不能哗众取宠和信口开河。

当记者让小崔评价一下他履职四年的成绩时，他说，“那我就打一个跟我高考数学成绩一样的分数吧。”“您高考数学多少分?”“58分。”“还不及格?”“但对我来说已是我学数学以来最好的成绩了，这可是我玩了命才得到的。”小崔的意思是：自己虽不满意，却已经在尽力。

记得去年有媒体采访刘翔笑着叫他“刘委员”时，刘翔露出了腼腆的笑容。这份腼腆暴露了刘翔内心的不自信，喊者和听者都很不自然。而崔永元听到“崔委员”这个称呼时一定是欣然受之的，因为他的履职无愧于这个称呼。

承认改革阻力是消除阻力的前提

收入分配改革是本次两会一大热点，代表委员和公众都有一个疑问，为什么收入分配改革方案一再难产？一边是民众的公平呼声越来越强烈，一边却是分配改革方案的难以推行。在今年年初，国家统计局10年来第一次公布基尼系数，连续10年，我国基尼系数均超过联合国贫富差距警戒线。当记者问到“收入分配改革继续推进的阻力到底在哪里”时，发展改革委一位官员却称：不存在阻力。(2013年3月9日《中国青年报》)

谈到改革阻力时，前几天也有一位央企负责人身份的政协委员称，央企不阻挠收入分配改革。第一我们没有动力阻止，第二就算想拦也拦不住。谈到阻力时，无论是企业负责人，还是政府官员，都在回避和否认“阻力”这一说法，避免被戴上“阻力”的帽子。不仅收入分配改革问题上，从环境污染的治理到养老金的改革，很多利益相关者都否认自己是阻力，否认阻力的存在。

不承认阻力的存在，对议题的讨论和改革的推进是很不利的。阻力就在那里，并不是“不承认”就可以消除的，否认阻力的结果，就无法形成公开、透明和平等的博弈，无法形成开放、坦诚、真正的讨论，改革就寸步难行。

收入分配改革怎么可能没有阻力呢？养老金改革怎么可能没有人阻挠呢？一方面，没有阻力的话，为什么这么多年来改革都是渐而不进？另一方面，从利益本能来看，不可能没有阻力，因为改革涉及利益调整和重新分配。比如收入分配，一种解决之道就是通过税收和监管，降低一些明显不正当的高收入，而通过增进保障、提高工资和转移支付等方式“转”给低收入者。涨工资者肯定乐意，而割谁的肉谁肯定不乐意，旧体制的既得利益者肯定会形成阻力。

这种阻力，既是想象得出的，更是看得见的，当然也是可以理解的。屁股决定脑袋，利益驱动行为，改革要动谁的奶酪，都会引起反弹。比如，养老金的并轨改革，机关和事业单位是旧体制的受益者，他们已经拿惯了比企业高的养老金，现在让他们和企业单位一起市场化，一起交养老保险，养老金可能会降一大截，当然会阻力重重。前几年养老金改革从公益型事业单位改起时，引起教师和医生群体的强烈反对。正如摩擦力反证着行动力的存在，改革是利益重组，没有阻力就不是改革了，或者说那样的改革并没有触及真正的问题，是自欺欺人的伪改革。

很多人也喜欢将"阻力"污名化，觉得"阻力"是一个贬义词。其实不然，利益会在改革中受损，为了捍卫利益而去当阻力，并在阻挠中博弈，争取到一个对自己有利的改革结果，这是每个人的权利。房子被拆迁，通过阻力争取到一个合理的补偿，很正当。养老金改革，通过博弈捍卫自己的正当权益，也很正当。央企是收入分配改革的重要利益相关者，不可能听由别人处置自己的利益，阻止对自己不利的分配，难道不很正常吗？

承认阻力的存在，天塌不下来；承认自己就是阻力，并不是自己就不道德了。改革就是要正面阻力，并在公开的博弈和利益的妥协中化解阻力。政治局常委汪洋在两会讨论时讲得很好，最大的亮点就是承认阻力的存在，不讳言官员就是阻力。

30 多年的发展，形成了新的、系统性的利益格局，有很多影响科学发展的体制机制障碍。这其中，又有很多正是政府的利益问题。下一步就要破解这种格局，尤其要破解政府的利益格局，例如，污染、落后产能淘汰不了等，涉及企业、官员和地方政府的利益问题；行政审批过多，涉及的是一些部门的利益问题。如果说 30 年前改革解决的是意识形态问题，那么现在就是利益问题。改革实际上就是拿刀割自己的肉。

阻力不是坏东西，应该有一种公平博弈的制度平台消除阻力，实现各方的利益。两会是博弈的制度平台，就应该把各种问题摆到台面上来，首先要承认阻力的存在，然后才能进行博弈和协调，才能往前走。阻力要公开化，博弈才能透明化，才能在博弈中消除阻力。

跨界炮轰可以，但一定要用脚调查

全国人大代表钟南山，向来是两会上“一出现就会引起媒体围观”的明星代表。他当年在两会上面对面地就一药多名对国家药监局副局长的痛批，在非典问题上的尖锐追问，还有今年对亚运经费的犀利追问，都堪称议政经典。近日这位主业是医生的代表接受采访时说：自己只是一个医生，接触医疗事情比较多，看到不合适的说出来是为了改善政府工作，但我常常“捞过界”，讲话就不一定准了，以后说自己不熟悉的东西，会非常重视调查研究。（2011 年 3 月 8 日《南方日报》）

钟南山这些话并非无的放矢，而是对近来批评的回应。近来他对“广州负债 2100 亿元办亚运”的尖锐质疑，在赢得舆论赞誉的同时，也招致一些官员和网友的批评，认为他的这个问题很不专业，是不理解财政政策所致——钟南山也表示了对广州财经局就亚运经费所做的专业解释很满意。他所言的“常常捞边界，讲话就不一定准”，可能就是指的这件事。

钟南山的议政经历，触及代表委员参政议政常会遇到的一个问题，就是跨界批评。因为我们的代表委员基本都是兼职的，来自各行各业，有的是医生，有的是律师，有的是歌星，有的是教师，而做代议士监督政府，就公共事务表达意见，难免会涉及跨界的问题，一个专业是医生的代表就专业的财政问题进行批评，从狭义上看，就是跨界批评。

首先，跨界批评可不可以？当然可以，在这个问题上，我坚决反对一些官员的观点，他们常以专业为门槛拒绝代表跨入他们的领域进行监督，这是对代表权利的侵犯。代表委员参政议政，可以就任何公共问题进行批评监督。公共事务，涉及公共利益，即使带有专业性，可是不能排斥非专业人士，尤其是代议士的监督。人大代表，本就应该有勇气在一切公共事务上运用自己的理性。企业界的可以就医改进行批评，医生可以就政治改革提意见，农民工代表可以批评城市的形象工程。

这个问题上，钟南山说得非常好：我说出自己的感受，未必是客观的，也未必是对的，但我觉得不要紧。我是人民代表，人民代表有什么就要讲出来，得到满意的解释我就够了。要是不满意，我绝对继续干！

跨界炮轰当然可以，不过，一个负责任的代表委员，对自己不熟悉的公共问题表达意见，跨界炮轰时，一定会非常谨慎，正像钟南山所言：说自己不熟悉的东西，会非常重视调查研究。这方面崔永元代表堪称典范：一向履职很积极的小崔今年没有拿出提案，并不是没有准备，而是因为小心谨慎。他今年写的是医改方面的提案，可他通过调研，跑了很多家医院，包括以患者名义暗访，才发现现实情况远不止这么简单，所以干脆就先搁下来，争取调研清楚后再拿出完整提案。小崔经常跨界炮轰，所以他非常重视调研。有时出国旅游，他也会让朋友引见当地的议员，了解医疗、保障房等情况。有一次，为调查煤矿工人的工作环境，崔永元跟煤矿工人一起下到了煤窑里。

不过，小崔也以一个反例告诉其他代表委员跨界炮轰时一定不能信口开河。他批评电信收费高时，以美国为例，称洛杉矶手机费 9.9 美元包年——这招致专家和网友的批评，因为美国手机费远不是这么低。小崔后来第一时间在微博致歉，承认误用数据，并反思不能信口开河。

这方面韩红委员也堪称典范。她是一个歌星，专长在于对声乐的把握，不是儿童权利立法专家，缺乏流浪儿童救助方面的专业知识——她今年为了提流浪儿童方面的提案，不仅曾专门到湖北荆州农村走访调查，还在法律研究机构的帮助下邀请专家、律师、法官、老师做她的顾问，召开了提案意见征求会对提案多次修改。

代表委员跨界批评，最忌讳人云亦云被人牵着鼻子走。很多代表委员都喜欢在两会前临时抱佛脚到网上征集提案，通过网络听民意当然不错，但如果完全依赖网络，不用脚去调查，谈论不熟悉领域的事情，提出来的很容易是空泛的大路货，也容易贻笑专业人士。

动辄提议立法，偷懒的拍脑袋议政

2011 年 3 月，一位来自天津的全国人大代表关于“设立学术欺诈罪遏制造假”的建议，在代表委员和网络间引起热议。这位来自企业界的、非法律领域的代表说，应设立“学术欺诈罪”，对以造假形式骗取科研经费或奖励，甚至以虚假成果损害他人或社会利益等学术不端行为，予以严厉处罚。很显然，这个建议指向的是前段时间西交大造假教授被撤去国家科技进步奖一事。

多数人虽然同样表示了对学术造假的痛恨，但并不支持设立学术欺诈罪。我也不赞成这个立法入罪建议。一方面，学术的事情，最好还是由学术共同体内部通过道德自治去解决，由专业领域内的教授去评判，并诉诸业内的道德惩戒。“业内从此永无翻身之日”的道德惩戒有时比外部的法律制裁有效多了。另一方面，其实既有法律中对学术造假已有惩戒规定，重要的是要敦促既有规定得到严厉执行，而不是忙不迭地另设新罪新法。

与往年一样，2011 年代表委员们提得最多的建议，仍然集中在立法设罪方面。广东代表团此次提出的 13 件议案，均为法律案。有人大代表建议“立法禁止父母带儿乞讨”，有的提议“刑法增设侵害环境罪”，有的建议“为垃圾处理立法”，还有的提出“闯红灯应列入危险驾驶罪，追究刑事责任”的建议，像立法解决农民工工资拖欠问题、立法保证保障房建设、立法防止啃老之类的就更多了。其中有的立法建议是深思熟虑的，也有不少缺乏可行性，明显带有想当然的成分。

我觉得，没有经过深思熟虑和拿出相对成熟的法律案，动辄就提议立法，这是偷懒的表现。

不少人可能会认为，关于立法的提案、议案和建议最好提，无论什么社会问题，似乎都可以通过立一个法律去解决，只需将这个问题后面加一个立法——设一个新罪名，立一条新法，修改相关的法律规定——就可以是一个建议，就表明了自己对这个问题的关注和重视，就表达了一种参政议政的姿态。比如，政府不花钱建保障房，就立一个“保证保障房建设法”；农民工工资被拖欠的问题一直得不到解决，就立一个“不准拖欠农民工工资法”。立法是解决社会问题最严厉，也是最高的手段，似乎建议立法总是没错的。

其实不然，如果负责任地去看待立法，真正了解法律案的严谨，就知道立法建议和议案其实是最难提的。问题可以随口提，批评可以张口说，可立法案的技术难度是很大的，不是拍脑袋和灵机一动的事，它是一个需要专业技术和专业理性的复杂系统工程。

按照全国人大的要求，代表提出法律案，最好同时提出法律草案文本及其说明，并提供必要的相关资料。从这个要求看，法律案的难度是很大的，不仅要求立法的专业技艺和专业知识，要能提供法律草案文本，还须对相关问题有较深入的研究和较多的调研。我看过周洪宇代表的好几份法律案，比如他在2005年人大会上提出“关于制定《校园安全法》的建议”，堪称一份优秀法律案的典范，不仅在“案由”中有充分的表述，提供了翔实的背景资料，具体法律草案的建议也相当专业，具有可操作性。正因其难度，所以全国人大对代表委员建议的吸纳中，最少采纳的就是法律案了。法律不是儿戏，立法不是过家家。

提个立法建议很简单，不用动什么脑筋，只要你在问题后面加一个法就可以了。当然了，也没有你什么责任，问题全都推给了立法部门：我已经把问题提出来了，立不立法，你们就看着办吧。什么操作性、重复立法、非法之法，这些都跟我无关。这也是思想上的偷懒，以为立法万能，对立法有过度的依赖，遇到问题，不想其他解决议案，只有那条件反射般的立法。

全国人大常委会委员长吴邦国在3月10日的报告中强调：我们已经形成有中国特色的社会主义法律体系。这从侧面告诉我们：我们现在已经不缺法条，许多社会问题，需要的并不是立法，立法，立法，我们的代议士们应该更多致力于敦促这些法律得到执行，而不是任由公权力凌驾于法律之上。徒法不足以自行，中国的法律不比任何一个国家少，很多方面缺的是执行。代表委员要把议政的问题意识放在“执行”而非“立法”上。

港澳台代表风头被盖，政治进了一步

观察两会，细心的人能注意到这个现象：港澳台的政协委员和人大代表没有早几年前那么热了。早几年前，由于其身份的特殊，他们常常会成为媒体围观和采访的焦点。记者一般都认为，身处不同体制中、身份超脱、经过更多民主熏陶的他们会更敢言，敢说真话，敢于批评，敢投否决票，敢提出反对意见，从他们身上能挖到不少真正的新闻。所以，有港澳台代表委员的小组往往是记者最喜欢扎堆的地方，这些代表委员也是媒体宠儿。

不过这些年这种现象正在改变，记者已经不会刻意去追港澳台代表委员，不再把他们看作什么特殊群体和新闻富矿。记者们跟着新闻走，而不是跟着身份走，有关他们的两会报道越来越少，他们的风头正被其他代表委员抢走。我觉得，出现这种变化，不是港澳台代表委员变乖巧了、不如以前敢说了，而是，“敢批评、敢否决”已经不再只是港澳台代表委员的议政特色了。在民主政治的发展中，敢于批评和监督的代表委员越来越多了，已经没有了身份上的差别和地域上的差异。当敢言成为一种与身份关系不大的常态，身份所包含的新闻性也就大为褪色了。

港澳台代表委员也许会因为这种“失宠”而感到失落，不过他们内心应该会为其后反映出的民主政治的进步感到欣慰。

回望我们的两会史，会看到我们的议政厅中许多经典的瞬间和历史性的第一次，都是港澳台代表委员们创造的；人大和政协在制度上的不少进步，都是由他们的努力所推进的。超脱于体制、得风气之先的他们，通过自己的言行给其他代表委员上了不少民主课，带来了不小的思想冲击。在怎样当一个合格的代表委员上，他们投的那些否决票和说的那些“我反对”起到了很大的启蒙作用。这种两会环境，造就了一批如吴康民之类引人注目的港澳台明星代表委员。

中国两会史上第一张否决票，就是我们的台湾地区的代表投的。20 多年前的七届全国人大一次会议上，来自台湾的人大代表黄顺兴，站在人民大会堂的走道上，投出了全国人民代表大会史上第一张反对票。同届会议上黄顺兴说的“我反对”，也是全国人民代表大会历史上首次出现的不同声音。这些都被中青报记者贺延光记录下来，成为反映中国民主进程经典的镜头。从那开始，敢投否决票和说“我反对”的代表委员越来越多。

同年，香港的廖瑶珠代表，在通过第一个专门委员会民族委员会人选名单时，声明弃权。弃权的理由是，“我不会投我不了解的人的票。我代表人民，代表港人投票，而不是投对领导的信任票”。要知道，那时候人大的计票系统中甚至都没有统计弃权票的程序。金圣基编著的《人民大会堂见闻录》中披露了这一信息：1988 年 4 月 8 日人大选举政府时，当时的人大委员长万里说：因为计票的电子计算器中只有统计赞成票和反对票的程序，没有编入计算弃权票的程序，弃权票得用人工统计，因此当天的会议时间可能要拖长些。相比以前，人民大会堂民主的细节已经很完善，弃权票也成为人民大会堂投票显示屏上的常态。这个民主进程中，廖瑶珠代表功不可没。

有媒体曾总结过全国人大史上 20 个历史瞬间，其中不少都是港澳台代表委员创造的。比如那份特殊的书面建议。1993 年，来自香港和澳门的 16 位全国人大代表依法向全国人大常委会办公厅提交了一份书面建议，要求在选举常委会副委员长的过程中实行更富竞争性的差额选举。几天后全国人大常委会秘书处作了正式回复。起码在人大常委的选举上，十一届选举时的差额比例已由十届时的 5% 提高到 7% 。

如今随着民主政治的进步，两会议政环境已有很大进步，反对声和炮轰声已成常态。比如 2011 年两会上，全国政协常委、民进山东省原主委张承芬就炮轰：腐败情况触目惊心，腐败官员让人痛心。只要有利益，没有不去捞的——我们甚至都没有听到过港澳台代表委员的批评有如此犀利。他们的风头，正是这样被盖住的。

看一个代表，就看他的投票史

2010 年 3 月政协委员倪萍那番关于“我爱国，不添乱，从没投过反对票或弃权票”的言论，引起舆论极大争议，不少人将其与那位保持 55 年未投反对票的纪录的人大代表申纪兰联系起来，批评她们不敢投反对票和狭隘的爱国观。

其实我并不赞成舆论如此断章取义地揪住某个代表委员的只言片语大加鞭挞，在简化、歪曲、漫画化和妖魔化别人言论中狂轰滥炸。倪萍并没有什么可指责的，投什么票是她的权利，别人无权逼她非要投反对票。可以看出投赞成票是发自其内心，最重要的就是这种真实表达。参政议政不是比谁有勇气说反对，倪萍说得很好：不是反对就一定更有思想。不过倪萍也有问题，不该将“我爱国，不添乱”和“从未投过反对票和弃权票”并列起来。

许多人对倪萍和申纪兰冷嘲热讽，我觉得起码她们两位还是很坦诚的，起码告诉公众她们投过什么票，公布了她们的投票记录，旗帜鲜明地表达了她们的观点——可多数代表的投票史，我们根本无从知晓。

舆论批评倪萍时，都只是抽象地反对她的“从没投过反对票和弃权票”，我很想看到这样有针对性的具体批评。比如，倪萍曾投票赞成过的某一个立法，在执行的过程中出了不少问题，甚至带来了很大的损失；她投票赞成通过的某一笔政府预算，其实是吃饭财政，纳税人的钱成为官员大吃大喝的资本；她投赞成票力挺的某个工程，在建成后并未带来预期的收益。这样直指其“赞成票导致了损失”“不反对是错误的”的批评才是有力的批评，也是代议制民主下应有的批评理性。笼统地批评一个人“从不投反对票”，既不合理也不正当。

看国外议员的履职，常常有这样的记录，该议员曾在伊拉克战争上支持过布什，在支持出军攻打上投了赞成票。某议员是堕胎的铁杆反对者，他在历次有关堕胎的立法中都站在反对一方投反对票。议会中议员间的交锋和攻讦，很多就是以议员投票记录为依据，以其支持或反对过某法来评价对方。前几天刚看到一则相关的趣闻，说美国加州一名保守派参议员在任 14 年，一直都在表决时反对同性恋权益，如今他却公开承认自己的同志身份。他也曾在州议院反对扩大反歧视法及承认外州的同性恋婚姻。他表示投下反对票是反映选民对他的期望，而不是自己“内心的冲突”。

咱不谈这种“内心的冲突”，而看其后的议员履职记录，这样的记录既方便纳税人了解代议士的倾向和工作，也便于议政时辩论，也是一种对代议士的监督。看一个代表，要对他的工作作出评价，看他的投票史就一目了然了。支持过什么，反对过什么，记录说明了一切。可在我们的代议语境中，却很难查询到一个人大代表的投票史。如果申纪兰和倪萍不自曝，我们无法知晓她们在两会议政中的履职历史。

很多人说人大代表必须代表选民的意志，这话当然不错，但“选民的意志”抽象得无法捉摸，所以代表投票时主要还是遵从自己内心独立的判断。在人大行使职权时不受民意的强制委托，而按自己的能力和独立判断行事，不必拘泥于选民意愿和局限于地区利益或某集团利益——不过，代表委员在表决时可以独立做决断，但要为自己的选择承担代价。比如，美国那些投票赞成攻打伊拉克的议员，英国那些支持首相跟随美国一起出兵的议员，在伊战陷入混乱之后，都受到了舆论抨击，成为竞争对手攻击的靶子，甚至成为履职记录上的污点，影响到自己的连任。

代表委员不受干扰的民主权利须受到保障，比如投票应该是秘密的，表决器应该加盖，但另一方面，如何让公众了解代表委员们的履职记录，也是一个须重视的问题。否则的话，如何约束代表委员稀里糊涂地举手、不负责任地投票？

小组讨论不是跟中央领导的合影机会

一向很欣赏来自湖北统计局的全国人大代表叶青，认为他身上很有政治家的风度，有潜质成为一名“议会明星”。看看他的发言就知道他的议政水平，他炮轰一些地方的公车滥用让他目瞪口呆：一个关于行政经费的调查报告显示，2005 年到现在，每年行政经费大概以 1000 亿元的速度在递增，全国公车大致是 230 万辆，开支在 1500 亿元到 2000 亿元之间。报告中一个极端案例是一部车一年的维修花了 10 万块钱，有一部车一年换了 40 个轮胎，差不多每一周换一个轮胎。（2010 年 3 月 6 日人民网）

虽然我也像崔永元委员那样不喜欢媒体动辄引诱代表委员“炮轰”，不过叶青的这一炮确实轰得很猛，让人看到了某些部门在公车滥用上肆无忌惮的无耻，表达了一个纳税人代表出离的愤怒和无法容忍的愤慨，再次将公车滥用的行政恶疾顶到了舆论审判的烤架上。这样的人大代表，很有纳税人所期待的那种代议士范儿。

不过叶青代表今天早上在微博上的一句留言，让我等议政厅外的围观者感觉很不舒服，他说：今天上午全团到人民大会堂湖北厅与中央领导一起讨论政府工作报告，这是地方提诉求的好机会，希望有收获，当然首先是照相。一句“当然首先是照相”，刺痛了他不少微博粉丝的眼睛。

把与中央领导照相放在参加小组讨论工作的首位，让人觉得人大代表参会好像主要是为了跟领导合影一样。一句“首先是照相”，而且还“当然”，小组讨论成了背景，审议政府工作成为附庸，参政议政成为次要。与中央领导合影，这种炫耀让我们这些在场外没有机会面见领导的人很羡慕很忌妒，但又让人多么寒心。人民选你当代表，就是为让你跟领导合影的吗？人民赋予你的种种特别权利，让你进入议政厅与领导面对面，不是让你反过来向人民炫耀自己的“与领导合影权”，而是要反映问题和在事关公益的决策中表达人民的意志。官本位崇拜不应带到两会上。

这么简单的人大制度ABC，政治素质很强、人也很聪明的叶青代表一定非常清楚。我也明白，这只是叶青代表在微博上很无意的一句话，并非真就"把照相放在第一位"。而且与领导一起开会，会议间隙时留个影很正常，既留下个人回忆也是一种友谊沟通方式，算不上什么虚荣、攀附和不务正业。不过，"当然首先是照相"的表达，还是暴露了代表潜意识中一种不太好的思维习惯。连那么有履职意识和议政诉求的叶青代表都有这样的想法，其他人又会如何。

说实话，我很不喜欢看到两会议政厅中那副争相拍照合影的氛围，代表委员间互相拍，与这个领导合影，与那个熟人合影，圈内朋友合影，加上无数媒体记者的追星、堵人和抓拍，议政厅中咔嚓声一片，淹没了代表委员的发言和审议的氛围。人大议政厅就那么大，代表委员数千人，无数媒体记者，还有服务人员，本就很拥挤，争相拍照合影更加剧了拥挤。尤其代表委员多是各界精英，又是高层领导云集，平常都不容易见到，这个也要拍照那个也要留影，那大家就别小组讨论而都去合影留念算了。

让人担忧的是，也许少数代表委员心中就是这么想的，参加小组讨论就是"当然首先是照相"，照片可以成为以后向人炫耀的资本，可以拿照片证明自己曾是一名人大代表，可以把与领导合影的照片挂在办公室中让人看看自己与高层领导靠得多么近。但请切记，向选民交的履职答卷，不该是这样的合影，而应是对解决哪个问题作出了什么贡献。小组讨论，主要不是与领导合影，而是把领导当作普通的人大代表，与他一起讨论民生疾苦，求解社会难题。

农民工代表，你不必屈尊受人“接见”

作为第一次出现在全国人民代表大会上的群体，代表1.5亿农民工的3个农民工代表康厚明、胡小燕、朱雪芹，没有谁比他们的人气更旺了，他们的一言一行都成为媒体报道的焦点。在媒体的报道中，我注意到了他们3日上午的行踪。

3个人相约集体为农民工的权益鼓与呼，于是来到了国家劳动和社会保障部，受到了有关领导的接见。康厚明提的是“农民工进城没有医疗保险和养老保险”，胡小燕关心的是“农民工工作不稳定”，朱雪芹问的也是“养老金问题”。国家劳动和社会保障部的领导表示，将尽全力解决好农民工进城的劳动和社会保障问题。从该部出来后，3位农民工代表显得兴高采烈，表示见到了国家劳动和社会保障部的领导后对未来充满了信心。（2008年3月4日《重庆晨报》）

相关部委亲切接近，农民工代表兴高采烈，似乎是一幅其乐融融和谐无比的官民沟通场景——然而，这个看似和谐的场景却让笔者感觉很不舒服。尊敬的农民工代表，作为人民委托你行使主人权利的人大代表，你们完全不必这样屈尊受人“接见”，不必为表达意见而“上赶”着登部委的门，不必为见到国家部委大官而兴高采烈，你们应学会以“主人对待雇员”的方式与国家部委沟通，这是你们神圣不可侵犯的权利。

理解3位农民工代表为什么会登劳动和社会保障部的门，也许这是他们的习惯，平常维护权利和表达诉求时就是这么做的；也理解他们为什么那么高兴和激动，对他们来说，能走进国家部委并见到这么大的官太不容易了——可别忘了自己今天的身份，你们今天不是部委行政权力治下的平民，而是代表人民对部委权力实施监督的人大代表。

作为一个人大代表，你们在这方面拥有哪些权利呢？法律规定，代表在人民代表大会会议期间的权利有：询问权，在审议议案和报告时，可向有关国家机关提出询问；质询权，可向人民政府及其所属部门和人民法院、人民检察院提出质询案。在人民代表大会闭会期间的权利有：视察权；持证视察权；依法约见本级和下级有关国家机关负责人权。

也就是说，3 位农民工代表如果想向劳动和社会保障部反映农民工的社会保障问题，完全不必降低自己的身份，像平民拜见官员那样被部委领导“接见”。全国人民代表大会是我国最高的国家权力机关，而各部委是执行权力者，人大代表向部委表达诉求，首先可以选择在大会上向该部门提出询问或质询，也可以选择在闭会时约见该部门领导——是约部门领导来见你，而不是相反；即使是你登门拜访，也属于你视察相关部门，而不是什么“受到了有关领导的接见”。

农民工当了人大代表，参政议政时别忘了自己的农民工身份，要时时记得为这个群体代言，为这个群体的利益鼓与呼——但面对政府部门时，有时又要忘记自己的农民工身份，记住自己是个代行民主权利的人大代表，应该以国家主人的强势挺起腰杆，旗帜鲜明、理直气壮、高调强硬地向部门问政，而不应有习惯性的谦卑姿态。应该谦卑的是作为被监督者的政府，而不是作为监督者的人大代表。所以强调农民工代表不必屈尊受人“接见”，这不是一个简单的姿态问题，而涉及人大代表与政府部门、政府官员间的关系定位和身份认同问题，涉及这个国家的制度架构和政治基础。

农民工代表们，在国家部委和其他政府部门前收起你们的谦卑吧，你们代表的是 1.5 亿农民工这强大的政治力量。

为何不能给作报告的总理一把椅子

又是"让权力在阳光下运行"，又是"助中等家庭解决住房"，温总理充满民生情怀和写满民生承诺的政府工作报告，不仅激起了在场代表委员热烈的掌声，更激起不在场的网友热烈的讨论。有细心的网友发现总理一直站着作了那么长时间的报告，认为总理一定很累，于是发帖建议"为什么不给温总理搬把椅子"？没想到这个建议在博客贴出后一呼百应，网友纷纷在回帖中表示了对温总理的敬意，表示"有这样的总理是万民之幸"，有网友表示"想上去搬把椅子的人很多"。(2008 年 3 月 6 日《新快报》)

心疼自己的总理一直站着作报告，于是建议给总理搬把椅子——这个小细节上温情的体贴和人性化的关爱，表现了一个共和国的网友和他们的总理惺惺相惜、互敬互爱的情怀。总理是那么爱着他的人民，在节日中下到矿区中看望矿工，在人民遭遇冰雪灾难时第一时间赶到灾区，处处体现着亲民爱民尊民，时时想着将财政蛋糕多向民生领域切一块。同样，人们也爱着他们的总理，在网络上给他起了如"家宝哥""温暖中国"等许多亲切的网名，在"我向总理提建议"的媒体策划中写下无数条长长的留言，当看到总理站着作了那么长时间的报告时，会想到给他搬把椅子。

这个温暖的提议表达了网友对总理的爱，但我想，如果总理看到了网友这个提议，一定会在表达谢意后婉拒这把椅子，坚持站着作政府工作报告。作为总理，他清楚地知道自己此时置身于人大场景中的角色：他不是在向下级作指示和下达命令，不是向自己的下属讲话，而是向选举他当总理的全国人大代表报告工作，汇报自己任职 5 年来政府做了哪些事情，接受人大代表的评价和审议，看代表和人民对自己的工作满不满意。向下级讲话可以坐着，但向监督自己工作的人大代表汇报时得站着，以示被监督者和汇报工作者的身份，以示对监督者和审议者的尊重。

也就是说，让总理站着作政府工作报告，这不是一个疏忽和缺乏人性化，而是一种制度化的要求和仪式需要。总理站着和人大代表坐着，这不是一种简单的姿态，而体现着一种权力关系，反映着人民主权、议会至上的政治架构。中华人民共和国的一切权力属于人民，人民代表大会制度是我国根本的政治制度，人民行使国家权力的机关是全国人民代表大会和地方各级人民代表大会。全国人民代表大会和地方各级人民代表大会都由民主选举产生，对人民负责，受人民监督。国家行政机关、审判机关、检察机关都由人民代表大会产生，对它负责，受它监督。全国人民代表大会是最高国家权力机关；地方各级人民代表大会是地方国家权力机关——在这种制度架构中，总理是由全国人民代表大会选出，对它负责受它监督，作政府工作报告时自然要站着。

政府行政首长站着向议员作工作报告，这是民主代议制国家的通例。从电视上也可以看到，这些国家的总统或总理在议会作报告时都是站着的。人类自从有了政治这个东西后，仪式就是非常重要的，因为仪式传递着一些重要的信息。比如，为了体现代议士在王权前的权力，每年10月或11月间，英国国会有一个开幕仪式，在这个仪式上，当女王的使者手持“黑杖”经过下议院大门时，会毫不客气地被关在门外，当被“确认身份”后才被允许进入，这就是一种体现权力关系的仪式。我们可以心疼自己敬爱的总理，但要意识到这种场景下的权力关系，意识到“站着”这种仪式的政治内涵。

记得前段时间上届全国政协委员、著名作家张贤亮就“改革开放30年变化”这个话题接受采访时说：从以前“学习”政府工作报告到现在“审议”政府工作报告，这是一个标志，说明人大和政协的职能逐渐摆到了位置上——确实，这是一个相当大的政治发展，“总理站着作报告”正是这种权力关系的深刻反映。

Part 4

第四辑

失去年轻人就是失去未来

国民党在 2014 年九合一选举中的惨败，让人们意识到一个问题，失去了年轻人，就失去了未来。其实比这个问题更重要的是，失去了教育，就失去了未来。中国当下最大的社会问题应该就是教育，我们常常反省自身与国外的差距，我们崛起了，变阔了，但人的文明程度并没有随 GDP 数字那样立刻高起来。看到外国出了个乔布斯，立刻有学校说要砸 5000 万培养乔布斯，羡慕其他国家出了无数诺贝尔奖，也想砸钱去批量生产诺贝尔奖得主，这种土豪思维下教育岂有前途。

中国最缺的不是官员而是名校长

2015 年各高校迎来了一个校长更换期，几所名校的校长纷纷易人。《中国青年报》的一篇评论观察到一个现象，就是名校校长的更换太频繁，很多校长到高校还没待几天，学生还没熟悉自己的校长，没几天就换人了。陈吉宁当清华校长只有 37 个月。清华的邻居、北京大学前任校长王恩哥的任期更短，只有22 个月，成为1978 年以来任期最短的北大校长。浙江大学在2013 年2 月杨卫卸任校长后，林建华到任，现在浙大又要迎来新一任校长。

都喊口号说，要向世界一流大学看齐，可世界一流大学是怎样的呢？作者提供的资料显示，美国著名大学校长任期则明显不同。哈佛大学建校以来，平均每位校长的任期约 14 年，查尔斯·威廉·艾略特担任校长一职时间最长：40 年。耶鲁大学校长的平均任期也达 14 年，最长任期29 年；普林斯顿大学校长平均任期也达 14 年，最长任期达 31 年。

校长不比一般院长教授，他对一所大学风格、气质和文化的形成至关重要。人们提起一所大学，常常同时说起他的校长，名校常与名校长的个人标签紧密相连。提起清华，人们常想起梅贻琦，提起浙大，人们会想起竺可桢，提起复旦，人们会记起杨福家，还有根叔之于华中大，许智宏之于北大，龚克之于南开。从毕业演讲到日常代表学校对外发言，学生的毕业证上也盖着校长的印章，学生对大学的记忆常常与校长的形象联系在一起。十年树木，百年树人，校长把自己的教育理念施行和融入一所大学，也需要时间。可校长屁股没坐热，脸还没认熟，就要转到另一所大学或进入官场，这种匆匆过客对大学是一种折腾。

比如根叔之于华中科大，根叔是老华工人，在校长的位置上待了 8 年多，在这所学校打上了自己深深的印记，媒体提起这所大学必提根叔。根叔连续数年的毕业演讲所特有的亲切风格，也成为学生每年毕业时的一种期待，并成为大学文化的一部分。可校长在任上待一两年就走，承诺还没兑现，个人风格还没展示，新任上来又提新口号，工作如何保证持续性，大学如何能有一个稳定的发展预期。大学频繁换校长，学生不知新校长是谁，校长与学生无法建立稳定亲切的关系，难以沉淀为一种文化传统。

校长换来换去，这是官场逻辑凌驾于大学逻辑之上。大学需要任期长的、稳定的校长，而官场逻辑可能并非如此，需要不同岗位换来换去才能提升和镀金，需要服务组织的需要，需要在不同的岗位上历练。这种逻辑下，校长就不是教育家，而是“政客”，校长位置就不是施行教育理念，而是一种镀金机会。校长是一种行政级别，不是每个人都可以当，所以很多时候只能是不同学校校长的换来换去，无法从更熟悉学校、更有师生亲和力的本校校领导中产生。我所知道的一所大学，某位副校长当校长本来是众望所归，但级别低半级，只能先到另一所相应级别的高校当校长。

中国最不缺的是官员，最缺的是教育家，缺名校长。近十几年出了几个名校长？与那个名校长灿若明星的时代相比，如今的大学校长少有能让学生和公众铭记的——名校长难见，有很多原因，不断换来换去就是很重要的一个原因，无法在一所大学施行自己的教育理念，过几天就走人，怎么沉淀下来做事，怎么做出让人铭记的实事，又怎么把自己的名字与大学刻在一起？

“砸5000万培养乔布斯”暴露出的浮躁

2011年10月关注到浙江宁波引起舆论关注的一个大手笔。苹果的乔布斯走了，舆论在讨论“谁是下一个乔布斯”的时候，宁波新近出台了一份关于创新型领军人才培养的《意见》，欲培养乔布斯式人才。说虽然乔布斯难以复制，但可以在环境和制度上创造条件，让更多的创新型领军、拔尖人才脱颖而出。(综合2011年10月媒体报道)

不得不佩服中国一些地方政府的大手笔、大口气、大魅力，和紧追潮流与创造噱头的敏锐。培养乔布斯式人才——连培养出乔布斯的美国，都不敢喊这样的口号，都说乔布斯不可复制。我们却敢喊批量生产乔布斯的口号，魄力太大了。

中国的教育向来是这样的，虽然培养不出一流的人才，却敢于像赶集那样喊口号。什么最新潮最新鲜，什么最好，我们就喊什么样的口号。这些主管教育的行政官僚，不懂得像教育家那样真正按教育规律做教育，却懂得像官场那样喊虽宏大却空泛的口号。比如，以往一直出不了诺贝尔奖得主，看其他国家一批一批地出，我们的教育口号就是“培养诺贝尔奖得主”；大师凋零的时代，教育一直出不了大师，我们就大喊口号，要培养国学大师，培养更多的院士；还有，没有世界一流的大学，很多大学就都在喊，要在哪年哪月建成世界一流的大学。

口号经常换，什么最热，就喊什么口号，就搭热点新闻的便车。以前比尔·盖茨热的时候，说要培养比尔·盖茨，现在乔布斯热了，又喊要培养乔布斯式人才了。

当然了，教育树立这样伟大的目标是好的，不想当将军的士兵不是好士兵嘛！可是，十年树木，百年树人，教育不能总停留于喊口号，不能什么热、什么新鲜就追逐什么。我们的教育，能不能沉下心来真正地改一下体制，改一下环境，为培养出杰出人才创造条件？像这样，缺什么，喊什么，可喊也只是空喊，又没有实际的行动。所以，很多口号最后变成了笑料。

所以，可以注意到，当宁波喊出要培养乔布斯式人才时，全国的网友都笑了。这太像一个冷笑话了。

教育行政部门这样的喊口号，倒跟“中国制造”的模式很是相似，看到什么好东西，就仿造一个，中国人仿造的本事是世界一流。可是，那还只是“中国制造”“中国仿造”啊，并没有“中国创造”啊，而乔布斯精神的核心，正在于创新，在于创造。

我看宁波当地媒体报道说，这样培养乔布斯，一个周期 5 年培养经费超 5000 万元。培养乔布斯，真不是这样砸钱的事儿。不是说哪里砸的钱多，哪里就能培养出更多的乔布斯。什么热就跟什么，就跟着喊口号，这不是与时俱进，而是浑身上下散发着一种根深蒂固的浮躁气息。

不要歌颂对抗高考体制的孩子

贵州印江高三学生李坚在今年的高考中，做了件出格的事——绞尽脑汁争取门门考零分。要想不交白卷得零分，他的做法是：有把握做对的，就选错误答案；没有把握的，就不做。李坚还以《作文与嫖妓》为题提交了自己的高考作文。他在文中反对当前学生作文大量套话题、套材料，建议“作文，根植于生活之花，方能结出美好之果”。最终，他仅语文得了 12 分，加上 20 分的民族分（他是苗族人），总分 32 分。按照他的说法，他是想以此方式反对现行教育制度。（2008 年 8 月 26 日《重庆晚报》）

李坚以零分挑战现行教育制度，很容易让我们想起 2006 年另一个挑战高考制度的孩子蒋多多：河南南阳市八中考生蒋多多高考时，在考卷上宣泄对高考制度的不满；还故意用双色笔把自己笔名“碎心飞魔”写到密封线外，目的是希望各科成绩为零，以引起社会对应试弊端的重视。还有去年的湖南男孩陈圣章，故意将 4 门功课考零分以表达他对高考制度的不满——因为他们的反抗迎合了舆论对高考制度的痛恨，所以从蒋多多到陈圣章，他们都被舆论歌颂为敢于以身挑战制度之弊的思想烈士，被赞扬为“先驱行动”“完美的幼稚”“有独立精神”“历史前行的推动者”，等等。自然，绞尽脑汁考零分的李坚也被贴上了这样的标签，被许多人歌颂为“思想烈士”，“零分对抗制度”在舆论中有了一个非常优美的道德剪影。

我认为这种歌颂是很不负责任的，对理性尚未成熟的孩子是一种误导，会滋长一种非理性的叛逆情绪，助长年轻人对公共规则的轻佻和蔑视。

首先，即使既有的高考制度存在不少众所周知的弊端，导致了教育的异化，是应试教育的罪魁祸首，让素质教育缺乏生长空间，等等——可它不仅是一种教育制度，更是一个人才选拔制度，更是一种普适性的社会规则。一个理性的社会还是应该把尊重规则放在首要的位置，即使明知道一种规则有问题，也应该鼓励尊重规则的理性，在共同遵守规则的前提下致力于推动规则的改进，以公民的理性在法律框架中去完善规则，而不能鼓励去对抗规则、破坏规则、挑战规则和践踏规则。完善规则只能在共同遵守规则的前提下去完成，根本不可能以对抗规则的行为去完善规则，那只是一种正义的幻觉。所以永远不要歌颂对抗规则的行为，尤其是对思想处于成长中的年轻人，那只会滋长他们某种浮躁、暴戾的反规则情绪。

然后，即使既有的高考制度很坏，可目前能找到一种更好、更公平、更接近教育本质的制度来替代它吗？我们能感觉到这样一种矛盾的舆论取向：似乎人人痛恨高考，人人欲除高考而后快，可落实到实际改革行动时，又没几个人愿意改变统一考试模式，一点点微小的变动都会引发极大的舆论争议。由于社会在公平性、透明度、法治化、规范性、诚信度等基础秩序上非常差，公众很担心某种高考创新会在找关系、递条子、塞票子中发生扭曲，而统一高考纵有千般不是万般不是，但有起码的、最底线的公平，即使它存在应试教育等种种弊端，也是大家“公平”地来承受——孩子们可能不知道这些道理，可那些大人们难道也不懂这些道理吗？怎么能顺着孩子的幼稚和顽皮，去歌颂和助长某种“俗除高考而后快”的极端情绪。

说真的，像蒋多多、陈圣章、李坚之类故意以零分引起社会对高考制度关注的行为，我认为不是什么深思熟悉的理性之举，也跟“独立精神”“以身对抗体制”“历史的推动者”无关，至多是一种顽皮、冲动、青春叛逆的行为，甚至还有心理上的问题。高考毕竟关系到他们的个人前途，他们再叛逆再独立，最终都得通过高考这个途径改变自己的命运，比如那个反抗高考的蒋多多，已在上海某技校就读快一年，成了成年人了。孩子可以任性，但成年人不能顾着自己对高考的痛恨而助长孩子对抗高考，那只会毁了孩子的未来。

不要过度阐释“小孩想当贪官”

在全国政协的小组讨论会上，全国政协常务委员、卫生部原部长张文康表示，目前，学术造假、公务员腐败、奢靡之风流行均现思想道德建设的短板。他举例称，小孩将“做贪官”定为人生目标的现象，需要引起重视。有的小孩长大后的理想是“想当贪官”，因为贪官挣钱多，这样的现实很可怕。(2011 年 3 月 14 日《京华时报》)

“小孩想当什么”的话题，时常被人提起，被媒体和专家弄出来做新闻，然后从小孩子的话中解析他们的思想倾向，从他们的倾向中又解析出让人忧心忡忡的社会问题来。比如，我们看到过“许多中学生不识雷锋”的调查，专家忧心忡忡地感慨雷锋已经远去，这一代人竟然已经不识雷锋了。有调查说“如今许多孩子的理想是当大款”，专家又皱着眉头感慨一番，世风日下，教育导向太成问题了。还有什么“孩子对科学家不感兴趣”“孩子最想当公务员”，等等，媒体热衷于作这类调查，评论家热衷于借这类话题评论。

我觉得，这番话题往往都属于没有讨论价值的伪问题，那些借“孩子想什么”所作的阐释，往往都属于过度阐释。这个从“小孩想当贪官”引申出的种种问题，就属于典型的过度阐释。

连小孩子都想当贪官了，羡慕于贪官赚的钱多，艳羡于贪官的风光，说明现在的社会风气太恶劣了。这个逻辑看似成立，其实不然，因为，所谓的“孩子们想当贪官”，本身就是一个媒体先入为主的调查诱导出来的伪问题。孩子其实对贪官并没有多少认识，以他们所处的年龄和认知水平，很多并不知道“贪官”这个词的真实意思，未必是因为意识到贪官挣钱多、情妇多、生活风光才将他们定为人生目标的。孩子们这么说，这么回答，也许只是好玩，随口说说而已，有的则是大人诱导出来的。孩子是口无遮拦的，许多言语并无多少成人理解的那种含义。

社会风气很坏，这是现实，但无须用天真的孩子们去作脚注，在孩子口无遮拦的话语中微言大义。

所以反感对“小孩想当贪官”作过度微言大义的阐释，主要是担心这样的判断会自然而然地引出一个话题：反腐要从娃娃抓起。孩子们从小就想当贪官，为了扭转这个恶劣的人生取向，必须从小就对他们进行反腐教育，教育他们要做好官，而不能当贪官。这样的理解，显然反错了目标，可能出现“贪官生病，娃娃们吃药”的错位反腐取向。

反腐教育常常连在一起说，我是很不认同廉政是可以通过教育可以达到的。那种停留于道德层面上的说教，即“让人在洁身自好中抵制诱惑”“让孩子们做好官不当贪官”，既苍白无力，又是无效的。因为这完全是一种“反人性”的道德诉求，面对功利诱惑，人天然地难以抵制，这是人性无法避免的弱点，与生俱来和生物基因中就带着这种动物本能——想让人在道德上抵制财色诱惑，那无异于让人改变人性，这是一种根本不可能完成的工程。康德早就说，人性这根曲木，本就造不出什么笔直的东西。

反腐，只能冀望于制度的防范，反腐制度的设计，只能无奈地顺应和承认这种人性的幽暗，以制度防范这种人之本性，而无法改变人性。而显然，所谓的“反腐教育”，就是一种想改变人性的、自负狂妄的想法。

小孩子想不想当贪官，这不是重要的事，许多说“想当好官”的孩子，未必说的是真话，长大了更不会就按照说的去做。重要的是，制度能不能对这种贪官之欲进行约束。其实，不仅是孩子，也许每个人骨子中都有想当贪官的欲望，只是条件的约束使他们这种潜伏着的欲望未被勾引和诱导出来。足球可以从娃娃抓起来，而反腐则不可能。

缺乏成人示范，班级民主不过一场游戏

2011年10月媒体报道了不少地方小学生竞选班干部的新闻，比如，福建泉州鲤城区的通政小学举行“竞选大队委”活动，学校要求学生印名片、做海报、拉选票，很多学生家长也参与到了竞选过程当中。一些家长找广告公司设计海报，随名片分发糖果。有部分家长认为，这样的竞选不是在拼能力，而是在拼家境。学生们不仅没有得到锻炼，反而受到了伤害。还有南京的小学生竞选班干部，家长助阵，定制海报，请客吃饭。（综合2011年10月媒体报道）

浏览这些新闻，虽然问题多多，但感觉小学生们的民主生活似乎比我们大人的丰富多彩、像那么回事多了，比我们大人的民主更像民主——又是印名片，又是做海报，又是拉选票，又是印名片。但这些活动虽然看起来很“民主”，是为了培养学生的民主意识、民主观念、民主习惯，但好像争议比较大，主要是有一些风气很不好，比如出现了贿选，出现了不少争相当官的“小官儿迷”。成年人官场中出现的问题，很多都传染到小学生中了。

我觉得，是应该培养孩子的民主观念和民主意识，民主是个好东西，民主应该从娃娃抓起，班干部应该竞选，而出现一些乌烟瘴气的事情也很正常——这可能是民主必须付出的代价，很多发达国家的民主竞选，不也是这种乌烟瘴气的场景，甚至还会大打出手吗？我担心的是，这种所谓的班级竞选民主，能否真正养成孩子们的民主意识？从小给孩子们进行民主启蒙，可能关键不在做这种民主游戏，而在于，成年人社会是怎么做的？成年人在现实生活中给了孩子们什么暗示，给他们树立了一面怎样的镜子？在批评孩子们做得不好的时候，应该首先问问成年人的世界在这个问题上做得怎么样。

对小学生来说，如果只有班干部是竞选的，而自己的爸爸妈妈生活的那个社会中，并没有这种真正的竞争，谁当大官谁当小官并没有真正的竞争，而是由上级领导决定，而且当官并不是一种服务，而是一种可以颐指气使的权力和实实在在的福利，“争相当公务员”是为了稳定的工作和寻租的机会，这种现实会给孩子很大的暗示，他们只会学大人那样，以官本位的这套思想去理解班干部的竞选，而不是从服务的角度去理解。他们竞选班干部，是想当一个权力很大的、居高临下的、可以管其他同学的官，而不是去为同学服务。

上梁不正下梁歪，小学生竞选班主任，只是一个小社会、小环境，如果更大的社会、更大的环境，成人世界并没有树立一个很好的榜样，就别指望这种小环境中的民主游戏能真正地培养出民主意识。相反，成人社会的所有不正之风，都会复制和传染到学生的竞选行动中，最后完全成为一种形式主义的、浪费学生时间的游戏。

所以说，对孩子民主意识的培养，关键不在这种班干部竞选，而在于成人社会成人世界的示范。大人的社会在这方面做得好一点儿，孩子们自然能潜移默化地养成民主的习惯。否则，这只能是一种走歪了的游戏。或者说，即使有了民主意识，可等他们长大了，走进了社会，发现社会的游戏规则跟他们当初竞选班干部的游戏规则完全不一样时，他们只会臣服于现实社会的逻辑和规则，那种自小养成的健康观念根本水土不服。

成年人民主的行为、民主的作风，远比这种形式主义的游戏对学生的影响大多了。

教育别被“4个孩子进北大”遮望眼

江苏有一位父亲，他的口号是“三天一顿打，孩子进北大”，只要孩子的日常品行、学习成绩不符合他的要求，就会遭到严厉的体罚。他的4个孩子中的3个被北京大学录取，他萧百佑，被称为“中国狼爸”。近日，“狼爸”萧百佑做客江苏教育电视台，没想到在现场就遭到南京众多专家、学者的质疑。不过“狼爸”毫不示弱，坚称自己是“全天下最好的父亲”。（2011年11月15日《扬子晚报》）

正如前段时间华裔教授蔡爱眉以“虎妈”之名名躁一起，这位国产的“狼爸”，因其棍棒教育走得更彻底，大有夺“虎妈”风头之势。正像彪悍的“虎妈”引发了中国教育一场大讨论，人们也围绕“虎爸”的“三天一顿打”争论不休。这样的争论，暴露了当下中国父母们在如何教育孩子问题上的焦虑、茫然、浮躁和功利，对现代教育缺乏基本的认知和恒定的原则。

“三天一顿打”，这种早被淘汰、早被证明为落后的棍棒教育、体罚教育，在现代教育理念早就普及的今天，竟然还在被争论，甚至被当作教育典范——许多家长甚至慕名而花钱把孩子送到这位“狼爸”门下接受教育，这位“狼爸”在受到激励后甚至想将自己的教育方式产业化，开门办私塾。落后的教育方式被竞相追逐，实在是我们的教育莫大的退步。

人们为什么会被这种野蛮、落后、原始的教育方式所吸引，关键不在“三天一顿打”，而在“孩子进北大”——“4个孩子中的3个被北京大学录取”成为狼爸吸引舆论关注的关键。

如果没有“孩子进北大”，谈到这种“三天一顿打”的体罚和棍棒教育，舆论和公众必会很不屑，必然会立场坚定地认为这是一种落后的、摧残孩子身心的教育方式，应该被抛弃，不能随意打骂孩子，要尊重孩子。可是，因为有了“孩子进北大”的诱惑，有了这个炫目的教育成果的遮掩，人们便是非不分了，失去了清醒的判断和理智。一俊遮百丑，在很多家长看来，只能孩子能进北大，无论采取什么手段，都是可以的。不是以孩子为中心，不是尊重教育的规律，而是以“教育的成果”来判断，家长为了孩子进北大，可以不择手段。

也就是说，中国当下教育的问题，并非方式和手段选择上的困惑，而是在方向上陷入了功利主义的迷思：只要进名牌大学，就是好教育。不关心孩子是不是接受到了完整的、科学的、全面的教育，不是把孩子当成一个有血有肉的人去对待，不考虑孩子的感受和身心的健康发展，标准只是一个，就是以高考为指挥棒，以进名牌大学为终极目的。教育成败只有一个标准，就是高考分数，就是考大学的归宿。正因为如此，“4 个孩子中的 3 个被北京大学录取”的狼爸可以毫无心理障碍、毫不顾及孩子感受地谈论“三天一顿打”。

“虎妈”的教育方式所以受追捧，也是因为她教出了两个名牌大学的女儿。于是，以粗暴的教育方式笑傲舆论，舆论不仅不会谴责，甚至会羡慕忌妒并追捧。

4 个孩子中的 3 个被北京大学录取——可是，我们有没有想过，孩子进北大，就算是成功的吗？且不说进北大的不一定是优秀的人才，他们的身心是否健康，他们有没有因“三天一顿打”而身心受伤？再说了，“三天一顿打，孩子进北大”也许只是个案，类似的体罚和棍棒教育可能多了去了，可有多少经过这样教育的孩子不是进了北大，而是走向一种逆反呢？不能因为“孩子进北大”的表现成果而遮住理性的分析。

对“狼爸”的讨论，暴露了中国教育的焦虑，不知道怎么教孩子，一个“孩子进北大”就左右了他们的思考。

“记领导人名字”向学生传播何种暗示

应试教育下，学校让学生死记硬背已见惯不怪，不过让记领导人的名字倒第一次见到，自然激起了极大的争议。乌鲁木齐某小学的老师为了让学生记住一些领导的名字，拿一张写满名字的纸教他们读，不光有乌市市委书记的名字，还有国家主席，国务院总理，乌市市长、市委领导，本校校长、教导主任的姓名。家长认为这是作秀，记住这些名字作用不大，加重了孩子负担。学校则辩称这是对学生进行时政教育。(2009 年 4 月 2 日《中国青年报》)

为什么要记领导人的名字呢？想了很久也没有想通，这既不是考试的知识点，单纯名字也算不上时政，记住了也长不了什么知识，为什么呢？正如有网友所言，这是为拍领导马屁而想出的经典创意；还有家长所言，这是想在领导面前争个面子，想借此和领导拉近关系——除了这么解释，我实在想不出更合逻辑的解释了。不是我对教育有偏见，在官本位、权本位思想根深蒂固的社会中，在教育日益被官僚思维、权力逻辑侵染的语境中，是可能滋生出这种畸形变态、令人作呕的作秀的，教育在权力面前是可能这么奴颜十足、媚态可掬的。

先听听一些人对“记领导姓名”的解释吧。有人辩称：背就背了，也不是什么坏事，知道领导的名字总比不知道要好——“知道什么总比不知道什么要好”，难道我们的教育能降低到这种毫无原则、毫无品位的地步？知道比不知道好，为什么不让学生去背劳模、英模、见义勇为英雄之类小人物、平凡人物的名字，那不更有意义吗？

有人辩称：现代社会上如此排斥学生记领导名字，学生从何时才会了解政治？现在许多大学生连国家领导人也说不出几个，让小学生熟悉这方向有啥不好？——这显然是对政治庸俗化的理解，政治的本质在于众人之治，在于公民参与国家的治理，仅仅了解领导人的名字算什么了解政治呢？起码得起时事、时政结合起来才叫政治。即使国家和政府领导人的名字勉强能跟政治挂上钩，可市委领导，本校校长、教导主任算什么政治呢？这不是向小学生启蒙捍卫自己权利、独立人格自尊的公民政治，而是通过要求熟记领导姓名向其传播唯领导是从、唯权力是尊的臣民政治。

还有人辩称：如果学生从小连国家领导人是谁都不知道，连自己生活的城市市长是谁都不知道，这实在有点说不过去——这就更站不住脚了。一个公民，是没有义务去记他生活城市的领导的名字的，他要把自己的关注力放在那些能引起他兴趣、给他带来利益、征服他思想的事物上，而一座城市的领导却有义务让市民记住自己的名字——你的名字让市民记住了，留在市民的心中，说明你为他们干了实事，为城市作出了贡献，而不是一个碌碌无为、啥事没干、什么也没为城市留下的庸官。从这个角度看，市民不知道本市的领导是谁，一个领导在一座城市工作多年后没有让市民记住自己的名字，这不是市民的悲哀和耻辱，而是领导的悲哀和耻辱。

整天说要建设公民社会，说要培养现代公民，可这样把写满领导名字的纸教学生背领导名字的教育，会熏出什么样的公民，传播什么样的公民暗示呢？什么都可以不记，但领导的名字得记住。什么都可以不敏感，但不能没有对领导名字的敏感。通过“记领导名字”，就把成人那套庸俗的马屁文化灌输到了孩子幼小的心灵中。

想在领导面前争个面子——家长的这种评价可谓一针见血。是啊，等领导下来视察的时候，本校学生都能把领导的名字说出来，这多能取悦领导、多能滋长领导的虚荣心啊，这显示自己的“政治教育”是多么的“成功”啊。

为何不能把“向耶鲁捐款”看成荣耀

“中国毕业生向耶鲁大学捐款8888888美元，金额创耶鲁管理学院毕业生个人捐款纪录！”近日环球网报道的这则新闻引起网民的热烈讨论。一时间，据称为高瓴资本管理有限公司创建人的张磊立刻被网友展开“人肉搜索”。不少网友对“中国辛辛苦苦培养的高材生帮着人家发展”表示不满甚至气愤，对张磊为发展先进、配备完善的耶鲁大学捐款“不解”，认为张磊应先把捐款投入到中国的教育事业上。（2010年1月10日《环球时报》）

这样显然无比狭隘的观点，让人感到非常脸红——在全球化进程拉近世界距离、让世界变得开放的今天，竟然有中国人这么狭窄地看问题。这种狭隘的民族主义言论，伤害的不仅是捐款者，而且影响了中国正在崛起的大国形象，让人感觉到某些中国人思维是多么狭隘，对于爱国的认知和观念甚至还停留在百年前“拳民”的时代。

且不说张磊支配自己所赚得的钱根本无可厚非，首先想问的是，相比中国人对国外大学的捐款，外国人对中国大学的捐款多很多——捐款者张磊与其捐赠的耶鲁大学尚有关系，是以毕业生身份以捐款表达感恩，而许多捐赠中国大学的外国人与学校根本没有任何关系，而是纯粹出于资助中国教育和科研的公益目的，纯粹源于一种世界主义意义和博爱情怀，比如洛克菲勒资助协和医学院，等等。为什么有些人看不到这些，心安理得地接受了外国人的捐助，拿外国人钱时丝毫不觉有何不妥，一旦国人拿钱捐助外国大学，就不解和气愤，就骂人家不爱国了？

有一个爱国愤青常用的词叫“吃里扒外”，而这种狭隘的民族主义实际是极端自私的“吃外扒里”：只可以拿外国人的钱，却不允许中国人的钱向外流。

为什么不能把“中国毕业生向耶鲁捐款”当成中国人的荣耀呢？这是中

国崛起的一种表现。过去中国穷，办不起教育，许多大学都在依靠外国人的捐款，比如清华就是当年庚子赔偿建立起来的。缺经费的中国大学不得不接受外国人的钱，中国经常以“被资助对象”的身份出现在国际舞台上，一个贫弱的大国只能被富国资助，只能靠输入资助。如今中国经济发展起来了，崛起为世界大国，于是他开始履行一个大国的负责，开始向外输出资助和捐赠，以资助者的身份出现在国际舞台上：既输出慈善，也通过慈善和资助输出自己的价值、形象和文化。比如资助一些落后国家建设基础设施，在许多国家捐设孔子学院，甚至充当世界金融危机的救世主。

这种语境下出现的“中国毕业生向耶鲁捐巨款”，可以看做是崛起的中国向世界输出捐助和善意在民间和个人层面上的表现。中国不仅以国家身份向世界输出善意，也在民间和个人身上表现出来了。这个向耶鲁捐款的中国人起码向世界展现了这样一种有利于树立中国人形象的姿态：富起来的中国人，懂得感恩，懂得回报教育，有责任感，不保守，不狭隘。过去中国人总是接受外国人的捐赠，如今富起来的中国人也开始承担自己的责任，甚至会资助世界名校的发展。这是一种比官方外交更能塑造中国形象的大众外交和个人外交，前段时间中国政府不是花钱在国外媒体做中国形象广告吗，这个中国毕业生的捐款，起到的宣传作用甚至比那些官方广告强多了。

耶鲁管理学院毕业生个人捐款纪录是中国人创造的，这难道不是中国人的荣耀吗？

想起前段时间中国政府花钱在国外主流媒体投放的一则广告：从其中的特写画面看，晨跑者所穿的运动鞋标有“中国制造”，但“综合了美国的运动科技”；家庭所用的冰箱印着“中国制造”，但“融合了欧洲风尚”；MP3 播放器上标注“中国制造”，但“使用来自硅谷的软件”；模特所穿的服装也由“中国制造”，但“由法国设计师设计”；广告最后出现的飞机，更是体现了“世界合作”这一理念。再来看“中国毕业生向耶鲁捐款”这件事，这多么完美地体现了中国的形象广告所要表现的“世界合作”主题：中国人在中国接受中学教育后留学美国，在纽约创立公司，总部设在新加坡，向培养过他的美国大学捐赠巨款。这样一则免费的中国形象广告，为什么反倒令人不满和气愤了？

大学与学生的距离，远不是网语能弥合

毕业生走了一茬又一茬，这一茬大学生又毕业了，媒体也越来越关注大学校长们在毕业典礼上的演讲。我看到媒体报道说，今年校长们的演讲最大的特点仍然是“狂飙网络语”，堆砌时下最流行的、人人耳熟能详的网言网语。比如北大校长周其凤的演讲中就出现了“分数是浮云，不要伤不起”之类的网语，清华校长顾秉林提到了人人网，引用了凡客体。（综合 2011 年 6 月媒体报道）

在演讲中以网络语言与学生拉近距离，这种风格好像是华中科技大学校长李培根（被学生和网友爱称为“根叔”）创下的，2010 年很是火了一把。他那句源于网上的“母校，就是那个你一天骂他八遍却不许别人骂的地方”在感动学生的同时，也引领了校长毕业典礼上狂飙网络语的热潮。比如广东外语外贸大学毕业典礼上，校长仲伟合的演讲基本上就是“杜拉拉升职记”“姐的微笑”“哥的传说”“神马都是浮云”“让子弹飞一会”等热词的组合。

网言网语确实很生动活泼，很有时代感，并能拉近与学生的距离，但说实话，我不是太喜欢这种以堆砌华丽的辞藻和网络语言写成的演讲稿，尤其是当这样的堆砌很生硬，而且大家都一窝蜂地竞相模仿时，就更显得没有内涵了，很难打动人心。根叔第一个这么做的时候，大家觉得新鲜有趣，也确实充满着真情实感。可校长们在根叔走红后都模仿根叔风格时，毕业典礼演讲一色儿全是网言网语在飞，就让人觉得不舒服了。这时的网言网语不再是活泼的象征，而是一种生硬的应景和迎合。

2011 年的毕业演讲，真正打动我的有两个学校，一个是南京信息工程大学，该校在毕业典礼上邀请宿舍管理员吴阿姨作为职工代表发言，这个与学生们朝夕相处很多年、深受学生喜爱的宿舍管理员朴素的话语，深深地感动了学生，让学生在临毕业前受到了一次深刻的平民情怀方面的教育。另一个是复旦大学，校长在演讲时向一位学生道歉，因为这个学生没被拍进毕业照，其要求重印照片的要求被学院拒绝了。复旦的校长在向这个学生道歉时说：试想，照片上缺的不是这位学生，而是我们某位学院的院长或者书记，又会怎么样？这让学生在走出校门前受到了一次关于平等的公民教育。

两所大学的演讲，都没有网络语言，都没有华丽的辞藻，却有着一种触及人心的感动力量，让人印象深刻，让学生对即将离开的母校留下了深刻的印记。这些平凡和朴素的话语所以能够感动人，就在于它们是发自内心的，是用心跟学生交流。能够与学生拉近距离的，不是俏皮跟风的网络语言这种外在的东西，而是内心那种真正关怀学生的情怀。

另一个在网上引起疯狂转发和赞誉的，是中国政法大学法学院副院长何兵的演讲，他也引用了网言网语，但引用网语时一点儿也没有流于那种为引而引的空洞与苍白，也没有流于轻薄的抒情和堆砌，而是充满着一个法律人对学生的期待。他说：我知道北京有大学的老师说，你们毕业10年以后，没有4000万，不要来见我。在座的也有我的研究生，我不会说这样的话，我也不指望你们毕业以后做“包公”，我只希望10年以后你们谁敢陷害忠良，我就给你灭了门，不让你进我的门。你做不成“包公”可以，但是你不能陷害忠良。这是一个必须遵守的最基本的底线。何兵副院长的这段话，一定会让学生们深刻铭刻。

很多人走出大学后，就忘记了学校，他们已经没有了“母校”的概念，只有那些真正给予过学生关心、给学生以思想启迪的学校，才会让学生铭记。大学与学生的距离，远不是引几句网语、靠几句流行语套近乎能弥合的。

上了发条的社会，不断前置的起跑线

北京部分家长为孩子进重点小学花费竟然高达25万！《光明日报》的这则报道面世后，引发了舆论热烈的讨论。这25万是什么？是臭名昭著的择校费。这样的择校费，在北京海淀区稍微知名一点儿的重点小学，动不动就要6万以上。而且要找关系，找了关系才有交钱上学的机会，不然连交钱的机会都没有。不仅北京，各地也都一样。(综合2011年9月媒体报道)

看到这条消息时，除了想批评学校之外，还想批评家长。为什么要挤这样的学校呢？为什么要交这么多钱？正是家长往这样的重点小学挤，挤得头破血流，才助长和哄抬着这样畸高的择校费。可说实话，这种对家长的批评，我是没有底气说出来的——因为我不能保证自己不成为这样的家长，我知道，等我孩子长大后，作为家长，我可能也会去挤这样的学校。到处都是“不要让孩子输在起跑线”的广告，很难不受影响。

我家孩子今年9月1日才满周岁，前几天，我帮孩子报了一个早教班，很贵，每节课两百多块钱，其实根本教不了什么东西，就是一群小孩儿一起玩。早教班还宣传说，我们是双语教学，真是大忽悠，汉语还没学会说两个字，就双语教学了。明明知道是忽悠，可看到邻居的家长都给宝宝报了名，看到很多家长都争相报名，自己实在担心孩子未来真的会输在起跑线上。社会的竞争压力太大了，这个起跑线也越来越前移了，都恨不得在胎教、在准备怀孕的时候就开始竞争了。

虽然教育部的官员一再说“不要让孩子输在起跑线”上是一种忽悠，但我相信，这些官员作为家长，一定比谁都更在意这条起跑线。这真是一件让人很纠结的事。

“不要让孩子输在起跑线”的问题，很多人在理性上，都觉得这种说法是有问题的，但是，当置换成家长的身份后，进入到那种焦躁的社会氛围中后，立刻变得不理性了，立刻被卷入到那种对“起跑线”的焦虑和追求中，很早开始就焦虑于孩子的上学问题，交很高的择校费送孩子上最好的学校：最好的小学、最好的初中、最好的高中、最好的大学。

这不是哪个人、哪所学校的问题，而是一种整体的社会氛围。到处都是像“今天工作不努力，明天努力找工作”之类的竞争暗示；每天都害怕落在起跑线之后，时时都处于竞争压力下。这让教育变得非常焦虑和浮躁，孩子在这种紧张的驱赶下也得不到自由的发展，学习也没有快乐。

我的一个朋友，在一所著名的大学任教，有一年他担任某一新生班的班主任。他一向反对这种无处不在的竞争，大学新生第一课，他给新生的演讲题目就叫《削减可能削减的竞争》。他推荐一种“没有竞争的教育”，他在演讲中极力淡化大学教育的竞争性，明确否认大学同学之间的竞争性关系。他说：新生们经过竞争激烈的高考进入名牌大学，他们都是竞争的胜利者。应试教育那种紧张激烈的竞争节奏和竞争的“惯性”，仍然在他们体内兴奋地活跃着。这对他们是危险的。他认为，学习比竞争美好得多，对知识的求索和思考，应该是非竞争性的。

他的基本观点是，现在过于激烈的竞争，可能给社会，给人格的发生，带来了许多非常负面的影响，加剧了社会的冲突。他觉得，我们应该淡化竞争的压力，创造一种宽松自由的发展氛围。

可是，这种“无竞争的教育”可能只是一种理想，一个乌托邦。如今整个社会都像一个上了发条的时钟，竞争无处不在，我们真的很难进行这种没有竞争的教育。但是，我很欣赏朋友提出的这个观点，它应该是我们努力的一个方向。

为什么陆步轩会说“给北大丢脸了”

“我给母校丢了脸、抹了黑，我是反面教材。”2000 年因干上杀猪一行而闻名的北京大学毕业生陆步轩，近日站上母校的讲台，说完这第一句话，几乎哽咽。2013 年 4 月 11 日，陆步轩和他的生意伙伴、同为校友的陈生受北大就业指导中心邀请，来到“北大职业素养大讲堂”的讲台，与面临就业压力的学生分享心得。到现在，陆步轩仍然觉得卖猪肉不体面，自己“混得差”，毕业多年来，北大的活动他都没有参加过。

能够感觉到曾为北大才子，也曾心高气傲的陆步轩说这句话时的难受，当然，他心中应该不会真这样想，而是在舆论的偏见压力下作出的这种自贬自嘲。

大学与学生之间，应该没有“谁给谁丢脸”的说法。虽然每个学校都有“今天我以母校为荣，明天母亲以我为荣”的勉励，然而就像母亲对孩子一样，母亲可以分享孩子的光荣，但绝不会怪孩子为自己丢脸。子不嫌母丑，母更不会嫌子丑，如果非要说丢脸，学生混得不好，应该感到难为情的是学校——没有教出能“出人头地”的学生，学校也许更应该反思。

正因为如此，即使学生“混”得再差，甚至舆论一边倒地批评时，母校也不会去嗔怪自己的学生。当年北大历史系毕业的范美忠因在地震中“抛下学生而逃跑”，成为众矢之的，尤其是他在事后还为自己辩护，更招来无数板砖。范所在的光亚学校开除范美忠后，范的母校北京大学随后也公开表态“以有范美忠这样的学生为耻辱”。当时的北大历史系党委书记接受记者采访时愤慨地称：范的举动就北大的耻辱，对光亚学校开除他我们表示赞成。然后又说了范美忠在学校时的很多不是。

这种“落井下石”遭到了舆论的鄙视。范美忠是北大教出来的学生，是在北大文化中“薰”出来的，他身上带着北大教育的印记，如果范的身上真有毛病，思想认知上真有错误，也与北大的教育有很大关系。北大可以以那些有出息、有成就的成功学生为自己的荣耀，可以育人者的荣耀身份分享那些学生的成功和光环，但不能以那些没有出息，甚至因道德争议而遭公众抛弃的人为耻辱，不能将自己与学生划清界限，不能与社会一样抛弃自己的学生。

再回到陆步轩所说的“给北大丢脸了”。这学期我正好在北大给新闻学院的学生教新闻评论写作，上一节课上就与北大学生讨论了这个问题，多数学生都没有觉得这位陆师兄给他们丢脸了。凭什么北大毕业的学生就不能卖肉呢？凭什么北大学生就一定要当高官、做高管、成为高富帅才叫成功呢？说“丢脸”，往往预设了一个成功的标准，达到了那个标准才叫成功，才可以被作为知名校友请上与学弟学妹交流，才可以被写到校友通讯录上。

毋庸讳言，每个大学可能都有一个这样评判校友成功与否的标准，最大的教育问题，就在于这个标准过于单一了。在讨论这个问题时，我班上一个学生的说法是：中国所有的大学在价值导向与培养目标上，都在权力和金钱的渗透下，以“千校一面”的方式惨遭同质化。换句通俗一点的话说，就是成功的标准非常单一，大家对成功的理解过于同质，都以为当上高官或高管才叫成功人物，住个别墅、养个二奶、开个宝马才算牛人。这种同质化，正像曾在北大中文系任教的钱理群教授说的那样，在既有的教育中，大学生们都成为“精致的利己主义者”。

我们能够感觉到这种成功和梦想的单一化、同质化。小时候，我们没有受过教育的时候，大人问孩子们长大想当什么，孩子们的回答可能千差万别：当科学家的，当记者的，当老师的，当医生的，成为袁隆平的，等等。可是经过我们这个教育体制上了中学上了大学，现在再让大学生们回答“你想成为什么”，答案估计会惊人的一致。这，就是同质化。

给北大丢脸的自贬自嘲，这是在这种同质压力下作出的判断。近来流行谈论中国梦，官本位、钱本位下，中国梦不也那么单一同质吗？

高考应全体裸考，加分已失去正当性

看到2014年足球世界杯的东道主巴西队在主场被德国队疯狂蹂躏，作为巴西铁丝的一个朋友在心痛之后感慨，虽然很残酷，但体育比赛的魅力就在这里，即公平竞争。世界杯连东道主五星巴西都不照顾，如果照顾的话，谁陪你玩儿？奥运会如果发现有人站在起跑线20米外起跑，谁还参加奥运会？

我知道朋友的言外之意，即对当下的高考加分非常不满。奥运会永远不会为了照顾谁而让人站在起跑线20米外起跑，而我们的高考却可以理直气壮地给一个人加20分，这是什么道理？高考虽不是体育比赛，但对公平和公正的追求是共通的，不能比“中国的高考很复杂”这个万能的借口去抹杀公平。

另一个朋友讲过一件事，他的孩子参加高考，考前一直充满自信地积极备考，可考前一个月某天回到家后闷闷不乐，追问之下才知道：班里公布了加分名单，差不多1/3的同学有各种加分，最高能加到20分。以前感觉大家都站在同一条起跑线上平等竞争，可加分后同学关系都不一样了，自己完全裸考，其他人却站在20米外起跑。朋友很郁闷，不知道怎么跟孩子解释，不知道如何说服孩子去相信公平和规则。

童话作家郑渊洁的批评一针见血：人生可以加分，高考不能加分。接受加分，是没自信的表现。半老徐娘的高考如果还有魅力，其魅力在于公平。只要有一个考生加1分，就是给高考加粪。

高考加分这种历史遗留的政策产物，在特定的历史时期也许有一定的合理性和正当性，但随着社会的变化，其正当性已经荡然无存，只剩下制造社会不公和滋生腐败丑闻。近几年来，关于高考加分的丑闻此起彼伏，提起高考加分，除了想到一个个丑闻，还能想到什么呢？四川省中学生游泳锦标赛频频打破蛙泳亚运纪录，被曝是为加分卖奖；湖南高考状元都是武林高手，武术加分内幕被戳穿；浙江考生只要交钱就可获得国家二级运动员证书，连足球队候补队员高考都加 20 分；今年曝出的是，辽宁本溪一个班 40 人，竟然 22 人有体育加分。这甚至已经成为公开的腐败。

看到过任何一条关于加分的正面新闻吗？听说过哪个钱钟书式人才拜加分所赐踏入高校大门吗？看到的都是：官员子女靠加分作弊，富二代争钻加分漏洞，加分交易成为一门生意，这条利益链养肥了一堆硕鼠。它让高考公平被制度性地玷污，让状元注水，让浮躁和投机在高考中蔓延，驱使着家长们都想方设法寻找加分途径，从而让自己的孩子不会“输在加分的起跑线上”。

有人认为，取消高考加分不会导致新不公，这纯粹是既得利益者的诡辩。中青报的调查报道显示：再好的歌喉，也唱不开哈佛的大门，世界名校乐团学生根本没听过“艺术特招”这一说法。艺术特长只是个人爱好，从伊顿公学到香港大学，不会因为学生的个人爱好而降低学业标准。有人说：大学里离不开文化活动，而单位招聘总会喜欢有特长的人，因为它在这个群体当中会起到文化传播的作用。这个理由完全站不住脚。哈佛没有招音乐特长生，他们一样有非常活跃的校园音乐文化；香港大学没有招体育特长生，可他们的体育活动一点儿也不落后。特长只是你的爱好，而进名校必须要在学业上与其他人平等竞争。

高校自主招主的实施，已经弥补了高考统招可能对人才的淹没。有了自主招生，各种加分更应该退出历史舞台，实行全面的裸考。高考是中国实现社会流动的基本制度平台，需要形式上的一刀切，成为真正意义上的起跑线。

“千万别报体”背后的勤劳而不敬业

2014 年江苏省理科第一名本想报北大新闻专业，但据这位状元称，“这两天，所有采访我的记者都不建议考新闻，所以我在考虑要不要读金融”。这条新闻引发了网友的跟风，被称作高考填志愿另类指南的“千万别报体”蹿红网络：千万别报考古，因为逗比的世界没人懂；千万别报学前教育，因为操着卖白粉的心，赚着卖白菜的钱；千万别报环境工程，因为实习基地在垃圾处理场……

这些吐槽，多数属于跟风娱乐，考生如果缺乏主见，看了这些“千万别报体”，就根本没专业可报了。去年北京高考学生填报志愿现场，就发生过类似一幕。一女生问前来采访的记者学新闻学怎么样，记者马上摇头说：“这个职业看似自由，但是压力太大，工作不定时，建议入行要慎重。”女生志愿里同时还填报了教师专业，负责报考志愿的老师看到了也忍不住说，“当老师不容易，再好好想想。”女生一头雾水：“听你们说完，我的志愿都没法填了。”

考生千万别把这些建议当回事，应该尊重自己的兴趣主见，哪个学科都可以报，那个学科都有用，都能成材。新闻专业怎么了？学新闻挺好，说新闻无学，在新闻系没学到什么，那是自己没学好；说学新闻的找不到工作，那也是自己没学好，或是害怕竞争，不能怪专业。说“现在流的汗和泪，是当初选专业时脑子里进的水”，纯粹是矫情。学一科恨一科，干一行恨一行，每个职业的人都喜欢嘲弄本学科的无用，放大本行业的艰辛。记者群体掌握着相当话语权，传媒行业的辛苦常被放大，甚至被渲染为“血汗行业”，所以新闻系也被黑得最惨，“千万别报”首先所指就是新闻专业。

“千万别报体”多数只是恶搞，是各行各业吐槽本行业工作艰辛的一次狂欢，并不是想误导正在填报志愿的考生，仅仅只是以娱乐化的方式表达对自己所从事职业的不满。但其在娱乐恶搞之外，也暴露了一个真问题，就是很多从业者对自己所在行业缺乏职业精神和工作兴趣，不是干一行爱一行，而是干一行恨一行，工作只是一个谋生的饭碗，并不是因为热爱一个工作而去从事它，所以对这个“饭碗”积累了很多负能量。

经济学家陈志武说中国人“勤劳而不富有”，我想说的是，勤劳却不敬业。中国员工的勤劳在世界上都是出名的，起早贪黑，拼命工作和加班，休息和休假很少。可全球最大劳动力管理解决方案商克罗诺思公司一项调查显示，中国的员工更易以生病为借口请假翘班。他们就是否装病请假的问题在线访问了约9500名来自澳大利亚、加拿大、中国、法国、印度、墨西哥、英国和美国的全职和兼职员工。结果显示，中国有71%的员工都表示曾经装病请假，名列榜首。爱装病请假，正是不敬业的一种表现。

很多行业的人也被指缺乏职业精神，干什么不像什么，当干部的想发财，经商的想当干部，生产奶粉的往奶粉里加三聚氰胺，当校长的想当市长，做教师的把教育当生意做。之所以缺乏职业精神，最重要的原因就是，并非因为对这种职业有兴趣、有职业理想才去做这行，而都是为了当官发财。当没有了职业追求，当记者的没有新闻理想，做教育的缺乏教书育人的情怀，当官的没有公共服务的热情，当医生的没有治病救人的天使心，面对工作的艰辛和生存困境时，剩下的必然只是抱怨。

当然，这种对自身职业的怨愤，也与劳动者权利缺乏保障有一定关系。“千万别报体”的吐槽中，抱怨最多的是加班多，而且没有加班费；假期少，带薪休假不落实；薪水低，什么都涨就是工资不涨。从这个角度看，“千万别报体”是一次员工对生存状态的一次集体吐槽，是说给老板听的，而不是说给考生听的。

葛剑雄“公开是在救自己”说的是实话

2011 年 3 月 10 日，一则网帖在全国各大网站转发：复旦大学图书馆馆长葛剑雄，将 2009 年图书馆的经费开支对外公布。此事也被众多微博网友转载。为何要公布开支情况？11 日，葛剑雄接受《重庆商报》记者专访时称，钱少时腐败不起来，然而钱多了制度却没有跟上来，公开财务支出的目的就是为防止腐败。他强调说，“我这是在救自己”。(2011 年 3 月 14 日《重庆商报》)

“我这是在救自己”——听起来葛教授这话有点儿矫情，其实，如果理解葛剑雄所面对的现实和腐败发生的规律，就明白这话一点儿也不矫情，说的纯粹是大实话。

因为在既有的现实下，如果葛剑雄不公开，即使他是一位道德高尚的大学者，一位受舆论景仰的公共知识分子，可以他复旦大学图书馆馆长这个位置所掌控的资源和受到的诱惑，他很可能就腐败了。葛剑雄正是这么说的：购买图书时产生的回扣一直以来是行业惯例。出版社卖书给书商会打折，书商卖书给图书馆也会打折，但账面上的售价却是按图书上的标价进行销售。这样产生的回扣一年可高达几百万。

一年回扣可高达几百万，多少人能经受住这么大的诱惑？对自己稍微放松一下，手稍微伸长一点，就轻易下水了。所以，葛教授立刻说：我说这不行，这样的话，我没几天就要犯罪了，非取消不可。买书该多少钱，按折扣完的实际价格算——于是就有了公开，公开的目的就是把所有钱都置于阳光下接受监督。葛教授不仅不相信别人的道德，也不相信自己的道德，他知道靠自己的自律可能也抵制不了诱惑，于是就通过公开，让别人的眼睛来监督。经费开支全都公开，众目睽睽之下，自己想腐败想拿回扣也拿不了。

一个大学的图书馆馆长的位置，就面临着这么大的诱惑，那些垄断着众多资源、掌握着无数审批权的位高权重的岗位，其诱惑可想而知。河南交通厅厅长的位置所以接连三任“前腐后继”，前段时间报道说第四任也落马了，正因为交通厅厅长受到的腐败诱惑太大了。

去年中央纪委监察部曾公布过一组数据：2009 年 1 ~ 11 月，各级纪检监察机关立案115420 件，处分106626 人，其中，县处级以上干部3743 人。如此大的“伤亡”人数，显示做官的确很高危了。某网站也曾就“官场高危十大岗位”进行过排名，掌握着最多权力的国土局局长和交通厅厅长名列前茅，这些岗位常常都是“前腐后继”，要么就是出大案要案窝案串案。官场最大的风险正在于此，掌握着很大的权力，又很少受到监督，时时都处于巨大的腐败诱惑中，轻易就容易下水落马了。

“我这是在救自己”，这个意思不仅葛剑雄说过，许多官员都说过。比如河北大名县县委书记王晓桦，这位书记上任后首先改了最敏感、最关键的干部任命制度，变“一把手决定”为民主投票和社会旁听。与所有嫌权力不够大的官员不同，王晓桦主动“捆住”了自己的手，发起了“县委书记限制自己的权力”的改革。对于这种“自缚其手”，王晓桦坦陈说“我是在保护自己”。这里的“保护自己”与“救自己”是一样的，就是保护自己在腐败诱惑下能够抵制住诱惑。

我们见到过许多贪官落马时的忏悔，许多官员在地狱门前后悔不已，抱怨是不受监督的权力害了自己，使自己在巨大的诱惑面前未能抵制住——如果我第一次伸手时受到约束多好啊。

葛剑雄教授的选择，让我想起荷马史诗《奥德赛》里的尤利西斯，尤利西斯知道自己意志薄弱，他在驾船接近栖居着女妖塞壬的海岸时，唯恐自己经不住她迷人歌喉的诱惑，便要求伙伴把自己绑在桅杆上，并用蜡封住耳朵。葛教授就是这个尤利西斯。可惜，很多官员缺乏这种清醒，面对诱惑时不是绑住自己的双手，而是顺水推舟地去被诱惑俘获，只有到落马时才后悔不堪。

Part 5 第五辑 媒体不能成霉体

媒体报道社会问题，其实，媒体也是社会问题的一部分。我写评论批评同行时，有些同行会批评我“同行何苦骂同行”“同行相煎何太急”，甚至有人说“媒体已经被人瞧不起了，我们媒体人自己还骂自己”。我回应说，如果媒体人自己缺乏自我净化和自我批评的话，就更被人瞧不起了。媒体是社会公器，也是商业机器。媒体是利益集团的监督者，但自身也是利益集团，需要自省。

事实不清时耐心等事实是最好的姿态

2015 年 4 月监督公车私用的区伯被报道“在长沙因嫖娼被抓”，消息传出后立刻让舆论大哗，有人惊讶于口口声声为公益者的私德败坏，有人斩钉截铁地说肯定是一次报复、一场阴谋，有人分析“即使区伯嫖娼了也不能否定他的监督公车行为”。各种观点纷呈，喋喋不休的争论声远远多于“媒体提供的事实”。嫖娼的事实并不清晰，舆论场上各种争论和判断却远远地跑在了事实前面。

一个网友一直在微博里问我：区伯这事儿是网络热议的焦点，作为一个时事评论员，你怎么一直没有对这件事作评论？难道不是一种缺席吗？我说，评论员并没有必要对每个热点事件都凑上前去“说几句”，特别当这件事的事实还很不清楚的时候，能说什么呢？为了显示自己的“舆论领袖”身份，或者表现自己“不缺席”，事实不清时也习惯性地“说几句”，对公共讨论毫无贡献，反而把本就混乱的判断搅得更乱，对公共理性是一种干扰和误导。

评论员并不掌握事实，媒体在前方调查，警方还没有通报，区伯本人也没有发声，这时候评论员能说什么呢？说绝不相信区伯嫖娼了？——凭什么“不相信”呢？说这完全是一场报复和阴谋？——证据呢？说“即使区伯嫖娼了也不能否定他的监督公车行为”？——这似乎是自己设了个靶子。这明明是两件事，事实上谁也否定不了监督公车的行为。如果嫖娼是真，反过来也可以说“监督公车的正义也不能遮掩嫖娼的不堪”。事实不清下，玩庸俗的辩证法和讨论伪问题毫无意义。

还有这几天舆论炒得沸沸扬扬的胡舒立与郭文贵之争，争来争去也是一地口水。财新传媒已经报警，会诉诸法律程序，那一方当事人也继续通过媒体发声——事实并不清晰，这时候舆论场上观点和站队也是过剩的，“相比之下我更相信胡舒立”“不能任由流氓往媒体人身上泼污水”之类表态只是一种站队，对公共讨论并无意义。看不清楚事实的时候，“非得说几句”的结果就是往舆论场输送混乱和对立，使公共讨论变成两个圈子的对立。

真的没必要啥事都要凑上前去说几句以寻找存在感。不懂的事，别轻易评论。比如讨论转基因，那真是一个需要专业门槛的事——崔永元可能做了很多知识准备、新闻调查和信息积累，才敢介入这个话题的。不了解的事，别妄下判断，等了解了事情的前因后果和相关背景，再去表达意见，别一听到方韩之争就以脑残粉的姿态去站在某一方摇旗呐喊。事实不清的时候，静默地等待事实逐渐浮出水面，等事实清楚后再作判断，那才能凸显观点的价值和可贵。

热点和真相的节奏常常是不同步的，事件处于大众围观的热点高峰时，事实往往不清，但这时候公众和时评家往往最兴奋，对“判断”的热情往往最高，趁着这股热乎劲儿去“评说几句”，热点的时效压力会以一种无形的力量“逼”着舆论领袖去表态。可事实的完全浮现往往没有这么快，真相完整地呈现是需要时间的，而真相完整呈现时，乌合之众可能早已转移到去消费新的热点了。政府的回避会制造“断头新闻”，舆论的浮躁健忘也是制造者之一。人们很多时候感兴趣的可能不是真相，而是围观热点、猜测真相、想象阴谋、消费情绪、享受吐槽的快感。

很多事情，本来并不混乱，但评论多了，人们反而更混乱了——就因为“即使区伯嫖娼了也不能否定他的监督公车行为”之类没话找话的分析把讨论给搅乱了。另外，看不清事实的时候就站队表态，也让讨论变成一场敌友划分，网络在很多问题上变得越来越对立化、尖锐化和极端化，与这种习惯有很大关系。

区伯这事儿，虽然我也充满各种怀疑，但这些怀疑只是逻辑上的，缺乏事实的支撑——舆论场的一大浮躁表现是，人们轻易就把某种本能的怀疑抛出来，根本没有做好提供证据和论证这种怀疑的准备，就任性地说“我就怀疑就怀疑”“我就更相信谁”。评论员评说一件事，需要自己先想清楚怎么论证，不能自己还没想清楚就“急于说几句”，结果只会是把自己的“不清楚”传递给大众，带来更大的混乱。没人强迫你非得说几句，有时候静默等待比夸夸其谈可贵多了。

新闻敲诈背后的灰色生存心态

2015 年 2 月 5 日，新闻出版广电总局通报了 4 起新闻报刊领域违法违规案件，又涉及新华社记者，又是终身禁止从事新闻采编工作，又是在整体反腐的大背景下，引发了舆论极大关注。由于媒体整天鞭挞丑恶、监督别人、曝光其他群体的问题，当媒体自身腐败问题被曝光时，自然会受到舆论的报复性关注和批评。在网络上，媒体和记者经常被网友称为“霉体”和“妓者”，可见公众对媒体腐败问题也已深恶痛绝。

分析这几起新闻敲诈的典型案件，暴露的不仅仅是某些媒体的道德缺失和记者的职业迷失，更深层次的问题是多重的灰色生存心态和状态。

媒体人的灰色生存心态

“新闻理想”是媒体人常用来激励自身和寻找职业荣耀感的职业信条，人们常把媒体称为“社会公器”，对媒体和记者有诸多的职业期待，希望媒体站在时代的船头瞭望，扮演公权力的监督者、真相的挖掘者、公益的代言者和公正的捍卫者，用负责任的报道满足大众对公共事务的知情需求。这是公众所期待的“理想媒体”，也是记者的“新闻理想”，可媒体王国里一个个媒体人并非不食人间烟火，这种理想一触碰骨感的现实，就变得很无力。媒体人很容易生存在“社会公器”和“商业机器”的夹缝中，在精神分裂的灰色生存中做新闻。

我的前辈、《中国青年报》资深记者卢跃刚一段针对中国媒体的评价很发人深省，他在一次讲座中谈到：大陆新闻媒体与世界其他国家媒体一样，有着共同的“两面性”属性，概括有三：1. 既是社会公器，又是商业机器；2. 既是利益集团的监督者，又是独立的利益集团；3. 既被管制，又享有特权。稍不谨慎，便会堕入另外一面。

媒体在当下的市场压力和商业诱惑下，很容易从“社会公器”滑向“商业机器”，从“利益集团的监督者”变成“独立的利益集团”。这种利益机制下的媒体人，在不择手段追逐市场利润时，也很容易滑向新闻敲诈，在舆论监督的幌子下进行敲诈勒索，大搞有偿新闻，玩有偿不新闻，收保护费当保护伞。当沦为商业机器后，一些媒体的地方记者站记者完全不像记者，而成了强盗，炮制负面报道，拿着单位盖的公章公开向企业要钱。一家被曝光的“特产报”，甚至公开将新闻敲诈当成了单位生意，不仅不向记者发工资，还向记者收提成，纵容记者在地方敲诈勒索。

市场化改革是中国新闻改革的一大动力，改变了中国媒体业的格局和语态，带来了舆论监督的春天，催生了一大批优秀媒体和媒体人，中国媒体至今仍享受着市场化的改革红利。可由于管理体制的改革没有跟上，部分媒体在改制的过程中缺乏法律的约束，与财政脱离后同时出现管理真空，广告经营与采编未能分开，在体制的根子上留下了新闻敲诈的巨大漏洞。一方面监督权力很容易异化为敲诈权；另一方面，经营压力又使这种权力寻租找到了貌似堂皇的借口。某些媒体便出现了塌方式腐败，地方记者站更成为腐败重灾区。

“社会公器”赋予了冠冕堂皇的神圣光环，“商业机器”是现实的利益驱使，在“社会公器”和“商业机器”的灰色地带，某些记者一手握着舆论监督的“社会公器”，一手拿着广告经营的“商业机器”，给钱就上塑造形象的“年度经济人物”，不给钱就上披露丑闻的“3·15 晚会曝光台”，使媒体业这个过去受到尊敬的行业被贬低为受到唾弃的“霉体”。

缺乏监督的灰色区域

媒体整天曝光各行各业的问题，常被人追问：你们整天盯着别人、监督别人，谁来监督你们媒体呢？

在一般情况下，这纯粹是一个伪问题。监督别人的媒体，会在一种开放的体制下受到同行和大众的监督。媒体行使的是舆论监督权，而这种舆论监督有一种“自我监督”的天然机制。不像一个普通人或一个普通的单位，无法实现“自我监督”，而舆论是由无数个媒体和个人组成，它们之间是能够实现互相监督的，存在一种天然的伦理自治和自我净化功能。比如，这家媒体到太平间偷拍去世明星的尸体，那家媒体不顾别人感受强迫采访死者家属，都会受到大众和同行的激烈批评。

但在潜规则的约束下，这种“自我监督”的机制常受到干扰，使媒体间的同行监督无法运行起来，使媒体腐败成为缺乏监督的灰色区域。

中国媒体业有一个不成文的规定，就是同行之间尽可能地避免相互批评。媒体在批评其他行业丑恶的时候，总是抡圆了去狠批，可批评本行业问题时候，就会受到很多看不见的约束。比如，会被戴上“同行相轻”的帽子，会被指责“借贬低和抹黑同行抬高自己”，会被威胁“等你出问题时也来狠批你”，会被警告“坏了行业的规矩”，等等。

不知道这种“同行不互相批评”的潜规则是何时形成的，总之在这个行业客观存在。也许是担心媒体掌握着话语权，互相批评很容易变成意气之争，使“社会公器”沦为互相泄私愤、恶意攻击对方的混战——更重要的是一种行业性的护短，很多记者都在拿红包，很多媒体的记者都在搞有偿新闻、有偿不新闻，当这种媒体腐败成为一种大规模的集体行为时，就成为一种行业默契：谁也不比谁高尚，谁也没资格揭露谁，批评了对大家都不好，批评了就会让很多人失去这种行业性的腐败红利，于是就形成了“同行不批评”的陋俗。

再加上媒体有着“社会公器”的正义外衣，舆论监督有着一种天然的正当性，记者又有着“触碰了利益集团会受到报复”的受迫害意识——这种中国的舆论监督环境所赋予记者的弱者形象和正义光环，也使媒体记者和公众形成了“抱团抗拒权力打压”的悲情意识。悲情的受迫害形象，也成为某些记者逃避监督的一层外衣。这些因素，都使媒体业成为这个社会的一个监督盲区和腐败特区。当充满着道德光环的“第四权力”异化成一种话语霸权，于是这个行业在某些方面比其他行业更黑、更脏。正因为此，当几年前《中国青年报》记者在一次矿难中曝光了同行收矿主金元宝的行业丑闻后，赢得了公众的尊敬。敢曝光同行，一方面是自己足够硬，另一方面有一种“清理门户、自我净化”的真正共同体荣辱感。

对新闻管制的反弹力使中国媒体人骨子里有一种挥之不去的受害情结和烈士般的悲壮感，这种悲壮感更容易掩饰媒体本身的问题。记得某记者被抓时，曾激起媒体界极大的声援，异口同声称这是企业迫害媒体，可不久这位记者就承认收钱黑企业。不少企业都在微博上抱怨被记者敲诈的经历，一些业内人也曝光了不少企业借记者打击对手的黑幕，如此种种甚至已经成为业内人皆知的潜规则。可是，这个丑陋的潜规则，为什么这个“媒体共同体”没有自身戳破它？行业自身的那些败类，为什么不是媒体同业去揭露和曝光，甚至还本能地护短？

“媒体共同体”是一个神圣的概念，是一种诉诸共同的利益感觉、职业理想、专业情怀和公共精神而形成的共同体意识，有着共同价值取向和专业追求的人凝聚在一种共同的职业身份中，捍卫共同的权益，分享共同的职业荣誉，强化共同的理念。当年马克斯·韦伯一篇《以政治为业》的演说提起了政治人的职业主义精神，随着中国市民社会的发展和媒体人权利意识的激发，与律师、环保人、公共知识分子一道，成为中国最先具备“职业共同体意识”的一群人。他们以集体的身份在公共事件中扮演推动社会进步的角色，有鲜明的共同诉求，能够合作与抱团。可让人遗憾的是，这个被浮躁的舆论场所裹胁的媒体共同体有时会陷入乌合之众的正义幻觉中，在自闭和自负中失去判断力，将“共同体”当成一种讨伐的武器，徒有一腔空洞的道德激情，而缺乏对共同体进行自我净化的能力。

这种集体性的护短，降低着媒体和记者在公众心中的形象。曾有调查显示，同医生和教师一样，媒体记者的职业声望在近 10 年来是不断降低的。

被敲诈者的灰色心态

苍蝇不叮无缝的蛋，不得不说到那些被记者敲诈的对象，他们与某些记者一样，同样有某种不健康的灰色生存心态。他们被敲诈，属于受害者，但他们在很多时候的不健康心态，助长着一些媒体和记者的嚣张。

与某地官员交流时谈到过新闻敲诈的问题，他们也深受敲诈之苦，常花钱买清净。我问他们为何忍受敲诈而不举报那些记者将其绳之以法，他们说有难言之隐：遭遇过某媒体地方频道的敲诈，不过不知道如何处理，虽然记者拿来敲诈的事实并不存在，属被严重扭曲并夸大，但当地确实有一些其他小问题，被记者清楚地掌握着。他担心举报了记者后，把本地其他问题牵出来。他不知道如何对付，如果认了，给了记者钱，觉得冤枉，而且这种敲诈会成为一个无底洞；如果不给钱，又怕投鼠忌器被报复性曝光，毕竟把勒索当生意做的记者已成地头蛇，结成了利益同盟，一嗅到“问题”便结伴去敲诈，得罪了一个就得罪了一帮。

显然，正是政府和企业这种投鼠忌器的灰色生存心态，助长了一些记者的肆无忌惮。无论如何，政府或企业总有些“把柄”掌握在记者手上，这些单位本着“多一事不如少一事”的心态面对这些问题，想捂着瞒着，怕被曝光和纠缠，怕“得罪”记者，看到负面舆情就恐慌。即使很干净的单位，也觉得媒体惹不起，养成了花钱摆平的习惯——反正花的也不是自己的钱。这种见不得阳光的鸵鸟意识和灰色心态在地方政府和某些企业中普遍存在。受害者忍气吞声，施害者自然变本加厉。

一些地方政府甚至与媒体结成了某种稳定的利益同盟，政府部门明知道那属于敲诈，但已经形成了利益默契，以接受敲诈、与媒体合作的方式去向记者“行贿”，花钱买媒体版面，以各种方式向记者输送利益，让记者帮着吹捧、帮着掩盖问题、帮着控制负面信息。这种新闻敲诈，属于利益勾结和交易性的新闻敲诈。我所知道的一些地方党报，版面已经完全商业化，政府部门在上面发宣传稿，报纸向发稿部门收取极高的版面费，这是一种貌似你情我愿、实则新闻腐败的变相敲诈。

如果政府和企业心态健康，一遇到敲诈就能够站出来举报，新闻敲诈行为就会受到大大的遏制。其实，新闻敲诈本身是见不得阳光的行为，敲诈者本来是很心虚的，但如果被敲诈者比敲诈者还心虚，敲诈就失去了天然的制衡和约束力量。如果政府和企业充分的透明和公开，不讳疾忌医，不遮不掩，以“身正不怕影子斜”的正派心态对待舆论监督，面对新闻敲诈，每个受害者能勇敢地站出来依法维权，敲诈行为就失去了滋生的土壤。

另一方面，如今依法受到处理的都是那些主动的新闻敲诈，而那种政府和媒体默契合作的变相敲诈行为并未受到影响，政媒、企媒权钱交易中则隐藏着更大的媒体腐败和宣传腐败——如果这种深层次的媒体腐败不被追究，新闻敲诈很难根治。

最后还有管理层面的灰色区域，即对哪些行为属于新闻敲诈，哪些交往不属于，缺乏一个清晰的界限和法律定性。比如，某企业有了丑闻，某媒体采访了没有报道，后来该企业在这家媒体投放了广告，这是否属于敲诈行为？某企业出现丑闻，某媒体作了报道，后来该企业在这家媒体投放了广告，这涉及敲诈吗？编辑称政府不给钱就不发政府的宣传稿，这是否又属于新闻敲诈？还有这个行业似乎已经“正当化”的车马费，从职业伦理上看，是不是真的很正当？长期以来，媒体在与政府和企业的交往中形成了一些默契性的利益交换，合法与非法之间有巨大的灰色空间。这些都需要通过清晰的立法进行界定。

“面露淫光”的网站编辑们

如今，太多网站编辑真太拼了，为了点击率，可寻找一切情色字眼拎到标题中来。看某门户网站刚弹出来的这个新闻标题：外逃市委书记在美国面包果腹，房客见其妻面露淫光——好黄好低俗，好像黄色小说的标题，诱引着你点开新闻去看。

我以“研究者”的心态点开看了一下，原来那是一个贪官的忏悔，现身说法，真实地记述了自己异国逃亡苦不堪言的生活，哪有“面露淫光”呢？在长长的忏悔文中，找了好久，才在一个不起眼的小段落中看到这一句：合租屋的条件实在是太差了，房客人高马大，声大如钟，少有修养，看到我爱人时就目露淫光，实在是让人惊恐。我爱人整天惊恐不安，我整日也设想和准备着发生不测。

这网站编辑真拼啊，长文中替读者找到这一句也真不容易。编辑注明这篇文章转自中纪委网站。中纪委网站会这么做新闻？这么没节操？到中纪委网站看了看，原来人家的标题是“走进反腐败国际追逃追赃工作：痛恨我将妻子和自己带入这一绝境”。于是，一篇贪官忏悔传播“千万别向我学习”正能量的正经文章，被换了标题后，就成了地摊小报的黄色小说。

我曾经撰文批评过当下媒体反腐报道的情色化取向，主要是四种倾向：娱乐化、情色化、小报化、猎奇化。后来中纪委网站还找我做过一个关于这个话题的访谈，纪委监察部门对当下媒体的情色化取向也很反感，通报贪官落马以及众多腐败事实时，一些媒体只盯着“通奸”“与多名女性发生不正当关系”这些字眼。

多搜索搜索发现，好像绝大多数网站在转载中纪委这条新闻时，都用了这个黄色新闻标题：外逃市委书记在美国面包果腹，房客见其妻面露淫光。我的感觉分明是，看到这条新闻后，众网编们“面露淫光”。

对“治污怎么能干”的官话不能当头棒喝

有媒体做了一期关于“中国水环境污染”的调查报道，很多有价值的问题未引起舆论关注，倒是一位官员在受访时的一段言论引发了舆论围观。全国工商联环境商会秘书长骆建华在一个沿海地区经济发达城市调研时，听一位市长说：“地下铺了管网，把几百亿埋在地下，老百姓也看不见，我怎么能干这个事儿呢？”这句话立刻被当作雷人雷语，成为网众抨击的焦点。

我倒觉得媒体和公众不必义愤填膺地盯着那位市长的这话大加鞭挞，而应该反思这句话暴露的问题。几百亿埋在地下，老百姓也看不见，怎么能干这个事儿呢？——这话老百姓肯定不爱听，媒体也觉得这是混话，但不得不面对的事实是，这个市长说的是反映其心声的大实话。在当下的政绩考核机制下，他确实是这么想的，也是这么干的，他只不过是把他真实的、老百姓却不爱听的想法表达了出来。我倒佩服那位市长的勇气，想什么就说什么，而不是想一套说一套，奉行“有些事只做不说、有些事只说不做、有些事这么做那么说”的官场修辞术，跟舆论和公众玩花招。

那位官员只不过说了真话，舆论对其大加鞭挞，难道是要逼着他讲假话，讲一堆公众听起来非常悦耳，却是谎言的官话套话大话空话？那位市长如果讲一堆我们熟悉的冠冕堂皇的话：我们要加大对水污染的治理力度，加大地下管网的投资，要建对得起自己良心的工程，无论老百姓看得见还是看不见，我们都会认真负责任——你会信吗？他们假装在负责任，我们假装相信了，这种彼此的欺骗有什么意义呢？

只拣悦耳的假话听，一听到官员讲了什么让你不爱听，却反映其心声的真话，就围上去对着这个官员群殴，这样的舆论生态，只会鼓励官员讲那些让公众爱听的假话，讲不会引发争议的空话废话，而不敢说真话。听不到官员的真话，靠那些所谓“对得起自己的良心”之类的谎言自欺欺人，只看说了什么，而不看到底做了什么，问题被遮掩，真话被遏制，无法形成真诚的沟通，改革自然寸步难行。

舆论经常批评官话的假大空，可有时候需要反思的是，当官员说了真话的时候，我们是否有去耐心倾听和面对问题的勇气？我们能否有倾听真话的习惯，能不能鼓励更多的官员说出这种反映其心声的“真话”？

对“治污怎么能干”的官话不能当头棒喝，倒不是去容忍，更不是去赞美，而是要从实话中发现问题。治污怎么能干？反映的不是一个官员个人修养和道德的缺失，而是其后的制度激励的缺失。一个有问题的制度之下，受到有问题的制度的激励，官员的行为必然会有问题。政绩考核机制只注重那些面上看得见的工作，评价一个官员只看这个官员在地上建了多少广场，修了多少高楼大厦，而不看地下管网的建设，官员怎么可能去投资上百亿修地下管网呢？对一个在既有机制下说了“实话”的官员，真的没什么好抨击的，千万不能逼他说谎。

这位官员说了“实话”，舆论和公众才会将矛头指向那个支撑着“治污怎么能干”的体制和机制，反思坏制度对官员行为的扭曲。问题被暴露了，才会寻求去解决。否则，如果媒体和公众生活在“我们要加大对水污染的治理力度，加大地下管网的投资，要建对得起自己良心的工程”这种悦耳动听的谎言之下，掩耳盗铃，问题永远得不到暴露。

当下这个社会首要的问题，倒不是解决某个具体的问题，而是自上而下对“真话实话”的仇视。说真话的被群殴，受到严厉的惩罚，而整天说假话的却可以升官发财，这种逆淘汰只会使社会中谎言泛滥。

骂媒体最安全，媒体伦理便成焦点

关注舆论热点的人能够注意到近来一个现象，就是媒体伦理问题很容易就成为公共事件的次生话题。当媒体在报道和评论某个公共事件时，媒体本身的报道视角和伦理也成为舆论批评的对象，把习惯于监督别人的媒体也架到舆论的烤架上。自外滩踩踏事件开始，到姚贝娜去世引发的讨论，再到深圳警察吃娃娃鱼事件，2015 年才过去一个月，就有好几起公共事件都“派生”出媒体伦理的激烈讨论了。

媒体伦理话题之所以很容易成为热点，自然跟媒体自身出了一些问题有很大关系。我的前辈、《中国青年报》资深记者卢跃刚一段针对中国媒体的评价很发人深省，他在一次讲座中谈到：大陆新闻媒体与世界其他国家媒体一样，有着共同的“两面性”属性，概括有三：第一，既是社会公器，又是商业机器；第二，既是利益集团的监督者，又是独立的利益集团；第三，既被管制，又享有特权。稍不谨慎，便会堕入另外一面。

在市场化压力下，媒体很容易从“社会公器”滑向“商业机器”，为了吸引眼球而不择手段，为了商业利益而放弃公共利益，自然会成为公众吐槽的焦点。当然，除了这个重要原因，还有很多因素使媒体伦理问题成为一个显问题。

其一，媒体人是这个舆论场中最活跃的一个群体，掌握着更多的设置议题的权利，在涉及自身问题的话题上，活跃的媒体人当然更有话语权，也更有表达的冲动。舆论场上有很多沉默的大多数，比如公务员、城管和技术人员，在涉及自身问题时没有表达的习惯，缺乏表达的冲动——涉及这些群体时，由于缺席于舆论场，或不敢说话、不愿说话，这些群体多只是挨骂的份儿。而媒体人不一样，本就是舆论场的主角，涉及媒体的话题更容易形成公共讨论的话题，成熟的媒体业界、学界、政界对媒体伦理话题的参与度非常高。

其二，媒体同行竞争的激烈，使媒体自身的问题更容易被“挑”出来。很多涉及媒体道理的话题，都是有竞争关系的同行首先指出的，然后成为大众话题。当然，我无意猜测同行“挑刺”的动机，更不认同某些人指责这种批评是“抹黑同行”，甚至感慨同行之间“相煎何太急”。媒体监督别人，那自身谁来监督呢？同行为何不可以监督和批评同行呢？当然可以。同业批评，媒体伦理问题成为话题，恰恰说明媒体业有着强大的道德自治能力。激烈的竞争关系使媒体业有很强的自我净化能力，同行的监督使媒体的职业问题更容易被指出来。

其三，媒体伦理这种大众话题的参与门槛很低，大众参与度非常高。不像转基因、医患冲突、中医是否伪科学、带鱼能不能养殖这类话题，须有一定的专业门槛，比较难掺和进去。而媒体伦理就不一样了，凭常识常情常理就能说出个一二三，凭着本能的道德情感就能去站个队，找到一点存在感。

其四，参与这种话题很容易让讨论者找到一种道德高地的满足感，骂几声“妓者”，扔一句“霉体”，键盘上打几个字，脑补面对一个无恶不作的记者，瞬间就能找到一种与邪恶作战的斗士感觉。网络上的乌合之众，很容易被媒体忽悠，又很容易在恼羞成怒中把矛头都指向媒体，以骂媒体和记者为时尚，仿佛这世界的麻烦都是记者制造的。

其五，为什么骂媒体成为一种时尚呢？因为骂媒体最安全。大众骂媒体，新闻学院的教授们也爱骂媒体，“骂媒体”甚至已经成为重要课题，养活了一批新闻系媒介伦理专家。当然，有问题当然应该去骂，但很多问题之根并不在媒体，媒体也是受害者。这几天一个媒体人针对某个媒体伦理引发的话题所发感慨，引起很多人的共鸣，大意如此：新闻学界有不少良师益友，使得我受教良深。但不得不说一句，总体上学界的老师们还是乐于在诸如外滩踩踏事件中复旦女生该不该报、女明星去世该怎么报这类事件上发言，对诸如深圳警媒冲突这类事件上却习惯缄默。学界如果总是乐于规训业界，怯于抗斥公权，着实很难让人尊敬。

最后一个原因是，媒体整天鞭挞丑恶、监督别人、曝光问题，当自己有伦理问题时，当然会受到舆论的报复性批评。

谣言不死，因有人靠谣言活着

2015年年初国资委的官方微博“国资小新”作了一个统计，盘点了一些与国企相关的“不死的谣言”。比如“75%的智能电表被蓄意加速”“变电站对人体产生辐射危害”“加油员多次抓放油枪在偷油”“三峡大坝蓄水诱发大地震”，等等。媒体作过调查，企业作过回应，部门作过澄清，专家作过权威判断，证明这些属于不折不扣的谣言。可无数的辟谣后，这些谣言仍在网上流传，让不断辟谣的企业觉得很无力。

没办法，这就是国企不得不面对的人性和网性。只要谣言不死，辟谣就不能停，这种重复劳动还是需要不断地做。企业需要这样的“辟谣自信”：可能永远无法一劳永逸地说服每个人，但每一次辟谣起码能让一些讲理者认清谣言接受真相。

对那些不讲事实和逻辑，只固执地相信自己偏见的人，再多的辟谣也是徒劳的。这些人传的不是谣言，而是对国企深刻的偏见和群氓的情绪。你永远无法叫醒一个装睡的人，永远都无法让一个对事实根本不感兴趣的人接受事实。有些人对国企有着天然的排斥，负面的标签在这些人脑子里根深蒂固，他们需要用谣言来滋养自己的情绪——需要用“75%的智能电表被蓄意加速”去攻击电力企业，需要用“变电站对人体产生辐射危害”去妖魔化变电站，需要用“加油员多次抓放油枪在偷油”去给石化企业贴污名。

谣言不死，因有人依赖谣言才能活着。网上网下活跃着一批靠着“黑国企”的谣言而生存的人，如果没有了这些谣言，他们怎么去谩骂国企呢？怎么去为自己的情绪寻找到一个大义凛然的借口呢？又怎么能扮演一个与“垄断恶人”搏斗的斗士？没有一个靶子、矛头、敌人，拿什么去满足自己在网络上的攻击欲？所以，他们不能没有谣言，对谣言有着戒除不了的依赖。那些谣言死了，他们的靶子就没了，攻击就死了，所以谣言不能死。

明白这一点，部门和企业也许就不会对那些“不死的谣言”那么无奈、无力了。

当然，谣言不死，也与网络传播的特性有关。匿名、猎奇和追逐负面的传播机制，使抹黑别人形象的谣言更容易被放大传播，而澄清和辟谣则少有关注。谣言可能被一万人看到，关注澄清的人可能只有几十人。而且谣言更容易在网络上留下记忆，像潜伏的病毒一样，很容易在一段时间后被再次当事实传播，而新受众看不到此前的澄清。谣言不死，辟谣不止，只能这样。

那么受害的国企面对这种人性和网性就没有任何办法了吗？也是可以有积极作为的。其一，须遵循第一时间第一澄清的原则，看到谣言赶紧去辟谣。一些谣言之所以有那么强的生命力，跟在第一时间的绥靖纵容有关。一些企业对这种舆情有恐惧感，不知怎么应对，信奉“拒不回应”就可以让热点淡化的消极原则。网络和新闻是有记忆的，不要以为可以躲过去。谣言刚出现的时候没在第一时间澄清，形成了深刻的网络和舆论记忆，若在公众看来成为“明确无误的真相”，以后再澄清就很难了。

其二，有必要对造谣者采取措施，让造谣者付出代价，以“追究造谣者”责任去辟谣。普通的辟谣，不会给人留下深刻印象，甚至一些网民会认为“如果真是谣言为何不去追究造谣者”。这种温文尔雅的低调辟谣会形成恶劣可怕的“破窗效应”，既然造谣传谣不必付出代价，那怕什么呢？是中国人就转起吧！“中石化女处长牛郎门”的谣言之所没人传了，这谣言之所以死了，是因为中石化采取了高调的辟谣，诉诸法律追究造谣者责任。有些造谣者，不见棺材是不会掉泪的。

环保局局长戴不戴口罩都会挨骂

北京市环保局局长陈添挨网民骂了，因为他说“不戴口罩”。作为环保局局长，针对北京污染天的频发，很多市民都关心其出门是否也佩戴口罩。对此，陈添 2014 年 4 月 15 日表示，“我不戴口罩，家里也没有空气净化器。”他建议每个人、每个企业都要对社会负责。在政府主导的前提下，企业承担起大气污染的主责；另一方面，希望市民能从自我做起，承担起自己的那份责任。

北京环保局局长这话有没有错？自然没错，这“骂”挨得真冤枉。他只不过是被问到这个问题时老实地陈述了一个事实，说自己不戴口罩。那这个问题怎么回答才不挨骂呢？说实话，这个问题就是给环保局局长挖了一个坑儿，怎么回答都会挨骂。

回答说“不戴口罩”，会被骂——你以为自己不戴口罩，就可以掩耳盗铃、自欺欺人地回避污染问题了吗？可如果回答说“会戴口罩”，同样会被骂，甚至会被骂得更狠——骂声会变成：你也要命啊？你也知道污染严重，你也知道要戴口罩啊？把城市空气弄脏成这样还有脸坐在这个位置上。如果既不说戴也不说不戴，而是不回答这个问题，一样会挨骂。媒体的标题就可能被做成：面对戴不戴口罩的追问，环保局局长黑脸一言不发。下面的骂声可能会更多。

瞧，这就是一个“坑局长”的问题。设置了一个无论怎么回答都会挨骂的问题，这对官员是很不公平的。其实，在雾霾天频发的情况下，环保部门已经成了一个舆论情绪的发泄筒，环保局局长处在一个尴尬的位置上。两会期间一位环保官员接受媒体采访时就坦诚，出门都不敢说自己是环境保护部的，因为无论说什么，都会获得一阵劈头盖脸的痛骂。这种“不由分说不分青红皂白当头痛骂”的舆论氛围并不理性，只会滋长官与民的情绪对立，使本就不畅通的沟通进一步被打碎。舆论暴力最后逼得环保局局长们集体沉默，不敢说、不愿说、不想交流，一边是愤怒的大众，一边是沉默的环保部门，这对污染治理不是一件好事。

就事论事回到这件事，说实话坦诚“不戴口罩”的北京环保局局长不应该受到谩骂攻击，他陈述的只是一个事实，他无法为网友对“不戴口罩”的引申负责。有人说，你戴不戴口罩，雾霾都在那里——可环保局局长并没有否认雾霾和污染的存在，只是说自己不戴口罩，难道还要强迫别人戴口罩？有人说，连自己的生命健康都不关心的人，你还能指望他关心大众的健康吗？这样的官员就该立即下岗！——这也是欲加之罪，戴不戴口罩与生命健康之间并无必然科学联系。有人说，局长是想通过“不戴口罩”来误导舆论以为“北京污染不严重，所以不要戴口罩”——这纯粹是诛心之论了，完全是想象出来的逻辑。还有人说，局长的意思是“为了形象再染污也不戴口罩”，引导公众用肺作吸尘器，用信心战胜雾霾——这些都是网友对一句话情绪化的引申，不是官员的意思。

竟然还有人说：草，不戴口罩，你有公费医疗，我们“屁民”没有——面对这样的坏逻辑，局长也许只能摇头“呵呵”了。

网络舆论场中充斥着这种情绪化的谩骂，恶化着官民对话的舆论生态。媒体和公众一直鼓励官员站出来对话，要敢于说实话，但当一个官员说了真话的时候，就应该得到善待和尊重，得到积极和坦陈的舆论回应，而不是挖个坑恶意引申、恶语相加。面对雾霾和污染，一句“我草”“去他妈的”很解恨，网众合力围殴环保官员的场景也貌似正义凛然，却污染了官民沟通的公共空间，让社会合力解决问题的氛围蒙上阴霾。

“扶老人”是怎样成为大新闻的

各地媒体频曝的彭宇案，让“不敢扶老人”“好人没好报”的冷漠和恐惧弥漫，这样的舆论语境下，一起“路见老人跌倒，众人施以援手”的新闻让人感到格外温暖。

2011年9月29日在上海南京西路江宁路附近的梅龙镇广场门口，一名白发老人突然摔倒在马路上，鼻部鲜血直流，许多经过此地的路人见状都上前伸出援手。“有递水，有帮止血，有扶持，有打110的，有打120的，温馨的场面。”网友发微博回忆。这个场景中，没有感染上类似事件中的那种猜疑、冷漠、误会和犹豫，只有助人和感恩的温情。（据2011年9月东方网报道）

在多起“好人没好报”的案例引发社会“不敢扶老人”之忧后，这种“老人摔倒众人相助”的事情反而成了大新闻，真让人感慨万分。其实，这算多大的新闻呢，不过是我们的城市和乡村中每天都在上演的日常故事，施人援手，举手之劳，看到摔倒的老人，扶上一把，再正常不过。只不过，当一些媒体为了追求新闻价值，为了吸引眼球，而大炒热炒“彭宇案”之类小概率事件时，让人仿佛感觉满街上都是摔倒了没人敢扶的老人，老人都想着去诬陷助人者，而路过的人都因为担心被碰瓷而不敢做好人。这样的舆论基调，这种对极端个案的过度关注，遮掩了生活的真实。

即使不做统计，只是凭生活常识和日常经验，也能感觉到，那种所谓“好人没好报”的彭宇案，绝对只是个案，只是在真相无法还原下“各说各话”所产生的信任危机。真实的生活中，就像上海街头这个温馨的场景所展现的，扶人的还是多数，扶人得好报的也是多数。并没有那么多的猜疑、那么多的说不清。可因为这样的好人好事是那么的细琐平常，媒体懒得关注了，而是去关注那些反常性的小概念事件。这样的新闻价值取向和选择性关注，营造了一种“好人没好报”的反道德幻觉。

正是在这种扭曲的新闻价值取向下，“不敢扶老人”喊多了，每天都在街头发生的“扶老人”反而成了大新闻。其实社会并没有多大的变化，人心依然是善的，扶人的仍是多数，扶人的事情每天都在像往常那样发生，变化的只是媒体对新闻价值的判断。

不得不说，媒体对舆论中流传的那种“不扶老人”的恐惧该承担很大的误导之责任。一些媒体在报道类似案例时的先入为主，强化着“好人无好报”的暗示，让社会有了“彭宇案恐惧症”。媒体不是客观地描述在那种情况下认定事实的复杂和麻烦，而是为了迎合新闻价值的要求，将案件想当然地描述为一个法律迫害见义勇为者的故事，然后很多人自然就被这种情绪牵着鼻子走，撒娇抱怨说“好人没好报”。

就看前段时间所谓天津版的“彭宇案”，从情节和形式上看，确实与2006年的南京彭宇案惊人的相似，老太太说被开车的人撞了，而开车的人说根本没撞，是看老人跌倒了过来见义勇为扶老人的。也是无法还原案发的瞬间，双方举证都不充分，一审判车主赔老太太10万元。网友一边倒地倾向车主，认为这种判决败坏了社会公德，是逼着人不敢做好人。

媒体的报道是很成问题的，我注意到不少媒体报道这个案件时，在标题上都是这样概括这个事件的：天津司机扶摔倒老人被判赔偿10万。这样的描述很成问题，已经给这个事件定了性，带着明显的偏向性和主观性：没有撞人，而是助人，反而被判赔偿10万。可想而知，这样的描述会对公众的心理产生多大的冲击。可这并不是事实，只是车主的一面之词。

在事实不清的情况下，应该将这件事描述为“撞人证据不清，车主被判赔偿10万”。这样的描述肯定没有“天津司机扶摔倒老人被判赔偿10万”那样有新闻价值和刺激性，可更符合事实，不会误导公众。不要小瞧了这样的描述，用什么样话语描述一个事实，会极大地影响着舆论导向和公众的情感倾向。

“看见老人扶起来”不是新闻，“看见老人不敢扶”才是新闻，很大程度上正是这种取向传递着那种冷漠和恐惧。

民工致信铁道部，别忙着先站队批判

每年春运，火车票都是最受关注的问题，2012 年实施实名制和网购后，买票问题更成为焦点。有媒体刊登了一个名叫黄庆红的重庆籍农民工写给铁道部的一封信，信中讲述了他 4 次到火车站排队买票，依然未能如愿。工作人员告诉他用网络和电话购票，可能比排队更快。但网络和电话购票，对于生活艰苦的农民工来说，比通宵排队购票更不现实。黄庆红称，民工是春运潮主力，他希望多留一部分火车票到售票窗口。（综合 2012 年 1 月媒体报道）

“一票难求”的现实下，买不到票所积累的焦虑不满情绪，加上“民工致信铁道部”形成一种天然的强弱冲突对立格局——民工似乎代表着一种弱势的、买不到票的大多数，而铁道部则似乎有着一种垄断着诸种资源、强势的老大形象，舆论于是一边倒站到农民工的一边，批评“霸道”的、对农民工缺乏关怀的铁老大“以网购剥夺了农民工的买票机会”。

铁道部门在很多问题上也许值得批评，但在今年的网购问题上，不该承受这种苛刻的指责。“买票机会被网购剥夺”的批评是无理的。不能以天然的强弱去下判断，是非高于立场，不要忙着先站队批判，“农民工”的身份并不意味着天然的正义，农民工黄庆红提出的问题不一定是正确的。

有必要回顾一下铁道部开通网络购票的背景，是顺应技术的进步和民意的要求作出的一个举措，方便快捷的网络技术越来越多地应用到公共服务中。鉴于排队购票高昂的排队成本（时间、焦虑、秩序），舆论早呼吁铁道部开通网上购票，减少公众购票的时间投入和排队带来的种种问题。铁道部门在完善网络购票系统后推出了这一服务，让很多人免除了像往年那样的熬夜排队之苦。无论如何，这是值得赞赏的。

说“网购剥夺了农民工的买票机会”，这对铁路部门是不公平的。网络购票并没有排他性，开通了网络购票途径，并没有关闭其他的途径，就像官员开通微博在网上与民众交流，并不会挤占其他的交流途径。网络带来的是增量的服务，是一种惠及每一个人的“帕累托最优”，给每个人都带来了增益可能，至少没有给哪个群体带来损失，剥夺哪个群体的机会。

来看黄庆红说的理由：电话订票、网络购票对于熟悉流程的购票人来说，十分轻松、方便。但由于文化水平的差异，对许多农民工而言，反而增加了难度。网络购票对农民工来说太复杂，太不切合实际了——确实存在这种技术上的鸿沟，而技术上的鸿沟，则会带来机会上的不平等。不过，如果全面地了解铁路部门发布的购票规则，就会明白，铁路部门已先在地考虑到了这个问题，在其他政策上对农民工作出了很多倾斜，以弥补技术上的鸿沟对农民工的机会不平等。

比如规定，农民工达到一定人数后，单位可以申请农民工专列；可以为农民工办理往返车票，开展外来进京务工人员团体票预订业务，集体办理农民工返乡团体票。很多火车站还开设“农民工团体往返票售票专口”……这些都属于对农民工群体的倾斜和关怀。所以说“网购剥夺了农民工买票机会”是没有道理的。网上的火车票资源只是一部分，多数还是通过火车票窗口购买，规则是公平的。不能说由于农民工不熟悉网络技术，为了公平就拒绝网购这种便捷的方便，这是一种“共输”而不是“多赢”的逻辑。

真问题倒不在“网购剥夺了农民工买票机会”，而在于要落实那些对农民工购票的倾斜政策。比如，降低团体票的门槛，虽然铁路部门为了农民工的方便，开通了团体票，但由于农民工缺乏组织者，很多时候这个好规定并没有得到落实。比如有记者采访的时候，就有很多排队的农民工根本不知道什么叫团体票。

媒体不应炒作那种一票难求的情绪，忙着先站队批判，而应理性地看待网购。

“无门图书馆”书没增加，更让人尊重

近日有网友发微博称，浙江宁波鄞州高级中学学校图书馆无墙无门无岗，10万册图书任由师生自助借阅，年终盘点多出6000册，一时引发热议。不信任四处弥漫的现实下，公众在惊叹“无门图书馆”时，更赞叹“多出6000册”。不过当事方图书馆馆长瞿嘉福受访时称，“10万册书籍变10.6万册”的说法不实，是胡说，还是有书籍丢失的，而建无门馆是为更自由读书。（2012年2月2日《新京报》）

当看到“无门图书馆10万书籍变10.6万册”的新闻时，在一片赞誉中，我也是充满怀疑的，图书馆无门，书不丢失就是最大的新闻、最大的奇迹了！怎么可能反而多出书来了呢？新闻中语焉不详地说，多出来的书是充满感激的校友捐赠的——捐赠应该是公开行为，公开捐赠的书应该正式入库，不能算是“因无门而多出来的书”，难道是对图书馆充满感激而悄悄捐的书？这样的佳话，很容易让我们想起一则曾经感动很多人的小新闻故事：一阵风刮走了做生意的老人的一堆零钱，引发一堆人的“哄抢”。在老人痛哭无泪之时，那些人把捡来的钱都还给了他，原来不是“抢”钱，而是帮他捡钱。老人一数，钱不仅没少，反而多了几块钱，可周围的人早散去了。

可后来的记者寻访发现，正如“无门图书馆10万册书籍变10.6万册”一样，这也是一则假新闻。现实中并没有那么多童话，这只是根据人们的期待和现实的镜像而编出来的段子。

公众对周围那种充满不信任的氛围深恶痛疾，沉浸于对这种“互信而带来互利”的佳话的无比赞叹中，忽略了对不合逻辑、不合常识的内容的质疑，担心质疑破坏了这个动人的佳话，我们更愿意生活在一个大家共同编织的童话氛围中，而不愿戳破这个美丽却不合常识的童话。——令人欣慰的是，在一片赞叹之中，还是有人站出来大声说，“10万册书籍变10.6万册”完全是胡说。

更让人充满敬意的是，有勇气说出这个真相的人，恰恰就是被拔高的人。

按理说，舆论编织出的“10 万册书籍变 10.6 万册”的神话和童话，最大的受益者应该是图书馆方面，极好地塑造了图书馆的形象：勇于相信学生，也赢得了学生的尊重，书不仅没少，反而多了，说明了学校教育的成功。可是，图书馆馆长并没有沉浸于这种欺人的佳话中，没有“闷声大发财”地享受翻天盖地而来的赞美，没有顺着这种被舆论拔高的故事往上爬，去迎合舆论的期待把这个欺人的故事继续编织下去，而是勇敢地说出了真相。

真实，这是比任何品质都高贵的品质。不给图书馆设门，为学生自由地读书，本就值得尊重。而拒绝拔高的谎言，在被人拔高时大声地说出真实的自己，就更值得尊重了。生活中，有很多拒绝都值得尊重，比如那些拒绝说假话的，拒绝配合说假话的。尤其值得尊重的是，当别人说假话是吹捧自己时，而自己能冷静地拒绝这种吹捧，把可能不利于自己的真相说出来。

现实中，有多少典型所以被无限地拔高，甚至拔高到制造假新闻的程度，问题既出在编造者身上，也有被编造者的责任。比如为了说明一个人多么高尚，编造不合生活逻辑和常识的案例——面对这种被拔高，多数人是安然享受并竭力配合的，合作讲述那些高尚的故事，甚至会添油加醋说得活灵活现。反正谎言又不是自己编的，自己只是享受这种拔高就行。可当事人这种对拔高的沉默，让那些虽然感动人，却是虚假的故事谬种流传。当有一天这些被拔高的故事被还原时，就令人尴尬无比。比如某年冰雪灾害中湖南一位救人者，明明在救人后接受了被救者的“感谢”，可舆论宣传时说他完全是无偿的，他就很配合地享受了这种拔高的宣传。最终由当事人说出真相后，一个好人的故事变得令人无比尴尬。

其实，无门图书馆的书没有增加，而是少了一些，这个更合生活常识的真相。它虽然不像“不仅没少反而多了 6000 册”那么充满佳话的美感，却因为是真实而更让人尊重。图书馆无门，让学生自由读书，本就让人感动，无须无限地去拔高这个故事。

传统媒体的自杀与他杀

“纸媒何时消亡”是一个隔断时间就会被提起的议题，也许“消亡”尚很遥远，但传统媒体（不只是纸媒）在新媒体冲击下影响力日渐衰微，却是一个现实的命题。传统媒体遭遇的生存危机，来自两方面力量的夹击，一方面是新媒体的技术优势带来的冲击，更快的传播速度、更自由的表达、更符合受众信息消费习惯的传播平台，这种技术变革所带来的优势是传统媒体无法弥补的；一方面是传统媒体自身“传统优势”的丧失，新的并不总是好的，传统也有传统的优势，可传统媒体的不争气，在新媒体的冲击下未能很好地坚守好自身的传统优势，将话语权和传播权拱手相让。

传统媒体无法赶上新媒体的技术优势，这不可避免，但在这场传播主导权的竞争中，传统媒体却未能守好传统的优势，是不可原谅的。传统媒体当下的生存困境，很大程度上不只是他杀的结果，也是一个自杀的过程。

被网络牵着鼻子走，网络复制者

常有人用这句话来形容网络媒体浮躁的传播生态：聋子听到哑巴说瞎子看到鬼了——聋子怎么可能听到呢？哑巴怎么可能说话呢？瞎子又怎么能看到呢？这条根本不可能发生的传播链，在网络传播中却经常发生。因为，当网友被“有人看到鬼了”这种极能吸引眼球的奇闻所吸引时，就会沉迷于对奇闻的惊叹和消费快感中，而忘记去核实消息源和辨别传播链，自然也就不管“鬼”原来是瞎子看到的，又传到哑巴那然后告诉聋子的。假新闻之“鬼”就是这样产生的。

相比之下，这是传统媒体的传播优势。传统媒体的公信力所以高于新媒体，正在于多重的把关人设置下对信息源的核实有严格的规范。比如，不明来源的消息不能刊登到新闻纸上；单通道的信息源还不行，还必须有多重信息源的交叉印证；间接的、含糊的信息源不行，必须是直接的、明确的信息源；匿名的信息源须谨慎使用，规范的信息源应当是清晰的，便于质疑者证实或证伪，也是迫使信源的负责任。

真实是新闻的核心和灵魂，传统媒体经过几百年的发展，已经积累了一套确保新闻真实性的严格的新闻伦理和传播规范；而新媒体的兴起才是近年的事，远未形成一套规范。新媒体的一大传播优势是迅速和自由，而优势总会对应着某种劣势，这种优势带来的一大问题就是对信息源缺乏审慎的核实，快得不顾真假，“自由”得不负责任。

可是，很多传统媒体并未坚守这一优势，而是沾染了那种浮躁的传播习气，被网络牵着鼻子走。无疑，网络越来越成为一个新闻富矿，网络技术降低了传播门槛和传播成本，普罗大众第一次真正掌握了传播的主导权，人们不再只是被动地等着政府发布信息，只要能有一台电脑与一根网线，作为“自媒体”的个人就能成为信息发布的中心，在网上发言和发布消息——这对纸媒不是冲击，而是福音，因为网络能突破许多信息瓶颈，使记者获得更多的信息源和新闻线索。以前记者很多时候只能借助政府渠道和关系网获得报道线索，而如今却能借助网友的曝光，获得政府豪华办公楼、官员公费旅游清单、史上最牛官员别墅等丰富的线索。

但对这个新闻富矿，对这个诱引着记者职业冲动的信息源，传统媒体一定不能失去职业判断和对专业的坚守，不能被网友曝光内容的新奇和刺激冲昏头脑，一定要当好把关人的角色，以传统媒体的严谨捍卫新闻的品质，保守新闻人的荣耀，守护新闻纸的公信力。网友当然是可以曝的，但当记者将这样的新闻，署着自己的名字，写到新闻纸上说时，就不能“网友曝”了，而应该用记者自己的调查和核实去写新闻，新闻叙述的方式就要由“网友曝”转换成“记者调查发现”。网友所曝要经过记者核实才能写到新闻纸上——这不仅是叙述方式的转换，更是赋予了网贴内容以新闻的生命。可竟有许多“网友曝”式新闻，缺乏这种叙述的转换。我真惊诧于一些记者的大胆，网友怎么曝，他就怎么写，没有自己的调查，纯粹是对网贴的剪贴加上其他网友的评论。

这种浮躁下，传统媒体常被“钓鱼”。曾有一个网友胡编了一条信息发在微博上，称：撸猫师是日本最新兴的一种职业。日本许多人喜欢养猫，但是因为工作紧张或其他原因，有些宠物猫得不到主人的爱抚，性格变得孤僻。为解决此类问题，撸猫师这个职业应运而生。撸猫师工作不复杂，需要每天爱抚猫咪 30～60 分钟，并且和猫咪玩上一会儿。撸猫师月薪大概 40 万日元（约合 2.4 万人民币）。

一些媒体看到一条这么有意思的“新闻”，根本不去核实，立刻当新闻报了出来，随后无数媒体又不加核实地转载。随后那个“钓鱼”的网友发微博说：“撸猫师”这个职业是我昨晚上瞎编出来的，没想到今天被好几家媒体当新闻给转载了。传统媒体很大一部分公信力就是在这种“复制网络”中失去的，属于自杀。

有形之手下失去话语权

还有“他杀”。

经常发生一种奇怪的现象，有些事情，网络议论纷纷，微博有图有细节，有当事人诉说，有旁观者描述，可传统媒体竟然不见半句报道，纸媒无字，电视无影，广播无声。这就形成了一种很奇特的话语失衡怪象，一边是沸沸扬扬，一边是沉默无语，完全违背了新闻传播的规律。当然了，这种被传统媒体遮蔽的事，往往不是什么好事。

众声喧哗众说纷纭的微博，与对客观存在的事实假装看不见的传统媒体，完全形成了两个截然不同的舆论场。有时身处这两个舆论场中，会感觉到两个截然不同的中国。

如今常有人抱怨传统媒体被新兴的网络媒体抢了风头，昔日所谓的主流媒体，党报官媒大报大刊，日益被边缘化为非主流；而昔日被视为边缘角色的网络论坛，却日益成为很多人心中的主流媒体，成为很多年轻人接受信息、浏览新闻、检索资料的主要信源。主流媒体和边缘媒体的角色对换，并非新媒体多么强大，微博多么万能，而是一个昔日的主流媒体在违背新闻传播规律中逐渐将话语权和主导权拱手相让的过程。很多时候不是传统媒体不争气，被绑着双手和双脚的它们，无法施展自身的传播优势。

可想而知，一件事情发生后，当很多人无法借助传统媒体而了解事实真相，却要借助于外媒的报道，借助于微博上的碎片化信息去试图拼凑出一个完整的事实时，传统媒体很难不被抛弃，很难不被边缘化。或者，当网络上很多所谓的传言一再被证实为并非捕风捉影，而传统媒体却看不到半点迹象的时候，网络在人们的心中很难不跃升为主流。

媒体的主流与边缘，权威与“野鸡”，很多时候与自身的行政级别和名号没有太大关系，而在于信息的供给：在人们需要信息作判断依据的时候，提供了多少有价值的信息；一事当前，人们求索真相的时候，媒体提供了多少对事实的报道。媒体提供给消费者的核心产品是新闻信息，媒体的地位，要以对新闻规律的遵守去判断。

每每看到传统媒体在热点新闻上的话语缺席，作为传统媒体从业者都感到无比的痛心，这完全是将话语权拱手相让，这边舆论场的沉默，是在将信息传播的主导权让给另一个舆论场。事情发生了，是无法假装看不见的，无法掩耳盗铃地以为公众就不知道了。信息渠道如此多元的当下，这么认为是很愚蠢的。

而之所以出现这种传统媒体和新媒体的两个舆论场的结果，主要源于不均衡的信息管制。网络相对自由，“自媒体”不易管理，而传统媒体背后有更多看得见、看不见的手在调控，重重“婆婆”和把关人下容易形成“舆论一律”。这种不均衡的管理下，传统媒体的调查和报道优势无法施展，很多时候不得不无奈地将话语权让出，并眼睁睁地看着风头被新媒体“抢”走。

这就是他杀。

别臆想出“良民证”这个稻草人去狂殴

《江苏睢宁给个人信用评级被指发放“良民证”》，看到这样的标题，你很容易立刻血脉贲张充满愤怒，并且忍不住去痛骂——竟然给老百姓发放“良民证”。众所周知，臭名昭著的“良民证”，是当年日本侵华时日本伪政权对中国老百姓进行身份管理所推行的身份证明，听日本人话的就叫“良民”。中国人对这种见证着侵略史的“良民证”深恶痛绝，地方政府竟然也发“良民证”，脑残到极致了吧。

且慢愤怒和批判，不要被媒体耸人听闻的标题党牵着鼻子走。细看一下新闻和分析下相关背景资料就会明白，根本与“良民证”毫无关系，而是媒体设的一个根本不存在的稻草人。江苏睢宁率先在全国进行建设信用体系的试点，对大众进行信用评级，依据一些信用信息进行评级打分，打造征信系统。比如，大到违法乱纪，小到拖欠信用卡水电费，都会被扣分，而见义勇为则会加分，涵盖了公众日常生活的方方面面。很多发达国家早就有了非常成熟的征信系统，中国也在努力打造，而睢宁则在这方面先行了一步。

江苏睢宁此举是为了以信用等级来让每个人做“诚信公民”，而跟“良民证”毫无关系。据报道，这套体系实施之后，居民诚信意识明显提高，社会风气也有很多好转，有12家建筑企业因诚信问题被驱逐出本地市场。媒体贴的标签真是翻云覆雨，如果称这个规定为引导公众做“诚信公民”，那是褒义词，是大大的好事；可如果换个词说成“良民证”，则是臭名昭著、人人喊打了。慎用标签和话语，避免歪曲和误导，体现着媒体的社会责任感。

这个只看标题不读内容的浅阅读时代，媒体报道时尤其需要慎用标签。媒体使用“良民证”这个说法也许只是类比，看了完整的报道也会有理性的判断，但很多网友看到这个刺激性的标题立马就火冒三丈了，立刻即顺着这个标签所预设的愤怒情绪去对这个想象出的风车进行“战斗”，对着这个稻草人去群殴，根本没有耐心去看政府到底做了什么工作。官民舆论场上的对抗，很多时候其实并没有不可调和的冲突，而都源于这种不分青红皂白的“标签战”。媒体给某个政府行为贴上一个人人喊打的标签，然后就只有质疑、攻击和群殴，而没有互信和沟通了。

征信系统与“良民证”有着本质的不同。“良民证”是为了以身份的管理对百姓进行分类，顺我者昌，逆我者亡，听话的顺从的就发良民证，否则就不是良民，而是要受到打压和驱逐的刁民、劣民。而征信系统虽然也对百姓的信用等级进行分类，好的能达到 A 级，差的、有很多不良信用记录的会是 D 级，但这种分级并不是管人，不是以“良民”的标签让老百姓“听政府的话”，让政府找到一个报复和惩罚“不听话百姓”的借口，而是提供一种公共产品和服务。政府是无权根据信用等级去惩罚百姓的，只是让社会公众在进行市场决策时有一个可参考的信用平台。

比如有媒体报道了睢宁实行征信系统后的一个案例，很有代表性。据新华网报道，睢宁居民赵华告诉记者一个故事：“上次想买一个门面房，有人告诉我可以申请查一下对方的诚信度。一查发现卖方上一年只是 C 级，和家人商量后放弃了购买，后来听说那个门面房交易果然起了纠纷。”政府不是借此区分良民刁民，只是给百姓在交易时提供参考。——当然，只是一种参考，并没有强制性，如果银行贷款时看了信用等级差的客户，仍然贷款了，这是银行自己的事。就像学生在一所大学读完后，学校会给出一个成绩单，对学生各学科的优、良、中、差表现进行打分，只是想给用人单位在聘用求职者时的一个参考，根本无关“良民证”。

当然，地方政府在建设征信系统时，也应该充分听取民意，不能因为“初衷是为建立信用系统”，就可以随意将某种信息纳入征信系统。这个系统之所以引发争议，主要是“围堵冲击党政机关、企业、工地、缠访、闹访”要被扣分，而招商引资会被加分，让公众觉得其中掺杂了过多政府私利。当然，4 年前这个系统引发争议后，当地政府已经听取民意做了不少调整，剔除了一些信息。媒体、公众和官方应该在良性互动中让这个先行探索的系统更完善，而不是被贴上“良民证”的污名标签而一棒子打死。这种树个稻草人然后对其狂殴的标签化报道，只会让地方感觉吃力不讨好、做事反挨骂，吓得他们只敢墨守成规而不敢改革创新了。

“住人井”中的伦理困境

“地下井”中竟然住着人，而且不只是一个人，而是一个群体；不只是刚住进去，而是已经住了很多年。这则报道极大地震撼了舆论，冲击了很多人的道德神经，没想到自己身边还有这样一群人，像老鼠一样卑贱地生活在城市的地下。其实媒体早报道过这样蜗居在城市被人们忽视的阴暗角落的“蚁族”和“鼠族”，只不过人们第一次看到这种“鼠”一样的生活状态。据2013年12月6日报道称，媒体曝光后，北京“住人井”井口已被政府派人用水泥封死，住井者已经离开。

本来还有一个地下井可以容身，用水泥封死后，连最后一个退无可退的容身之处都没有了，这个寒冷的冬天他们会被赶到哪里去了呢？相关部门这种生硬冷漠的后续行动，受到了舆论的批评。

这个结局，也使报道这条新闻的媒体和记者陷入了一场伦理困境中，因为不少人将导致这个结果的原因推到了报道者身上：如果没有记者的报道，城管部门就不会过来执法，地下井的蜗居者就不会失去这个住所。北京另一家媒体的记者对同行的批评，激起了不少人的共鸣，她说：“住人井”今天被水泥封死。早在15年前，我跟着热力集团的工人体验热力小井，就看见井里住着流浪汉。大家都不去打搅他，因为不论外面暴风骤雨还是漫天飘雪，井里总是温暖如春。今天我知道，有些角落不需要记者。

克制着报道的冲动和新闻的敏感，保守着地下井蜗居者的这个秘密，这位记者身上对弱势群体的关怀让人感动。不过，把问题归咎于记者的报道，在逻辑上是不成立的，属于典型的“假性因果”。对这件事，“不报道”值得尊重，可“报道”了同样值得尊重，问题并不是记者报道导致的。记者报道，井被封死，蜗居者无家可归，这几者之间只存在着时间上的“先后关系”，而不是因果关系。我们却习惯于将这种“先后关系”误看做“因果关系”。

这是一个伦理困境，每一次类似的报道都会引起媒体业界的伦理争论。记得我的一位采访过北京唐家岭“蚁族”的同事，就遭遇过“蚁族”们的白眼和村民们的鄙视。他做了许多反映唐家岭“蚁族”们艰难生存状态的报道，房子很破，交通很麻烦，周边配套很不完善，寄望引起官方对这一群体的关注。可唐家岭的许多蜗居者和村民并不喜欢记者，而是对他们充满“敌意”。有一次同事去采访他们时，走到十字路口，当地村民就指着记者的相机戳戳点点：又是记者。就是你们这帮记者，拍拍拍，把我们的房子拍没了！同事说自己当时心里很发虚，低着头像逃跑一样离开了那个路口。事后他不断地问这个问题：我们的关注是错误的吗？同事这个经历的背景是，在媒体报道该地区“蚁族”生活后，有关部门对该地区实施旧村整治改造，“蚁族”们再也找不到那么便宜的房子可以蚁居了。

问题在记者的报道吗？当然不是。记者本想通过报道引起相关部门的关注，解决问题，关切弱者无处容身的艰难困苦。而相关政府部门却读不懂这种民生期待，却把记者的报道当成了举报。无人愿意面对“谁来给他们一个安身之地”的追问，而是追求自身利益的最大化，习惯性地以“锯箭疗法”卸去了自己的责任。他们对蚁居的“鼠族”毫无悲悯之心，媒体报道让他们产生的压力是：必须取缔，免得给领导添麻烦；必须清除，免得影响城市形象。万一谁蜗居在井下出了问题，矛头都会指向本部门。用水泥将井口封死，就是将问题推给了其他部门。

能怪城管部门吗？好像也怪不着，这就是他们的工作。他们似乎也陷入了一种伦理困境。其实，城管部门未必不知道这些人蜗居在井下，他们一直也是假装看不见，善意地疏忽着那些蜗居者。那些蜗居者也小心地保守着自己的秘密，不让公众过多关注，他们担心失去这只有一两平方米的容身地。可媒体的报道打破了这个平衡，舆论压力下城管部门如果不管，出了问题就会成为追责对象。

怎么办呢？在一种都想着卸责的体制下，这是一个无解的伦理困境。

不要动辄说“中国人如何如何”

“泰国之旅就要完美结束，回国的飞机却因为两拨武汉游客打架而延误。”2014 年 2 月有网友微博上向媒体报料，称在泰国普吉岛国际机场，两拨游客因为在即将起飞的飞机上发生争执，并上演“全武行”，直至当地警方赶到，争斗才平息。记者核实，这起争斗由一个小误会引发，泰国警方登机带走数人，目前双方已和解。很多在场的中国乘客觉得这种互殴很丢人，作为同胞觉得自己的脸被扇了重重的耳光。

记忆中这种事情不只一次了，这样的斗殴确实丢人，每次坐地铁都能看到这种丑陋的场景。而且这还不是一般的丢人，在国际航班上丢人，丢人丢到全世界了。斗殴应受谴责，不过我也反感一种舆论倾向，就是动不动将这种个别丑陋现象贴上国家的标签，动不动就说“中国人如何如何”，把丑陋的污名贴到全体中国人身上。打架斗殴很丢人，不过谁打架谁丢人，不要绑架上国家形象。更不要先入为主地带着“中国人如何如何”的标签化偏见，去看待这种坏事。

有些人喜欢以这种标签化思维看问题，甚至毫不相关的符号，也立刻能触动这些人思维偏见中“中国人如何如何”的按钮，由个体上升到全体，仿佛中国人就更爱打架斗殴，中国人更喜爱乱扔垃圾，中国人更爱闯红灯。比如 2013 年一件事就引发过讨论，一位 80 多岁的华裔老人闯红灯，遭到美国警察的暴打——“华裔”这个符号就立刻触发了标签化的按钮，这新闻立刻引爆了中国网络，让一些网友习惯性联想到“中国式过马路”，并批评这老人丢了中国人的脸。其实，华裔老人的习惯怎么能上升到“中国人如何如何”？当地记者也说，闯红灯与是哪国人没什么关系，当地市民闯红灯现象一向严重。

张口闭口“中国人如何如何”，已经变成一种自贬、自污、自我矮化的思维习惯。

这种自我贬损，如果真的是指向“自我”，从而去反思自己身上的毛病，也并非不可，多点儿自省总是好的。可很多国人在说“中国人如何如何”时，并没有把自己包含在内，而只是一种批评别人的矛头。也就是说，是把自己撇除在外的，自己是“例外的中国人”，丑陋的是“另一撮”中国人。他们并不是反省自身的劣根性，而是借“中国人如何如何”来秀自己的首先优越感。一句“中国人如何如何”，立刻让自己变得高贵冷艳起来。我们的传统文化中，虽然有那么多的道德高调，我们的公共宣传中，虽然有那么多的道德口号，可为什么并没有带来一个高尚的社会呢？正在于很多人是把道德当成一种对别人的要求，而没有将自己包含在内。

正因为“中国人如何如何”能让一个人感受到优越感，所以有人特爱用这种句式，在贬低这个集体符号中抬高自己的道德形象。

这种自我贬损和矮化还有另外一个重要的原因，就是思维上的偷懒，缺乏深入思考的能力，人云亦云，拿一个方便的标签张口就来，而不考虑事实是否如此。比如有报道说，北京地铁使用德国制造的检票机，生产该刷卡系统的一位公司经理说，工程师每年都要从德国飞来内地好几次，处理各种技术故障，尤其是系统失灵。他说：“我们的技术专家都很疑惑，为什么相同的机器在欧洲多年来运转良好，却在中国内地总是出问题。”最后的结论是，在欧洲，乘客之间总保持一定距离，只有在前一位乘客通过检票机后，后一位乘客才会把票投入机器。但在中国内地，着急的乘客彼此紧贴，通常在前一位乘客还未通过闸门时，后一位乘客就已经把票投入了机器，所以机器就特别容易坏。

有人立刻顺理成章得出一个结论：中国人缺乏地铁文明，还没有学会等待。这个思维就非常偷懒，而没有考虑到中国人太多这个现实，人贴人是无法避免的。为什么立刻去指责中国人缺乏等待通行的耐心，却没有想到生产一种更符合中国国情的刷卡系统呢？想不到，就是因为偏见和偷懒。

警惕缺胳膊少腿的“残疾新闻”

近来又是假新闻的高发季。有媒体称朱自清的散文名篇《背影》被撤出了教材，因为文中的父亲违反了当代交通规则——源于某媒体的这条荒唐新闻，迅速被不少主流媒体的官方微博转发，并引发激烈吐槽。可有人很快澄清，好几个版本的八年级语文上册教材，均选有《背影》一文，此新闻是不折不扣的假新闻。其实“因父亲违反交通规则《背影》被逐出语文教材”的假新闻已经传过好几波了，隔段时间这条假新闻就被以讹传讹翻出来再传播和消费一次。

人们热衷于传播假新闻，澄清时却少人问津，转发寥寥。转发这条假新闻的官方微博成千上万，可事实澄清后，少有官方微博去转发澄清，更谈不上为传播假新闻道歉了。

另一条假新闻是《钱江晚报》报道的，关于英语退出高考。这家媒体采访了北师大教授顾明远教授，发布了一条爆炸性新闻：昨天，中国教育学会会长顾明远在杭州参加杭州师范大学主办的一个年会，会上他对记者确认，2017年，语文、数学在新高考里分量加重，这是两门必考科目。而英语不再参加统一高考。这被解读为“2017 年英语将退出高考”。如此重大的新闻，自然引爆了网络。

假如不是急于去被“英语退出高考”这种爆点所吸引，而是细看一下新闻要素，就会觉察到这新闻的不靠谱。第一，顾明远教授早不是“中国教育学会会长”了。更重要的是，“英语在高考中存废”这么大的事儿，应该由教育部通过官方渠道发布，岂能让一个会长在一个不正经的教育年会上以“接受地方报纸记者采访”的方式发布？而且，即使顾明远教授真这么说了，记者也应该给教育部打个电话，从教育部这个权威信源处了解一下情况。可如此事关重大高考改革的消息，却只有一个不规范的信息源。

果然，当天下午教育部新闻发言人受访时就否认了这一传言，称相关部门尚在调研。而顾明远教授接受采访时也称自己的意思被“误读”了，公众都被这条假新闻误导了。

还有另一条引发广泛关注的新闻，虽然无法直接判断其为假新闻，但起码可以称之为缺胳膊少腿的“残疾新闻”，只具备一些新闻元素，却缺乏可核实、可证伪的新闻要素。就是国家能源局煤炭司副司长被带走，某媒体曝其家中发现上亿现金，接下来的新闻描述很引人眼球，称：执法人员从北京一家银行的分行调去16台点钞机清点，当场烧坏了4台。

贪官如此之多，受贿如此之巨大，如果只说家中发现上亿现金，公众根本没感觉，缺少新闻点。可说“点钞机当场烧坏4台”，就有了让媒体和公众亢奋的兴奋点。人们都盯着这个“烧坏4台点钞机”，惊叹贪官贪钱之多。这个新闻点确实诱人，可是，信息源来自哪里呢？媒体只是笼统地说“据多方证实”，这个“多方”是谁呢？贪官落马后的新闻，故事都是活色生香夺人眼球，但信息源多是如此的模糊。

所以产生这种怀疑，源于贪官新闻中常见到“烧坏点钞机”的桥段。比如2007年7月《南方都市报》报道，深圳盐田一贪官贪污巨款4000万元，为清点赃款，有关部门用坏了两台点钞机。2004年7月《西安日报》报道，深圳民政局原局长受贿过千万被判死刑，银行带来的5部点钞机工作了5个多小时才把钱点清楚。可能因现金过多，连续工作时间过长，1部点钞机在工作中损坏停止运作。在报道贪官刘志军的弟弟刘志祥的腐败时，媒体用的描述也是“到银行借来8个点钞员，6台点钞机，点了整整1天，点坏1台点钞机”。类似的描述太多了，却没有一篇报道有清晰和权威的信息源。都拿点钞机说事儿，又没有权威信源，没法儿不让人怀疑那是想象和夸大了。

这些新闻都只有新闻元素，而缺乏可证实或可证伪的“新闻要素”。贪官没法回击，所以对贪官可以随意编排。而公众又需要消费贪官，于是有了贪官落马后的新闻狂欢，虽然这些新闻都是“残疾”的。

看到“某某潮”后别跟着一起瞎高潮

房地产市场似乎向下行的方向发展，有报道称，不少地方都发生了业主因个人按揭贷款逾期未还而被银行起诉的案例。这些案件中，业主大多声称“无力还款”，这种现象被称为“弃房断供”。当房价下跌，总现价低于贷款本息时，房主宁愿不要房子也会放弃继续交按揭。因为房市下行压力很大，有专家说，楼市已经出现了“弃房断供潮”。

我向来对来自房地产市场的消息保持警惕，因为这个领域已经成为假新闻的滋生地和集散地。这个混乱的舆论场每天都会生产出无数的假新闻，这个专家说，那个媒体报道，相互矛盾，没一个靠谱的。房地产市场就是一个巨大的利益场，新闻也成为利益的一部分，每条新闻背后可能都有某个利益集团的无形之手在操纵，不明真相者根本不知道某条新闻背后的推手是谁，代表着何种利益。

真的出现“弃房断供潮”了吗？由于职业敏感，我也对那些上升到“潮”层面的新闻保持一种警惕。人们都知道，狗咬人不是新闻，人咬狗才是新闻。而另一个更经常的新闻操作手法是：当个案不是新闻时，只有上升到“潮”的层次，变成普遍现象，才会成为新闻。说一个地方出现了“弃房断供”的案件，难以做成新闻，可要说很多地方出现了“弃房断供潮”，就是大新闻了。

可现实真是如此吗？纯粹是渲染起哄编造新闻，据中央台记者调查，根本没有出现所谓“弃房潮”，并没有成为全国普遍现象，只是个别地方的个案；不只是当下环境下才出现的问题，其他时间也会出现这样的案件，都有业主还不起房贷了断供后受到银行的起诉。

对“某某潮”之类的新闻一定要审慎判断。前段时间有媒体称，多城暗中研究放松限购，下半年或现取消限购潮。用“潮”字制造舆论的新闻在房地产报道中特别多，什么“房地产业出现倒闭潮”“各地政府将出现救市潮”“房地产市场将出现降价潮”“房地产企业将出现退市潮”“房地产业出现兼并潮”，还有“调控潮”“转行潮”“抢购潮”“促销潮”“海外投资潮”“出货潮”“资金撤离潮”“抢贷潮”“抢地潮”“破产潮”“流拍潮”，等等，“潮”来“潮”去，消费者就眼前整天晃荡着各种“潮”，很多时候也被这些“潮”忽悠着做出各种非理性行为。跟这个“潮”追那个“潮”，被那些大忽悠牵着鼻子走。房地产市场的非理性泡沫，从这些炒作出来的各种“潮”就可以看出来。

这种信息的混乱和新闻的失范不仅存在于房市，而是舆论场的普遍生态，动辄用“某某潮”去编造新闻，当成新闻的佐料。对记者来说，个案不是新闻，成为“潮”了才叫新闻，太简单了，那就在现象后面加一个“潮”字呗。无论合不合事实，反正叫“某某潮”也没一个标准，也没规定说达到多少数量才能叫“潮”，于是“某某潮”在舆论场上泛滥成灾。出现几个弃房断供案件，就敢说出现“弃房潮”；几个年轻人弃学创业了，就敢在大标题中写上“出现弃学创业潮”；个别公务员辞职了，就说公务员已出现“离职潮”；还有什么“提前退休潮”“下海潮”，反正吹牛不用上税，标上“潮”字也没人打假，舆论场上便充斥着这类耸人听闻、蛊惑人心的新闻。

这实际上就是假新闻。把个案说成普遍，虚构出并不存在的事实，不是假新闻又是什么？编造事实，在市场中传递恐慌，误导公众作出错误的判断。以后看到舆论场中各种吸引眼球的“潮”字，别跟着高潮了，须理性地判断是个案还是普遍现象。

清理报刊亭中“悲情想象”的诱惑

网上看新闻，当你看到这样的新闻标题时，一定会立刻义愤填膺，充满强烈的愤慨。什么“北京强拆报刊亭引热议，国外报刊亭能从小店变城市地标”，什么“北京报刊亭被强拆，老板失业原地摆地摊”，什么“报刊亭深夜遭遇强拆，谁是强盗?”，什么“北京72座报刊亭遭强拆，部分摊主称未经协商”。标题中一个“强拆”的标签，加上对“城市欺凌商贩”的习惯性想象，就足以左右公众的情绪，把公众拉进一个充满对抗、悲情、欺凌、暴力的语境中。

这些标题也立刻让公众脑子里涌现出这样一副熟悉的场景：弱小的卖报者在拥有强大暴力机器的城管面前毫无抵抗之力，根本无力守护自己遮风避雨的报摊和养家糊口的饭碗，眼睁睁地看着报刊亭被强拆。一想到很多城市都干过这样的事，为了市容而拆掉报刊亭，为了表面形象而丝毫不顾报刊亭对城市的文化意味，不顾底层谋生的艰辛，就更让人无比愤怒了。这种情绪基调下，首善之都“拆报刊亭”的事件成为公共事件。

看到这些搅动情绪的标题，其实首先应该克制一下本能的愤怒，认真看一下背景材料，看看到底发生了什么，是不是真的强拆了？为什么要拆报刊亭？拆得有理由吗？多仔细看一下新闻和相关背景，多问几个“为什么”，可能就不至于如此义愤填膺了。

细看新闻，我是能够理解北京朝阳区此次清理报刊亭之初衷的，现实生活中我也挺反感一些报刊亭违规和占道经营行为。新媒体冲击下，很多人读书读报的习惯变了，买报纸的人比以前少了，报刊亭的生意越来越难做。前段时间媒体就报道过，已经自然关掉死掉了一批报刊亭。有些报刊亭主不想关，靠卖报又无法支撑，只好超出经营范围卖其他东西，卖彩票、卖饮料、卖早餐、卖电话卡、卖烤串、卖水果，等等。报刊亭原本就很小，无法容纳这么多东西，一些摊主就把小摊往外扩张，自然就挤占了本就不宽的人行道，甚至盲道和市政管线。相关部门经常接到市民的投诉，对报亭占道和市民投诉没法不管吧？

不仅是占道，还涉及公共安全，因为一些报亭超规经营卖冷饮和烤肠，会私接电线，甚至把煤气罐搬到报亭中，存在巨大的安全隐患。这些问题，不是清谈的评论家一句“不能为了市容就拆人报亭”可以概括的，管理者面对的问题，比高谈阔论却又对问题不必负责任的旁观者复杂多了。

综合官方和媒体报道来看，其实朝阳区并没有强拆报刊亭，甚至不是拆除，而是“移改”，使用吊车进行整体吊装，并进行安置。当然，这个过程中各方各说各话，说法不尽相同，城管在执法中可能有伤害报刊亭主情绪的行为，需要加强沟通消除误解。对这些底层弱者，政府执法行为应尽可能的人性化，穷尽努力减少他们的损失。前几天在一家医院旁目睹过城市对报亭的执法，数十黑衣保安围着一个女摊主让其关门停卖报纸，场面确实让人不安。

如此读了详尽的新闻，掌握了完整的事实，就不会那么愤怒了。这类事件，很容易产生悲情的舆论效应，用悲情的想象遮蔽本身的是非。政府与卖报者，城管与商贩，警察与路人，医院医生与死在病床上的孕妇，这些标签的对应很容易激起公众的情结，有一种巨大的“悲情想象”的诱惑，诱惑着围观者往简单的阶层对抗上去想象。很多人之所以无法抵制这种悲情的想象，有很多原因：其一，方便了思维上的偷懒，不必关注复杂的事实，无须分析和观察，只要顺着标签想象出一个悲情的受害故事就可以了。同情生活艰难的卖报者，批评作恶的政府部门，这是多方便用的逻辑。其二，这样的悲情想象，很容易满足一种正义的幻觉。站在底层一边去批评强大的政府部门，浑身会迸发出一种怒不可遏的正义感。正如有人形象地描述：这种迷人的愤怒是很容易上瘾的，很方便站在一个道德高地上，是实现正义存在感的一种捷径。这边义正词严地敲三个字，那边镜子里一个悲情英雄的形象就已冉冉升起。

抵制这种“悲情想象”的正义诱惑，需要对事实的尊重和对理性的坚守。

媒体须节制在打拐中的激情

以新兴的微博为发源地和平台，由知名教授发起的“随手拍照解救乞讨儿童”倡议，正成为一个全国性的公民行动和政府行动，该行动的发起人、一向热心于公益行动的于建嵘教授因此再成舆论关注的焦点。媒体很热情，又是扎堆报道，又是参与行动，不过，作为发起者的于教授倒是冷静下来，发了一条微博：

“谢谢媒体对@随手拍照解救乞讨儿童的关注，但我希望媒体特别是平面媒体降降温。这是一件长久的事业，需要理智而有序地推进。我们近期将进行数据库建设和解救规程的制订及志愿者队伍的培训，以更好地保护孩子；并争取就乞讨儿童的解救和教护等问题在今年两会上提出议案和提案，促进国家的制度建设。”

呼吁媒体降降温，理智而有序地推行打拐，致力于促进国家的制度建设，这份对媒体的热情保持警惕的理性，很值得赞赏——尤其是这种媒体热情对个人很有利，有利于宣扬个人的功利，有利于提升个人的被关注度时，这种对围观保持冷静、对热情保持警惕、力促媒体降温的理性尤为可贵。这样的理性，使这一次打拐公民行动与喧哗的舆论中常见的、吸引眼球的炒作保持了很远的距离，而充满了公共色彩和公民美德。

打拐离不开媒体和公民的力量，但媒体须认识到自身在这种行动中的有限理性，节制自己的激情，控制自身的功利追求，警惕媒体在类似行动中常有的浮躁病，将孩子们的利益置于一切之上，使打拐成为一个持续的、制度化的行动，而不是此起彼伏的热点追逐中一个昙花一现的新闻热点，热情像潮水一样地来，又像潮水一样地去。

媒体须节制以下几种激情。

首先是要节制那种将打拐置于一切之上的正义感，而警惕打拐可能产生的伤害，比如对儿童肖像权的侵犯，对正常行乞者的伤害，等等。媒体和舆论在这方面很容易从一种极端走向另一种极端，限于某种一刀切思维。被拐儿童悲惨的遭遇，让人触目惊心的面孔，很容易激起舆论对拐卖儿童和强制乞讨的深恶痛绝——这种痛恨的情感，很容易支配着人们走向一种情绪极端，即认为只要有利于打拐就是正义的。其实不然，打拐之外，还有其他的价值需要尊重。有的儿童并非被拐乞讨的，而真是家庭贫困所迫，他们的乞讨权须受到尊重。

然后是认识到媒体在打拐行动中能力的有限，打拐这种需要借助强制力的行动，主要还须依赖政府力量，媒体仅是辅助性和监督性的。公民行动是公民行动，政府行动是政府行动，因为公权部门掌握着强制资源并垄断着执法权力，打拐又必须依赖这种强制的权力，所以，媒体和公民再热情，这种热情也只能止于提供线索和敦促政府。媒体在新闻英雄主义的冲动下冲在一线直接去救被拐儿童，可能会成功，但至多只是不可复制的个案，其中隐藏着不小的风险和侵权。

再就是要意识到媒体的浮躁性，要从对新闻个案的关注转移到对制度建设的关注上。不错，这场公民运动很大程度上确实是媒体促动的，微博上发起，纸媒随后跟进，使其成为一场声势浩大的公共事件和媒介事件，使打拐成为一个举国关注和官方重视的行动。也就是说，这场媒体促发的行动，对媒体有着很大的依赖，媒体的关注一旦随着时事节奏的变化而转移到其他热点后，打拐很快就会淡出舆论视野，除了几个个案上的成功外，实质问题并未得到解决。

为避免这种“媒治病”，媒体有必要弱化自身在这起事件中的角色，使打拐减少对媒体的依赖，不只关注那些个案，而是致力于寻求那些能复制到每个个案上的制度建设，比如呼吁人大的立法，敦促政府形成一种常态的打拐机制，使公民社会在打拐上形成一种规范化的合作。媒体弱化自身的影响，在舆论上对个案进行降温，是为了给制度建设留下理性的空间。

Part 6 第六辑

杂七杂八和胡言乱语

胡舒立在接受颁奖时称，在中国做记者是幸运的，因为新闻素材取之不尽。胡舒立这种积极和乐观的态度，值得同行学习，做新闻的人需要这种乐观的韧性。提起在中国做新闻，很多媒体人讲述的都是消极、悲观、无力、无奈和不幸感。掌握一定话语权的记者都悲观无力，其他人又该怎么办呢？这是一份需要积极乐观的职业。

应该允许新闻发言人说错话

前段时间参加一个新闻发言人的聚会，在评价这几年中国新闻发言人制度在进步的同时，一个过去常因发言而成为“新闻当事人”的新闻发言人抱怨说：这个位置真是个高危岗位，现在自己是以随时准备“牺牲”的心态坐在这个位置上的。他说完这话，很多人都鼓掌表示认同。另一个做得很成功的发言人也表达焦虑：虽然现在自己还没被顶上过舆论的风口浪尖，那主要是因为领导很支持，他担心现在重视媒体沟通和懂新闻发言的领导一离任，换了新领导，自己的工作就难做了。

熟悉网络舆论和舆情发酵的人都知道，几位新闻发言人所言的“发言人是高危职业”“随时准备成为舆论牺牲品”绝不是职业撒娇，看看新闻发言人经常“因言获灾”，突发事件后经常被架到火上烤，经常因为一两句话被舆论穷追猛打，就知道他们所言不虚。

经过当年“非典”事件的倒逼，加上后来几起大事件的洗礼，中国的新闻发言制度在这几年得到了不小的推进。起码多数政府部门都有了新闻发言人，建立了新闻发言制度，一事当前先向媒体公开信息已经成了常态习惯。但不得不说，新闻发言人的生存状态并不好，生存在体制和舆论的夹缝中，受到了来自官方和民间的双重夹击：媒体和民众对新闻发言人有太高的期待，期待他们能给出一个满足公众知情渴求的答案。而官方对他们的授权又相当有限，领导只是希望他们扮演一个面对汹涌舆情的挡箭牌和官方声音的“传声筒”。这种角色期待的冲突，使他们很多时候两面不讨好，想用尽可能的人性化发言让公众满意，可当引发争议时，官方又怪他们添麻烦了，成为“麻烦的制造者”。尴尬的夹击下，两边不是人的发言人承受着巨大压力，一旦在某个公共事件上舆论的愤怒到了某种临界点，发言人就会成为平息舆论的替罪羊。

一个发言人抱怨过，他真的是两边不讨好——跟媒体说了实话，领导会怪罪说“你到底屁股坐在哪边，怎么能跟媒体说实话，怎么能跟媒体不设防”。因为跟媒体说了实话，被媒体报道后又被舆论围攻，当成了“雷人雷语”——可事实就是如此，他说的是实话，即使“雷人”，也是事实雷人，而不是他说的这话是雷人雷话。新闻发言人应该是打通官方和民间两个舆论场的“使者”，倾听民众知情需求，回应民众关切，把生硬的官方宣传语言转化成民众听得懂的人话。官方和舆论都应该善待和善用这个使者，多宽容这个尴尬的群体，尤其应该有一种“容错”的机制，就是允许他们有时可以说错话，不能因为说错一两句话，或一两句话可能有问题，就否定这个人。

为了激励官员的改革创新机制，让官员放手大胆地去试去闯，不少地方都出台了改革容错机制，比如重庆就出台了《重庆市促进开放条例》宽容官员在创新上的犯错：开放工作效果不好，或者造成损失，只要程序符合规定，未谋私利，可以减轻或免除有关人员的责任。深圳也有类似的容错条款。

我觉得，最应该享受到“容错”条款的，应该是新闻发言人岗位。因为这个位置处于舆论的风口浪尖，开新闻发布会，面对那么多记者和公众，网上舆情又在不断发酵，发言人有时难免紧张，现场直播中，说错一两句话很正常。而且，在中国的信息发布体制下，很多地方新闻发言人并不是掌握最多信息的人，一些政府部门甚至会在内部“防”着新闻发言人，担心发言人知道了某个信息会向公众公开，重要会议也不让发言人参加。既不掌握关键信息，又要在发布会应对各种突发状况和刁钻问题，挑战和风险可想而知，所以有时发言人说错话在所难免。舆论不必盯着一两句话去群殴发言人，政府内部也要保护新闻发言人，给发言人营造一个宽松的环境，不能用惩罚发言人的方式去“平息”舆论不满。

我的一个感觉是，某个地方一把手曾被舆论“修理”过，经历过某个负面舆情，他肯定会非常重视媒体沟通，非常重视和体贴新闻发言的不易——没被负面修理过的领导，常常觉得新闻发言人是“添乱”的，这个地方的发言人的生存环境就会比较恶劣。有关部门正在推进让地方和部门一把手走上新闻发布的前台，定期直接面对媒体和公众，是骡子是马拉出来走走。我想，这既能提升官员的媒介素养，也能产生共情效果，让他们在“亲自”发言中体会到新闻发言人的不易，也会对发言人有起码的容错心理准备了。

舆论硝烟中党报党刊的反逆袭

大改革、大博弈、大争鸣的时代，每天的舆论场上都充满了喋喋不休的争论。回望 2014 年，新闻日历中供人讨论的话题其实与往年并无不同，还是对雾霾笼罩的无奈调侃，对落马贪官的穷追猛打，对明星出丑的全民娱乐，对股市房市的无数叹息，对雷人雷语的愤怒声讨——话题没变，但主导舆论场和设置议题的主角已经在悄然发生变化。在前一轮新闻改革中远远被市场化媒体甩在后面、严重被边缘化的党报党刊，在这一年找到了证明自身存在感的方式，成功地对逆袭了其主流地位的市场媒体进行了一次颠覆式的反逆袭，主导了这一年的舆论场。

看看每天主流新闻网站的热点新闻，就知道党报党刊党网在公共话题上是多么活跃。能敏锐捕捉新闻点的商业网站，都在首页用这样的标题吸引着读者的眼球：党报发文称中国社会利益分层化日益突出，党报发文称周永康所作所为与党史上顾顺章等叛徒无异，军报发文再批徐才厚，对形式主义必须露头就打，党刊发文称宪政属于资本主义。够了，不再引述了，看看澎湃新闻的新闻标题、“媒体札记”重点关注和新媒体排行榜上的热点文章，就知道党报党刊在这一年的舆论场中是多么的活跃。而从南到北曾经主导着舆论场热点话题的市场化媒体，俨然已经缺席于各种热点排行榜，悄然被边缘化。

在微博微信新闻客户端这些新媒体平台上，传统党报党刊尤其是“媒体的国家队”占据着绝对优势。虽然某些党媒的头版还像往日一样缺少真正的新闻，但新媒体上却完全是另外一副面孔，从语态到取向都更贴近年轻人，以极高的粉丝数和阅读量将市场媒体远远甩在背后。在传统介质中被边缘化的党报党刊，在新媒体上重新找到了主流的位置感，新媒体的国家队矩阵很是引人注目。

这种主流的位置感尤其体现在对议题的设置上，党报党刊绝对垄断着主流话题的设置与阐释权。贪官落马的披露和评论是2014年最大的热点，对周永康和徐才厚，从第一时间的信息披露到随后的盖棺论定，党报党刊党网都占尽优势。敏感话题和事件的讨论也贯穿着这一年的始终，从对宪法与宪政关系的阐释分析，到“阶级斗争”“人民民主专政”引发的舆论争议，再到对“颜色革命”“自干五”“网络草根作家”的激烈讨论，议题都是由党报党刊党网设置，其他媒体自始至终缺席并沉默着。

在很多热点事件、突发事件和重大时政的报道中，昔日出尽风头的市场化媒体也黯然失色，APEC会议的新闻和领导人出访的报道，很多独家新闻都来自党报党刊的新媒体平台。

党报党刊党网的反逆袭，深刻地改变着当前的媒体格局和舆论生态，也改变着改革的舆论环境。在经历过前些年众声喧哗和野蛮生长的舆论狂欢之后，被边缘化的党报党刊重回主流，以报复性反弹的力量重新“占领”舆论阵地，传播着“正能量”，在舆论斗争中扮演着越来越重要的角色。过去，党报党刊党网昔日的缺席，使舆论场处于严重失衡状态，众声喧哗中官方声音完全被边缘化和非主流化。而今天党报党刊强势的反逆袭，深深改变着媒介环境和媒体格局，有人担心舆论场已经形成另一种话语垄断和失衡。

虽然党报党刊党网在这场舆论权力的转移中获得了巨大的话语权，但接下来面临着更艰巨的任务，即“打通两个舆论场”的任务，当下两个舆论场仍然是各说各话。在喧嚣的舆论场中，官方媒体掌握着话语权，但民间和网络似乎并不买账，官媒并没有将话语优势成功地转化为权威性和公信力，没有真正改变宣传劣势和形成有效交流，在交流中弥合分裂和寻求“最大公约数”。尤其在网络舆论场中，甚至形成了情绪化的对立：官方越强调越支持的，网友越反对、官方越反对的网友越支持。在一些敏感话题和公共事件上，官媒越强势，网络表现出的反弹力也越强。看来，党报党刊党网最需要做的不仅是依靠权力去“占领”舆论阵地，更重要的是能在改变僵化语态和尊重新闻规律中去赢得公信力。

做官其实真的越来越容易了

八项规定和高压反腐让一些官员没法儿像以前那么“任性”了，不能随意吃喝，不敢乱收礼物了，官场上似乎有一种“官不聊生”的抱怨声，称上上下下对官员如此苛刻，这官实在越来越难当了。“为官不易论”之下，有人表现出消极不作为，以“不做事”表达软抵制；有人撒娇要辞职，下海找更赚钱的工作；有人说“从严”要循序渐进，突然的严厉会让干部很不适应。

这些“做官越来越难”的抱怨多是传闻，在一定程度上可以理解，因为过去可能太容易了，官员需要逐渐适应这种“从严治官”。——不过从我近来与一些官员的交流来看，官员们很少有抱怨“官不聊生”的，倒是有不少人坦言“做官其实越来越容易了”。我相信他们真是这么想的，不是为了表现“政治正确”而在媒体人面前说违心的假话。

当官之所以越来越容易了，是因为“从严治官”挤压着昔日官场潜规则生存空间，让法律和规矩这些明规则取代潜规则，官员不必再费心琢磨和经营那些潜规则，不用再研究厚黑学、关系学、上下级学、送礼学、办公室政治之类的“为官之道”，按法律和规矩办事，让当官变得容易多了。

听一个官员说，以前每逢年过节，就为送礼的事发愁。别人给他送礼，他不发愁，愁的是给领导送礼。送礼往往是自下而上的，收了下面的礼，就得想着给自己的领导送礼。其实很不想送，但已经形成官场风气，大家都送，如果自己不送，就会显得格格不入。据说送礼的太多，一些领导记不住谁送了礼、送的什么礼，但一定能记住谁没有送礼、谁送的太少。整天琢磨领导的喜好，研究送礼学问，既是金钱负担又是心理负担。现在的八项规定严管送礼，不敢收不敢送了，不必纠结于“别人送了我如果不送会如何如何”，大家都很轻松了。

收礼也是如此，不收礼的不会再有被排斥的心理压力。据说官场存在着这样的逆淘汰，就是一种强大的潜规则和腐败文化逼着你非去收礼和受贿。如果你身边的官员都收礼，你不收，就会被别人当成官场异类，被看成“某天随时可能告发别人”的不安全、不稳定因素。这种不与潜规则合作的“官场另类”很容易受到排挤，一个人不收礼，其他人就不太敢收，就会觉得这个不收礼的人影响了大家的利益，结果就是大家联手找个理由把这个“不合群”的异类赶走。这就是官场的逆淘汰，好官反而被潜规则所淘汰。

听过好几个朋友说过类似的事，参加完一个活动，企业把一堆礼物放在他后备箱，司机热情地帮着拿东西。他本来想立刻拒绝这些礼物，但看到其他几个同事都心安理得地收了这些礼物，而且司机们也都拿了一份——如果自己立刻拒绝了，其他人会非常尴尬难堪，肯定都不得不也拒绝礼物，必然非常恨自己，司机也会恨自己。他只能暂时收下这些礼物，然后另找机会把这些东西还给了企业。

现在高压反腐下，大家都不敢送礼收礼了，官员不必再有“逆淘汰”“不合群被排斥”“不腐败被打压”的压力，脱离了腐败文化的干扰和染黑。一些官员落马后在忏悔中也说，开始收礼只是“别人都收他也不得不收”——这种忏悔并不都是卸责和狡辩，那种逼着你同流合污的潜规则压力不是一句“我就不收能把我怎么样”的道德坚守可以顶住的。

当很多人都在忙前忙后跑官要官的时候，不跑官而安心做事的官员，很难真正安心做事；当很多人都把送礼当成为官必修技能时，那些不习惯送礼者会在心理上产生被排斥感；当我们的身边关系学、厚黑学、晋升学之类庸俗学问大行其道的时候，当官确实不容易。得学会八面玲珑，学会说一套做一套，学会不露声色地拍领导马屁，学会察言观色洞察上级的每一个眼神，学会处理好办公室的人际关系，学会处理与几个上级的关系，学好接待文化、了解领导喜好、把领导侍候舒服。整天琢磨这些事儿，小心翼翼动辄得咎如履薄冰，能不累吗？常有人开玩笑说，并不是每个人都能当官——并不是好官难当，而是潜规则太多，一般人还真没能力摆平种种关系从而左右逢源。

八项规定和从严治官正最大限度压缩着潜规则的生存空间，改变着过去的官场文化，“官越来越好当”说的就是这个意思，按规矩办事，把复杂的官场文化简单化了。

落马贪官为何成最弱的弱势群体

没有什么比“在任官员”与“落马贪官”之间的距离更远，差距更大，一个在天堂，一个在地狱。官员落马前，应该是这个社会最强势的群体，可一旦落马，会立刻成为社会中最卑微的弱势群体。“小姐”还有人同情，乞丐还有人怜悯，城管还有人替其辩护，吸毒明星仍有人崇拜，嫖娼名人风头过后还是名人，可贪官一旦落马，就什么都不是了。从官场到舆论，从同事到公众，都会把其批得一无是处，昔日点滴细节和言论都成了被奚落和反讽的罪证，没有任何人替其辩护，只有一边倒的狠批，没有成绩只有罪恶，没有优点只有污点。

这是一种“舆论报应”，在任时容不下任何批评，容不得半点曝光，媒体上满眼都是听着顺耳的赞美歌颂，展现的都是伟光正形象，谁批评就对谁跨省追捕，所有的批评都被遏制和压抑——一旦落马，所有被压抑的批评能量一夜之间井喷性、报复性地全部爆发出来，成为“国妖”“国贼”“叛徒”，使最强势的强势群体迅速成为最弱的弱势群体，满大街、全网、满网都是其如何通奸、如何霸道、如何奸诈贪婪、如何贪财好色的细节描述，组织切割、家人沉默、舆论穷追、媒体狠挖，即使是完全子虚乌有的小道消息，也没人替其辩护，自己也失去了辩护权。

可以理解舆论的这种报复情绪，也无意为自食其果的贪官辩护，只是想客观地说一句：落马贪官也并非一无是处，还是要实事求是、客观地看待其所言所作所为，贪污腐化是绝无可恕的，但不能因为贪污就抹杀了他所做的一切。

其一，不能因为他贪了就否定他也做过有益于百姓的事。一些贪官，往往是在做事的过程中经受不住诱惑而下水。不可否认，他们中有些人并非天生就是贪官，当官并非只想捞一笔，开始确实是想为老百姓做点儿事，有从政理想，雄心勃勃想有所作为，想用手中的权力大干一场，让自己主政的这座城市改头换面。可是，不受监督的权力太危险了，带来的诱惑太大了。“当官不为民做主，不如回家卖红薯”的朴素理想太脆弱太无力了，如果缺乏制度的约束，权力在金钱和美色面不堪一击，很容易就被腐蚀了。

他们都曾经是好人、能人——甚至可以这样说，贪官并不是道德上的坏人，只是没有履行自己的职业承诺，堕入了违法犯罪的深渊，成为罪人。不少地方都出现了“能人腐败”，他们确实很有能力，做了很多事，凭自己的能力走上现在的高位。可是，越有能力，上马的工程项目越多，每天接触的人和钱越多，手中支配的资源越丰富，面临的诱惑也就越大了。这些贪官，他们做过的那些有益民生的事，应该获得客观的评价，他们的落马教训，应该成为更多人的警示。

之所以要强调这一点，是因为我注意到一种现象，就是一个贪官落马后，他所做过的事往往被全面否定，上马的工程和项目停工了，推行的政策和措施中断了，主政城市的理念被下一任推翻了。对待贪官还是需要一分为二，贪归贪，事归事，贪官一落马，全面被否定，政策和工程缺乏连续性，对城市和老百姓都是另一种折腾，甚至会损害政府公信力。贪官落马，这位贪官当初对商人的承诺都不兑现了，推行的工程都成了讳莫如深的“敏感词”，以后商人和百姓跟领导打交道时会怎么看？到底领导说过的算不算话呢？

其二，不能因为贪官落马了，而否定他说过的话的正确性。贪官落马后，他说过的很多话也被媒体扒出来“打脸”，成为群嘲群讽的笑柄。这是一种警示，不能看其说什么，关键是看其做什么——可是，在既有的监督体制下，公众只能看到听到官员说什么，而看不到他们做什么。这使很多官员都有着说一套、做一套的双重人格，成为人前人后两面派。贪官落马，那些廉政宣言证明了其虚伪，但不能否认那些话本应该成为其从政格言。廉政宣言都是正确的，该反省的是寄望其道德自律的不靠谱，制度约束的缺席鼓励着双重人格。

其三，尊重贪官的正当权利。不能因为他们落马了，就用世界上最恶毒的语言去诅咒他们，用不明来源的传言谣言去污蔑诋毁他们，在道德上丑化他们，形象上妖魔化他们，“事迹”上编排他们。他们虽然在舆论场上缺席了，但也有名誉权，也有免受谣言攻击、免受谩骂抹黑的权利。

别惊讶于官员竟那么支持八项规定

近日与几个官员朋友一起吃饭，我开玩笑说，来点儿酒吧？几个人都不约而同地摆手，其中一个说：还是别喝酒了，好不容易解脱了。另一个说，幸亏有了八项规定，这两年少喝了几桶酒，像过去那种喝法，如今肯定已经喝残了。以前应酬没办法，好像不喝酒就没法儿工作，工作的一个内容就是喝酒，如今终于改过来了，大家心照不宣地可以不喝了。八项规定可以让我们多活好几年。

朋友私下聚会没必要说场面上那些冠冕堂皇、自欺欺人的假话，相信这几个官员朋友说的都是真心话。而且这种观点很有代表性，八项规定后，不仅公款吃喝大大减少了，更可喜的变化是，官员对吃喝的观念有了很大改变，过去的吃喝接待文化已经被一种新常态所代替。官员公款吃喝少了，不只是出于对纪委的怕，担心被纪委拍到，而是已经体验了吃喝减少的好处，从过去的完全“他律”到如今有了“自律”的成分，从“不敢吃”迈向“不想吃”。

千万不要惊讶于官员竟然那么支持八项规定，其实，他们也是招待文化的受害者。八项规定刚开始实行的时候，不让吃喝了，几菜几汤几人陪同管得那么严，要改变很多年来养成的招待惯性，不少官员是有不小的抵触情绪的。不过随着八项规定的持续执行，当官员养成一种新的习惯，并从新习惯中获益后，慢慢就从心底接受了这个规定。

听一个官员讲过他的惨痛喝酒经历，特别是年终的时候，经常一天晚上要赶好几个饭局，这个饭局打个招呼，喝几杯酒，迅速就赶往另一个饭局，常常不知道下一个饭局在哪里。《半月谈》杂志曾就“公务接待”话题对部分基层干部进行过采访，这些基层干部都抱怨说：来的都是客，一个都惹不起。广西一区直单位，一天之中接待了 7 个考查组，送走这些考查组后，办公室主任住进了医院。官员因接待宾客喝酒猝死的新闻屡见报端，不少喝坏了胃的官员都带着胃药上酒桌。天天有检查组来检查，如果招待不周很容易通不过检查。

大家都深受吃喝风之害，讨厌喝酒，可为何风气改不了，大家都乐此不疲呢？关键是已经变成了一种自上而下的风气，上面觉得到了下面就应该受到这样的接待，这样才有面子，才能体现官威和档次；下级觉得接待上级就得盛情和隆重，越上档次越能体现尊重；工作习惯了在酒桌上做，关系习惯了在吃喝中拉，感情习惯了通过饭局联络，不吃饭都不知道怎么去接待，已经形成了路径依赖。再加上花的又不是自己的钱，吃喝好像占了什么便宜，还可以拉近与上级的关系。

实际上很多基层干部都怕这种应酬，害怕白酒一整杯一整杯地往胃里灌，无异于透支健康慢性自杀。可没办法，已经成为一种官僚系统自身无法摆脱的恶习，多数痛恨却无法摆脱，深受其害但无力改变吃喝的大环境，个体反感和局部改变无法撼动整体的习气——相反，只会被整体的习气所同化。八项规定从外部以一种自上而下的强势力量打破了死循环，改变了这种习气。很多官员和公务员已经享受到了反腐败和反四风的红利，开始从内心适应这种为官新常态。

不仅是公款吃喝，还有送礼也是如此。多数官员，尤其是基层官员，也都是“严禁送礼严禁收礼”的受益者，大大地减少了送礼负担。禁止送礼，很多官员虽然过年过节不像过去那样能收到礼品了，但一大好处是，他们也不需要送礼了。在过去，给领导送礼是基层官员和公务员很大的一个负担，虽然过节也能收到一些礼，但需要向上送的礼更多。坊间的戏言是，过节那么多人送礼，领导可能不知道谁送了什么，可一定知道谁没送。收礼送礼也已经形成一个自下而上的死循环，基层官员实际深受其害。

提到官员和公务员，人们立刻会想到吃喝、特权、公车私用、各种隐性福利，其实这只是官僚阶层中少数人享有的，其他都是“受害的大多数”。八项规定并非剥夺官员和公务员的福利，恰恰是保护官员形象和利益，保护那被牵连的、受害的大多数，使其与负面标签切割，从而正当地涨薪，正当地做事，在民众面前挺起腰杆来正当做人做官。经历过刚开始的抵触和阵痛后，很多基层干部和公务员已经开始适应新常态。

奶粉问题倒不必上升到国耻层面

中国香港法官吴蕙芳2015年2月在审理一起走私奶粉案件时表示，自己国家出产的奶粉，自己国民都不敢吃，是一种“国耻”——“国耻”这个刺激性的字眼使这番话在中国社交媒体成为热门话题。一网友说：“除了奶粉，国内似乎还有好多好多不敢吃的食物吧，岂止是‘悲哀’两个字能概括的。”还有网友认为：“国和人民没有耻，有的是无奈。”不过部分网友也表达了不同意见，其中一位网友留言说：“私设门槛限制国民购买安全的奶粉，甚至定罪，更无耻。”

奶粉安全问题确实是一个让国人头疼的问题，不仅普通老百姓焦虑于不知道让孩子吃什么奶粉，高层也很焦虑。比如习近平总书记在2013年12月的中央农村工作会议上就谈到过这个问题。他说，食品安全社会关注度高，舆论燃点低，一旦出问题，很容易引起公众恐慌，甚至酿成群体性事件。再加上有的事件被舆论过度炒作，不仅重创一个产业，而且弄得老百姓吃啥都不放心。“三鹿奶粉”事件的负面影响至今还没有消除，老百姓还是谈国产奶粉色变，出国出境四处采购婴幼儿奶粉，弄得一些地方对中国人限购。“想到这些事，我心情就很沉重。”

可见，从“谈国产奶粉色变”到“奶粉被限购”，国人自上而下都把这事当成一件很丢脸的事。不过正如我反对一些人把吃不吃国产奶粉与“爱不爱国”联系起来一样，我也不赞同把奶粉问题上升到“国耻”这么重的层面。动辄就说一件事是“国耻”，更多只是宣泄一种情绪，放大一种焦虑，对问题的解决毫无帮助。

过去贫弱的中国落后挨打，被侵略，被欺负，被外人瞧不起，这确实是国家的耻辱、国人的耻辱。中国人正是在这种强烈的耻辱感下打走了侵略者建立了新中国。我们需要有耻辱感意识，但别动不动把什么都上升到“国耻”层面。“国耻”很重，但这词用多了就贬值了，暂住证是国耻，雾霾是国耻，强拆是国耻，腐败是国耻，将社会问题“泛国耻化”，“国耻”这个词所激发的耻辱感就很微弱了，最终成为一种夸大其词的牢骚。

把奶粉问题上升到“国耻”层面，听起来很过瘾，满足了某种愤怒情绪，其实经不起逻辑推敲。生产毒奶粉，是黑心商人的事；没有把奶粉安全这种事关生命的公共事务监管好，相关部门严重失职渎职，这是相关部门和相关官员的事；法律不足以威慑生产者，法律没有得到执行，那是立法者和执法者的事儿——跟那个抽象的“国家”有什么关系？把国耻挂嘴边，想象出一个宏大的概念去消费和鞭挞，听起来很有批判力，其实非常空洞，不过是把拳头狠狠地打到了棉花上，或对着一种自设的稻草人在发泄。说这个国产奶粉的耻辱、相关监管部门的耻辱，还站得住脚，就不要让无辜的国家、无辜的国民一起陪绑“品耻”了。

自己国家出产的奶粉，自己国民都不敢吃，听起来确实很难堪。这背后可能有很多原因，比如毒奶粉事件带来的后遗症，对洋奶粉的盲目崇拜，消费的非理性，等等，但最大的原因还是民众成为惊弓之鸟，在事关孩子健康的问题上只有对有丑闻污点的国产奶粉得最坏的想象。没能让国民放心安心地喝上国产奶，这不是国耻，而是国产奶粉生产企业的耻辱，是负有监管之责的政府部门的耻辱。冤有头，债有主，责任明确，指向具体的、可追究的罪恶，这种批评才有意义，否则只是传染愤怒的情绪发泄。

“国耻”这个词有点儿像“体制”，动不动就把某个问题推给抽象的体制，言必称“体制”如何，貌似深刻，其实也是思维偷懒的表现。体制不是个筐，啥问题都往里装，体制是由一个个人、一个个具体的政策组成，应该是哪里出了问题，哪个人出了问题，就把治理的手术刀治向那里，而不是对着一个无形的“体制”鞭打——自己感觉打得很过瘾，具体的问题却在“宏大的体制批判”下被忽略。“国耻”也一样，不要让激烈却空洞的“国耻”遮盖实实在在的“企业之耻”和“权力之耻”。

要让相关企业和部门真正有耻感，空洞的道德批判是没有用的，必须让其付出代价，造假者被追究，渎职者被问责，并且受到消费者选择的严重惩罚。法律和市场的双重严惩，才会让其知耻且有压力去洗刷耻辱。

经受住监督的吴晓茅带来的教训

近日有网络媒体刊发了“南京教育局长吴晓茅被举报低价购豪宅”新闻，引发舆论各种猜测。2015 年 2 月 13 日凌晨，南京市纪委官微“@ 钟山清风”进行了回应。回应称，纪委早前已接到举报，并组织力量进行了调查核实，去年 11 月下旬，市纪委曾将阶段性调查情况向举报人进行了通报，并继续对相关线索进行调查。经查，从“低价购房”到“权钱交易”，再到“购房与收入不符”，媒体披露的情况与事实不符，调查结果向举报人通报，举报人对调查结果表示认可。

都说老百姓已经成了“老不信”，无数官方通报什么，总会受到各种质疑——不过此次南京市纪委的这个通报倒赢得了很大信任，通报很及时，调查有理有据，甚至举报人都认可了调查结果，其他人也找不到质疑的理由了。

祝贺吴晓茅，经受住了这次网民、媒体和纪委的联合监督，网络举报的传言没有成为遥遥领先的预言，纪委调查还了他的清白。对于这个结果，不仅吴晓茅松了一口气，官方也大大松了一口气——调查结果证明网络传言不实，让本来很被动的官方掌握了主动。如果网络传言再次习惯性被证实，不查都是孔繁森，一查都是王宝森，那也是对官方形象的沉重打击。其实，媒体和公众也松了一口气，别以为网民都是坏人，都充满仇恨地等着官员落马看官方笑话。高频率的贪官落马和传言一再被证实，已经使公众一看到网上关于官员贪腐的传言就不假思索地信以为真。例外的吴晓茅，让公众找到了信心，我们的官员并不都如网上所传。

经受住监督的吴晓茅，给官员、纪委和公众都带来了很多值得总结的教训。

对官员的教训是，首先自身要足够地硬，身正不怕影子歪，只要自身没有问题，就能经得起哪怕再苛刻的监督，就不会恐惧和仇视网络。吴晓茅这件事之所以成为新闻引发舆论极大关注，关键就是他打破了“凡传言必被证实”的舆论规律。网上一传立刻被证实，已经不算新闻，相反，网络传言被纪委调查所证伪，才是大新闻。

网络虽然有不小的问题，又是造谣传谣，又是缺乏判断力，但更大的问题是一些官员没出息，经不起网络的监督。周久耕最终落马，并不是因为他说了句让网民反感的“禁止开发商降价”，而是因为一句话激起了网众反感，然后被“人肉”出了天价烟。陕西表哥杨达才落马，并不是因为他在救灾现场不合时宜的微笑，而是因为“微笑”吸引网民关注后，最终被网民报复性地“人肉”，顺藤摸瓜查出了很多腐败问题。公开报道中很少能看到像吴晓茅这样被网友举报，然后全身而退的。所以，南京的周久耕案后，时任南京市委书记总结得非常到位：干部要经得起网络监督，经得起群众的评说。

对官方和纪委的教训是，无论如何，一定要积极回应网络传言。不能把网络传言当成“敌情”，不要把网友举报看成是“与官方作对”。常有人错误地把网络举报和媒体曝光看成纪委的对立面，仿佛网络曝光会让官方很被动。其实媒体和纪委应该是一个战壕的战友，共同的敌人是贪官，网络和纪委可以形成有效的互补，形成一张无处不在的监督网。

官方和纪委对网络举报的即时介入，也是对官员的负责。正如此次南京市纪委所言：查清事实，查出真相，不枉不纵，决不放过一个腐败分子，也不冤枉一个干部。面对网络对吴晓茅的传闻，如果官方为了“保护官员”而对网传视而不见，不去调查，那才是对官员最大的伤害。官方有责任去通过调查给公众一个交代，调查清楚事实，这才是对官员最好的“保护”。常有官方不把网络传闻当回事，觉得网传消息太荒唐、太不靠谱。其实，看起来再荒唐的传言，也需要去调查和澄清。官方如果沉默，再荒唐的传言也会被当成事实。

当然，对舆论和网友也是一个教训，不必用有色眼镜看待每一个官员，不能情绪化地认为“官员中没好人”。对官方和官员的另一个教训是，如果没有财产公开，官员会经常被卷入这种丑闻漩涡，没有透明的财产信息，更多官员会像吴晓茅一样受到置疑——你不公开财产，舆论会以一种对抗的方式“倒逼”着官员公开，何苦呢，何必呢？

你永远无法说服那些骂赵雅芝的网喷

中国香港演员赵雅芝2015年1月在微博发布了途经北京天安门广场时的一张照片，并说“每次路过天安门都会深深感受到自己作为一个中国人的骄傲”。这句很正常的爱国表达，在激发众多网友共鸣并获得无数点赞的同时，竟有一些网友恶语辱骂赵雅芝，攻击这种朴素的爱国表达。这种完全不讲理的辱骂激怒了很多网友，媒体纷纷发评论义愤填膺地谴责这种网络喷子。

网上有一种病态、甚至变态的极端取向，就是不问是非只问站队。一种极端是逢政府逢官方必挺，另一种极端是逢政府必骂。只要是反政府反官方的声音，无论是否尊重事实和是否符合逻辑，都能获得“斗士”的道义优势并得到部分人的欢呼。只要是赞许政府、表达爱国、支持官方的声音，无论是谁在表达，无论是基于理性还是出于本能情感，都会被贴上脑残的标签，似乎越骂越代表着正义。赵雅芝挨骂就发生在这种网络背景下，一个艺人本能的爱国表达在这种极端语境中被当成了一次站队。

对这种网络喷子，再怎么鄙视和谴责都不为过。不过我倒觉得，媒体的激烈反应太看得起这种网络喷子了，过分“抬举”了这种极端声音，其实完全可以不理会。忽略是最大的鄙视，理睬并去批判倒是“抬举”了它。

我看了下骂赵雅芝的那些跟帖，那些网络喷子完全没有自己的逻辑，纯粹是为骂而骂的一堆匿名情绪。这些人不只是骂赵雅芝，实际上他们就是网络一大公害，见什么都骂，见谁骂谁，通过骂表现自己的存在感，通过骂发泄某种阴暗的情绪，反正谁也不知道键盘背后是不是“一句狗”。他们甚至根本不知道赵雅芝是谁，没细看赵雅芝说了什么，他们平常在网络上骂习惯了，谩骂就是他们在网络的存在方式。没必要把这种见什么骂什么的喷子情绪理解成专门针对“爱国”的攻击。

屏蔽和忽略这种网络喷子吧，跟这种人有什么道理可讲呢？他们本身就不是在讲理，毫无逻辑、不问事实、没有是非，只是通过纯粹的谩骂发泄一堆莫名的情绪，根本就没有跟人对话讲道理的准备。讲理是需要选择对象的，这些谩骂者都是一群无头像、无实名、无身份的匿名者，一堆情绪的发泄物，一哄而来一哄而去——对一群根本不知道是谁的人讲道理，讲给谁听呢？你永远都无法叫醒一个装睡的人，更永远都无法说服一个只想发泄情绪的人。它看什么都不顺眼，见啥骂啥，只发泄情绪，对讲理毫无兴趣，跟这种网络上的情绪讲再多的道理只是对牛弹琴。

在网上表达还是需要一些基本的常识和观点自信，不能一看到有“不同声音”就把它当回事。不要惊讶，这就是网络，网上什么人都有，你再无法想象的极端声音都有，再正确、再普世的常识都会受到攻击。就像赵雅芝说的“每次路过天安门都会深深感受到自己作为一个中国人的骄傲”，每个正常人都能体会这种情感并尊重，但你无法、根本挡不住那些见啥骂啥的喷子。记得冰桶挑战流行时就遭遇了这种喷子：桶小，骂你不认真；桶大，骂你冰太少。只浇不捐，骂你作秀；只捐不浇，骂你没诚意。因为从国外传入，骂你崇洋媚外；从国内发起，骂你山寨。捐给 ALS，骂你卖国贼；捐给瓷娃娃，骂你以前怎么不捐。捐少了，骂你赚那么多，就捐这么点；捐多了，骂你是炒作。各种公共事件中都能看到网络喷子的身影。

别把这种网络喷子当成“舆情”，别一看到这种网喷发声就说“某事引起网络争议”，从而让人怀疑这个社会的正常价值判断。从赵雅芝这条微博呈现的舆情取向看，绝大多数人都有着基本的共识和正常的价值判断，这就够了。对于思维正常的人，不必讲这番简单的道理，而对于那些匿名、无形、一哄而散的网络喷子，讲这些道理一点用都没有，没人听也听不进去。反而被这些网络喷子影响了情绪和设置了议题。其实，赵雅芝微博下面的那种极端声音只是极少数，没必要把它当回事。看待网络争议需要有“求同思维”，当绝大多数人表现出了共鸣和支持后，我们应该从这种集体共鸣中寻找可贵的国家认同，寻找“最大公约数”，而不应该被那极少数反常识的极端声音和网络喷子们设置议题。理会了这种网喷等于放大了它的声音，不要通过“对骂”强化它们的存在感。

杨卫泽们为什么那么恨网恐网

中央纪委在2015年第一工作日拿下了南京市委书记杨卫泽。很多人对这条消息一点都不惊讶，不是“啊，他怎么落马了”的惊诧，而是“哦，他终于落马”的淡然，靴子终于落下来的感觉。因为这两年坊间网络关于杨卫泽涉贪被调查的传言一直没有停止过。公众一直很好奇杨卫泽这段时间在关于其涉贪的汹涌网络传闻中是如何走过来的，落马前无从得知，落马后立刻现形。有媒体报道了去年9月传闻最盛时杨卫泽给同事发的一封宣示清白的短信。

“现在国内的网络比‘文革’大字报更险恶，海外的敌对媒体比侵华日军更残酷。这10天我正在井冈山学习，井冈山斗争历史和其精神，使我更淡定更从容面对任何敌对攻击、恶意中伤和传谣惑众。”当晚，杨卫泽在井冈山干部学院学习的心得体会《当官不易是当干部的应有之义》，在南报网上公开刊发。

又是险恶，又是残酷，这些词可见杨卫泽对媒体尤其网络是恨之入骨了。如果杨卫泽没有落马，短信内容公开的话，会成为有些人批判网络谣言的充分论据；可杨卫泽的落马，使这则短信成为舆论笑柄。当然，杨卫泽落马，并不证明网上很多关于他的传言都是真的，杨卫泽的违规违法事实还在调查之中，但起码证明网络传闻并非捕风捉影，传言再一次成为遥遥领先的预言。

一个自己屁股上有屎的官员，却把屎盆子都扣到网络身上，称“网络比‘文革’大字报更险恶”，是一些官员面对网络监督时常用的伎俩。刘铁男面对网络指控时用过，宋林面对网络举报时用过，可最终都在较量中倒下。网络确实有很多问题，而且问题很严重，造谣、诽谤、恶意攻击甚嚣尘上，有时候也确实“比‘文革’大字报更险恶”，但网络也有正能量的一面，在舆论监督中扮演很重要角色。一些官员常常用“网络存在问题”去否定和拒绝网络监督，用“网络存在造谣现象”将任何一种指向自身的曝光都污名化为造谣。

如果传的都是谣言，可以站出来证明那是谣言，并起诉追究造谣者责任。杨卫泽并没有公开回应，而只是通过短信在私人圈子和官场上回击，一方面想表达对舆论的鄙视，不屑公开回应传闻；另一方面暴露的是心虚。如果自身足够硬，如果屁股上很干净，可以有很多自证清白的方式。可以向纪委汇报，请纪委调查自己，通过纪委的调查来还自己的清白，不能让干部承受不白之冤。更开放一点儿，可以通过向媒体公开财产，接受民众的监督。只通过短信在小圈子里回应，根本无法做到清者自清。攻击网络传言“比‘文革’大字报更险恶”，这不是回应，而是一种恼羞成怒的情绪化发泄。这种短信示清白，另一方面只是在自己的势力范围中宣示权威：无论外面传闻如何，你们千万不能信不准信，必须绝对相信和忠于我这个书记。

杨卫泽的短信表面上是痛恨网络，骨子里实际上恐惧网络，怕网络，才不敢见光，才只敢在短信里说说。“险恶”之类描述网络的词越狠，越表明其不安。无法不恐惧网络，因为网络不听话，不在其权力的势力范围，无法像让所辖媒体闭嘴那样让网上关于其负面一夜干净；因为网络很强大，能通过一包不小心暴露的香烟顺藤摸瓜查出一个官员的豪宅；因为网络无边无际，只要露出一点儿音信，就能够以几何级数的传播速率让世界每个人听到看到。

记得几年前一起网络监督事件中，有官员在接受采访时表现出了对没有网络的时代的怀念：“那时候好管啊！哪像现在，什么人什么话都敢在网上说，管也管不住！”杨卫泽短信中对网络的声讨，骨子里也是特别怀念那个没有网络的、让其耳根清净的时代。可是，那个时代已经过去了。记得周久耕案后，时任南京市委书记总结得非常到位：干部要经得起网络监督，经得起群众的评说。确实，网络监督是无法阻挡的，干净的官员遭受网络传闻时不会惊慌不会破口大骂网络，因为他能见得了阳光经得起监督。

别靠“美国人也乱扔垃圾”滋养自尊

2015年年初几张照片在网上很上流行，有媒体发出《纽约时报》广场新年倒计时后地面上一片狼藉的画面，在中国网络上引发了一场耐人寻味的讨论。“大活动后处处垃圾一片狼藉”的场面，向来似乎都用来描述中国人的公共形象，成为国内媒体批评国人缺乏文明素养的有力论据，让国人汗颜，让我们感觉被外人瞧不起，让GDP世界第二的中国人感到其实文明素养与GDP根本不协调、与美欧等发达国家还有很远距离。

可，没想到，向来被一些媒体当成中国人学习榜样的美国人，竟然也乱扔垃圾。《纽约时报》广场一片狼藉的画面，立刻让一些人兴奋异常地找到了自信，并在兴奋之下狂转图片。兴奋之下掩饰不住这种洋洋自得的反讽：都说美国人文明素养多高多高，原来不过如此，原来美国人也乱扔垃圾；看到乱扔垃圾就骂中国人，中国人被冤枉了。转发这些图片时标题中所用的“也”字，把那种病态的心理暴露得淋漓尽致，终于逮到了美国人也扔垃圾的证据，终于证明美国人被神化了，终于把美国人也拉到了跟我们一样（也不讲文明也扔垃圾）的层次。

千万不要以这种扬眉吐气的比烂心态来看待“美国人也乱扔垃圾”，乱扔垃圾是坏习惯，谁乱扔垃圾都是坏事。其一，美国人乱扔垃圾，不能得出“反正大家都一样”、我们做得已经很不错了、可以心安理得毫无心理障碍地乱扔垃圾的结论；其二，美国《纽约时报》广场新年倒计时后地面一片狼藉，不能就得出“美国人都喜欢乱扔垃圾”这样的结论，正如不能说“中国人都喜欢乱扔垃圾”一样，但不得不面对的是，我们更经常看到中国公共场所出现乱扔垃圾的现象。其三，无法通过“美国人也乱扔垃圾”来回避中国很多人文明素养确实偏低、乱扔垃圾确实很普遍这个现实。

美国人也乱扔垃圾的场面，确实应该让人反思昔日“过度美化”美国的问题。过去因为信息的闭塞和传播的障碍，加上落后国家对发达国家的盲目崇拜心理，多数中国人对美国的印象都是在想象中完成的：好莱坞大片的描述所拼凑的图景，在美国没待过几天的人肤浅的描述，甚至根本没去过美国的人梦游般的想象，加上一些段子的以讹传讹，使中国人对美国的想象充满着各种美化的幻象。随着信息的开放和越来越多的人走出国门，国人对美国的了解不断加深，看到了越来越真实的美国。美国并不像有些人描述得那么美好，也有严重的歧视，也有警察打人，也有官员腐败，也有很高的公务消费，也有严重的不公正。

实际上，在互联网使信息越来越开放后，中国人正在扭转对发达国家非对称的完美想象，开始在开放透明的信息下打破对世界的标签想象。更重要的是中国重新崛起，使中国人能去除“自我边缘化”的弱者想象和仰视视角，能够在一个平等的视域和自信的情感中重新审视世界和看待西方，建构一个完整和真实的对世界的想象。不仅是如何看待美国，这种视域转移涉及整个世界的认知。如何看待德国？德国人并不都像传说中那么严谨守时，英国人也不都像网上说得那么绅士，日本人也有很多不靠谱的一面。当然，更多会涉及制度和文化层面的深层认知。

认识一个真实的西方和世界，是一件好事，但问题是不能在认知别人中迷失自我。“如何看待美国和世界”与“如何看待中国自我”这两个命题常常紧密联系在一起。具体地看，如何看待“美国人也乱扔垃圾”与“如何看待中国人乱扔垃圾”是联系在一起的。中国某些人看世界，很容易从一个极端走向另一个极端，从过去的文化和文明自卑走向一种自大，直至走向盲目的自信。一个值得警惕的现象是，大国心理的过度膨胀，不是寻求苦练内功筑强根本，而是对外寻求文明自信：通过找别人的问题、挑别国的刺儿、暴露别人的短处来滋养虚妄的自满；通过说别人的问题来掩盖甚至洗白自己的问题，用“大家都差不多”“甚至还不如我们”的诡辩术自欺欺人。在某些人看来，中国 GDP 世界第二了，可以抖一抖秀秀肌肉，获得了批评别人的资格了。这种暴发户的心态是要不得的。

中国看待世界和自我需要不卑不亢，需要克服那种自卑后的膨胀自大感，避免病态的文化自满和自大。中美都是世界大国，美国作为传统和现在的超级发达国家，无法避免地会成为中国在各方面比较的对象。两者的比较需要基于客观的认知，既不是像过去那样简单的道德自贬和盲目的制度崇拜，不要动辄美国如何美国人如何，也不是走向另一个极端去贬低美国、逢美必反，好像把美国打倒了我们就强大了。美国作为最发达的国家，有很多值得我们学习的，比如文明素养方面，虽然如新闻中所见美国人也乱扔垃圾，但从整体文明素养方面，中国确实落后于美国，美国人还是我们的老师。美国有人乱扔垃圾，改变不了中国有些人乱扔垃圾毛病更严重的事实。

当然，如果能从“美国人也乱扔垃圾”的画面中看到“乱扔垃圾”习惯之可憎可耻，从而想象出别人看中国人乱扔垃圾时的憎恶表情，进而产生“我们在这个问题上千万别再这样，别再让人笑话”的民族自尊感时，我们就站在美国人的肩膀上朝文明更进了一步。

复旦投毒案的仇恨需在沉寂中化解

在二审将要开庭之际，沉寂了一段时间的复旦投毒案又成为焦点，有媒体曝出“复旦投毒案”当事人林森浩亲笔书写道歉信，向黄洋父母寻求原谅。据了解，此道歉信实为2014年3月14日道歉信的原件。黄洋父亲表示没见到这封信，表示“我们全家是不会原谅的”。据了解，此前为了给儿子赎罪，今年清明节前夕林森浩的父亲第二次赶往黄洋老家四川自贡，但最终仍未见到黄洋父母。

黄洋父母失去了儿子，陷入永远的痛苦和仇恨中。林家父亲充满愧疚地为儿子赎罪，也陷入将失去儿子的痛苦中，这是投毒案悲剧的延续。当然能理解黄洋亲人的“不会原谅”，也能理解林森浩父亲为儿子求生的赎罪努力，投毒案在两个家庭中留下了无法消弭的阴影和仇恨。杀子之恨，很难寄望于一封道歉信和一场赎罪之旅可以带来宽恕。

此情此景的沉重，让人想起了10年前的马加爵案。为了赎罪，马加爵的父母和姐姐、奶奶4人来到梧州市蝶山区夏郢镇周睦村，向“云大命案”受害者邵瑞杰的家属道歉。但邵家无法接受这突如其来的“客人”，邵氏双亲将马家人拒之门外，马家4人包括年迈的奶奶冒雨下跪一个多小时，终于感动了邵氏家人，同意短暂见面，但还是不能面对马家人，坚决不让马家人进入家门。不知道10年后马家人如何了，那些受害者家属如何了，沉积在心中的忏悔和仇恨是不是还像当年那样强烈？我相信，起码这时候邵家人已经能够面对马家人了。

仇恨需要在时间的沉寂中化解，宽恕只可能交给时间，这时候媒体和舆论对两家人的过度关注，只会渲染仇恨。当年的药家鑫案，就在舆论的推波助澜中不断强化彼此的敌意，两家并非不可以和解，并非不可以通过一些方式弥补，可律师在前台的积极造势和悲情渲染，舆论的火上浇油，网络的围观起哄，“药家鑫不死，法律就死了”的舆论审判，对“农民”和“军二代”身份的炒作，加深着彼此的误解和仇恨，使宽恕与和解根本没有可能。我想，到了今天纠缠在他们心中的仍然会是咬牙切齿的仇恨。

对这样的投毒案悲剧，媒体需要“新闻”，网络需要“看点”，围观者需要有震撼的“细节”和能吸引眼球的“噱头”。涌动在黄洋父母心中的，可能是强烈的复仇冲动。这时候最需要的是冷静和理性，舆论需要克制对“仇恨”的消费而给双方家庭一个和解的空间，法律需要远离喧嚣舆论从而作出以事实为依据、以法律为准绳的冷静判决，当事人需要弱化仇恨意识而冷静地接受法律的公正判决。

将心比心，不能苛求黄洋父母的宽恕，此时的一封忏悔信和一家人的赎罪很难化解他们的痛。但宽恕并非毫无可能，我想讲一个关于宽恕的故事，3 年多前《中国青年报》报道的这个故事让人读着眼中满含泪水，心中又充满了温暖、感动和触及灵魂的震撼：故事的主人公是一位伟大的母亲，6 年前，张艳伟的儿子因见义勇为被人杀死，这个日夜思念爱子、悲痛欲绝的母亲，给儿子写了 6 年的信，每天在儿子墓前念。在经历了对杀人犯刻骨的恨后，她最终选择了宽恕，接受了调解，原谅了那个杀人犯，一个跟他儿子一样被母亲疼爱的年轻人。

那连续写了 6 年的 2000 多封信让人震撼，这些信见证了母爱的伟大；更让人震撼的是她的宽恕，一个悲痛欲绝的母亲，竟然原谅了夺去爱子生命的杀人犯。有人这样形容这个母亲：她的心脏有两个心房，一个在流血，一个在宽恕——是的，被感动击中的我们，能看到母亲那流血的心。

痛不欲生的她曾经和家人在法庭打出“杀人偿命，血债血还”的横幅，流着泪高喊口号，希望法官明白一个母亲“流着血的失子之痛”，希望“主犯能立马枪毙”。让她最终选择宽恕的，也许是时间的力量，也许是凶手奶奶跪在她面前“希望留孙子一命”的哀求眼神，也许是在隔着阴阳两界与儿子通信时的感触。有一天她给儿子写信时，宽恕的念头突然一闪而过：“如果这个杀人的年轻人被处死，是不是又会多一个老人，像自己一样生不如死?”

我们不能苛求黄洋的父母也去像这个母亲那样选择宽恕，于情于理于法，都无法苛求。很少有人能解开这种心结并超越这种仇恨，在时间还没解开心结的时候这种要求是残酷的。我们需要做的是，给他们安静，让他们远离舆论场的喧嚣，宽恕只有在时间的沉寂中才有可能。

“良心大厨”不是一碗心灵鸡汤

2014 年 12 月很多媒体都转载了一篇感人的报道：不愿掺杂劣质大米，不肯用鸡架充当鸡肉，也看不惯老板卖鱼短斤缺两……广东梅州的曾建伟当了 20 年厨师，因看不惯一些餐饮业“潜规则”，每到一个餐厅做不够一年就被炒掉。老曾说，“不管是做厨师还是做人，都要用良心去做。食品不安全等于拿刀杀人。”

宁愿被辞退也不掺假，做厨师需要用良心去做，这种行为和话语感动了很多人，人们纷纷为其点赞，赞其用良心反抗行业潜规则的坚守。确实，在充斥着坑蒙拐骗“互相投毒”的现实语境中，在“做面包的不吃自己做的面包”“养鸡的不吃自己养的鸡”之类缺德规则流行的背景下，这个故事像童话一样，滋养和慰藉着很多人的内心。道德底线一再沉沦的社会，缺德已经不是新闻，人们对坑蒙拐骗已经见惯不怪变得麻木，觉得短斤缺两才是常态，用鸡架当鸡肉才是正常的人性，为了利益出卖良心才是现实，哪一天突然看到有个厨师竟然不与这种潜规则为伍，甚至为了坚守良心而不惜被炒掉时，就当成了大新闻。

很多人都把这个温暖的故事当成道德沉沦时代的一碗心灵鸡汤，所以媒体像发现了人性的新大陆一样热烈地转载，人们也疯狂地转发。很多网友都说，每天网上看到那么多关于食品安全的负面新闻，不知道还有什么东西可以放心安全地吃了，心中充满了愤怒、怀疑、焦虑、恐惧负能量，好不容易看到一条正能量的新闻，人心需要这种正能量。

我觉得，不能把这则“良心大厨”的故事当成一碗自欺自慰的心灵鸡汤。什么是正能量，什么是负能量？很多人习惯把正面报道当成正能量，把像“良心大厨”这样的好人好事当成典型，而把批评性、曝光性、扒粪性的负面报道当成负能量，把媒体上揭露用老鼠肉冒充羊肉串、往牛肉里注水、脏作坊里生产面包的报道当成负能量。我们不能被这种简单的正负标签所迷惑，“用老鼠肉冒充羊肉串”之类的报道虽然让人心塞，让人恐惧于不知道还能吃什么，但这就是事实和现实，我们无法回避这个让人不安的事实。

媒体的报道本身并没有正面负面报道，也没有正负能量，只有真假之分。揭露真相是媒体的天职，产生何种社会效果不是媒体可以控制的。这种看起来“负能量”的报道虽然让公众觉得恶心和焦虑，但如果监管部门在媒体报道之后加大执法力度，积极履行监管职能，通过严厉的监管和惩罚让商人不敢再那么做，也通过舆论监督的压力迫使行业加强自律，这就是巨大的正能量。很多时候，媒体揭露食品安全的报道所以加剧公众的焦虑，问题并不在媒体报道，而在于报道之后监管部门并没有通过“严格执法”来让人心安，最终投射在人心的就是负能量。

“良心大厨”的故事很美好，大厨出污泥而染的道德剪影很有道德的美感，我们感慨，原来这世上也有好人，原来也有不与潜规则合作的人。但这个故事其实很无力，我们只能把它当成一个童话，而无法从这个故事中真正找到慰藉。我们赞美这个大厨，可事实上我们清楚得很，这种坚守是多么的艰难，多么的难能可贵。从这个故事中，我们看到的只是一个人在坚守，可他的同事，他的老板，他的同行，更多的人在随波逐流和出卖良心。因看不惯一些餐饮业“潜规则”，每到一个餐厅做不够一年就被炒掉——故事的主角固然让人肃然起敬，但故事的另一面却是，餐饮业潜规则盛行，动不动就把那些不与潜规则合作的员工给炒掉。我们无法让自己只选择性地看到“正能量”，而看不到这个故事中其他缺德的大多数。

这种语境中，良心显得是多么的无力。这个故事中，只有一个坚守良心的人，而衬托他的是一个时代潜规则横行的群像。我们无法从这个故事中寻找到坚守道德的自信，毕竟，有几个人能在这种“劣币驱逐良币”的逆淘汰压力下保持良心呢？“良心大厨”似乎只适合被供起来让人顶礼膜拜，良心好无力。扪心自问，我们能做得到吗？其他的厨师能做得到吗？

这碗心灵鸡汤中，更多的其实不是慰藉，而是让人五味杂陈的心塞。我们无法让自己沉浸于鸡汤营造的幻觉中，对现实视而不见。喝完了这碗汤，还得回到现实，每次到饭店吃饭时还得焦虑于不知道菜里放了多少地沟油。

反新闻规律的“贪官新闻”

不熟悉中国国情的人，看到媒体上铺天盖地的那些关于贪官的新闻时，会觉得这些新闻极其反新闻规律。中国很多高官一落马，关于其落马的原因和腐败细节，第二天立刻就能“挖”出来。网上立刻铺天盖地，玩了多少女人，贪了多少钱，跟哪些商人来往，是因牵扯到谁而落马的，同僚的评价，甚至收钱的过程，都写得非常清楚。效率真高，仿佛一切尽在媒体“掌握”，记者一夜之间就神通地挖出所有猛料。

与落马后立刻爆出大新闻形成巨大反差的是，这些官员在落马前没有任何负面新闻。落马前新闻的静默，与落马后新闻瞬时爆发如江河决堤，让人觉得严重违反新闻规律。从刘志军、刘铁男、申维辰，到季建业，都是如此。最新落马的重庆高官谭栖伟，刚被宣传接受调查，媒体关于其“三顾茅庐邀请女企业家建温泉”的扒粪新闻立刻就出来了，称其涉案原因是三峡移民、城市建设等领域。南京前市长季建业落马后，关于其怎么与商人勾结腐败、如何对下属颐指气使、如何认干妹妹的新闻，也立刻推了出来。刘铁男落马后，关于他如何贪腐的各种报道也迅速出笼，称其有 12 本护照，有 8 个情妇，生活如何糜烂腐化云云。

先有媒体报道各种关于官员的丑闻，坊间传得沸沸扬扬，然后官员受到调查，最终在焦头烂额中落马，这是发达国家常见的舆论景象，媒体也因此被称为让政府恐惧的“第四权力”。先有新闻，再有落马，这才符合新闻规律。落马前新闻静默，落马后新闻井喷，完全反了过来。新闻媒体在其中并没有起到“舆论监督”的“第四权力”功能，仅仅只是墙倒众人推，在贪官身上踩一脚，舆论狂欢，让贪官身败名裂。

虽然违反公认的新闻规律，却符合中国的新闻规律，毕竟中国有不同于他国他地的特殊国情。在新闻受到管制，舆论监督不能正常运转的情况下，新闻自然就背离了规律，成为事后对贪官腐败故事的消费，而不是事前的揭秘与监督。

中央反腐败，不仅打苍蝇，更打老虎、大老虎、老老虎，可这种“打老虎”是一种特权，只能纪委监察部门去打。媒体是不能打活老虎的，相关部门打了之后，成了死老虎，媒体才能去鞭尸。在中国，媒体有一定的舆论监督权，但这种权力是很微弱很小的，受到很多限制，至多只能打打小苍蝇，曝光一些小苍蝇。而且打小苍蝇也是分级别，媒体也有特权。县市级媒体只能曝光城市不文明现象，至多只能监督村官镇官；省级媒体敢去碰碰县市部门的领导；中央级媒体能够去碰一个县长和市长；官员级别再高一点儿，再大的媒体也碰不得了。媒体业内有延续下来的不成文“规则”，碰“候补中央委员”以上就要冒极大的风险。

所以，舆论监督基本止于省部级。像《财经》杂志的罗昌平举报刘铁男，新华社的王文志举报宋林，都只是以个人名义在微博举报，其所供职的媒体一直没有介入，因为这两位官员都是部级高官。媒体监督部级官员缺乏正常的通道，记者掌握着贪官的腐败材料，也只能以个人英雄主义这种冒险方式，借助于网络的围观力量倒逼纪委关注，拼个鱼死网破。

一个官员再腐败，即使坊间议论纷纷，甚至众所周知，可媒体是不能公开报道的。即使当年胡长清、张二江等人的风流韵事已在民间传得沸沸扬扬的情况下，媒体根本不可能做半点监督和曝光。中国的“贪官新闻”往往特别“脏”，很黄很暴力，儿童不宜。因为舆论监督在日常失语，新闻的阳光照射不到，自然就很脏很脏。媒体如能自由监督自由报道，官员养一个情妇就能被敏感的媒体发现，可媒体被噤声，贪官养100个情妇，都可以逍遥自在、边嫖边升。

权力没有被关进制度笼子，而媒体作为“第四种权力”，却被关在体制的笼子里，发挥不了舆论监督的功能，如此，“贪官新闻”必然是反新闻规律的。新闻规律被违反，常识被颠倒，制度被扭曲，必然就逃不了“绝对的权力导致绝对的腐败”这个政治规律了。

花了钱也要守规矩

2015 年 1 月中国有很多乘客打开滑行中飞机的应急出口门，丢人已经丢到了外国媒体，成为外媒热议的焦点。比如一家美国媒体就评论说，中国乘客太任性了，在美国，试图打开应急出口的乘客常常会面临损坏飞机、干扰机组人员的联邦指控，最高可被处以 20 年监禁。此类案件常以缓刑和高达 6 万美元的罚款解决。

不仅是开应急出口门，还有用开水泼空姐、打地勤人员、打砸机场柜台，等等——也不仅仅是飞机乘客，从街头到医院，从景点到餐厅，常能见到这种在“维权”名义下肆意、任性、撒泼的人。为什么这么任性？原因有很多，不仅仅是缺乏文明素养，也不只是眼中没有规则，更重要的是这些人身上弥漫着这样一种戾气：我是花了钱的，在花钱者面前服务者就应该看花钱人的脸色，花了钱就是爷，就可以不守规矩。

花了钱就是爷，是一些刚刚富起来的中国人的认识误区。一个很常识性的道理这些人还很陌生，就是花了钱也要守规矩，不管花多少钱，你也不是爷，都得尊重服务者，都得礼貌地说一声谢谢。

无论是开应急出口门，还是用开水泼空姐，这些人常常理直气壮地说：我是花了钱的，花钱不能买气受——这话听起来挺有理，但张扬着一种“花钱者”的自负和蛮霸。花钱怎么了？花钱只是购买服务，并没有购买别人的尊严，并没有购买到为所欲为可以把规矩踩在脚下。就拿乘飞机来说，花钱购票之后双方是有合同的，并不意味着天气恶劣或航空管制下也必须准点将你送到目的地。花钱消费与服务者之间是平等的，并没有尊卑之分。服务者须提供服务，而花钱者必须遵守“服务协议”这个规矩和规则，在享受权利之外履行自己作为一个花钱者的义务。

这些任性者习惯把“权利”挂在嘴上，一边喊维权，一边侵犯别人的权利，说到底是还是没懂什么叫权利，缺乏健康的权利观念。过去中国很多人隐忍怕事，缺乏维权观念，遇事喜欢躲，不懂得去维护自己的正当权利——还有人写文章质问“中国人为什么不生气”，权利被侵犯也不敢生气。现在似乎走向了另一个极端，中国人似乎太会生气了，有权欲没规矩，权利意识过度张扬过度膨胀：有自己的权利没别人的权利，有权利意识没义务观念，没学会在维权时尊重别人的权利，没学会尊重服务者，没学会做一个安静的维权者。

这种“花钱就可以不守规矩”的土豪观很是流行，甚至在“消费者权益”的正义旗号下不断膨胀。医患矛盾为何如此激化？当然有医院的问题，但也与患者的过度维权密切相关。觉得治病花钱了，医生就得把病治好，花了那么多钱怎么最后人还死了？然后就闹。这种闹就是不守规矩。高铁因为天气原因晚点了，就闹，花钱买这么贵的票怎么还晚点？餐馆吃饭，菜有点咸了就闹，花了钱就觉得忍受不了半点“气”。花了钱就凌驾于规矩之上的观念，在生活中制造着无数的戾气。

这种观念下，也滋长了一种贬低服务者的风气，好像服务者就得低三下四，就得“成全别人恶心自己”，消费者就是服务者的爷——没有我们消费者花钱，你们服务者就得喝西北风——低劣的市场营销学兜售的这种封建化的尊卑服务观，也助长着“花钱就是爷”的自负，没有理解双方关系的平等和尊重的相互性。

追根溯源，民间盛行的这种文化，与政经层面畸形的市场化是同构的。我们在各领域引入了市场化，由市场配置资源，我们崇信“市场经济不相信眼泪”。可如果市场缺乏法治的约束，有市场无规矩，有市场无法治，市场和金钱就会成为一种掠夺性的暴力，“能用钱摆平的事都不算事”就会成为弱肉强食信仰者的座右铭。这就是“花钱就可以不守规矩”的体制之根。

为什么对“旭日旗T恤”愤怒不起来

2014年9月6日，有网友在某论坛发网贴称，当天在泰山举行的国际登山节上，一名男子穿着印有“大日本帝国海军”字样的T恤衫，随后该男子被现场民众包围，更有人愤怒地将其T恤扒掉。有图有真相，T恤衫上刺激国人情感的军旗和字样，围观群众的愤怒表情，以及“扒衣”的动作，在近乎直播下似乎完成了一次群众教训“汉奸”的爱国壮举。高潮在一个“扒”字，网上网下情绪一起达到了高潮。

事关日本话题，在中国总能成功地把公众的情绪挑逗起来，变成一场消费爱国情感和狂喷口水的公共事件，形成情绪激烈和激昂的网上爱国运动。很多网友对那个穿着旭日旗T恤的人充满愤怒，围观者扒衣行为获得一片叫好，“我在现场我也会扒他衣服”的愤慨充斥于网上，“不转就不是中国人”“不愤怒就不是中国人”之类的声音慷慨激昂。

说实话，在网上看到这张图片后，我也很想跟着一起愤怒，但看来看去，实在愤怒不起来。并非因为我不爱国、不恨日本军国主义，不是因为遗忘和背叛了历史，爱国是本能，历史记忆无法抹去，我当然也很厌恶和痛恨“旭日旗T恤”及其后的侵略幽灵。但如果意识到这就是一出恶意炒作吸引公众眼球的闹剧，你还会那么无比愤怒吗？如果意识到他这样做就是为了激起你的愤怒并且消费你的愤怒，你还会那么慷慨激昂吗？如果意识到自己的愤怒只是一场无聊炒作的炮灰，你还会抵制不住你高贵的愤怒吗？

对这种丑陋的行为可以有很多种表达厌恶的表情，可以“无视”，可以“不屑”，可以“鄙视”，不一定非得作出愤怒的姿态才叫爱国。所以我对“旭日旗T恤”愤怒不起来，没有加入一场网上网下的愤怒大合唱，是出于对自己的爱国情感可能被炒作所消费的警惕和反抗。

看到网上关于这起事件的图片时，我的第一感觉就是怀疑这是一场炒作。

在一场景点冠名的国际登山节上，发生了这场冲突。所有关于此事的现场照片都源于一个叫“泰山摄影学校”的微博，照片右上角都打着这个学校的水印。还有关于对此人的各种描述：讲一口流利的普通话、从小在日本长大、在日本就是这样穿、在其他地方穿都没问题，等等，都不合常识和逻辑。从发生的时间地点、照片拍摄的角度以及照片传播的路径，不得不怀疑其后可能的炒作因素。

如果人们不健忘的话，对秦火火、立二拆四、郭美美之类网络红人的起底中，见多了这种借丑闻和争议事件营销的噱头。知道横店抗日剧看多了的网友一看到“日本”这个词就容易亢奋，知道“大日本帝国海军”这样的符号必然会挑起仇恨感，知道扒衣这样的动作必然会掀起爱国高潮。这样的涉日话题，炒一次火一次，屡试不爽。而且这人还在后背上印上了自由女神的图像，表演意味就更浓了。

这样的场合穿这样的服装，明显就是挑事儿来的，以极端的标签和行为挑逗中国人的爱国情感。穿这种T恤的人一定知道，这种符号必定能引起围观和激起愤怒。他真的是想通过这种行为表达什么价值观吗？想复辟日本军国主义，想向中国人示威，想与日本右翼遥相呼应，想美化当年的侵略事实？笑话，太高估了这种小丑行为的象征意义，无非就是像凤姐、干露露那些网络红人那样，以夸张的姿态和挑战道德底线的言行，去设置公众议题和吸引眼球罢了。事实也是如此，他成功地制造了议题，吸引了全民关注并消费了人们的愤怒。

对一种明显是想消费国人愤怒的脑残行为，比愤怒更有力的方式是鄙视它，以无视表达最彻底的鄙视。并不是愤怒就代表着血性，当愤怒和血性被人当成招之即来，挥之即去的消费品时，就大大贬值了。当郭美美利用人们的愤怒提高了自己的卖身价，秦火火利用人们的愤怒赚了很多炒作费，手撕鬼子的脑残抗日剧和以“用一场战争洗刷历史耻辱”作头条的商业民族主义消费了无数本来应该很高贵的情感，我们应该学会对那些挑逗你愤怒感的东西有一点儿戒备感了，不要把自己的愤怒感当成别人招之即来，挥之即去的“应召情绪”。

对于各种军国主义符号，中国社会早已形成了共识，就像纳粹符号在西方国家成为过街之鼠一样，应该在道德和法律上进行禁止，这没什么好争议的。不必将对待这种疑似炒作行为的态度当成检验国人爱国程度的试纸，当有人想把国人的这种爱国情感当成商品去消费时，冷眼旁观拒绝被消费，也是一种态度。这不是故作高贵冷艳，而是对爱国情感的珍视。我们不能把爱国当成一种自娱自乐、自己玩自己的情感，生日本人的气砸中国人的车，生日本人的气拍抗日剧搞死它，生日本人的气扒汉奸的衣服，在口水中完成虚拟的爱国和复仇想象。

Part

第七辑

职务写作不说假话

这一辑里选的都是给报社写的社论或评论员文章，在中国当评论员，最难写的就是这种规定动作和职务写作，体制内的人说真话并不容易，但又不能说假话。我一直坚守一个原则，即尽可能说真话，绝不说自己都不信的话，绝不创造性地说假话。很多人写社论都是当应付，我还是想争取读者，以对话的姿态写社论才会有人话。不能以这样的心态写社论：不管你信不信，反正我也不信；不管你看不看，反正我写了。这样当然就没人话。

60 岁风华正茂，一份成熟大报的担当

《中国青年报》60 岁了！60 年一甲子，60 年的岁月印记，如果写在一个人的脸上和头上，那一定是沧桑和白发；可写在一份以“青年”为名、与年轻人作伴、以推进社会进步为己任的大报上，只会是历久弥坚的成熟魅力和让人尊重的公信面孔。60 年光阴如梭，几代年轻人读着中青报长大成熟；60 年岁月如梭，海运仓 2 号的报人也已换过几代。60 岁风华正茂，她正呈现在读者面前越来越成熟的大报气质。

《中国青年报》60 岁，引发了社会一波与这份报纸有关的怀旧热。不像“李雷和韩梅梅”，那只是“80 后”的记忆；也不像“将爱”，那只是“70 后”的怀旧。对这份报纸的怀旧，穿越了既有社会中的每一代人。因为她 60 年的报史，影响所及，差不多已囊括了每一代人。“90 后”“80 后”“70 后”“60 后”，每一代人都能从这份报纸中找到铭刻在心中的印记，雷锋，张海迪，六十一个阶级弟兄，鸟巢一代……怀旧，不仅因为年轻过的我们，都受过这份报纸或多或少的影响，在我们个人的成长史中扮演过重要的角色——更重要的是，这份报纸已经融入中国改革的大历史中，变成历史的一部分。回望这个国家的历史，无法越过这份报纸！

每个报社都有自己的历史，但《中国青年报》的历史不仅仅是一份报纸的历史，她本身就是历史的一部分。从“上山下乡”到“小平你好”，我们回忆许多大事件时，都能看到这份报纸的身影。她不仅是历史的记录者，也是历史的参与者；她不仅以报人的敏锐和敏感发现并记录着社会的进步，更致力于以报人、报纸和报纸的力量，去积极地推动着社会的进步。这份报纸，在服务青年中，把自己融入年轻人成长的个人小历史；在推动社会进步中，又将自己融入了强国复兴、大国崛起的国家大历史。所以，这份报纸庆祝自己的 60 周年，也是在分享这个国家进步的光荣与梦想。报史已经深深地嵌入和融于国家

史，从这份报纸中，就能看到这个国家点滴的进步。

自觉将自己融于国家和社会的大前途大命运中，正是这份令人尊敬的报纸最为独特的地方。这种独特的报人追求形成了一种独特的中青气质。这种气质，让读者能在众多报道中一眼看出中青报的报道；这种气质，让人看到标题就能嗅出中青报评论的气息；这种气质，甚至能让人在媒体人聚会的时候轻易认出谁是中青报人——海运仓 2 号，这个大泡菜坛的熏陶，让身在其中的人身上都有了这种味道。这种气质，几代中青报人一以贯之，并在成长中不断完善使其更加清晰。推动社会进步，服务青年成长，就是这种中青气质的精粹概括。基于这种办报理念，在中青报人心中，有两样东西缺一不可且历久弥新：一是年轻人的朝气与锐气，一是媒体人对社会进步的使命感和责任感。

少年强则国强，国家的发展离不开青年人的锐气。正是坚守这种价值，这份报纸以尖锐而闻名于业界和社会。对伪改革最尖锐的批评，对腐败最尖锐的披露，对滥用权力最尖锐的痛斥，对丑陋世象最尖锐的针砭，对假丑恶最尖锐的嘲讽，对本行业内那些道德败坏者的揭露，往往最先都来自这份报纸。从开先河地批评部长公款吃喝，到持之以恒地揭露高考加分丑闻，再到披露退休市长的生意经，这份报纸的调查性报道，引领着一波又一波的舆论监督高潮。言论批评的毫不留情，也确立了这份报纸敢言的形象。无锐气，不青年，锐气，热情，是年轻人的标志，也是这份年轻人的报纸在万千报纸中让人眼前一亮并常击节叫好的地方。我们深知，改革的前行和社会的前进，离不开这种有锐气的舆论监督。也许其他任何一份报纸都可以平庸，但青年报绝不能没有锐气。

当然，在这个言论多元的开放时代，锐气并不是最稀缺的媒体品质，尖锐的声音并不缺乏，最缺的是负责任的尖锐——网络上那种只顾嘴巴痛快，而不顾社会后果和缺乏社会责任的声音泛滥成灾。不失青年锐气的同时又保持深沉的责任感，正是这份报纸最为可贵的地方。

60 周年报庆，新老报人济济一堂，有的白发苍苍，有的人到中年，有的风华正茂，可洋溢在他们眉宇间的，是那种跨越年龄界限的共同的精神气质和价值追求：年轻的心对家国天下的深切关怀。他们都自觉地将自己所从事的事业与国家的前途和社会的前行密切地结合起来，带着推进社会进步的良知、情怀和责任感去报道，带着对民族国家前途的忧虑、关怀和热情去评论。在中青报人的辞典中，国家利益和社会进步与自由民主、宪政权利、法治权利一样重要。我们尖锐，但从不会将自己降低到网愤骂人那种层次；我们敢言，但我们的言论是出于对这个社会的负责。

正是这份责任担当，使中青报人在报道时，不仅致力于最大限度地逼近真相和揭露事实，同时也负责任地衡量自己的报道可能产生的社会后果。我们崇尚新闻专业主义，但我们明白，新闻之上还有人道，当某篇报道有可能对社会产生很不良的后果时，我们会谨慎地节制自己职业上的功利，而选择暂时先不报道。

正是这份责任感，使中青报人致力于以自己坚守的价值去引导舆论，而不是浅薄地去迎合那些非理性的情绪，从而被情绪所占领。所以，中青报上下有一个共识，不被流行的“网友曝”牵着鼻子走，记者要在用脚调查后用笔还原；不去追逐那些极端的个案，而去关注那些真正触及这个社会深层制度的、有普遍性的问题。我们对时局和时事有自己客观独立的判断，坚持与网络民粹保持距离，坚持不与图一时嘴快的偏激为伍，拒绝随波逐流地去渲染和撕裂社会的情绪。

正是这份对社会进步的责任感，使中青报人在报道的时候，充满年轻人的激情，但又会节制和警惕这种激情。中青报人深知，过多的激情可能会影响自己客观的判断。也正是这种责任感，让中青报人更愿意在官方与民间之间扮演一种协调沟通者的作用，促进社会形成良性的互动，而不是为官民对立推波助澜。

年轻人的锐气，是非常可贵的品质，但只有与对国家的使命感和对社会的责任感结合起来时，它才是一种令人景仰的伟大品质——中青报人每一天献给读者的每一张新闻纸上，就凝聚着几代报人追求这种伟大品质的努力。有人这样形容这份报纸的品质：尖锐而不尖刻，成熟而不世故，主见而不主观，中正而不中庸。阐释的是常识，却常有独到的见解；鞭挞丑恶的愤怒中，能看到关怀社会的赤子之心。非常高兴，我们敬爱的读者能从新闻纸的字里行间读懂我们，读懂我们的良苦用心，你们给我们的赞美，正是我们所竭力追求的。

60 年一甲子，《中国青年报》将迎来下一个辉煌的 10 年，下一个壮丽的 60 年。向老报人致敬！向青春祖国致敬！报人终将老去，可报人从事的事业将永远年轻——尤其当我们将这份事业与国家的前途和社会的进步紧紧结合在一起时，更是一件壮丽无比、永远不老的事业。

历史铭记 2008

汶川地震后，一个匿名网友的帖子曾经感动过无数人。这个曾经被改革阵痛折腾得几乎丧失了信心的草根青年，组织了学校的赈灾捐款。他说，那天他完成了自己的自我救赎。

这位网友的父母在改革初期双双下岗，父亲做小生意不断赔钱，妈妈在一个大款家当保姆。那时他对社会的种种腐败和不公充满怨恨。然而只有小学文化的母亲却很少抱怨，也从不接受亲戚们的救济，她告诉儿子："手心朝下比手心朝上要好。"后来报纸为下岗工人免费登求职广告，爸爸操起老本行做了临时工，妈妈因为出色的人品和厨艺，被许多人家高价争聘。一切都在向"阳光"发展。谈到过去，妈妈总是说感谢苦难。

网友读研后出国留学，在国外他更深地感受到了祖国的日益强大。当北京奥运圣火经过他所在城市的街头时，热泪盈眶的他在漫卷的红旗中情不自禁高声地喊出了"中国万岁"!

这是一个平凡的中国人关于改革和奥运最真实的个人叙事。因为平凡和真实，我们许多人都能从他的叙述中找到自己在改革开放中成长起来的影子，看到改革在自己身上和身边留下的发展印迹——在阵痛中成熟，在渐进中成长，在筚路蓝缕的历程中看到果实慢慢地结出。

北京奥运，正值中国改革开放 30 周年，这不仅仅是一个偶然的巧合。30 年的风风雨雨，30 年的高歌猛进，中国取得了让世界瞩目的成就，北京奥运被许多人视为中国收获 30 年改革成果的一场盛大仪式。

30 年的改革开放，让中国可以派出一支强大的体育代表团，让中国有能力建起让世界惊艳的"鸟巢""水立方"，让中国人终于实现了百年以来念兹在兹的奥运梦。然而器物的收获并不是最重要的，比这更重要的是中国在制度、观念、思想等软实力层面的巨大进步。一幢幢新楼背后，是一个国家和她的国民新的视野、新的观念和新的信心。

现在该是收获的季节。电视的奥运直播不延时了，新闻报道更透明公开了，政府信息发布更及时快捷了，志愿者总数刷新奥运历史了，蓝天被更多人关注了，跟外国人的交往更自然了。由于奥运，这些点滴变化来得有点突然，但绝不是一蹴而就，而是中国人30年厚重的改革开放历程积淀起来的。在付出许多热血、辛劳、汗水和眼泪后，这些东西慢慢融入中国人骨子里，融入这个社会的肌理中，奥运只是提供了爆发的契机。

30年前，20年前，甚至10年前，中国社会还没有这样的精神风貌，中国人远没有今天这般成熟。我们曾经那么故步自封和盲目排外，常常充满激愤和偏激，是30年的对外开放让我们渐渐学会了包容和理性。我们曾经没有参与公共事务的概念，是改革开放造就了肥沃的社会土壤，公民精神和志愿意识就这样一点一滴地积累起来了。我们也曾经有过狂热的物质至上的浪潮，但反思之后，我们懂得了以人为本，懂得了感恩。人与人之间的互不信任，拜金主义下的自私自利，仿佛一夜之间被震飞。2008年发生的和将要发生的一切，将汇成滚滚洪流，把这30年积聚的尘埃涤荡一清，完成民族的精神升华！

2008年是注定要载入史册的。雪灾、震灾，拉萨事件、火炬事件，天灾人祸接踵而至。天降大任，多难兴邦，磨难没有压倒中国人。据知名调查机构皮尤中心的调查，2008年，86%的中国人对国家走向满意，对中国经济表示满意和认同的占82%，高居被调查各国之首。爆棚的信心，来自改革开放30年的成就，来自我们对自己大国国民的身份认同。这种厚实的底气，也将支撑我们自信地面对那举世关注的17天，把它浇铸成中国现代化的里程碑。

古罗马哲学家郎吉弩斯认为，一切伟大事件都具有崇高的风格。崇高不是肤浅的愉悦，而是战胜恐惧之后，对自己能力确认的欣喜。崇高是伟大心灵的回声。让我们静默地等待伟大的北京奥运会的到来。

从容向洋看世界

一个世界人口最多的国家，一个发展速度最快的国家，一个外汇储备最充裕的国家，同时，又是一个具有五千年文化传统的国家，这样一个多重身份的国家，要举办奥运会了。这注定是一个大事件，大场面，大幕就要拉开了。

上千家媒体，近 4 万名记者云集北京，全世界 40 亿人将通过他们聚焦中国。这是中国与世界第一次零距离的正面接触。最近四分之一世纪，我们的经济已增长成为世界经济的引擎，GDP 已排在世界第 4 位。同时，因为我们具有与西方国家不同的社会制度和价值观念，这样强劲的发展，难免引发对方的不安。北京奥运会也正是在这个节骨眼上给中国提供了一个向世界展示自己的机会：中国是个和平发展的国家，是个求同存异、讲包容的国家，是国际社会负责的成员。中国的高速发展，不对任何人构成威胁。有明眼人指出，如果在北京奥运会能形成这样的良性互动，那么奥运会将有助于中国融入世界，为中国今后的发展创造机会。

然而，并不是所有人都认识到了这一重要意义。这缘于对自己和外界的双重失察。火炬事件充分暴露了国人，尤其是部分年轻人在认识上的缺陷。一篇事后发表的网上评论，对此进行了生动的反省："总结圣火风波，必须承认，我们对江湖的险恶估计不足。我们曾理所当然地认为，一个 13 亿人口的国家走向繁荣，在任何人眼里都是世界之福，所有人都会乐见一个古老民族的复兴，分享我们凤凰浴火的喜悦。然而，剧情跳出了我们温情、善意、阳光灿烂的剧本，以一种复杂得多的章节展开。"

这篇评论进一步写道："的确，西方对中国存在误解和偏见。但坦诚地讲，我们对西方文明的理解同样可能失之肤浅。这种肤浅，让我们容易将对方的理念和行为，局部与整体，政府、传媒与民意混为一谈，迷失其间；这种肤浅，让我们往往误把特定的游戏规则视作普世价值，把竞争中的利益权衡视作文明冲突，时而艳羡邻人的富贵高雅，渴望倾盖相交，时而又高筑藩篱，鸣鼓而攻。”

这的确是个淬火的过程。围绕火炬传递进行的全民讨论，让一种新的国际观逐渐养成：一方面，在经济全球化的今天，已没有哪个国家可以关起门来独自发展，中国已经深深地镶嵌在这个世界中。另一方面，中国的块头已非常大，她感冒了，世界都要打喷嚏，因此必须习惯在挑剔的目光下成长，这是中国作为一个后发大国所必须经历的成长烦恼。由于一百多年屈辱的历史记忆，我们是一个具有爱国主义传统和强烈民族情感的民族。但是，对于民族感情和爱国热情，如果我们期望它们走向一个健康、光明的未来，就必须导向建设性轨道，从而完成它们自身的升华。我们欣喜地看到，当火炬回到中国的时候，国人的眼界和胸怀已变得宽阔，“一个大国，绝不可能指望只在掌声中前进”，这已渐成社会共识。

有了此番的历练，面对即将到来的奥运会，我们也就多了一份平和与从容。这样一件风光的事，不可能所有人都乐见，不可能每个人都唱赞歌，甚至会有人来闹场，来搅局。这些我们都见过，也没啥大不了的。它们不会因为你的在乎而减少，只有因为你的过激而加剧。在新中国历史上，这样的干扰和噪音，从来没断过。诚然，与此伴随的另一个事实则是，没有什么噪音和干扰能阻挡中国前进的步伐。

针对一些西方媒体对北京奥运会的抨击，习近平同志曾指出：“对这些杂音，应抱着平常心对待，关键是要做好自己该做的事。”他甚至诙谐地作了一个比喻：在一个笼子里有各种鸟，如果把那些吵得厉害的鸟赶出去，那么笼子里就不热闹了。言语之间，折射的是宠辱不惊的自信和定力。淡定才是真正的强大。

北京奥运会提供了一个千载难逢的机会，就看我们怎么把握。澳大利亚总理陆克文年初曾在北京大学讲演。这个著名“中国通”的寄语也许值得我们谨记，他说：“同学们，你们是中国融入全球的一代，你们肩负着中国的伟大责任，你们将决定世界如何看待中国。”

2006：新闻的力量

中国正处于一个社会急剧转型和变迁的进步时代，转型节奏使这个国家每个年度都会呈现出一个鲜明的时代特征。比如2003年是公认的民权年，孙志刚案等一连串公民维权事件构成了那一年厚重的民权基调；2004年是利益博弈年，各种利益群体粉墨登场；2005年是改革质疑年，许多领域的改革遭遇到公众空前的质疑；2006年最后一月的日历快要翻过去了，这一年改革大讨论波澜壮阔，这一年反垄断风起云涌，这一年的舆论空间异常喧嚣，任志强依然在挨骂，房价油价水价依然在涨，李毅中依然奔波于各地矿难中，这一年是什么年呢？

撇开舆论表层那些鸡零狗碎的话语泡沫，在改革转型的滔滔洪流和宏大的政经剪影中观照现实时会发现：2006是中国深刻反思的一年，不仅是对改革的反思，而是社会诸领域全面反思的一年。

这是中国诸领域全面反思的一年。首先是“改革”的反思，中国改革已经从前几年人人受益的增量改革时期，逐渐迈进了损益划分日渐明显的存量改革阶段。这种背景下，原先支撑社会的那些改革共识已经失范，社会进入了一个改革认知失调期：人人都在思考改革让自己得到了什么失去了什么，让自己与身边的人有了多大差距，改革原初的共富承诺能否兑现？这引发了一场参与者众多、影响深远的改革大讨论。然后是“开放”的反思，借着加入世界贸易组织五周年的历史语境，国人根据金融、汽车、农业等消费方面切身的利益感觉，对本国市场对世界的开放程度和得失进行了深刻的反思，并产生“大国崛起”的文明复兴意识和民族发展诉求。再有财富的反思，顾雏军等富豪纷纷落马引出民营企业家“原罪”的大讨论，引出财富伦理和社会责任的反思。还有文化的反思：超女糟粕精华之争、中医存废之争、中国龙存废之争让公共空间一直充满着喧哗与骚动、狂欢与口水。还有中央与地方关系、唯GDP

政绩观与和谐发展观等方面的深刻反思。

在利益困惑中反思，在反思中博弈，在博弈中重新定位，对宏大改革话题和周遭切身利益的反思构成了2006年中国社会的主旋律。许多年来都只顾埋头改革，许多年来都是“遇着矛盾绕着走”，中国社会需要一次全面、深刻的反思。反思，不是这个国家心血来潮，不是这个社会突发奇想，而是中国改革发展到这个阶段必然会出现的社会情态。

回顾这个反思年，媒体起到了非常重要的推动作用；回顾反思年那一点一滴的社会进步，都可以看到媒体在背后推动的影子。

当年盘点2003民权年时就发现，媒体对那一年的推动作用至关重要。从收容遣送制的废除到深圳独立候选人的海报竞选，从无数的网络签名运动到“乙肝歧视”引起的行政诉讼，媒体在一次次公共事件中起到了公民社会的核心组织者作用，以持续的追问伸张正义，以报道凝聚民间的力量，以暴露真相与权力博弈，为无力者提供表达平台——其实从2003民权年到2004博弈年，到2005改革质疑年，再到今年的反思年，随着公民社会的兴起、传播科技的发展和社会开放度的提升，媒体在推动社会进步中起着越来越多、越来越不可替代的作用。

回顾这过去的一年可以看到，说媒体推动中国一点也不夸张。他们忠实地履行着舆论监督的社会角色，曝光被官商勾结隐瞒的矿难，揭开被畸形政绩掩盖的污染，毫不留情地把官员对上撒谎的丑态暴露于公众眼前；他们积极地为公民捍卫自己的权利鼓与呼，始终站在与铁路部门博弈的公民郝劲松一边，旗帜鲜明地力挺质疑养路费合法性的周泽；他们虔诚地讴歌社会中那些震撼人心的大善大美，通过赞美刘默涵的爱心凝聚社会的爱，通过褒扬华益慰的仁爱向社会注入暖流。正是在媒体追问下，彭水县公安局承认了秦中飞诽谤案属于错案并进行了国家赔偿；正是在新闻持续的报道中，不少地区泛滥的高考加分开始收敛；也正是在新闻的介入下，沃尔玛打破了不建工会的“惯例”并在其他跨国公司中引起链式反应。新闻的力量是什么，是真相和事实的力量，是人心凝聚的力量，一个真相比整个世界的分量还重。

更为可贵的是，我们的媒体能够准确地把握住时代的脉搏，顺应社会变革的潮流，积极主动地以媒体和新闻的力量去推动一种历史进程。2006年是中国的反思年，反思不是偶然的心血来潮而是一种必经的历史进程，媒体在这方面体现出非常清醒的媒体自觉：自觉担当起反思平台的角色，提供广阔的表达平台推动社会讨论，为反思设置各种新的议程，让最大多数人能参与到这场改革争论和反思中来；自觉整合自身的各种资源服务于反思，发掘典型事件为反思提供新的视角，以深度调查报道推动反思的深入，比如刊载专家的医改调查供社会讨论；自觉在报道和评论中传播政治民主化、经济市场化、治理法治化、文化多元化等开放社会理念，排斥民粹主义和极端民族主义，引导反思朝着理性化的方向。

2008：坚守价值　勇于担当

这一年，这个国家经历了大风大浪和大喜大悲；这一年，每个中国人都过得刻骨铭心和惊心动魄。民族同命运，家国同悲喜，国民同呼吸，这一年我们一起经历了汶川地震的大悲痛，一起目睹了北京奥运的大辉煌，一起见证了神七飞天的大手笔，一起感受了金融危机的大冲击。多难兴邦，灾难使中国人在守望相助中更加团结；奥运梦圆，中国人成功地向世界展现了自己，在金融危机中勇于承担责任，在毒奶丑闻中严厉整顿吏治。经历过大灾大难大悲大喜而屹立于世的中国人民，今天更令世界刮目相看。

一个社会越是跌宕起伏大事频发，越考验着这个社会的媒体：考验着他们的报道能力，能否让公众第一时间获得事件的真相与动态；考验着他们的责任感，能否在大事件中坚守新闻人的价值关怀；考验着他们的道义担当，能否勇敢地担负起推动社会前行的责任——回首这过去的一年，中国媒体不辱使命，在频频发生的大事件中获得了历练，不仅能客观地记录历史，负责任地参与历史，更能在大事件中准确地把握住时代的脉搏，顺应社会变革的潮流，主动地以新闻的力量去推动历史的进程和社会的前行。在社会陷入悲痛时以新闻凝聚爱心，在经济遭遇打击时以新闻传递信心，在国家热情高涨时引导大国崛起的平常心。

“推动社会进步，服务青年成长”是中青报的办报宗旨，在跌宕起伏大事不断的 2008 年，我们一如既往地坚守着这样的价值。

当奥运火炬传递遭遇一系列的干扰时，我们和你们一样无比愤怒。国家利益和民族尊严受到侵害，每个有血性的国民都会愤慨——但作为一份负责任的主流大报，我们坚持一贯的理性主张，反对狭隘的民族主义和不理智的排外行动，引导一种理智、开放的爱国主义，认为日益崛起的大国应有大国的理性和气度，学会以平和心态听取不同声音，习惯在世界挑剔的目光下成长。

当汶川大地震发生后，我们和你们一样撕心裂肺。虽然我们是新闻人，但深知在这个特殊时刻没什么比救命更紧急，没什么比全民一心更重要，所以我们没有做冷眼旁观的“他者”，拒绝不合时宜的高谈阔论和不近人情的反思苛责，而是尽可能把自己作为一个人融入救灾中，用新闻去参与救灾，用报道去鼓舞信心，用评论去凝聚力量，呼吁不抛弃不放弃，呼吁设立哀悼日，呼吁不要苛责爱心。

当百年奥运梦圆的时刻，我们和你们一样欢欣鼓舞。我们深知北京奥运不仅仅是一场快乐的体育盛会，更是中国30年改革开放成果的一次全景展示。所以我们在深度报道赛事的同时，更看重从奥运中记录、提炼中国在制度和观念方面一点一滴的进步，聚焦青年志愿者，歌颂“鸟巢一代”，发掘有利于展示制度进步的方面，理性引导公众展现我们友善、包容、热情、美好的一面。

还有当发生特大冰冻灾害时，我们理性地呼吁“为国为已，今年过年不回家”；当神七飞天的时候，我们用新闻与你分享骄傲；当全球经济阴云笼罩时，我们用报道传递温暖和信心；当胶济铁路发生事故时，我们不断地追寻真相和追问责任……每个大事件、每个突发事件都少不了我们的身影，我们用一以贯之的价值记录着历史，参与着历史，推动社会的进步和历史的进程。

在大事件中见证和记录中国青年的不凡表现是我们的重要任务。在中国高速发展的社会图景中，“80后”“90后”的成长一直伴随着“叛逆”“前卫”的标签，功利、自私、冷漠常被用来形容他们。但我们在火炬传递风波中发现了他们的理智和开放，在汶川地震中发现了他们的爱心与责任感，在北京奥运中发现了他们的阳光、从容和公民精神，我们骄傲于这些发现和发掘改变了社会对年轻一代的评价，强化了年轻人对自身的身份认同，更让世界为之惊讶、惊叹和惊艳。

舆论监督报道仍一如既往地占据着我们报道的核心位置。这一年，我们独家披露了阜阳白宫举报人蹊跷死于狱中的事件，曝光了安徽两地法院院长行贿15次后乌纱照戴的丑闻，曝光了重庆云阳奢华的活人墓……这一年因我们的报道而丢官的县委书记又有许多。我们并不以这个骄人的“舆论监督战绩”而自豪，甚至因为“屡曝光屡重犯”而产生无力感。我们依然没有放弃对自身行业丑陋现象的无情揭露，像往年一样继续把监督触角伸向了新闻业自身，曝光了山西封口费事件和《报告文学》收版面费的现象，激起了新闻业职业道德的反思。我们坚信，打铁还须自身硬，不能正己何谈正人。

我们也一直坚持与网络民粹保持着距离，与图一时嘴快的偏激保持距离，也拒绝与那些不顾国情、脱离现实、抽象空洞的思想为伍，坚信中国许多问题不是靠简单移植西方制度就可解决。我们也一直把事实当作新闻的生命，把一切判断奠基于事实基础上，认为真假比是非和利害更优先，追寻真相比表明立场更重要，没有了事实的新闻纸是一张废纸。今天的新闻是明天的历史，新闻是历史的草稿，我们的记录要经得起历史的审视，要对得起历史。

我们同情弱者但并非毫无原则，坚守价值但并不排斥异见，曝光丑恶但并不戴有色眼镜，尊重民意但并不迎合民粹，充满激情但并不丢掉谨慎，报道真相但并非毫不顾忌社会影响——我们所有的辛劳和汗水，所有的理想和抱负，所有的光荣与梦想，所有的责任和担当，都在致力于推进这个社会的前行，哪怕只是一点一滴，哪怕像西西弗斯推举的那块巨石一样，不断推上去又不断滚下来。我们永远乐观地坚信，新闻人的努力不会白费，社会终究不断在进步，有些坚冰终有一天会融化。

在2009年还有将来，我们将继续坚守这些价值，力挺那些勇于挑战潜规则的小人物，赞美那些敢于突破旧体制的个性官员，推进那些能加快法治进程的影响性诉讼，关照那些被镜头忽略的大多数，传递大爱、阳光、感动、温暖和信心，以推动社会的前行为最高的职业理想。我们寄望于这个伟大的共和国能更改革更开放，我们的报道能让无力者更有力，让绝望者看到希望，让悲观者感到温暖，让强权者有所畏惧，让假丑恶有所收敛，让追求正义的人不感到孤独，让每个好人能得到公正的回报。

虽然看到了现实中的无数黑暗和丑恶，但更看到了无数的爱、光明和温暖，所以我们依然保存着我们的新闻理想，坚信社会还有公理和正义，坚信新闻的力量。

2010：在理性的公民身上发现公民社会

已经记不清这是第几个年头，我们在这个版的这个位置跟读者们说新年好，也已经记不清这是第几次，在这个美妙的时间节点上与读者们分享一年来的感受。此时的中国，南国正瑞雪纷飞，北国正阳光灿烂，气候似乎有点儿反常，而国家社会则一如往常地行驶在前行的轨道上。所以，同处这辆前行的国家列车上，并不一定每个人脸上都有阳光，但我们的心里也许都是温暖的。

回望这一年，我们感受到的温暖，也许与大国的崛起并没有多大关系，而是日常生活中公民社会的崛起。世博是让我们骄傲，亚运是让我们长脸，可见过了大世面的国人，已经无须靠这些事件来滋养那种自尊。这一年，在国家的层面上，并没有多少让我们感到温暖的地方，公权仍在滥用，腐败仍未遏制，强拆仍在继续，房价仍在飙升，物价仍在飞涨，官员的雷语此起彼伏——正是在这种沉重的背景下，艰难生长的公民社会，更有了一种让公民欣慰和感动的力量，更让公民在感受彼此的呼吸中感受到了一种温暖。

回望这一年，公民社会的气息时时可以感受到，不仅写到了深圳政府"十二五"规划中，不仅仅出现在一篇篇民间语文中，每个热点事件中都可以清晰地看到它的剪影：在上海高楼大火后胶州路寄托哀思的如潮鲜花中，在乐师满含泪水在街头拉着安魂曲的哀伤眼神中；在星夜兼程地赶向玉树和舟曲的志愿者们疲倦的身影中；在宜黄自焚事件后新兴的微博以围观救助被强拆者的集体行动中；在王鹏被跨省追捕后媒体人与公众合力抨击公权的默契中。还有灾难中国民的彼此守望相助，世博会中小白菜的热情面孔，亚运会中广州人的笑脸，都可以找到公民社会的影子。

公民社会，只是一个想象的共同体和抽象的概念，它其实是由一个个有血有肉、有爱有恨、每个人身边彼此能感触到的理性公民组成的共同体。它并不像听起来的那么宏大，并不高深莫测，而是可以从作为个体的公民身上可以感受到公民社会跳动的脉搏。从一系列大事件中，我们能勾勒出组成公民社会的这些理性公民们的大体轮廓。

他们关心政治，有着强烈的权利意识。他们的权利意识，不仅表现在自己的权利和利益受到侵犯时会站出来捍卫——更可贵的是，在千里之外、看起来跟自己无关的事件上、在与自己毫不相识的人的权利受到侵犯时，他们一样会拍案而起。因为他们深深地明白，一个人的权利，就是每个人的权利，权利其实与每个人相关，今天你对别人被侵犯而置身事外熟视无睹，有一天自己被侵犯时周围也是一片可怕的沉默。于是，当远在宜黄的钟家姐妹在机场受到官员围堵时，微博上的公民们会以围观的方式给她们以力量；当看到有公民因遭遇强拆而在绝望中准备自杀时，千里之外的网友会驱车赶去劝阻和救援。

他们信奉法律，不迷信权力，不依赖人治，更远离以暴制暴，而是选择将法律当作自己权利的保护神。可贵的是，这种法律理性，不仅在法律有利于自己的时候会接受法律，当法律不利于自己的时候，他们一样会尊重法律并接受法律的判决。比如起诉小区物业的公民赵普，官司输了后他接受了判决，但他强调“唤醒了权利意识比什么都重要”，虽然权利受到粗暴侵犯，他以“要保证你的每一次呐喊都是负责的、有质量的，而不是扯着脖子泄愤”的打官司感言引导业主理性维权。

他们能够深邃地看到体制问题，但不会轻易和懒惰地把所有问题都推向体制，而是能看到人的问题和人性的丑恶，知道我们每个人其实都是体制，我们每个人微薄的努力，既能推动也能改变体制。他们不会事事都把责任推给别人，意识到许多问题必须从自己做起；他们严于律人，但更严于律己，默默地在自己的行动中去改变现实，而不是仅仅寄望于外在的力量。比如公民叶青，呼吁公车改革的他，首先选择了严于律己，在他走马上任统计局副局长的第一天，就取消了自己的公车。

从他们身上看不到那种传统宣传镜像中的高大全形象，从他们嘴中看不到让人热血沸腾的正义口号，从他们行为中也找不到震撼人心的光辉事迹，他们的公民品质都表现在琐碎的、听起来很微不足道的日常细节。为了环保，外出吃饭自己带筷子；为了缓堵，悄悄地少开一天车；在同胞遭遇灾难时，他们不事张扬地捐出一个月的工资；外出旅游时，他们会顺便给山区孩子带一些书……他们做这些时，你丝毫看不出一点儿做作，这些品质已经融入他们的道德血液中。你也许在轰轰烈烈的浮华场景中看不到他们的身影，但他们的精神在日常生活中处处可见。

他们有一颗对穷人和弱者的悲悯之心，但不会认为苦难就意味着正义；他们对公权的滥用和强者的不仁充满愤慨，但不会将这种偏见扩大到一个阶层身上；他们会批评自己的国家，但在涉及国家利益问题上还是会站到国家那一边，尤其是在国家遭遇灾难时，会毫不犹豫地融入共同体中；他们对网络民主充满信心，但从来没有失去对网络情绪和假消息的警惕。

他们有弱点，但从不缺乏对自身弱点的批判；他们有立场，但从不将这种立场强加于人；他们有犯错的时候，但当意识到的时候很快会纠错；他们有激情，但也知道这种激情有时候可能会遮蔽自己的眼睛。在公共表达中，他们更喜欢选择以理性平和的方式去表达，因为他们知道，激烈容易导致对抗，激情只在一时，最能够感染和让人动容的，往往不是那些激情澎湃的话语，而是那种冷静和理性之下的隐忍，是平静下的阵阵涟漪，是那种真正能触及人心的淡然。理性能带来更多的共识，宽容能带来更多的和解。

这样的公民理性和公民精神，在我们的社会中虽然还未成为一种大多数人的价值取向，但在日常细节中处处可见；虽然不是那么张扬和显著，但你用心就能感受到它们的存在。虽然非理性的声音甚嚣尘上，但在一片喧嚣和迷狂之中，这种理性更显高贵和可贵。改变中国社会，推动中国前行的，所能依靠的正是这些理性的公民和他们理性的声音，他们是中国公民社会的精神脊梁。

2011：微时代中那些令人难忘的微进步

2011 年的日历就要翻过去了。时光飞逝，大变革时代的中国，与往年一样，这一年依然是百家争鸣，依然是众声喧哗，依然是此起彼伏的热点变换，几家欢迎几家愁的价起价落，还有不断被创造出、又不断被抛在身后的各种流行语。一连串流行语，就可以将这个大时代的繁杂世象串联起来。只不过，在这个多元分化的时代中，你已经很难找到一两个字来概括这个时代的丰富和复杂。

盘点和总结今年的时候，很多人都谈到了一个字：微。主要是微博的蓬勃兴起和向深度发展，让我们的社会在每一个地方、每一个人身上、每一事业上、每一个公共事件上，都可以感觉到微博的存在。你不关心微博，微博会来关心你；你不上微博，你会被人说 OUT 了，很难与人交流，因为我们茶余饭后很多时候谈话的话题，都来自微博，很多流行语都是从微博上开始的——有调查说微博已成为“主流媒体”。许多官方都开了微博，并通过微博与民众交流；很多事业都通过微博去发展，比如微慈善，微公益。

无论在什么事情前加个“微”，都好像会显得比较时尚一些。公共事件中，微博起着越来越大的推动作用。

我觉得，这不仅是一种技术上的时尚，而体现了一种社会变革的方向。我们每个人以微小的力量，融入这个大变革大变动的大时代之中。每个“微”的后面，都是一个公民，我们的公民社会、公民精神、公民美德，就是由这样的作为个体的“微”所构成的。微博这种技术平台，把这种分散的“微”彰显出来了，并给了这些“微”一个凝聚起来展现自身力量、发出自己声音、将微小凝聚成大得无法阻挡之力量的制度平台。

我们社会的进步和发展，并非如暴风骤雨一般的狂飙突进，不是某种急剧的转轨和变化，而正是这样一些微小的力量所推动的，微小的进步不断积累，然后在细微中渐进。微博，正因为顺应了这种时代进步的节奏和发展的特征，所以一出生就风华正茂，并迅速走红，在公共事件中扮演中心的角色。平民喜欢，精英热爱，掌握权力的人不敢忽视它强大的力量，而将自己融入这种大趋势大潮流中。

那些“微”之后，是一个个有血有肉的个体，一个鲜活的力量。我们可以看到，正是在微博和我们每个微小的个体的推动下，2011 年，这个国家和社会有了很多细微的进步。在历史的长河和改革的大背景下，这些进步虽然比较微小，却弥足珍贵。比如慈善组织的不断透明，我看到慈善组织近日表态说“以后哪怕捐一块钱也会开发票”；比如微博打拐，促成了政府对流浪乞讨未成年人的关注，有关部门说“争取不让街面出现一个流浪乞讨的未成年人”；比如我们的校车标准在完善，我们的税不断在减，我们的贫困标准提高了，最低工资标准提高了，房价在降，保障房多起来了，选举中的独立参选人多了起来，醉驾因法律修改而得到了遏制，等等。虽然有些进步付出了沉重的代价，甚至让我们撕心裂肺的心痛，进步毕竟让人欣慰。

这些进步虽然细微，却在我们的心中种下了阳光，让我们看到了公民的力量，看到了舆论的力量，看到了政府对民意的重视。小悦悦事件虽然让我们受到了羞耻，可平凡阿婆陈贤妹又让我们看到了希望；权力虽尚未被驯服，还没有被关进笼子，可这些由微力量凝聚成的公民力量，还是会让权力感到敬畏。

端起碗吃肉，放下碗骂娘，我们能从微博上感受到一些负面的情绪，可客观地审视，公众对这个时代的进步还是看在眼里的。很多时候我们对社会进步的认同，会放在心里，而不会摆在嘴上。我相信多数人，都会认同学者崔卫平提出的那个命题：你所站立的那个地方，正是你的中国。你怎么样，中国便怎么样。你是什么，中国便是什么。你有光明，中国便不黑暗——“你”是谁，就是我们每一个公民，就是我们彼此身边亲近的公民。有怎样的微公民，就有怎样的大中国。

2012：我们都是这个时代列车的乘客

在“末日论”的杞人忧天中，在各种盘点的喋喋不休中，在各种渲染着新年氛围的年会中，2012 年即将过去。2012 年并没有如玛雅预言和电影传说的那样惊天动地。除了领导层的更替，中国与往年并没有大的不同，依然是众声喧哗，年度的时事大片依然是由房价、反腐、拆迁、艳照、雷语、谎言、阴谋、灾难这些关键词组成，流行语此起彼伏，网络红人各领风骚没几天，任志强有人力挺有人骂。

复杂的中国，复杂的 2012 年，复杂的改革时代，很难用一个简单的汉字概而论之。我眼中会浮出现“新”，2012 年，随着新领导层的登台，主席台上有了新面孔，官场有了新风气，改革有了新气象；有“喜”，网络反腐方兴未艾；有“怒”，跨省追捕依旧存在，暴力拆迁未受遏制，“不去解决人民提出的问题，而去解决提出问题的人民”现象依然严重；有“哀”，校车安全这个基本问题并未得到解决，面对车祸中死难的孩子，心中充满哀伤；有“忧”，官员财产公示制在喊了这么多年后，2012 年并无多大进步。

可无论是喜是忧是哀是乐，这就是我们生存的真实中国；无论我们是恨是爱是憎是怒，我们都是这样时代列车的乘客。

是的，我们是这辆列车的乘客，而不是看客，是利益相关者，而不是旁观者。微博和现实中，很多人喜欢把自己当成一个看热闹的看客，一个热点事件的围观者。围观改变中国，这是很多微博崇拜者的座右铭，我并不这样认为。其实，围观并不能改变中国，以看客和哄客的心态去围观，很多时候只是空热闹一场，留下的只有口水、纷争、撕裂和伤痕。只有以一个负责任的乘客的公民身份去围观，在围观中推进事件进程，凝聚公民社会的力量制衡桀骜不驯的权力，微博才有力量，社会才有希望，国家才有前途。

我们都是这辆列车的乘客，利益共通命运相连，所以我们需要彼此的宽容。诸种失衡和断裂下，这个社会中充满着太多的敌意和冲突：官与民的对立、民与民的对立、贫与富的对立、左与右的对立，社会的戾气正源于互怀敌意中的互不容忍。化解这种敌意，我们尤其呼吁强者对弱者、吃肉者对喝粥者的宽容。政府不要将民众当成想象中的敌人，不要充满敌意地看到不同观点就视为洪水猛兽，不要用公权力粗暴地打压质疑和反对的声音，对政府最大的威胁永远不会来自民众，而是内部的腐化。我们也呼唤富人应该更多的投入慈善，有话语权的更多地保持对无声者的关怀和尊重。

我们都是这辆列车的乘客，所以我们需要彼此的信任。很多地方政府失去公信力，无论说什么公众都不信，这是长期以来政府部门在一系列丑闻中习惯性说谎所累积的恶果。如何重建信任？政府永远不应该责怪民众疑心太重，而应该首先信任民众，坦诚地向公众公开各种信息，坦诚地面对问题，承认公众有“知晓真相”的权利和“面对问题”的承受力，而不是习惯性地将“担心影响稳定”作为说谎的借口。信任是彼此的，主动权掌握在政府手中，只有政府部门首先去尊重和信任民众，才会形成一种正反馈。当然，这个问题上也需要公众的理性，要告别无原则的盲目怀疑一切的情绪化思维，有时候相信比怀疑更需要勇气。

我们都是这辆列车的乘客，所以我们需要彼此的温暖。这个时代，微博上的负面信息太多；媒体上每天都有很多让我们感到冰冷的新闻，生存的压力、未来的不确定、房价的压迫感，还有那桀骜不驯的权力，都让我们无奈并无力。我们所以追捧“最美妈妈”“最美教师”“最美司机”那些英雄，是为了消除我们内心的道德焦虑，在满目疮痍的道德沙漠中寻找某种支撑。我们担心自己的孩子遇危险时无人援手，担心家里的老人摔倒后无人敢扶，担心自己遇险时周边都是冷漠的眼神，担心自己老去的那一天会被抛弃。赞美道德英雄，是为了凝聚正能量支撑我们的信念。

我们都是这辆列车的乘客，还需要彼此的责任感，对他人、社会、国家负责任的态度。尤其是媒体人，承担着更多责任。比普通人目睹了更多不公的现实中，虽然我们心有悲哀，但我不会将这种悲观传递和传染给我们的读者。在中国做媒体需要无可救药的、明知不可为而竭力为之的、明知说了没有用也要说的乐观精神。有一点儿话语权的媒体人都那么悲观的话，就没有谁有理由乐观前行了。媒体人如何，媒体传递了什么情绪，社会便被感染什么情绪。

曾经有网友在我的微博上留言说：谢谢你们，你们不只是合格的优秀的评论人和新闻工作者，还是我们身边亲近的公民，当然还是个好父亲——这句话让我深受感动，我知道这留言更多是对我们这个职业的期待，我回复说：谢谢，我喜欢“身边亲近的公民”这个说法，我们是彼此身边亲近的公民。我们有幸共同成为这个时代列车的乘客。

我眼中的2013年中国年度汉字：网

2013年的日历就要翻过了，这个多元化的时代，这个13亿人的大国，每天每地每个角落每时每刻都发生着同样的和不同的新闻：股市依然低迷，房价还是高企，网络流行语还是那么各领风骚没几天，微信开始抢夺着微博的风头，名人明星们各显神通争上头条，高压反腐下大老虎不断曝出，矿难虽然不再是热词，但其他灾难并未减少，方舟子还是那么轴，崔永元还是那么忧郁，陈光标还是那么疯，任志强还是那些嘴硬——千言万语都无法说清这波澜壮阔热点起伏的2013年，更难用一个字去概括了。不过媒体人总有一种文字游戏的癖好，总喜欢用一个字去概括这一年一个国家的表情，并称之为“年度汉字”。

“梦”字过于缥渺，“霾”字过于灰暗，如果非用一个字去概括，我选择“网”字，这个汉字最能概括2013年的中国。

我们的工作和生活已经无法离开网络了，无法摆脱与网络的关系，每个人都是网络的一个节点，互联网将离散的我们一网打尽。购物越来越依赖网络，网络已成为主要的信息渠道，联系和表达主要通过网络进行，比“离开了祖国，你什么都不是”更有感召力和感染力的可能是“离开了网络，你什么都不是”。所以，将网络用到极致的马云和马化腾成为这个时代的偶像，传统媒体在网络新媒体的冲击下一片哀鸣，多数人都是通过网络看“玉兔落月”、关注雅安地震、围观恒大夺冠和参与讨论放假安排的，而不是电视和报纸。

有关部门推动的网络治理是这一年的关键词。从“七条底线”的出台，到起底大谣“秦火火”，到剑指嫖娼的大V薛蛮子，再到最高法“转发500次刑拘”的司法解释及张家川的少年，还有高层在如何对待网络舆论的讲话，网络环境在治理下发生着变化。有些人为打击谣言叫好，有些人认为打击面太大以致过头了，人民网舆情监测室年底发布的一个报告称：治理后大V微博活跃度明显减弱，批判性词汇总量下降，心灵鸡汤类的微博数量明显增多。活跃度减弱的原因可能是多方面的，网络治理挤出了谣言的泡沫，网友的政治冷漠，微信抢夺了微博的市场，等等。

无论如何，虽然曾在舆论监督中扮演重要角色的微博活跃度正在减弱，但历史不会开倒车，公民通过网络参与民主决策和进行监督的热情永远不会消减，一些官员所怀念的那个“没有网络的时代”是永远回不去了。我们无法用工具的方式去改造网络，只能去适应和融入其中。

另一张网是中央纪委的反腐大网。中央纪委和各地纪委监察部门成为今年中国的主角，从蒋洁敏到李东生，从季建业到童名谦，十八大后16个省部级高官被查，两个中央委员落马，进入12月甚至每天都办一个贪官，这种稳准狠的铁腕反腐节奏让贪官睡不着觉，让民心大振。“2013年年度人物应该选中央纪委”的呼声赢得了网民的高度认同。天网恢恢，疏而不漏，这张反腐大网在收拾着腐败的官心，更安抚着离散的民心。

不是中央纪委高调，而是威胁着执政党执政根基的腐败问题将这个部门推到了时代的前台，扮演着为改革扫清障碍的主角。看得出来，这张大网刚刚张开，它正朝着治本的方向努力，正寻找一个制度性的答案。还有，严格的八项规定虽还未能将权力关进笼子，但起码已打破了一些地方和官员“规定只是一阵风”的观望期待，而像网一样捆住了官员乱花钱的手。

腐败的官风让公众深恶痛绝，雾霾同样。人们戏称雾霾为“为人民服‘雾’”，那只是被逼出来的幽默，自嘲后是伤不起的肺。空气污染也是一张大网，将每个人都网入其中，逃不脱它的魔爪，没有漏网之鱼。雾霾已经不是一时一地的问题，如今雾霾一出，便能弥漫大半个中国，让身在网中的你无处挣脱。逃离北上广？甚至拉萨都已经有了漫天的浮尘，身在空气污染网中的我们无人能幸免于雾霾之害。

网友的批评非常尖锐，有关部门曾承诺绝对不走西方先污染后治理的老路，如今他们终于实现了承诺，他们走的是“先污染不治理”的道路。一想到雾霾将会持续10～20年，我们心底就蒙上了一层散不开的雾霾。

如何建成一个能让“居者有其屋、病者有其医、勤者有其业、劳者有其得、少者有其学、弱者有其助、老者有其养”的社会保障网络，一直是今年各种新闻围绕的焦点。十八届三中全会的“改革大动作”所竭力解决的，无非就建成这个安全网和保障网。改革是最大的制度红利，这种制度红利，还有中国梦，对百姓来讲并不那么宏大和抽象，无非就是能够生活在一个能安居乐业、免于恐惧、免于强制、免于匮乏的安全保障网中。延迟退休的争论从年头争到年尾，保障性住房建设一直是媒体关注的焦点。重民生者得民心，得民心者得天下，李克强总理在国务院常务会议上最新的表述是，切实把社会保障体系的“网底”编实、筑牢，给全社会以稳定、可靠的民生保障预期，减少不安和焦虑。

改革必须突破利益藩篱，掌权者必须有自缚其手的自觉，不要一遇到问题就说是历史遗留问题，关键是这一代改革者不能不负责任地为历史遗留问题！

很多公共事件都离不开这个“网”字，薄熙来的网络公开审判受到了一致叫好，弥合了左中右的分歧，网友甚至调侃“透明得让人受不了”；青岛的管道爆炸，让我们意识到我们城市地下交织着无数管网，如果没有负责任的管理，随时可能成为威胁城市安全的定时炸弹；住房信息联网一直是个难题，遭遇到地方强大的阻力，房市调控成为一个无解的题；上海法官集体嫖娼震惊了舆论，让公众看到了司法腐败背后巨大的利益网络；《新快报》陈永洲主演的反转剧，暴露了媒体人在利益网中扮演的不光彩角色；禽流感的传播，也让我们不安地看到了一张我们无处摆脱的网。

人际是一张网，社会是一张网，想冲进让我们安全的网，想挣脱让我们不安的网，有些网我们看得见，有些网永远看不见。我们身处不同的网中，无论如何，我们不要坐网观天，别把网络看成是中国的全部，别被那张网束缚住自己的梦想。如果一个人没有梦想，那只能为别人的梦想打工；一个国家如果没有梦想，只能为别国的梦想打工。

我们看着日本，世界看着我们

2004 年足球亚洲杯中日决赛尚未打响，空气中早已流淌着一种心照不宣的躁动。

实际上自日本队击败巴林进入决赛起，这种躁动就隐约开始酝酿了。两个多小时急切的等待后，刘云飞在中伊大战最后时刻勇猛地扑出象征着中国队打进决赛的那个点球，中日决赛相遇！那一刻起，躁动真正开始了！绝非体育竞技上简单常见的争强好胜——如换成日本之外任何一个国家，球迷决赛前的躁动也许会仅限于此，但恰恰就是日本——一个与我们纠缠着许多历史恩怨的民族。这份躁动无法单纯，无法不交织着复杂的厌日情绪。

网友的帖子一个比一个激烈：我无意煽动人们的反日情绪，我只是无法忘记那段历史；体育精神没有国界，可人的感情是有国界的；我们球迷有表达自己感情的权力；我要在决赛上多贴反日标语，多“嘘”日本人——球迷的躁动通过网络论坛迅速地传播和膨胀。我们大抵已经从前几场日本队在重庆赛场的遭遇看到球迷的厌日情绪之深，也能从外交部“中方期待着中日球迷能在 8 月 7 日非常文明地欣赏到一场精彩比赛”的辞令中解读出些躁动的火药味。

可以料想的是，顺着这种情绪发展、膨胀和自我暗示，8 月 7 日亚洲杯中日决赛的球场将是一场球迷的“爱国”主义战场。不仅中国人，日本人，几乎全世界也都在心照不宣地这么想，准备看中国球迷的热闹。

说真的，血肉相连，承载着共同的历史，非常能够理解球迷的这种情绪，在这个问题上，我并不比球迷有更高的理性和智慧，也非常想设身处地地把自己当作一个简简单单的球迷来看问题。其实，作为一个俗人，也常有陷于某种愤怒中的时候，可明明知道有些行为或言语是不理智的，最后还是做出来或说出来了，寻求的就是一种发泄的快感——显然，很多对赛场上的日本队有偏激行为的球迷，也清楚自己的行为有违体育精神，但在沉重的历史记忆中，就是不想做遵守体育精神的人，就是想通过不尊重那个国家国歌和队员的方式来滋养内心的怨愤。

对此，我想说的是，我们看着日本，全世界的目光看着我们。也许我们在赛场上对日本国歌的嘘声中能获得些许精神上的安慰，可在全世界人的目光中：我们将会是这样一个形象：没有素质，不讲礼貌，缺乏体育精神。

有的球迷在网上留言：咎由自取，就是想通过不友好的方式报复那些不道歉不认错不尊重历史的日本人，就是想让日本人看到我们的态度。可我们别忘了，作为一次国际体育盛会，亚洲杯的决赛决非两个国家的事，观众绝非中国人和日本人，全世界的人都可以通过卫星的传送看到现场直播。退一万步讲，即使我们可以不尊重日本人的感受，但我们能够不在乎自己在全世界人民心目中的形象吗？

公道自在人心，世界人民的眼睛是血亮的。对于那段日本侵华的历史，世界都看在眼里，日本政府的不道歉不认错，还有不顾亚洲人民的感情参拜靖国神社，这些世界也看在眼里。可是，当全世界的不同民族的人坐到电视机前看亚洲杯中国队和日本队的决赛时，他们仅仅是想看一场精彩的球赛，公平、互尊、精彩、球迷的热情，等等，是最大的看点。如果世界目光的如此关注兴趣下，也许我们的球迷有千万条理由对日本队员、球迷等施以极端不礼貌的行为，但其他国家看比赛的人是不会理解这些理由的：不讲礼貌就是不讲礼貌，没有素质就是没有素质，缺乏体育精神就是缺乏体育精神。

世界人民看我们时的所思绝不会是我们看日本人的所思。对于世界来讲，体育精神是一种共通的语言，而两个民族的历史恩怨是两个国家之间的事，不应该扯到体育场上来。

在如此认识上，我想，表达情感不仅只有“极端偏激”这一种方式，在如此民族旧怨上，在大家都把中国球迷“看扁”，都以为中国球迷会在亚洲杯决赛上会发泄民族情绪时，而我们偏偏坚守体育精神，坚守球迷道德，坚决不把政治带到体育场上来——在世界人民的目光关注下，这难道不也是一种表达吗？不要中国球迷“极端行为”的提醒，世界人民自然从“拒绝认错”和“宽容理性”的对比中看出历史。

坚守体育精神，这是世界人民沟通的共同语言。记住，8 月 7 日的决赛，世界人民的目光看着我们。

重塑“劳动最光荣”的价值共识

人世间的美好梦想，只有通过诚实劳动才能实现；发展中的各种难题，只有通过诚实劳动才能破解；生命里的一切辉煌，只有通过诚实劳动才能铸就。必须牢固树立劳动最光荣、劳动最崇高、劳动最伟大、劳动最美丽的观念……很多假日仍辛勤工作在一线的劳动者，一定是含着眼泪看完习近平总书记在2013年劳动节到来之际向劳动者致敬的这段讲话的，这复杂的眼泪中有欣慰、感动、辛酸和期待。

劳动最光荣、劳动最崇高、劳动最伟大、劳动最美丽，这种对劳动和劳动者的礼赞，听来是那么的熟悉，又是那么的陌生。熟悉在于，我们过去常能听到，耳熟能详，陌生在于，骨感的现实让劳动者感到这一个个贴在他们身上的标签离他们是那么的远。光荣、崇高、伟大、美丽这些大词让他们感觉是那么的陌生，他们在现实感受到的似乎是相反的一面，卑微、渺小、被漠视、被边缘、被羞辱。

正因为理想与现实间存在这种反差，总书记的这段讲话格外让劳动者百感交集，更让亿万劳动者有了一个共同的中国梦：社会能重塑“劳动最光荣”的价值共识，让劳动真正与崇高、伟大、美丽这些字眼联系起来，让“通过诚实劳动实现美好梦想”成为这个时代发展的动力。

总书记的讲话，并非用空洞的口号去让劳动者感到一种虚幻的精神荣耀，而恰恰是正面现实问题，有着很强的现实针对性，在充满忧患感和危机感的问题意识下提出了一个关乎中国改革和发展的宏大命题：如果没有劳动的支撑，再伟大的梦想也只是空想空谈，如果没有对劳动的尊重，大到民族的复兴小到个人的发展，都是一句空话。当一个社会劳动者得不到尊重，劳动无体面无尊严，不劳者却有收获，不劳者却反而更光荣时，这个社会是没有前途的。一个劳动者地位低下、劳动被贬低的社会，肯定是一个失去活力、走向衰落的社会。

对劳动的强调，是新领导层亮相以来一系列精神的延续。倡导“空谈误国，实干兴邦”，就是要脚踏实地地劳动；高扬中国梦的理想，也是凝聚“靠诚实劳动实现自己梦想”的社会共识。

拿什么重塑“劳动最光荣”的共识呢？首先要让劳动者有尊严，而要维护尊严则需要一系列的保障，物质、精神和法律方面的保障。如果劳动者无法靠自己的劳动获得体面的报酬、过上有尊严的生活，肯定是谈不上光荣的。如果劳动者对应的身份标签是“低收入者”，劳动者的收入与其付出不成比例，自然也谈不上伟大与美丽。并不是高收入才对应着尊严，但如果辛勤劳动的人收入远远低于那些不劳动、不创造价值的人，劳动就成了被羞辱者，这样的社会也必然会失去创新、创富的活力，因为背后有一种可怕的逆淘汰。

当然还有精神和法律方面的保障，如果劳动者的权利常被侵犯却又无力寻求法律救助，劳动者成为弱者的代名词，劳动者常与讨薪、被加班、过劳死、职业病、开胸验肺之类的新闻联系在一起，也就远离了体面和尊严。

拿什么去重塑“劳动最光荣”的共识呢？还必须让那些不劳动者有耻辱感。当下的社会流行着一种轻视劳动的坏风气，不是以劳动创富为荣，而是以不劳而获为荣，好像靠自己的双手去努力奋斗是很没用、很丢脸、很不体面的事，而靠拼爹、走关系、垄断、权力致富，才很光荣。不打破这种畸形扭曲的潜规则，不打破官本位、权本位，权力通吃，垄断通吃，社会财富由掌握多少权力分配而不是根据劳动付出去分配，诚实的劳动者自然就成了吃亏者。这样的社会中，只会人人争当公务员，人人争着去拼爹，而不会以劳动为荣。

重提“劳动最光荣”，让很多辛勤劳动的人泪流满面。拿什么拭去他们脸上的辛酸并充满期待的泪水呢？让劳动者富起来，让不劳者无所获，让被关进笼子的权力不再通吃。

远离互联网幻觉，立足现实理解改革

2014 年年初东莞扫黄在网络上引发讨论，有人自负地认为，民意一边倒地反对政府扫黄，该到了性交易合法化的时候了。显然，这种理解受到了互联网的误导，习惯在网上吐槽并依赖网络作判断的人，很容易陷入互联网幻觉中。其实，如果从电脑前离开，到现实中问问身边的人，尤其问问身边的女性，会看到更全面和真实的民意，多数人和主流民意是支持政府扫黄的，反对性交易合法化，中国人远没有“开放”到能接受红灯区的程度。鉴于网络传播的特性和中国舆论场的特殊，偏激的声音和反主流的态度很容易在网上被放大，所以片面依赖网络声音去判断中国现实，很容易作出片面甚至错误的判断。

不仅在扫黄问题上，从对废除死刑的态度，到对改革高考的意见，网上网下的意见都有很大差别，甚至是迥异的。只看网络，会误以为中国人都非常痛恨死刑了，人人都欲废之而后快，可到现实中去问问身边人，支持死刑的仍占多数；整天上网的人，会作出网民对高考的痛恨已经到无以复加的程度，废除高考会赢得一致叫好，可到现实中甚至动动某个高考学科的分值都会遇到巨大阻力。

一个经常上中国微博的外国记者朋友一直非常困惑，中国贫富差距这么大，网民对分配不公的情绪如此激烈，中国社会似乎随时可能失控。这位生活在美国、只从网络理解中国的记者并不知道，中国多数人其实也并不在网上，多数上网的人并不发言，被放大的也只是少数声音。比如生活在中国农村的人，他们的收入虽然比城市白领差很多倍，但农民很多时候并不会跟城市白领和富人比，而是跟自己过去比，跟同村的人比，这种比较使他们认为自己当然也是改革的受益者和红利的分享者。眼睛只盯着互联网个别声音的人，是看不到这个中国基本面的。

年轻人在网民中占相当大的比例，具备这种改革理性尤其重要。事实上，互联网上的中国并不代表真实的中国，只有远离互联网幻觉，多离开电脑和键盘而扎根于泥土和实地，才会真正理解中国和理性看待改革，不会对改革有不切实际的期待，不会用简单的方案去套中国改革，更不会有那些轻率、浮躁和失真的判断。这么说并非批评和排斥网络，而是倡导一种客观对待网络的态度。缺乏生活经验的年轻人，特别要警惕整天挂在网上所沾染的那种轻浮、自闭和戾气。不错，网络表达确实相对其他途径虽然更自由，也有一定代表性，但也更容易忽略沉默的声音、淹没温和的声音和放大极端的声音。

这么说，并非贬低网络和抬高其他传播途径，不是说其他的传播途径就更能代表现实民意，而是倡导避免依赖某一个途径而忽略其他。既要上网，也要看报纸和电视，更要走到鲜活的现实去接地气。客观和理性并不是一个标准答案，也不是被谁所垄断，但只有全面地接受多元、多渠道信息，才能接近客观和理性。

这一代年轻人对网络有过度的依赖，网络的便捷、自由和开放对缺乏生活阅历和社会经验的年轻人确实会有一种强烈的诱惑，负责任的年轻人一定要克制身上被外人传染的情绪和骨子里的惰性，从互联网上走下来，从电脑前走出来，从宅中脱离出来，走向广阔的社会，去去菜市场，去去乡村田野，带着开放的心态多与各种人交流，到不一样的世界中去了解以前陌生的生活世界，才会真正对中国当下改革所面临的比改革之初复杂的多的国内国际环境有所了解。

不过度依赖网络而走向现实，才会理解很多改革并不是想象的那种简单，才会谨慎地采取适合现实的方案，而不是迷信那些激进的改革方案。比如治理雾霾，沉浸于网骂快感中的人会把治理想得很容易，将那些污染企业都关了不就行了。可事实上是行不通的，一个简单的冲突是，某地要求邻省关停钢铁生产企业时遭到了邻省官员的强烈反对：你们只是呼吸的问题，可企业一关就是数万人的生存问题。动几个企业都会遇到巨大阻力，且这些阻力也不是无理取闹，由此缩影可见改革之艰难。

不过度依赖网络，才会对改革创新保持宽容，而不是一遇到问题就将某种改革创新一棒子打死。对现实越有了解的人，越会理解改革者的不易，而不像网骂那么轻浮。不过度依赖网络，才会有等待改革过程的耐心，而不是迷信毕其功于一役，改革关系到如此庞大面积国土上、差别和悬殊如此之大的十多亿人的利益，加上很多问题是累积的结果，治理需要过程。不过度依赖网络，也才会戒除对教条的盲目崇拜，明白改革并没有某个唯一的标准答案，很多在其他国家成功的答案在中国并不一定行得通。

互联网是个好东西，但沉浸在其中而不闻网下网外事，就容易在互联网幻觉中走向反理性的迷途。

离开国家认同，改革寸步难行

2014年2月一个青年给我们的来信中谈他遇到的问题，很有代表性。他感到很困惑的是，身边一些年轻人对“国家”这个词仿佛避之唯恐不及。当他在网上表达爱国热情时，会受到很多人的冷嘲热讽，仿佛爱国成了一件丢人的事，诋毁自己的祖国倒显得高贵冷艳；当他在某个问题上主张国家利益时，会立刻被人贴上“五毛”的标签；当他在演讲比赛中充满激情地说到“青春与祖国共奋进”时，台下听众木然的表情让他感到很受伤。他迷惘的是，爱国有错吗？谈论国家利益是很陈旧的观念吗？自己的思想落后于这个时代了吗？

我们回复这个年轻人说：爱自己的祖国永远是不朽的公民美德，谈论国家利益永远不会陈旧，不是你错了，是别人病了。我们应该自信地去热爱祖国和捍卫国家利益，向身边的人输送理性、阳光、正面的思想能量，而不是反被那种偏激、阴暗、狭隘的情绪所传染。

这个青年的留言给了我们很大的触动，这不是他一个人的思想困惑，而涉及青年一代应该具备何种改革理性这个宏大的命题。改革无疑是当下中国最热的词，十八届三中全会列出的清单吹响了中国新一轮改革的号角，人民向往改革，人心思改革，改革在新一届领导层的带领下大刀阔斧地进行着。中国早过了一两个人说了算的时代，人民是改革的主体，而青年又是人民的中坚力量，青年有清醒的头脑，改革才会有动力，国家也才会有前途。所以青年人的改革理性对改革的深入推进尤其重要。

所以我们在评论分成几个方面与青年朋友交流“青年人应该如何看待改革”这个命题。因为改革与国家利益密切相关，改革既是为了实现国民富裕成功的个人梦，也是为了实现富强民主的中国梦，所以我们首先想谈的就是青年人应该如何理解自己与国家的关系。理清了这个关系，才能更理性地定位自身在改革中的身份。我们的观点是：如果没有对国家利益认同，我们的改革将寸步难行。

领导人充满忧患意识地在各种场合强调，改革到了这一步，好改的都已经改了，剩下的都是难啃硬骨头——为什么改革很难？因为每走一步都会触动很多人的利益，我们已经过了那种普惠的增量改革时代，而到了有人受益有人受损的存量改革时代。一些领域的改革所以陷入渐而不进的尴尬境地，就源于既得利益者的羁绊。领导人都无奈地说，触动利益比触动灵魂还难。我们的改革已经深陷各种利益的包围之中，个人利益、家族利益、阶层利益、地方利益、部门利益、圈子利益，诸种利益的角力使改革每向前走一步都显得那么艰难。每个人都在骂污染，但为了治污限制一下交通，就会遇到阻力；都知道养老双轨制不公平，可一动昔日受益者的奶酪，就遇到强大的反弹。

八项规定从严治官，有公务员抱怨福利缩水了，吐槽说“现在吃个苹果都要自己买”——连动个苹果都如此难，可见改革在一些领域的寸步难行！又可见十八届三中全会作出那么大的改革动作，需要改革者多大的勇气冲破多大的阻力！

从个人到地方，从阶层到部门，诸种利益纷争和冲突之下，需要一个基本的共识去协调多元的利益，那就是国家利益，这也是起码的改革共识，是多元利益的最大公约数。国家不是一个虚无的概念，“中国梦”不是空洞的口号，国家利益不是用来压人的，它客观地存在着。我们的改革正是为了建设一个强大的国家，实现民族伟大复兴的梦想。一个强大国家的护佑下，国民才有尊严，落后只会挨打。救亡图存都成问题，何谈富裕和尊严。一个强大国家的羽翼下，国民才有富裕，否则在国际分工和竞争中处于弱势，无奈用低附加值的衬衫去换人家的飞机。我们一直认为，一个人没有梦想，就只能为别人的梦想打工；一个国家没有梦想，也只能为别的国家的梦想打工。当国家利益受到尊重，个人和家族利益才不会那么甚嚣尘上，部门和圈子利益才不至那么冠冕堂皇，地方和阶层利益才不至那么目空一切。

国家利益就是公共利益，每一种利益要臣服于这个最大公约数，改革的利益阻力才能化解，改革也才能深化和前行。当下我们的网络上之所以处处充斥着纷争的口水，事事都能引发对立与撕裂，也源于缺乏对国家利益这个价值共识底线的认同。

实现中国梦是全面深化改革的根本价值追求，所以，理性看待改革，首先就是对国家利益有理性的认同，站在国家梦想和国家利益的高度去思考改革大业。必须正视的是，正如那位青年的来信中所表现的，年轻一代中流行着一种将个人至上化、将国家虚无化的倾向，他们常常在改革问题上将个人与国家对立起来，将国家当成一个压迫性、与个人对立的存在，以与国家对立的姿态为时尚。起初也许是为了破除改革前对国家主义和集体主义的过度崇拜，是对“为了国家利益应牺牲个体”那种极端观念的逆反。可如今走过了头，从排斥一种极端中走向另一种极端。可以不必强求运动员夺冠时都说“感谢国家”，但不能对人家自发的爱国热情冷嘲热讽；可以反对用国家利益去压倒个人利益，但不能反去歌颂损害国家利益的言行；可以主张个人的利益，但不能将个人与国家对立起来。

抛开了国家利益谈改革，无异于沙滩上建筑房屋。青年理性看待改革，首先要改革自己的偏激认知，树立正确的国家观念。

当积极公民才无愧这个改革时代

改革能给我们带来什么？改革能让我们得到什么好处？这是我们习惯的发问。我们似乎已经习惯了以一种索取者的姿态面对改革，仿佛改革欠我们很多很多，改革要给我们带来实实在在的利益，它才具备基本的正当性和合法性。很少会有人换个角度，尝试问自己这样一个问题：我们能为改革做些什么？这不是一个矫情的伪问题，正如肯尼迪所说“不要问国家为你做了什么，先问你为国家做了什么”，在这个改革时代，我们也有必要自问一句：你为改革做了什么？你对改革的贡献是什么？

不要告诉我，改革是别人的事，自己作为一个“屁民”无法为改革作贡献。不能以置身事外和坐享其成的心态去看待改革，改革不是一群人去改另一群人，然后更多人等着享受改革成果，而需要全民的参与。我们都是改革者，又都是被改革者，每个人行动起来，去推动，去投票，去监督，去传播良善，去鞭挞丑恶，去勇敢地说出真相，去克制自私而服务公益，改革才会良性地运转起来。一个没有为改革作贡献、不想为了改革而付出行动的人，也许在道义上就没有权利去要求分享改革的光荣与梦想。

那，你对改革的贡献是什么呢？

不要告诉我，你对改革的贡献就是整天在网上发泄一堆自以为代表着正义的愤怒情绪。这些情绪对改革毫无帮助，而是破坏性的负能量。你的表达方式就是骂，“傻逼”“脑残”“蠢货”之类挂在嘴上。红十字会筹款救灾时你骂，以为骂到他们筹不到一分钱就代表着正义；公务员无论做什么事你都骂，以为骂公务员就代表着道德；你看到政府就骂，看到一切跟政府和体制有关联的符号都骂，骂国家，骂北大，骂国企，骂党报，骂高铁，骂奥运冠军，你给这个时代留下的表情就是一张扭曲的脸，在“我敢骂所以我是斗士”的幻觉中表现着莫名其妙的优越感。这种愤怒情绪所滋长的戾气，使改革处于一种非常恶劣的舆论生态中。

不要告诉我，你对改革的贡献就是矛头永远都指向别人的批评。你指责政府治雾霾不力，自己却不愿意少开一天车和少放一点鞭炮；你指责制度虚设腐败泛滥，自己办事时却首先想到的是找关系和钻制度漏洞；你指责世风日下人心不古，自己却不愿做好人，只是希望享受别人做好人给自己带来好处；你批评既得利益者阻碍改革，可当改革触及自身利益时，就立刻去阻挠改革；你指责这个社会缺乏法治精神，可当法律作出不符合自己利益的判决时，就立刻不要法律了。

也不要告诉我，你对改革的贡献就是围观。一句口号曾经让不少年轻人很激动，叫“关注就是力量，围观改变中国”——你不用做什么，只要在公共事件中充当一个围观者就可以形成一种倒逼变革的压力了。多便宜的事啊，什么都不用做，你只要站在一边围观，就可以轻松地“改变”中国，这个极具诱惑性的口号立刻就被那些热衷在网络上起哄的人所追捧。可围观真的能改变中国吗？当然不能，围观只是一场热闹，积极的公民行动才是社会变革的动力。当下最大的问题就是围观者太多了，而缺乏协调者和行动者，而且围观在很多时候又变异成窥私、猎奇、起哄、挑衅、暴力和煽动。

你为改革做了什么？只有告别愤青的姿态，远离片面的指责，拒绝做那种不负责任的围观者，而以积极公民的身份融入改革进程中，才能给出一个无愧于这个时代的答案。

做一个“积极公民”有两种内涵，一是积极的表达，一是积极的行动。积极的表达，就是避免沾染那种“张口就骂”和“逢政府必反”的网络戾气，拒绝被偏激的情绪牵着鼻子走，理性地参与公共讨论，客观地看待改革面临的问题，善意地建言，做一个矛盾的协调者和问题的解决者，求同存异，宽容不同声音，而不是在起哄中激化矛盾和撕裂社会。改革需要一个健康的舆论环境，党同伐异和情绪化对抗只会进一步撕裂本就稀薄的改革共识。

更重要的是积极的公民行动，空谈误国，实干兴邦。改革走到这一步，已经不缺观念和理论，最缺的是行动，不仅是政府和官员的行动，而是每个公民的行动。正是基于这一点，我对每一个在日常生活中的行动者充满敬意，他们不只是在网上抱怨法律不健全，而是在权利受到侵害时勇敢地站出来用法律维权，以此捍卫法律权威；他们不只是抱怨雾霾，而会默默地少开一天车，默默地在夏天将家中的空调调高一度；他们不只是批评红十字会，而会在自己捐款后随时监督这笔善款的流向；他们从网上走下来后，会立刻去参与竞选小区业委会的岗位。

当我们以积极公民的身份融入改革进程之中，才不会对“你对改革作了什么贡献”的发问无言以对，才不会愧对这个国家伟大的改革时代。当有一天老去的我们回望这段波澜壮阔的中国改革史时，才不会为自己“什么也没有做”而羞耻，而会为在改革中看到自己留下的影子和印记而感欣慰。

诚信不是奉献而是资本

无疑，马云已经成了今天年轻人最崇拜的偶像，没有谁比马云这个符号更能激荡起年轻人对财富的憧憬和成功的想象，中国梦的故事在这个貌不惊人的首富身上找到了最好的注解。向往成功的年轻人们激动地谈论着马云的财富，言必谈马云的创新、智慧、视野、坚守与成功，却忽视了一个也许在马云看来最重要的品质：诚信。很少有人注意到马云的成功与诚信的关系，可能这就是我们与马云的距离。

诚信是马云很多演讲的关键词，他说：我一直坚信，诚信是有价值的，是可以变成钱的，诚信是最大的财富——这不是空洞的道德说教和自欺欺人的陈辞滥调，马云用自己的经历阐释着“为什么诚信是最大的财富”：为什么在网上买东西便宜？很大一项成本，最主要的就是信用成本，我们不用支出了。十年前，谁会相信在网上卖东西的人，谁敢在网上买？现在网购节省时间节省成本，就是因为你相信我，我相信你，诚信这个时候就是生产力。

这难道不正是阿里巴巴之所以成功最核心的价值密码吗？诚信可能是马云最大的资本，没有了诚信，马云的巨富可能一夜就会蒸发，阿里巴巴这座财富大厦一夜之间就会坍塌。我们追求成功，对财富英雄和成功人物顶礼膜拜，如果我们耐心地去追溯他们成功的原因，都会看到诚信这种品质在他们的创富神话中闪烁着金子般的光芒。马化腾的格言是“唯有诚信，才能长久”，王健林推崇的是“合作最重要的是讲诚信”，柳传志说“联想品牌核心就是诚信”。

谈马云，谈马化腾、王健林和柳传志，也许很多年轻人觉得这些人都离我们太远，也觉得他们身上的诚信有点儿像我们这些人高不可攀的奢侈品。好，我们来谈一个离我们很近的年轻人，谈谈他的诚信故事。

河北保定的“80后”大学毕业生刘洪安自主创业开早点摊，因炸油条不用废油而广受赞誉，被盛赞为“良心油条哥”而成舆论追捧的人物。刘洪安这段关于诚信的宣言触动了很多年轻人，他算了一笔账：刚开始这样做，担心成本增加会亏本，每天倒掉三四斤油20多块钱，每月损失四五百块钱，但我坚持诚信经营，明码标价，别人卖4块钱一斤，我卖5块钱一斤，没想到的是虽然成本增加了，价格上涨了，但来吃早餐的人却越来越多，盈利也比原来多了1/4。

从首富马云到我们身边“良心油条哥”的故事，都能深切地读懂“诚信是生产力”。谈到诚信这种社会主义核心价值观，很多人会本能地觉得这是一种强加给自己的道德义务，又要让自己去“奉献”，让自己一诺千金履行对别人的承诺，诚信是让自己吃亏让别人受益，是一种道德付出和道义负担。其实，这完全是对诚信极大的误解。诚信不是对他人的奉献，而是每个人最重要的资本，是一种能通过诚信待人而赢得别人的信任，从而赢得尊重、生意伙伴、财富和成功的重要品质。

我们倡导青年好活法，倡导年轻人践行诚信，就是用诚信打造个人坚实的资本。我们形容一个年轻人的失败，最无可救药的失败描述是：这个人的信用已经完全破产了。信用破产，意味着没有人再敢相信他，说的话没人相信，做的事没人相信，没人愿意跟他合作做生意，银行不愿意贷款，朋友不愿意借钱。西方有一句名言，他骗了所有的人，最后他发现他被所有人骗了——说的就是信用破产后被孤立和抛弃的恶果。诚信是最大的财富，没了钱可以再挣，没了房子可以再买，没了信用可就真的一无所有了。

我们倡导青年好活法，就是共同营造一个诚信的社会氛围，活在一个安心的环境中，避免陷入“他人为地狱”的道德荒漠。诚信不仅仅是最重要的个人资本，也是最重要的社会资本和国家资本。一个失去诚信的社会，没有谁可以幸免于难。如果欺诈横行，人与人之间缺乏基本的诚信，就会成为一个互相伤害的社会。生产毒面包的虽然自己可以不吃自己做的面包，但他需要住别人造的房子、别人种的蔬菜、别人生产的牛奶，诚信这个社会资本的链条一断裂，彼此猜忌互疑中不仅加大人际交往成本，道德生态也会在“不敢扶老人”中不断荒漠化。

我们羡慕和追求财富英雄的成功，自己的信用银行里却没有一分钱的存款；我们总怀疑摔倒的老人会讹诈自己，因为一次伤害而从此拒绝信任；我们总想享受别人的诚信给自己带来的好处，自己却不想付出诚信。这种活法，个人信用资本走向破产，社会的信用资本也不断透支。当我们明白了诚信不是为了别人，而是为了自己，付出了信任才会收获信任，拥有了诚信资本才会赢得诚信红利，就会理解这样一种活法的意义并去选择这种活法。

用敬业精神追梦，以实战状态接班

中青报 2014 年 10 月描写中国航天科工集团公司那群年轻人实干创新的报道《让青年以实战的状态接班》在年轻人中激发不小的讨论，不少科研单位的团委都召开了专题学习会，深入讨论这篇报道。比如三院 304 所某团支部委员王珊在讨论中的发言激起了不少共鸣："作为航天科工的一名青年，在集团公司精心培养下，面对日趋激烈的市场竞争，我们应全身心投入工作，发挥青年创新创造力，勇于接收急难险重工作任务，以实战状态迎接每一个挑战，时刻严格要求自己以实战状态接班。"

这篇报道之所以能引发青年共鸣，在于航天人的故事触动了志在接班的这一代年轻人的内心：拿什么去接班，有什么样的姿态去接班？航天的年轻人用让美国同行们"害怕"的团队实战精神给同龄人们做出了示范。记得 2013 年五四青年节时，习近平总书记也是选择了到航天城与这些优秀的年轻人们座谈，鼓励他们要立足本职、埋头苦干，从自身做起，从点滴做起，用勤劳的双手、一流的业绩成就属于自己的人生精彩。年轻人们没有辜负总书记的嘱咐，没有辜负自己的青春和这个时代，用敬业精神追梦圆梦，在实战状态中接班。

这些年轻人没有什么豪言壮语，没有激动人心的事迹，也不擅煲心灵鸡汤，触动同龄人的是他们身上实干实战的敬业精神。人和心都在一线，不能有一刻是闲置状态——这就是他们十年如一日的工作状态；全身心地投入工作，到了最后 200 米没有退路的时候，就是实战状态——这就是他们对实战的理解。没有对职业深沉的爱，没有对岗位深切的敬，没有对这份事业发自内心的投入与热爱，很难进入这种实战状态。

不知从什么时候起，"敬业"和"实干"在少数年轻人那里成了贬义词，成了演讲稿里的动人修辞却在现实中避之唯恐不及，好像没有本事的人才要敬业，没背景的人才需要去埋头苦干，靠"职场宝典"混上位那才是本事，靠亲爹就可以接班、靠干爹就可以升职、靠拼爹就可以加薪，还需要埋头苦干勤劳奋斗干吗？这种消极灰暗的认知也许只是给自己的惰性找了一个貌似堂皇的借口，将不想埋头苦干的理由都推给了外人和体制。其实，青春如果没有实干，梦想永远只是空想，很多时候，我们总习惯于把责任推给别人，推给一个抽象的体制，然后在那里理直气壮地抱怨，却不想行动起来去改变去追求，去脚踏实地一步一步地拼搏。

年轻人都很崇拜那些财富英雄，景仰马云，推崇马化腾，津津乐道于他们今天的成功与财富。很多人的悲剧正在于，只看到了成功人士今天被鲜花和掌声包裹着的牛逼，却看不到他们当年一步一步勤奋实干敬业创业时的苦逼。我们只看到刘永好今天的辉煌，却看不到刘永好当年做鸡饲料时的艰辛；只看到马化腾今天的光环，却看不到当年他创业时的困顿与坚持。心灵鸡汤多是忽悠人的，真正读懂了他们的故事，就会明白敬业是多么的重要，只有像傻逼一样的坚持，才会有牛逼一样的结果。

也许这句话应该成为每个在敬业问题上还有迟疑的年轻人的座右铭：你总看到有些人不费吹灰之力就创业成功，总有些人不用怎么听课每次考试都第一，总有些人不用努力也能找到工作，也总有些人轻而易举就能得到升职机会。你大概以为他们都比自己聪明，你只是没有察觉，在你看不到的时候他们比你更努力，在你怀疑自己时他们依然在坚持。有志的青年人，就应该追求这种活法，只有这样，你才能获得接班人的资格。

成功人士徐小平说过一句话，平凡却有冲击力：不幸的人各有各的不幸，而幸福的奋斗者都是一样的。他们好学、敬业、热爱自己的行业，在别人看来特别简单、没什么意思的行业里，凭借敬业心和重复实践的意志，做出卓越的事业。确实如此，我们不要好高骛远，我们不要心比天高却凌空蹈虚，敬业实干是我们迈向成功的唯一资本，不要沉浸于马云的故事中不能自拔，你真正的人生楷模一定不在畅销书和成功学里，而在你旁边：你想做小生意，榜样就是邻居小饭馆那个敬业的老板；你想成为工程师，榜样就是单位里那个敬业的同行；你想成为大作家，榜样就是隔壁那个夜里总亮着灯的作者。

主席小举动何以引发大反响

2012 年 6 月网络上一组照片引发热议。图片拍的是在 G20 峰会上，主办方用贴在地板上的各国国旗来标示合影时领导人的位置。合影结束后，唯有中国国家主席胡锦涛弯腰把这面国旗贴纸捡起、细心地收了起来。图片反映的这一细微举动，在网络上引起强烈反响，网友纷纷留言表达了发自内心的感动。

往往类似的国际性会议和领导人出访报道，公众通过新闻报道看到的，往往都只是迎送镜头、会议程序和外交礼仪包裹着的领导人，感谢细心的记者抓拍下的这一组珍贵图片，让公众从常被报道镜头忽略的细节中看到了一个更有人格魅力的领导人。

主席弯腰捡起国旗贴纸，有人说这是为了“避免中国国旗被人踩踏”，也有人通过分析当时会场的视频，认为当时主席的鞋底被贴纸粘住了，然后才有弯腰捡贴纸的动作。即使弯腰捡贴纸可能是“鞋底被粘住”后的一种本能、下意识的反应，但无论如何，主席捡起国旗贴纸后，细心地收了起来，这种文明的习惯，这种对国旗的尊重，已经足以让人感动。

领导人也是公民，但领导人在重大外交场合不经意间这种不矫揉、不造作的自然举动，更能让国民感到骄傲，更能通过以身作则而对国民产生一种潜移默化的示范和教育意义。

很多网友都将这个细节上升到“这一弯腰让中国人的腰更直了”“瞬间的弯腰，挺起了伟大的中国，国人为此种弯腰而自豪”“给国人上了一堂生动的爱国教育课”“以无声的行动向世界证明中华民族伟大而光荣”——这样的“过度阐释”，体现了国民发自内心的爱国的热情与善意，并有一种对“领导人在外交场合赢得尊重”所油然而生的自豪感。

不过我倒觉得，主席这一细微之举，没必要非得上纲上线到那种高度后才让人感动。“中华民族的光荣”，不需要以这样的方式“向世界去证明”，我们不要总有一种“向世界证明”的迫切心态，崛起的大国无须再有这样的弱国心态。真的，细微之举无须拔高，其本身细微之间流露的那种质朴和自然，已足以能触动人心。并不是非要有“避免中国国旗被人踩踏”的认识高度，才能衬托出主席背影的伟大。捡起贴纸后没有像一些不文明的人随意乱扔，就是一种可贵的文明；善待国旗，捡起后细心收了起来，本身也足以体现对国旗的尊重和内心的那份情怀。

很多人喜欢通过拔高和过度阐释来衬托高大和彰显伟岸，其实，过度的拔高反而遮掩了那份更加可贵的质朴。主席此次在G20峰会上赢得尊重的细微行为，其实是其一直以来那种质朴精神的自然延伸。胡锦涛主席给公众留下的印象一直都是“质朴”。我们看到过主席“朴素的午餐”，2008年6月1日主席在甘肃地震灾区时，午餐只是一碗米饭和一碗菜汤，而其他战士们的午餐还相对丰盛。2007年胡锦涛主席在北京朝阳区考察艾滋病防治工作时，与艾滋病患者亲切握手，旁观群众的评价是“朴素的胡锦涛”。给已故英模孟二冬的女儿回信时，胡锦涛主席说“我是含着热泪读完你这封来信的”，动情之中给公众留下的也是质朴的情怀。还有，2010年胡锦涛主席访问葡萄牙检阅骑兵仪仗队时，一匹骏马突然受惊，骑兵摔落在地。仪式结束后胡锦涛走向受伤骑兵，关切询问伤情，并两次紧紧拥抱了他。

这一次在G20峰会上引人注目的弯腰捡国旗并小心收起，与那种一以贯之的质朴情怀密切相连。

小举动所以引发大反响，冲击力源于那种质朴的情怀，我们需要从人的角度去解读，而不是神化。确实，领导人的这种质朴，能在被人格魅力的征服中提振起国民对国家的认同；但我更期待，国民对这份可贵的质朴情怀，不能仅停留于赞美和感动中，而需要反思和学习。

这一年，高速前行的中国学会了慢

2011 年 7 月 23 日，是我们心理上要过的一道坎。

时间是最好的疗伤灵药，而时间又是这样的残忍，关于这一天的所有痛苦、沉重和惨烈的集体记忆，都会在时间的冲淡和磨碎后，又被时间全部唤起。这个心理上的坎，不仅是对那些遇难者的亲人，那些亲历者和目睹者，那些被灾难震撼的旁观者，那些关心公共事务的公民——不仅如此，对这个国家，都是一道需要逾越的坎。

这辆永不抵达的列车，这辆车上那些永远回不了家的人，我们无法忘记，也从未忘记。忘记你们，爱你们的父母和子女做不到，你们已经成为亲人心中永远的痛。忘记你们，目睹了这一切的国人们做不到，坐火车的时候都会想起你们。忘记你们，中国也做不到——中国这道伤痕，中国人心中的这份痛，不知道多少年才能弥合。

就在这几天，一个在铁路系统工作的朋友跟我说，每次看到那些遇难者家属悲痛欲绝的面孔时，都会泪流满面——是的，“7・23”，在他们心里也有一道很难过的坎。非常能够理解这份痛，不仅是出于人之常情的悲悯和同情，也有一份沉重的负疚感。这一年，我接触过不少铁路人，他们身上都有这样负重前行的沉重感。

虽然不愿触碰这道伤痕，甚至谈论也成为一种禁忌，但这一年，不仅中国铁路在真诚地反思，中国的改革也在前行中默默地反思。毕竟，这场悲剧暴露的不仅是铁路建设中存在的问题，也是高歌猛进的中国改革进程中的一个问题缩影。正如高速前行的高铁速度降下来了，这一年，一向追求速度的中国也学会了慢，一向“以快为美”的中国开始“以慢为美”。

“7・23”永远压在我们心中、沉重得让我们窒息的，不仅有那些反映着事故惨相的照片，有最小的幸存者小伊伊那让人忍泪不禁的面孔，有让整个互联网洒泪的《永不抵达的列车》，还有一首被疯狂转发的小诗：中国哟，请你慢些走，停下飞奔的脚步，等一等你的人民，等一等你的灵魂，等一等你的道德，等一等你的良知！不要让列车脱轨，不要让桥梁坍塌，不要让道路成陷阱，不要让房屋成危楼。慢点走，让每一位公民都顺利平安地抵达终点，每一个生命都有自由和尊严，每一位公民都不被“时代”抛下！

这首诗所以被疯狂转发，不仅因为她触动了灾难和悲剧带给人们的悲悯，更触痛了一直以来中国这列高速前行的列车上人们担心被落下、被甩脱、被抛弃、被碾压的焦虑。快得失去了方向、踩不住刹车的动车对中国社会是一个巨大的隐喻，穷人担心被高歌猛进的城市化进程所抛弃，年轻人担心被飙升的房价所抛弃，留守儿童担心被到城市打工的父母所抛弃，市民担心被飞涨的 CPI 指数所抛弃……

这一年，中国这辆列车在各个领域都在反思过度追求经济发展速度带来的种种问题，并努力让经济像高铁的建设那样慢下来。让不断狂奔缺少反省的经济喘一口气，等一等那些被飞快的速度落下的穷人，让我们的灵魂有反思和喘息的机会。

震撼舆论的小悦悦事件后，冷漠的路人促舆论反思。我们的市场经济如果一味只追求经济腾飞的奇迹，只看 GDP 数字，只信仰金钱，而放弃了道德，失去了良知，丢掉了灵魂，那样的社会是极其可怕的。这段时间，中国社会自下而上一直在致力于发掘生活中的各种“最美”，表达的正是一种在点滴重建道德的意愿。

这一年，中国一直在致力于调控畸高的房价，让房价的上涨速度慢下来。上下基本已经形成共识，近几年以火箭般速度飙升的房价，不仅透支了中国经济 10 多年，掏空很多人的腰包，透支了很多人的未来，更让这个国家很多被房子绑架的年轻人失去了梦想的能力。畸高的房价隐含的泡沫，一如当年大干快上的高铁发展累积的问题。

这一年，中国也在冷静反思舆论分裂，看到了“微博”和“新闻联播”这两个舆论场的对立，一个代表着民间，一个代表着官方，两边都在自说自话，缺乏交流。有识人士从“7·23”的两车追尾中看到了两个舆论场“追尾”的危险，这两个舆论场正像因雷击而失去沟通的 D301 和 D3115，不重建对话和协商机制，激烈的社会冲突难以避免。

这一年，我们听得最多的就是“慢”的吁求。城市大雨后遭遇内涝，舆论呼吁城市放慢高楼大厦的速度，排涝能力更考验城市良心；呼吁不要逼着农民上楼，不要强迫农民铲掉庄稼而种政府认为能致富的产品；神九上天，蛟龙潜海，民众并没有欣喜若狂，而是冷静地期待解决教育问题、食品安全问题。这一年，自上而下都在焦虑地呼吁，一边开着宝马一边喝着污水，是对现代化的讽刺，中国不能陷入悲惨式增长……

这一切，都是“7·23”留给中国的思考。所以，我们要记住那些遇难者的名字，记住这个惨痛的教训。几十年后，当我们再回看这场灾难时会发现，“7·23”不仅让中国铁路的发展刹了一次车，更影响了中国改革的进程。“7·23”的教训是深刻和沉重的，代价是巨大和昂贵的，中国的改革转型，需要一套制度化的纠偏机制，而不能总借助灾难和悲剧的冲击，这是个人、家庭、社会和国家无法承受之重。

常想起那些遇难者的名字吧！中国，你慢慢地走，没什么必须是“时不我待”，也没什么必须“只争朝夕”，没有什么是比民众的安全感和幸福感更高的价值。

用国家公祭的重量将历史刻在人心

国家公祭日，各地举办了各种活动悼念南京大屠杀死难者和所有在日本帝国主义侵华战争期间惨遭日本侵略者杀戮的死难者。在很多记录公祭活动的影像中，一张孩子们手捧菊花为死难者默哀的照片尤其触动着人心，见证着国家公祭的重量和分量：合肥市蚌埠路第三小学举行悼念仪式，孩子们高举写有“勿忘国耻”的标识牌，为死难者默哀，提醒自己牢记历史、勿忘国耻。从同时鸣笛致哀到“和平烛光祭”，年轻人的面孔在各种悼念活动中尤其引人注目。

孩子们高举“牢记历史、勿忘国耻”的群像之所以更打动人心，是因为这些稚嫩年轻的面孔代表着中国的未来。以国家公祭这么重的分量去悼念死难者，就是要让历史告诉未来。中国未来的高度必将由今天这些手捧菊花的年轻人创造，这些孩子未必完全明白“勿忘国耻”背后沉重的历史内涵，未必完全清楚默哀的意义和公祭的分量，未必深刻了解那段被侵略史的残酷和悲壮，但以国民的身份参与国家公祭的经历，将深深地刻在他们心中让他们铭记一生，并用这种强大的集中记忆去反抗健忘和拒绝遗忘。

与好几位研究历史的老教授讨论过国民历史教育的问题，这些曾见证过那段民族苦难史的白发苍苍的老人，都特别焦虑于不少人尤其是一些年轻人对历史的淡漠甚至遗忘。随着那段历史与这代年轻人越来越远，随时时间的冲淡，历史似乎成了一种抽象、虚无和跟自己无关的东西，如何铭记历史成了一个社会问题。所以，当 2014 年 2 月全国人大决定将 12 月 13 日设立为南京大屠杀死难者国家公祭日时，赢得了巨大的国民认同与共鸣。

为了让历史不被时间所冲淡，需要国家公祭这种举国的集体悼念仪式来让人们记住那些死难者，记住“落后就要挨打”的历史教训，记住今天的生活是怎么来的，记住历史是不容篡改的，告慰死者，警醒生者。那段历史与今天的年轻人已经有了70多年的间隔，国家公祭是今天的人们尤其是年轻人跟那段历史的一次穿越时空的对话。我们默哀悼念，是为了在静默中用心灵去感知历史，超越抽象的历史叙述而回到鲜活的历史场域中，让书本中记录的文字史、图片史以具象的方式铭刻到年轻人心中。

从国家领导人到普通公众，这一天我们每个人都沉思、悼念、回忆并追问，也是一次以国家的身份表达了对历史的鲜明立场。谴责那些否认和篡改历史的丑陋行为，这不是一次对历史仇恨的放大与强化，而是一次表态。对不断抬头的日本右翼势力，对于他们不断否认历史的行径，需要用国家公祭这种形式来表达中国立场。相信日本的年轻人也会关注中国的国家公祭日，他们有权利知道这段历史，避免被日本右翼所扭曲和篡改的历史所蒙蔽。

当然，这场国家公祭，也是与世界的一次对话，与世界热爱和平主义者的一次共鸣。中国不是军国主义唯一的受害者，世界因为那些侵略战争深受其害。2014年6月，南京大屠杀档案申报世界记忆遗产，主要目的是让中国记忆走向世界记忆，让全人类共同去面对这段历史悲剧。“二战”后，主要参战国政府纷纷推出国家级哀悼日，以国家公祭的形式来祭奠死难的国民，波兰的奥斯威辛集中营大屠杀纪念馆、美国的珍珠港事件纪念馆、俄罗斯卫国战争纪念馆等，每年都举行国家公祭。我们的国家公祭日是对世界的一次呼应，共同以史为鉴，共同拒绝遗忘与篡改，共同走和平发展之路。

又想起那些孩子捧着菊花默哀时的专注。这些孩子会慢慢长大，每年一次的国家公祭日将成为他们成长记忆的一部分，他们不仅会在教科书中读到那段历史，在与父辈的交流中了解到历史细节，更会在这种举国公祭的共鸣中感知到历史，终有一天会更深刻地明白“勿忘国耻”的内涵，带着这种厚重的历史感去追逐自己的中国梦，并且将这种对历史的了解再告诉自己的孩子。一个用心参与过国家公祭日活动的年轻人，历史无法不在他们心中留下印记。

我们欠春运服务者一声谢谢

2015 年 2 月一张呼吁少放鞭炮的图片在网络疯传，图片上一对环卫工人夫妇站在街头，手举一张心形卡片，上面写着“年轻人，少放点鞭炮！让我老伴早回家过年！谢谢体谅！”——这张图片让人看到了环卫这个职业的艰辛，击中了很多人的痛点和泪点，激起了很多人的职业共鸣。有人说，春节少看新闻吧，让记者好好过年；春节少发快递吧，让快递哥好好过个年。

这些“戏仿”中虽有调侃成分，却让公众看到了很多职业的艰辛，大多数人都能在辛苦一年后好好过个年休个假，一些职业一些人却无法享受过年的快乐。这些令人尊敬的职业面孔中尤其要说的是春运服务者，也许其他每个职业都可以套用这个“少放鞭炮体”，让少看点新闻，少跑点邮局，少发点快递，少去点银行，寄望早点回家过年，但春运服务者没法儿套用“少放鞭炮体”，没法儿说：大家少回点儿家，让我们可以早点回家过年。春运服务者的存在和辛劳，就是为了让别人更多地、更早地、更好地回家。

不得不对春运服务者们说一声谢谢！此时此刻，我们都在计划着自己的春节回家行程，买着年货，憧憬着年夜饭，安排着春节假期。可春节服务者们不行，这是他们最忙碌的时候，他们的计划中只有别人的春节，而没有自己的春节。

不得不对春运服务者们说一声谢谢！都说春运拥挤，回家之路充满艰辛，经历过春运之旅的人都会对密集的人群充满恐惧。不过作为回家过年的人，想着快要回家团聚了，想着也就几个小时的路程，忍忍也就过去了。可是，春运服务者不行，他们连续一个多月，每天得在火车站嘈杂的环境和拥挤的火车上面对无数的人，每天工作在南来北往的人群中，每天都承受着面对密集人群的巨大压力。让密集人群中的每一个人安全安心地回家，是他们的工作。

我们欠春运服务者一声谢谢。每当春运来临，我们习惯了吐槽，习惯了向卖票者宣泄买不到票的不满，习惯了把一票难求的愤懑指向无力解决这个无解难题的人，习惯了把春运变成“春怨”，而忘记了对春运服务者应有的感谢。春运中可能遇到一点儿小麻烦小问题小不满，就会习惯性地埋怨这服务不好，那服务太糟。可曾想到，那个被你埋怨的人已经连续在岗位上工作了好几天，连续好几年没在家过过年，在你吃着年夜饭看着春晚的时候他却在火车上吃着泡面。

对那些保障旅客安全的武警和铁警们说声谢谢。前几天新闻中一张图片，感动了很多网友：北京西客站，担负春运执勤任务的武警北京总队官兵依靠在椅背上作短暂午休。由于没有支撑，一些武警低头入睡，或是靠在椅背上，甚至将头趴在前排椅子上休息。当日，有 17 万人次从北京西站离京返乡。

对一线的售票员们说声谢谢。一票难求，与买票者直接接触的售票员承受着巨大的压力。春运期间每名售票员每日售票均在 1300 张以上，业务最为熟练的可以达到 1700 张以上。每人每天得说上万句话，特别是碰到耳力差的老人或者旅行经验不丰富的旅客，更得多说几句。由于用嗓过度，咽喉炎、咽喉息肉是售票员的职业病。

向车站问讯处的工作人员说声谢谢。这可以说是火车站最忙碌的部门之一，每天有无数旅客到这里来咨询，工作人员一天大约要回答几千个问题，而且还经常能遇到一些稀奇古怪的提问。在服务台一站就是一天，忙起来就连喝水和上厕所的时间都没有。

向 12306 客服中心的接线员说声谢谢，每天她们要面临无数千奇百样的问题，电话那边，既有买不到票的焦躁，更有劈头盖脸的臭骂。向火车上的服务员说声谢谢，我们也许只会调侃“啤酒饮料矿泉水，花生瓜子八宝粥”，背后却是来来回回穿越拥挤人群的艰辛。还有那些默默在背后保障着春运安全却永远看不到他们面孔的人，巡道工、铁路探伤工、站务人员、志愿者，等等。

习惯性的“春运抱怨”淹没了感恩的情怀，“一票难求”常常抹杀了春运服务者所有的贡献。确实，我们好不容易买到了票，春运之旅也很拥挤，但我们无法心安理得地认为春运服务者做这一切都是他们应该做的。对他们的辛劳、汗水、耐心和承受的压力，我们有必要说一声谢谢。

让心灵在家的港湾里诗意栖息

亲爱的读者朋友，当你打开今天（2015 年 2 月 18 日）这份报纸，或者在网页上点开这篇文章时，你一定是在家里——也许因为行程安排，你还在回家的路上，也许因为工作原因，你还坚守工作岗位，但你的心一定在家里。回想一下，我们多长时间没这么陪家人了，家里多长时间没这么热闹了，家人多长时间没聚这么齐了，心灵多长时间没有这么放松，如此放松地在家的港湾里诗意地栖息了。

这就是中国人如此期待和看重春节的原因，这也是我们不惜翻越千山万水，不管经历多少劳累都要赶回家的原因。春节对于现代中国人，不仅是一个传统，更是一种心灵慰藉的需要，是全民的一次心理治疗。现代社会竞争如此激烈，“时间就是金钱”的职场节奏让我们像上了发条一样停不下来，只有回到家中才可以慢下来，不必焦虑于时间去哪里了，真正地享受悠闲。回家也是漂泊心灵的一次慰藉，在我们疲于奔命的社会中，也许每个人都无足轻重，每个人的岗位都可以替代，离了谁都照样运行，可你在家中的身份是唯一的、不可替代的，在一起就是天大的事儿。

这是我们感受家庭温暖、享受天伦之乐的时候，也应该是我们审视自身家庭意识的机会。我们习惯了累了躺到家里，委屈了找家人倾诉，回家就问做的什么菜，却很少意识到我们其实欠家人很多。

一个作家的这段描述曾激起很多人的共鸣：我们把最好的笑脸展现给领导和客户，却把厌烦的表情留给家人；我们用宽容大度来对待别人的错误，却对亲人百般挑剔；我们一遍又一遍教别人一些简单甚至弱智的技能，却用不耐烦来回敬亲人的一句询问；我们在外面谈笑风生，却在关门的那一霎换上一张无趣的脸；我们，是怎么了？是啊，我们真的欠家人很多。我们都在犯同样的错误，和陌生人讲着心里话，却和家里深爱着你的人吵架！

春节，在家的港湾里诗意地栖息的时候，我们好好地珍惜与家人在一起的时间，利用这个时候好好地陪陪家人，给年迈的父母多点关爱，对孩子多点儿耐心，对爱人多点儿体贴。

我们建议，这个春节应该少做“低头族”，不要被电子媒介和社交平台所绑架，不能人在家中，心却在网上。一家人坐一起吃团圆饭，却低着头和远在千里之外的人聊天。也许平常我们已经习惯了这种“低头生活”，生活中离不开了手机，而且有各种堂皇的理由，但这几天请尽量戒掉对手机的依赖，抬起头来，多跟家人聊聊天，多陪老人逛逛街，多带孩子出去玩玩；多给身边的亲人发发红包，少低着头在微信上抢红包；不要在网上肆意抛洒大把的时光，却吝啬跟眼前人多说哪怕一句话。

我们建议，这个春节应该多待在家里陪家人，少出去参加各种饭局应酬和麻将。很多人春节回家，往往真正待在家里跟家人一起吃饭的时间很少，多是出去参加各种聚会和饭局，甚至比平时还忙。人是回家了，却周旋于各种饭局，这也会让家人失望。多吃吃妈妈做的菜，多给爸妈做几顿饭，多下厨给孩子做个榜样，这样才更有家的温馨氛围，更符合春节的团圆意义。正如有人所言，请别再让父母一整年的等待，等来的，又是7天的等待。春节7天转瞬即逝，当你发现还没有好好陪陪父母时，却又到了返程的时间。

我们建议，春节多帮老人做点事，别让春节回家变成一次精神“啃老”：只顾自己方便而不顾老人感受。让老人做饭，让老人带孩子，让老人忙里忙外招待客人，虽然老人都会很乐意，但这属于精神啃老行为。孩子再大，父母总习惯站在孩子立场上，已经长大的我们应该学会站在老人角度考虑问题了，耐心地听父母讲那些家长里短鸡毛蒜皮，不要打断他们。耐心地接受父母的关心，即使觉得烦也应听着。多给老人讲讲自己的生活，别觉得这无所谓。

新年快乐，让我们漂泊和浮躁的心灵在温暖的家里得到安放。家国一体，美丽和谐的中国梦，正是建立一个个美丽和谐的家庭梦想之上。

8

Part

第八辑

评论记录灾难史

在中国做评论员需要很强大的内心，一方面是要用这种强大的内心去面对各种喷子，一方面是面对灾难。中国多灾多难，有天灾有人祸，一般人可以选择不关注这些灾难，而媒体人和评论人不可以。评论员不仅要关注灾难，还要在公众陷入恐惧或灾难情绪之中时，作出冷静的判断。写了 10 年评论，评过无数灾难，对灾难的看法也在发生改变，这从我这 10 年写的灾难评论中可以看到我的心路历程。这些评论，既是对灾难的记录，也是个人面对灾难时心理不断成熟和理性的记录。

这一次政府学会了与谣言赛跑

据新华社报道，国家地震台网测定，北京时间2008年5月12日14时28分，在四川汶川县发生了7.8级地震——这是一次震动了半个中国的强震，北京、上海、天津、重庆、云南等20多个省、市、自治区都有震感，有些地区甚至震感非常强烈，人们纷纷地通过MSN、QQ等网络通讯工具描述和交流着自己的震感经历。

虽然处于地震中心的四川汶川人员伤亡信息还没有最终公布，但从其他地方的影响可以判断，汶川可能遭到了地震的重创，当年造成惨重灾难的唐山大地震也是7.8级——胡锦涛总书记立即作出重要指示，要求尽快抢救伤员，保证灾区人民生命安全，温家宝总理也赶赴灾区指导救灾工作，全国人民心系着灾区百姓的安危，他们的心此刻与汶川人连在一起。

不幸中的万幸是，这次让半个中国有震感的强震没有造成社会恐慌——比如在北京，当感觉到发生地震后，正在办公的人们纷纷从写字楼里撤离，住楼房里的市民也纷纷疏散到了开阔地，不过他们很快就陆续重新回到房间，恢复了往常的工作和生活秩序。从新闻报道中可以看到，有过震感的地区都很快恢复了常态，商业区秩序井然，并未造成人员恐慌，人们在强震面前保持了冷静和理性，许多人轻松地在网上开着各种玩笑——比如有人说：我当时正在和我的朋友聊天，我还以为我把她聊晕了！有人说，当时正在“WC”，就放了一个屁，然后就天摇地动的，吓坏我了，下回再也不放了。显然，这种平静、理性和轻松归功于通畅的信息传播和政府及时的信息公开。《政府信息公开条例》5月1日刚刚正式实施，政府虽未能成功地预测地震的发生，但震后及时的信息披露避免了恐慌的发生。在无数次教训之后，这一次，真相跑到了谣言和恐慌之前；这一次，政府学会了与谣言赛跑。

回想30多年前唐山发生的那场大地震，不仅对一座城市造成了毁灭性的破坏，而且由于信息传播的不发达和信息披露的滞后，引发了全国性的巨大恐慌：谣言四起，小道消息横行，许多地方群众为防止地震都举家搬到了户外，紧张得天天疑心有地震，草木皆兵，风声鹤唳，每天都向当地政府或指挥部反映有地震前兆出现，动不动就警报大作全城陷入恐慌。某天晚上，广东曾有一位大学生听到别人大喊了几声，以为地震来了，就从宿舍楼上跳了下去。恐慌由此可见一斑。

此次地震发生后不到10分钟，国家地震局迅速通过新华社向社会发布了消息，并及时地发布了各地的震感信息，使公众很快知道了真相，避免了恐慌发生。各地地震局也都尽可能在第一时间向公众发出了权威信息，比如河南省地震局就通过手机短信、电视、广播等形式向群众发布震情提示：地震台网测定今天14:28四川汶川发生7.8级地震，震感波及我省，不会影响正常生活，请不要恐慌，本局正关注震情及时向社会公布——政府及时权威的信息，使公众能理性、平静地面对脚下刚刚发生的震动。

事实上并非没有谣言传出，地震发生后各地很快传出了许多谣言，比如北京盛传当晚会有2~6级的地震，重庆网上传言晚上会有余震，上海也谣传沪浙交界处发生5.7级地震。当地地震局都很快进行了辟谣，谣言在权威信息下立刻停止传播。震感也引起贵州一些群众的猜测和不安，针对这种情况，贵州有关部门迅速通过手机短信和网络等现代传播手段，及时告知公众“贵州处于非地震带”和此次地震对贵州没有大的影响等安民信息，使不实传言迅速消失，人心很快趋于安定，生产生活秩序归于正常。可以看到，许多次教训之后，政府在应对突发事件时学会了与谣言赛跑，学会了赶在公众恐慌之前公布真相，以权威的信息安民。

恐慌止于信息公开，谣言止于信息畅通。信息不畅是谣言和恐慌的温床，只有及时、权威的信息公开才能给公众稳定和理性的预期，自作聪明地“隐瞒信息”和“以谎辟谣”才会真正激起公众的恐慌——此次的“震后应急”再次证明了这个基本常识，这也是《政府信息公开条例》的一个立法初衷。不幸中的万幸是，政府此次依法及时地公开信息，在强震震动了半个中国的危机下，避免了震后社会恐慌的发生。要知道，7.8 级的强震固然可怕，但震后造成的举国恐慌更可怕。

当然了，我们更期待有关部门在接下来能继续贯彻这种信息公开原则，及时公布震区的灾害伤亡人数、救灾进展、群体安抚、社会捐助的发放等信息。也要及时给公众一个交代：为什么这次地震局没有能预测到此次强震的发生，为什么我们的预警系统毫无反应，是技术限制还是其他原因？

人命关天，携手抗灾优先于一切

距离四川汶川的强震已超过 24 小时，可由于道路严重破坏和当地恶劣的气候条件，武警虽然已通过空降和步行的方式抵达受害最严重的震中位置，但人们尚不知道那里有着多么严重的人员伤亡，不知道废墟下到底埋了多少条人命，不知道废墟和雷雨中活着的人怎样艰难地求生。全国人民心系着灾区民众，不知有多少人彻夜难眠，害怕一早醒来看到的伤亡数据，揪着心点击着媒体报出的最新死亡人数。救灾者正与死神争分夺秒，正如我们的总理所言：早进灾区 1 秒就可能多救活一条生命。

不少人都在网络上追问“为什么地震局未能预测到此次强震”，检讨“地震暴露的危机意识匮乏”，质疑“为什么没有注意震前一些异常征兆”，甚至有人质疑“是否为了奥运而禁止透露预测信息”——且不论有些质疑纯属毫无根据的胡乱猜疑，即使检讨和追问得有道理，但我以为，什么事情都有个轻重缓急，什么时候都应关注最紧迫的事情。当下汶川强震灾情如火，救灾情况非常危急、紧迫和严峻，不知有多少人还被埋在废墟中，正挣扎在钢筋混凝土的死亡边缘等待着救援。这种火烧眉毛的紧急状态下，也许尚不是质疑和争论的时候。灾难面前生命高于一切，没有什么比救灾更重要，没有什么比救命更紧急，公众和舆论不妨暂且放下一些检讨、反思和指责，把资源、智慧和精力集中到实际救灾中去，众志成城，不惜一切代价、凝聚一切可以凝聚的力量抗震救灾。

并不是只有那些身在四川、冲在抗灾第一线的人才能参与救灾，不是只有直接挽救被埋废墟中的人的生命才叫救灾，我们这些坐在电脑前、远离灾区、不能直接救死扶伤的人，同样可以用实际行动积极地参与到抗震救灾中去。

我们可以向灾区百姓捐钱捐物，这可能是远离灾区者最实际的救灾。数万余群众遭遇强震后无家可归，加上震后暴雨，他们在黑暗中缺水缺粮，又冷又饿，他们急需帐篷、食品、药品和卫星通信设备，需要面包和水，需要重建家园，需要别人的帮助以渡过这段难关——为此，一些负责任的企业公民和明星已经开始慷慨解囊。从红十字会到各地慈善组织，从网络媒体到行业协会，许多组织都已发出了捐款倡议书并开通了捐款通道，我们有责任响应号召伸出援手，尽自己的一份心力，帮助灾区人民渡过难关。当然了，地震救援急需大量血液和血浆，献血也是一种对救灾非常实际的参与。让人感动的是，各地都出现了民众排队献血的长龙。

保持平静和理性的态度也是对救灾必要的帮助，恐慌某种程度上比地震还可怕。如果谣言纷纷，恐慌四起，那不仅严重影响救灾，更会引发更大的灾难——作为负责任的公民，我们首先自己不要恐慌，不要轻信传言，更不要制造恐慌，不要制造谣言和传播小道消息，多听专家的话，多关注政府发布的权威信息。我们还可以互相帮助联系灾区的亲人。由于地震震断了灾区的通讯设施，多个城市的电话中断，手机、座机均无法接通，人们之间联系非常困难，我们可以互相利用网络优势帮助网友联系灾区亲人或帮助灾区人向家人报平安。当然了，我们还可以站在后方为救灾者呐喊加油，可以通过 MSN 签名为灾区人们祈福，为那些陌生的亲人默默地祈祷。

有人总结出了“地震之后，我们普通人做的几件事”，我觉得也非常实际：尽量少往灾区打电话、发短信，给灾区留出救命线，即使要打，也尽量减短时间，救援行动更需要通讯的畅通；尽量取消与灾区附近有关的旅程，把交通资源节省出来，给灾民和救灾工作以实际支持；学会求生，提高警惕，每个人都做好自救，尽量少为自己和国家减轻灾难破坏程度；细微处的一言一行，哪怕是一个无语的拥抱，哪怕是一个关切的眼神，哪怕是一句真诚的问候！

这不是一次简单的灾难，而是一次国家性的大灾难，死伤无数，震感波及大半中国，所以需要举全国之力、凝聚全民的力量、动员所有的资源携手救灾，更重要的是救灾需要一种 13 亿民众大团结、大行动氛围的激励。这是一个极其特殊的时刻，突如其来的巨灾之下我们毫无选择，形势逼着我们只能选择暂时放下一些形而上的争论和对当下救灾没有意义的质疑。房子垮塌了以后可以重建，暴露了问题以后可以修补，教训以后有的是时间可以总结，但那些被埋在钢筋水泥之下的人命是等不了的，差不多被夷为平地的北川县城是等不了的。

与灾区人民守望相助，自问能为抗震救灾做点什么实实在在的事，这才是我们每一个人当下最紧要的事情。

收买得了工程监理，但收买不了地震

救援的“黄金 72 小时”早就无情地耗去了，救灾已经到了最危急的时刻，人们揪心地牵挂着那些被埋在废墟下苦苦支撑等着救援的生命，举国上下都全心全意把救命当作当下最重要的事。让人欣慰的是，相关责任部门没有失去对问题的警惕，没有把救命当作模糊自身监管责任的借口，开始关注近来许多公众质疑的“学校为何成为此次震灾重灾区”问题。中国住房和城乡建设部官员近日接受记者采访时说，对校舍建设中的质量问题绝不姑息，已要求当地建设主管部门配合有关部门开展调查，会给社会一个满意的交代。（2008 年 5 月 17 日新华社）这是一个负责任的公共部门在救灾中应有的作为，对社会质疑应有的回应。

虽然人命关天，但“校舍高比例的倒塌”确实是一个不容回避的问题，相信很多人从电视画面上看到都江堰聚源中学倒塌惨状的时候，都会忍不住愤怒地追问。据新华社报道，这所学校共有师生 1800 人左右，有初二、初三两个年级 18 个班被埋在了垮塌的教学楼下，目前已证实有 300 多名师生死亡。倒塌不仅是都江堰这所中学，还有重庆市梁平县一小学教学楼，四川德阳市实古镇中心小学、莹华镇中心小学和中学、八角镇中心小学、洛水镇中心小学的教学楼倒塌，学生死伤无数——学校成了此次强震灾害的重灾区。

这已经不是什么偶然现象了，以前各地发生过的好几次地震中，学校都成为了重灾区，最先倒塌或倒塌最多的似乎总是学校——不仅是震灾如此，其他灾难也是如此，洪灾最先淹没的是学校（因为学校建在低洼处），雪灾最先压垮的是学校。

为什么这么多并非在震中的学校发生了垮塌，为什么学校竟然成为地震的重灾区？其中可能有学校房子空间跨度大、梁柱结构少从而抗震能力相对较差的原因，但有没有其他原因呢？要知道，在日本、美国等许多发达国家，学校都是地震时社会公众的临时避难所，发生地震时人们都会躲到学校避难的。因为相比一般社会建筑物，所有的学校建筑物都是最高抗震级别的。比如日本，2004 年 10 月 23 日，日本新潟县发生大地震时，震后人们都争相往学校挤，老人和孩子都被安排在一些学校的体育馆里过夜。

为什么这些国家会规定学校建筑为最高抗震级别呢？因为他们知道，尚未成年的中小学生，在灾难与事故面前是最脆弱的群体，不应承担抢险救灾那样超出了他们智力、体力水平的重量级的社会责任。他们处在发育时期，活泼好动但体力不强、心理不成熟、缺乏社会经验与自我保护意识，自救能力非常差，无论生理、心理都处于绝对的弱势——基于孩子应对灾难的脆弱性，所以学校建筑时应该充分充分考虑到孩子的弱势身份，尽最大限度地考虑到他们可能面临的危险，避免将他们置于某种危险的境地。所以政府大楼的抗震级别可以低一点，但必须将学校的抗震级别设为最高，保证学校在地震中不能轻易垮塌。日本身处恶劣的地理环境，从数次地震灾难中吸取教训后，他们在防灾上尤其注重对学校的保护。

也正是秉承这种关爱和体贴未成年人的理念，2006 年的世界减灾日设定了“减少灾害风险自学校开始”的主题。联合国教科文组织的调查表明：灾害突发，18 岁以下儿童是最脆弱的群体，特别是当灾害发生在他们正在上学的时候。是的，在目前的科学认知和发展局限下人类虽不能预测地震，但我们却是可以知道地震的伤害规律并尽可能前瞻地控制地震危害的啊，把学校建得牢固些不就可以避免深受其害了吗？

基于这种理念，面对一次次学校成为灾害的重灾区，人们有理由问，为什么学校会成为此次震灾的重灾区？为什么那些学校在面对地震时会那么不堪一击？其中到底有多少是豆腐渣工程，有多少没达到规定的抗震等级，有多少存在设计问题？是的，正如一位外国专家批评中国许多校舍未达抗震标准时说：你能收买得了工程监理，但你收买不了地震。我们的监管机制严重失灵，对腐败尚不能进行制度化的发现、纠错和惩处，许多问题和腐败有时只能靠偶然发生的灾难才能暴露出来，所以不能忽视灾难中的问题信息。

在一个健康理性的社会中，不同的时候有不同的救灾重点，救灾时大家就集中力量救灾，反思时就要反思，问责时就归问责。抗灾救人是当下最要紧的事情，其他的事情，按部就班最终一个都不会少，受害者总会得到救助，好人总会得到奖赏，坏人总会受到惩罚，问题总会在反思中得到揭示和解决。今天我们凝聚一切力量携手抗灾，把救灾放到压倒一切的优先位置，但明天不能忘了反思，明天的反思不能被抗灾热情淹没，不能被悲情抗争遮蔽，不能在救灾庆功中被遗忘。那样的话，我们就不会在灾难中学到什么，同样的悲剧会重复上演。

集体哀痛中的中国无比坚强

举国同悲，苍生泣血，人民同默哀同流泪。压抑了很多个小时后，这一天，13 亿中国人集体默哀，向汶川大地震中的遇难者表达沉痛的哀思，祈愿所有不幸遇难者得到安息。

3 天全国哀悼，下半旗志哀，停止公共娱乐活动，驻外使领馆设立吊唁簿，防空警报鸣响，暂停奥运圣火传递，股市停市 3 分钟——这已是一个国家对遇难者表达的最高的哀悼仪式、最沉痛的哀思和最高的尊重，可我们伟大的、悲痛的人民还嫌这些不够，他们自发选择以更多的形式和仪式表达自己的哀思。走在大街上，我感动地看到，许多人都换上了黑色的衣服，他们脸上都保持着沉重的神情。同事在内部网上建议修改与这 3 天气氛不协调的手机彩铃，QQ 网友提醒大家在那个时刻都隐身上线，让头像全灰向遇难者默哀，媒体报头这一天集体换上庄重的黑体，网媒这一天集体关停娱乐频道……

国家与人民同在，人民与灾区同在。集体哀悼中，中国会变得无比坚强，抗震救灾会获得一种巨大的精神能量。

国旗是民众与国家联系的精神纽带，国旗半降志哀，国旗为公民而降，国旗与民同悲，让我们看到了国旗上大写的“人”字，看到了国家对生命的尊重。这是一个把公民的生命写在国旗上、作为国家核心价值的伟大国度，没有什么比公民的生命更让国家牵挂，比公民生命的逝去更让国家揪心和难过。国家是由一个个具体的人组成的，国家没有自己的实体生命，它只能以一个个具体国民的生命为生命，民强则国强，民弱则国弱，民悲则国悲，国家通过降旗表达对生民遇难的哀痛，表达国家与国民同在的哀思，能更有力地将人民紧密地凝聚在一起，所以中国会更加坚强。

哀悼是生者与死者超越时空、超越生死的精神交流——灾难面前人的生命是那么脆弱，死亡威胁下人们又是那么无奈，但我们这些幸存的生者从来没有忘记过你们，从来没想过放弃对你们的营救，你们压在废墟下的血肉之躯同我们的身体一样，你们的痛和不幸就是我们的痛和不幸。在这种同胞相怜相惜的哀思中，这种生死相守相望的痛悼中，社会能从大悲痛中激发出一种巨大的力量，所以中国会更加坚强。

哀悼又是生者与生者心灵感应中的互相鼓劲打气。天崩地裂屋毁桥塌，虽然不可阻挡的震灾夺走我5万同胞的生命，虽然泪流满面沉痛无比，但我们并没有害怕，并没有失去信心。听，那一刻960万平方公里上亿笛齐鸣惊天动地；看，那一刻我们13亿同胞心心相印集体低头默哀——再大的苦难，除以13亿就会变得很小，再小的力量，乘以13亿就会凝聚成一种无坚不摧的巨大力量。只要我们生者彼此相守彼此呼应彼此相助，没有什么战胜不了的困难。生者与生者手拉手中，中国会变得无比坚强。

哀悼还是对灾难幸存者的鼓劲，有着国家和人民举国之力的救助，噩梦终将过去；还是对遇难者家属的慰藉，你的虽然失去了亲人，但那些一起默哀的人都是你的亲人，他们和你们一样悲痛；还是对年幼一代的情感教育，那种牵挂，那份悲痛，那份彼此守望相助的人间情谊，会在孩子们心中留下许多对美的诠释和爱的种子——孩子们什么时候都不要忘记，我们并不是彼此孤立的个体，我们永远不会成为灾害中的孤岛，我们血肉相连互相携手；哀悼还是一种对人类自身的警醒，我们只有更强大，只有更努力，只有更加提升自身对自然界的认知水平，提高预测和应对灾难的能力，才能战胜地震灾难和避免如此大悲剧、大劫难的发生，才能避免我们在震灾来临时毫无预测和抵抗之力。这一切会让哀痛中的中国变得无比坚强。

不苛责　不添乱　不轻疑

不抛弃，不放弃——这句短促有力、悲壮铿锵、坚决坚定的口号，一直是近来中国喊得最响、最能激起社会共鸣、最代表每个人心声的几个字，一直在震后生死救援中支撑着人们的信念，凝聚着中国抗灾救命的精神。废墟外面的人以这几个字向埋在废墟下的人坚定承诺，人民子弟兵以这几个字表达救命的决心，政府以这几个字向人民表达救命的坚决，生者以此抚慰被埋者家属，公众以此互相鼓劲打气。这几个坚决得不容任何置疑的字，表现出一个伟大的国家在同胞遇困时守望相助、生死相守的伟大情怀，我们心心相印血肉相连，一起生一起痛一起承受苦痛分担不幸，决不放弃任何一个兄弟姐妹。

虽然已经震后第八、第九天了，虽然废墟下生命的存活机会已经微乎其微，但还是期待我们的救援能够继续“不抛弃、不放弃”——生命奇迹仍不断出现，请继续坚信生命的坚韧，不放弃任何一个废墟下可能坚守着的生命。救生工作已近尾声，防次生灾害和拯救生者的任务还很艰巨，期待我们能在“不抛弃、不放弃”之外，更多一些这样坚决的认同，我能想到的就是：不苛责，不轻疑，不添乱。

首先是不苛责。战胜灾难需要众志成，城万众一心，需要在守望相助中紧紧抱成一团，而不合时宜、不近情理的过度苛责则会分散社会的凝聚力。有钱出钱，有力出力，有血献血，每个人倾其所能、尽其所力地支撑前方的抗灾救命。这次中国人在灾难面前迸发的巨大凝聚力让世界为之惊叹，但也出现了一些苛责：比如有人批评某个国外大企业没有捐款，有人指责某个超级富国在捐款上太吝啬，有人抱怨某个明星和某个企业老总的捐款不符合他的身份——这种苛责是很不近情理的，每一份善心都值得尊重和珍视，爱心不能以金钱来衡量，否则就是一种道德绑架。更关键的是，这种苛责很不合时宜，会瓦解社会的凝聚力。天灾之下，天灾是我们共同的、最大的敌人，社会需要凝聚所有人的爱心战胜地震这个共同的大敌，而不是在我们自己中间制造和树立敌人。

还有人指责同胞哀悼日时脸上没有露出应有的悲痛神情，指责电视台主持人播报节目时没有戴白花——我的同胞们，少点这种伤人的指责吧，即使看到不该有的表情，那只是同胞偶然无意的疏忽，轻轻地给他们一个温暖的提醒就可以了，苛责会削弱我们在灾难前的凝聚力。

然后是不添乱——添乱，我是很不忍心说出这两个带点责怪意味的字眼的。可敬可爱的同胞，我知道此时此刻你们对灾区的百姓充满悲悯和同情，想竭尽所能地为救灾出点儿力，决不会有意为救灾添乱，决不想自己的行为会给救灾带来麻烦。但是，你们有些行为确实给救灾添乱了，影响到了救灾的科学、专业和有序进行。比如，有的志愿者奔赴一线想为救灾出点力，没想到由于盲动自己却成为被救对象，或是堵塞救命通道影响了救灾。比如，个别记者想急切地采访到救人新闻让更多人看到一线消息，没想到却影响到了救人进程和救命工作；有的记者不断采访失去亲人的孩子想激起公众对苦难的同情，没想到这样不断让孩子回忆苦难却是很残酷的。无论如何，无论助人的心有多强烈，无论记者带着怎样悲悯的心，救援虽然需要热心，但此时更需要的是科学有序，做每件事时都要把救人置于中心和以体贴受灾者的心情为重，不要只顾及自己的想法。

再就是不轻疑。万众一心携手抗灾救命，但我在网络上也看到一些对前方救灾的质疑，有的怀疑民众捐赠的钱财会不会到需要的人手中，有的怀疑民众的捐赠品会被浪费，有的怀疑前方救灾者有没有尽力营救每一个被埋者——也许怀疑在日常语境中很正当很正常，但无论如何，这时候我们不该轻疑，应该更多地选择相信，相信前方救灾者会竭力营救每一个生命，相信受难者会感受到我们慈善的温暖，相信政府的力量。大灾当前我们别无选择，只能选择相信，轻疑会耗散我们的凝聚力，会瓦解我们的信心，信任则能带来温暖。

节制我们的“象征癖”

我们这个社会中的许多人对象征似乎有一种根深蒂固的热衷：善于从一些平常的东西中总结出许多意义和象征，喜欢将一些美好的象征附丽于一般事物上，偏好用宏大的象征符号表达某种价值，这种对象征物的热衷已经近乎成为一种癖好。

比如在当下的灾区重建议程中，这种“象征癖”就表现得很典型。灾后重建从什么时候开始呢？论者充分发挥着想象力，提出了许多建议：有人呼吁要在北川城废墟上建一座地震纪念馆，有人吁求效仿外国建一个刻满死难者名字的哭墙，有人表示要为志愿者、援助者和捐赠者立一座碑，有人提议修建抗灾群英雕塑群、文化纪念长城，还有人建议为那位用身体护住 4 个学生的老师和那个临难前最后一次哺乳的母亲雕像，还有人建议应让震灾幸存者点燃奥运开幕式火炬……

这些大体都属于以某种象征符号表达对灾难的铭记吧，相信这些提议者是真诚的，他们真切地想寻找一些象征来表达生者对死者的哀悼，寄托自己的哀思和对大爱的尊重——这么大的国家灾难、这么大的国民牺牲，需要这些象征符号来铭记。但我觉得，除了建地震博物馆是当务之急外，其他那些象征性的纪念形式尚非什么急务。因为建地震博物馆需要保留地震破坏原生态现场，需要地震灾害的实物见证和原生文化资料，这一切在清理废墟时就必须进行收集和保存。而建哭墙、感恩碑、群英雕塑群等则无须赶这个“时效”。

建碑雕像修哭墙，这些象征都是做给活人看的，对民族的精神记忆有意义，但对当下震灾的受害者有多少实际意义呢？抗灾远远还未结束，救生虽已过去，但余震仍不断，堰塞湖高悬，疫情随时可能发生，防止次生灾害的任务非常艰巨。幸存者这时候最需要的不是任何象征符号，而是实实在在的救助。他们虽然幸存下来了，但此时他们一无所有，需要有人给他们建震不垮的房子，需要医生医治灾难在他们身上留下的伤痛，需要喝干净的水，需要免于余震的恐惧，需要面包、血浆和棉被，唯一不需要的就是象征。

逝者已逝，逝者留下的孤儿、孤老、孤残等幸存的生者已经成了这个世界上最可怜的人——这个时候，我们一定多站在他们的角度看待问题，多多细微地体贴他们的伤痛。给他们实实在在的救助优先于任何象征，幸存者的生存问题解决后再考虑其他问题；用建碑立像修哭墙的钱首先为他们建震不垮的墙和无微不至的生活关怀，甚至想到受灾妇女的卫生巾需求，这比什么都重要，这种直接的意义超越了任何象征所要传达的意义。这时候需要的是救助一个个具体的生命，以及一个个细微的难题，而不是什么宏大的象征。

满目山河空念远，不如怜取眼前人，象征是为了表达对生命的尊重——可既然眼下有那么多幸存者的生命等着我们去爱去救助，为什么不首先直接去“尊重”他们，不首先凝聚力量解决他们的生存问题，而去追逐那很远、很形式化和符号性的象征呢？象征仅仅是一种纪念的中介而已，现在有许多直接的关怀需要我们去做，根本不需要那些中介？建碑、雕像、修哭墙，这些象征很热闹很好看，但可能只是满足了我们这些远离灾难者的某种苦难抒情，满足了外人某种宏大叙事的灾难审美——这是一种把自己置于灾难之外、居高临下审视苦难的“他者”视角，而不是与灾难受害者融为一体、悲他们所悲痛他们所痛想他们所想的“我们”视角，离幸存者的需要很远很远。

很多人会说，象征的归象征的，救助的归救助的，两者完全可以并行不悖——但我害怕，这些轰轰烈烈的象征活动可能会遮蔽了对真实苦难和幸存者生存状态的关注，仅仅满足了我们这些远离灾难者的苦难审美，忽略了对生命真实渴求的注视。我们沉浸于自己营造的象征中不能自拔，却忘记了象征的内涵，忘记了建那些象征是为了什么？

改变我们对灾难“他者”的视角，节制我们的象征癖，把目光投向那些亟须关怀的幸存者的具体生存难题吧。

从今天开始保护孩子不再受伤害

这是一个特殊的儿童节。在刚刚过去的这场特大震灾中，我们的花朵、我们的孩子遭受重创。尚未有精确的数字统计灾难夺去了多少孩子的生命，也许孩子遇难的人数不是最多，但他们一定是最大的受害者——灾难降临瞬间，虽然有那么多母亲和老师拼命用身体护住身边的孩子，但更多的孩子没有这种护佑，年龄、心理和身体使他们成为灾难下最脆弱的一群。幸存的孩子们更让人痛心，他们同样是灾后最脆弱的一群，许多孩子痛失亲人成为孤儿，许多孩子身体上留下了永远伤残，许多孩子心中留下难以摆脱的阴影，他们脆弱的身体和幼小的心灵怎么能承受这连成人都难以承受的大伤害大悲痛？

不幸中的万幸，这是一个及时的儿童节。感谢这个日子，这个时候急需这样一个节日让我们将所有目光都投向孩子们，凝聚最多的精神和物质资源给这些灾难最大的受害者、最容易受到伤害的人以抚慰和关爱。这个紧临灾难、灾后的第一个儿童节承载着太多的功能，是对遇难孩子的哀悼日，对受伤孩子的集中疗伤日，对幸存孩子的关爱日，对儿童保护的全民反思日。

在这个特殊的儿童节中，我们需要强忍眼泪和悲痛，尽可能以微笑和快乐感染他们，用节日礼物抚慰他们受伤的心灵，用无微不至的关怀驱散他们对灾害的记忆，用温暖的眼神告诉孩子我们都会把他们当作自己的宝贝，用爱心向他们传递我们的体温。而且，这一切关爱不只在今天，而是将来的每一天，以后每天都是儿童节，每天都要像今天一样关注和关怀他们。

更重要的是，我们这些成人要在心中对孩子们有一个承诺：从今天开始，我们要竭尽全力保护他们，不让他们再受伤害——不仅保护那些受伤的孩子以后不再受伤害，更重要的是保护更多孩子免于这些伤害。也许有些伤害非人力所能抵挡，有些伤害在所难免，我们不能向孩子承诺做不到的事情，但对那些可以避免的伤害，我们必须尽一切可能地避免，必须给他们一个承诺。以承诺表达我们的愧疚，以承诺抚慰他们伤痛，以承诺给所有的孩子以成人世界的温暖。

我们需要承诺，再穷不能穷孩子，哪怕我们每个成年人都勒紧裤带，哪怕我们住世界上最寒酸的房子，无论如何都要让孩子们住上震不垮的房子，起码要把每一所学校修成世界最坚固、足以担当大灾避难所的建筑，让学校的每一堵墙都比他们母亲和老师的身体更坚不可摧、更有力更可靠地挡住那突如其来的危险。

我们需要承诺，会把保护孩子置于最重要的位置，像对待荷叶上的露珠一样，小心翼翼地保护孩子。充分考虑到孩子心理不成熟、身体很脆弱、自救能力很差、缺乏社会经验的弱势身份，最大限度地考虑到他们可能面临的危险，避免将他们置于危险的境地。孩子的安全是这个社会最短的一块木板，我们思考安全问题时必须从这最短木板想起，什么时候都要有“孩子会怎么样、能不能保障孩子安全”的问题意识和责任敏感。

我们需要承诺，以后会更多地从孩子的视角考虑问题，而不是站在“他者”的立场把成年人的意愿和需要强加给孩子，尊重他们自由的天性，重视他们主体的意识，走进孩子的心灵与他们平等地沟通，避免我们自私的关心对他们造成伤害。自然灾难也许难以抵挡，但我们起码可以控制人的行为，避免儿童的发展遭遇人为灾难。大灾难之后，我们更要无微不至地体贴孩子。

我们还需要承诺，幼吾幼以及人之幼，不仅关爱自己的孩子，也要以一分反求诸己的仁心把这份爱推及每个其他孩子——每个父母都不想自己的孩子被人伤害，都想别人也像自己一样爱自己的孩子，那就需要我们首先避免自己的一言一行伤害到其他孩子，首先反求诸己地去爱其他人的孩子，每个人从自己出发为孩子们营造一个爱的港湾。尤其是关爱那些此次灾难中受到伤害的孩子，关爱身边所有那些需要救助的孩子。

也许我们欠孩子的还很多很多，还需要对他们作出很多承诺，无论如何，这个紧靠灾难的第一个儿童节，孩子又是这场灾难最大的受害者，成人世界需要以“保护孩子不受伤害”的承诺来抚慰孩子的心灵。从今天开始，用我们的良心为孩子建震不垮的房子，用我们的爱心为孩子遮风避雨，用成人世界无微不至的体贴百倍地呵护孩子，保护他们不再受到伤害，这是儿童节最好的礼物，也是一场巨灾之后成人世界必须给孩子的承诺。

把自己作为一个人融入救灾

抗震救灾已从救生转到重建阶段，媒体人也开始反省自身在这场救灾战役中的价值取向——作为一个以评论写作把自己融入救灾的人，这两天我一直与一个评论界朋友（他也和我一样用评论参与救灾）争论一个话题：评论者应在救灾中持何种立场，是坚守评论者的批判职责在第一时间冷静地反思灾难暴露出的种种问题，还是暂时放下反思和争论把自己融入救灾事务中，凝聚一切资源救那些被埋在废墟下的生命。

朋友认为：暂时放下反思是不对的，任何时候都可以反思，评论者尤其应该坚守反思立场。社会有不同的分工，指挥的归指挥，救命的归救命，反思的归反思，评论者的职责就是通过理性的反思解剖问题和记取教训，除此之外对救灾也起不到实质的作用。而我持反对观点：认为这是一个极其特殊的时刻，突如其来的巨灾之下我们毫无选择，形势逼着我们只能选择暂时放下一些形而上的争论和对当下救灾没有意义的质疑，救灾需要一种13亿同胞大团结、大凝聚的总体氛围，每个人都要尽可能将自己融于这种救命议程，而不能置身事外。

选择融入救命进程，还是选择反思？其实我开始对这个问题一直非常矛盾。一方面我知道什么事都有个轻重缓急，灾难当前生命高于一切，没什么比救命更紧急，这时候的检讨、反思和指责既不合时宜又不近人情；另一方面看到那么多校舍倒塌，那么多孩子被埋到废墟，又忍不住想反思，很害怕众志成城的全民抗灾热潮会最终淹没这些问题，害怕接下来在对救灾英雄的歌功颂德中会集体遗忘反思，害怕救灾庆功会后反思会被抛到九霄云外。这种矛盾中，当时还写了一篇文章《今天我们携手救命　明天我们不忘反思》，通过这种议程设置来调和自己的心理冲突。

不过最终我还是选择了暂时放下反思和质疑，全身心地融入这场全民抗灾救命的集体行动中，为前方救援者鼓劲打气、提建议，为后方的团结和凝聚热烈鼓与呼，以歌颂灾难中的那些大爱传递信心。是的，我是一个评论者，职业要求需要我的高瞻远瞩，需要我的冷静和理性，需要我能跳出大众思维局限看到更深刻的东西——但这时候我更是一个人，一个有血有肉热爱生命、对灾难有着大悲痛的人，我要以一个人的视角去融入全民的抗震救灾，要把自己的悲痛、信念和对生命的情怀写进评论，被那些可歌可泣的故事所感染，也想以自己坚定的信念感染别人。那么多生命被埋在废墟下面，这时候不能把自己当作一个置身事外、居高临下对那一切进行冷静观察冷眼反思的人，这种过度的冷静某种程度上是一种冷漠和自负。此时我们要带着自己的体温去写评论，用自己的体温去融入那股大潮，站在那些被埋的生命的角度思考问题，而不是一个冷眼旁观的“他者”，评论应该成为救助的一部分。

正如三联的主编朱伟所言：冷静也许是理智的，但其中有冷漠，我不喜欢冷漠。我们要想方设法将自己的体温与灾区受难者融为一体，温情比什么都重要。

正是带着这种情怀，我的评论中多次出现了这样的句子：不要问怎么办？如果你是被埋在废墟下的人，你会希望外面的人怎么办？如果自己有一天不幸被地震埋在下面，自己会对救援的人有着怎样的期待？如果自己的家人在废墟下，自己会怎么做？——这就是努力想尝试设身处地地写评论，虽然不在现场，虽然不在废墟下，但我们要和他们站在一起，要尝试痛他们所痛想他们所想。这时候，他们当然最期待外面的人抓紧一切时间救命，而不需要什么高谈阔论、苍白无力的大话空话和貌似深刻的反思。

这样的鼓与呼对救灾可能很无力，但这个时候除了传递温情我们还能做出什么更有力的事情？这些大灾难中许多人都表达了这份无力感，不知道自己能为那些悲痛的人做些什么，不知道怎么拯救那一个个废墟下的生命，只能眼睁睁地看着他们在痛苦的呻吟中慢慢地死去——我想，这种无力感源于人类一种根深蒂固的有限理性，源于人类在自然面前的渺小，不能战胜自然，强大的自然破坏力让所有人感到无力。不能消除这种无力感，只能减少这种无力感，如何减少呢？只能 13 亿人融为一体，在 13 亿人的集体凝聚力中寻找人类与自然抗争的力量感。

即使这时候反思已经被提上舆论议程，我想说的还是：反思不是去轻而易举揭露这场灾难中的伤疤，不是把所有责任都推给别人，不是一味地骂贪官和批评政府，还是要把我们每个人自己都置身这场灾难的反思之中，而非灾难之外，追问别人，也要追问自己的灵魂。

汶川后玉树，这一次行动无需任何呼吁

地震再一次以残酷的方式证明，这个民族是怎样的多灾多难。汶川大地震后不到两年时间，大灾给中国人带来的心理阴影尚未消散，强震再一次降临这片土地。这一次是7.1级，这一次在青海玉树，这一次时间定格在2010年4月14日7时49分。玉树藏族自治州应急办主任普布才仁强忍母亲遇难的悲痛，在政府大院草坪上搭设的帐篷中悲伤地告诉心系玉树的全国民众：地震已经造成400多人死亡，上万人受伤。

玉树85%民房倒塌；部分学校小学生被埋，人数不详；有很多群众被掩埋，但由于缺乏大型的机械，多数救援只能靠手刨。这些坏消息让人无比揪心。30个孩子因上学迟到躲过地震，消防官兵抢救被困群众180人……这些好消息并不能让公众安心。经历过汶川强震的公众知道，这只是刚开始的数字，随着救援的深入，发现的死亡和受伤人数可能不断增长。这个刚受过强震伤害的国家的人们，心再一次揪起来，在悲痛中把目光焦急地投向了玉树。

废墟、眼泪、死亡、救援、寻人、学生被埋、通讯中断，眼前的一切是那样的熟悉，这是一种多么该诅咒的熟悉和噩梦般的回忆，我们以为噩梦已经远离了我们，没想到又以这样残酷的方式降临我们身边。大灾无情，我们别无选择，只有守望相助抱成一团。

许多人生死未明，强震造成的破坏尚不清楚，不排除还可能出现强烈余震，这些消息始终让人心里压着一块大石头。不过看到政府和社会在震后数小时内迅速行动起来，还是感到了一丝的欣慰。这是汶川地震积累下的教训并带来的改变吧，灾情发生后青海省立即启动了一级响应预案，并迅速组织了救援队伍进入灾区，武警驻军开始抢救伤员，与“黄金72小时”争分夺秒。在信息公开上也竭尽所能地透明，赶在第一时间发出权威信息和数据，公布政府了解到的伤亡状况和灾区最急需的物资，使信息保持畅通。灾难发生不到12小时，军区医疗队已赶赴灾区，国土厅已往震区防范次生地质灾害，救援既迅速又有条不紊。

更让人感动的是社会救援系统迅速凝聚和运行起来，网友立即通过微博等方式传播前方信息，民间慈善组织迅速开始筹集善款，有企业在第一时间开通网友爱心基金并捐出善款，明星们在组织筹款义演，电视台暂停常规节目滚动播报灾区信息，志愿者也正在赶往玉树的途中。不得不让人惊叹，这一切都发生在灾难发生后不到10小时的时间中。这是一个公民社会的伟大，平时我们根本感觉不到这些存在，可一旦发生灾难，他们会迅速动员和组织起来，变成源源不断的物资和强大的精神力量。

显然，这是汶川地震的废墟上成长起来的社会力量，这是一次深重的国殇给一个民族带来的进步。当灾难再次降临的时候，我们能明显地感受到上一次灾难带给社会的成熟。

是的，汶川后的玉树，这一次行动无需任何呼吁。相信救援人员会像汶川地震中一样，以“不抛弃，不放弃”的信念与死神争分夺秒，与“黄金72小时”赛跑，竭力救助每一个压下废墟的同胞。坚信生命的坚韧和顽强，坚信大爱的奇迹。

这一次行动无需任何呼吁，志愿组织会迅速有效地动员和组织越来。汶川地震发生后，民间志愿者几乎与政府同时行动，募捐、献血和志愿者行动迅即启动，成为上一次救灾中最大的亮点。经过近两年的成长，志愿组织更加成熟，相信在此次救援救灾行动中会有更好的表现。

汶川后，这一次行动无需呼吁。从救援到哀悼，对生命的尊重会成为政府和公民的自觉。从捐助的自觉到善款的透明，慈善制度会表现出充分的成熟。从校舍质量的披露到建筑的信息，问题会毫无保留地公开。还有如何应对次生灾害，如何及时进行心理救助，如何从废墟下救了更多的人，如何更体贴地帮助活下来的人渡过危机，走过汶川的我们应该能做得更好。

虽然这一次震级没有上次大，伤亡人数远不会有上次多，但我们绝不能因此而淡漠。汶川强震的大死亡，带来我们的不该是对数字的麻木，而应是对生命更加的珍惜，对灾难更感同身受的痛感。两年前，玉树人与我们一起心系汶川，今天，我们与汶川人一起守望玉树。

微博让灾难中的人们更像公民

多难的中国，多难的川人！震灾再一次降临到了这片多难的土地上，5年前那个可怕的场景又一次重现。2013年4月20日，这一天，人们心中没有其他新闻，只有雅安；这一天，向来嘈杂的微博上没有其他话题，只有地震。雅安，在4月20日8时2分之前，或许对很多人只是一个陌生的名字，是中国千百个地市中不起眼的一个地名，至多只知道这里有可爱的大熊猫。可这个时点过后，这个名字印在了中国人的心中，这里将成为中国的焦点，这里让人们牵挂着揪心着，这里成为人们心里的一道伤。

有了5年前5·12大地震的经验和教训，灾难发生后，政府和社会的救灾体系迅速启动起来，上至军委主席和总理，下至平民，都迅速各就各位，凝聚到抗震救灾的事务中，做自己应该做的事。有了5年前应对灾难的积累，社会没有表现出慌乱和失措，没有被激情和悲情所裹挟，没有停留于无助的悲伤中，各种制度和组织迅速从容不紊地运作起来。

这一次，网络表现出的组织力、凝聚力和救灾理性，尤其能让在灾难前感到无力的人们感受到了力量。平日里，我们无比厌烦于新媒体和社交网络无处不在的娱乐化，但当灾难来临时，我们看到人们自觉地抛弃了不合时宜的娱乐，而去凝聚救灾的正能量；平日里，我们无比反感微博中那种一点就燃的情绪，那种互唤“公知”“五毛”的站队，那种喋喋不休的争吵和无处不在的谩骂，但面对大灾，人们迅速抛弃了异见和偏见，主动团结到救灾事务中，以“都是雅安人”的悲悯和共识关注灾区；平日里，微博里的热点此起彼伏让人眼花缭乱，但这一天微博里刷屏的只有一个话题，雅安地震。

我不敢说这是一种公民精神，但起码能说，灾难让人们在反思自身的渺小，灾难让无力的人们站到了一起。当面对地震这个人类共同的敌人时，人们除了彼此守望相助和凝聚一心外，别无选择。5年前汶川大地震时，社交网络尚不发达，5 年后的今天，自媒体已然成为一个不可忽视的力量。公民的核心在“公”，需要一种东西把人们联系起来以体现这种“公”，发达的网络和自媒体就是这样一个媒介，让灾难中的人们更像公民。灾难之前，我们不是孤立的、无力的个体，而是彼此可以感受到对方，并能凝聚在一起的力量。

人们娴熟地借助社交平台去寻找灾难中失踪的人和需要救助的人，开通了寻亲热线、微信寻人、微博寻人。以往的灾难中，网络已经积累了这方面的经验，在此次救灾中得到了很好的运用。当然，也有极个别无良的网友冒充需救助人自我炒作，不过能迅速被网友敏锐地发现并予以谴责，这就是网络的自净能力和自组织力量。

人们分享着 5・12 汶川大地震时留下的思考，提醒着奔向前方的记者应该注意的事项，不要消费遇难者家属的眼泪，不要添乱，不要把新闻放到比救人更重要的位置。人们提醒前去救灾的政府部门，不要再有当初汶川时盯着映秀的错误，不能眼睛都盯着龙门乡而忽视了其他可能受灾更严重的地方，宝兴县灾情可能比震中龙门乡更严重。社会组织应该如何介入，个人应该如何参与救灾，受伤者如何自救，如何避免次生灾害，如何让出生命通道，宝贵的经验立刻呈现在微博中。社交平台成为一股重要的救灾力量。

人们还传递着面对灾难的理性。我在微博中写的一段话迅速得到了很多网友的转发和认同：这时候不要高谈阔论地苛责地震局，习惯性地指责政府如何如何，将心比心，不要强人所难；也不要盲目地去推崇和神化民间预测。地震是天灾，预测是世界难题，是既有科学和人类理性力所不及，天灾后当合力凝聚救灾，而少些莫明其妙的愤怒。也不要苛责央视，作为职业新闻人，他们比公众更想进入灾难现场！这时候不要继续批评红十字会，不要咒骂灾后未及时停收费的高速，只是他们的疏忽，越是这种大灾难，越需要彼此的理解和宽容。

一个网友的话代表着中国人在灾难前的成熟：现在我们最需要的不是泪水、惨烈和哀伤，而是感动、坚强和力量。很多人无力走向抗震第一线，而网络让我们感受着这种力量。

适当的节制和静默有时更有力量

大灾面前，人们守望相助。现实和网络前所未有的同心同力，共同关注着记者从前方传回的灾情报道和政府最新发布的数字。人们的姿势虽不一样，有的在通过各种途径奔向灾区一线，有的坐在电视前看直播，有的守着电脑刷新着最新的微博，有的如平常那样工作生活，不时拿出手机看一下最新的灾情报道，目光都聚向雅安，心中都向着雅安，想着自己做些什么能帮到那些受难的同胞。

这两天网上网下都非常热闹，媒体热情地往前方派记者，志愿者热情地奔向一线，各种力量都如潮水般涌向雅安。这造成了通往灾区的生命通道的严重拥堵，救命的黄金时间，一切都应该给专业的救人让路，可很多救援的队伍都被奔向灾区的车流堵在途中，严重影响到了救援。面对越来越多的伤重者，雅安医院已不堪重负，只能向外地转移，而生命通道的拥堵也延误了伤者的救治。民间救援不能只凭热情，不是比拼激情，而需要专业、理性、组织和对救灾大局的关怀；灾区需要的救援也不是一时的，善后有着更多的需要，应有个轻重缓急，不能这时都拥向灾区造成拥堵，等善后时热情却又都褪去而无人问津了。

积极参与救灾的热情值得赞赏，但这种热情要服务于救灾，以“最有利于救援”为中心，而不能以自己的热情为中心。特别是在大灾发生的初期，全民沉浸于那种“也想出把力”的昂扬激情中，适度节制一下这种热情而审慎地衡量各种后果，可能更有力量。

发生拥堵的不仅是通向灾区的救援生命通道，还有网络的声音。这一次微博在救灾中起到了很大的作用，形成另一条救援的生命线，但我还是觉得救灾的舆论场显得过于杂乱、喧哗和嘈杂。微博太“热闹”了，什么声音都有，都争着对前方的救灾品头论足，或者提供各种信息。其实，这种话语上的

“热闹”跟残酷的灾难现场有多大关系呢？有时会在围观中会形成一个秀场，会形成一种救灾的幻觉。适当的节制和静默也许更有力量：希望看到一线记者的静默，说灾情别说自己；希望看到媒体人的自觉，不要抢镜头争当救灾主角，主角永远是受灾者和救援者；希望看到媒体的低调，不要机巧地借机营销。

一个网友的话说得很好，点击一下“转发”就自以为经历了一场浩劫，发一个“滚”字就自以为督促了一次救援，写几句祈福就自以为参与了一天的悼念。做点什么，不代表非要挤入这虚拟的盛宴，沉默并好好生活，不代表你什么都没做，对大多数人来说，这只是你生命中的一天。

综合各方消息，此次雅安震灾的损害程度远低于当年的汶川，舆论可能有点儿过度反应了。以对汶川的预判去应对雅安，产生了很多误判，导致了不小的拥堵和过剩。信息不对称，举国挺进，过度反应，源源不断的人涌向雅安，真正的专业救援倒进不去。很多人到那边后没事干，干熬，也是巨大浪费。客观判断，不要放大和渲染。

特别想对媒体同行说一句，不要都争着抢着往灾区一线派记者，在信息如此发达和开放的语境中，无论是互联网还是已在那里的媒体，传播的灾情已经让人有信息爆炸之感。多几家媒体，多几个记者，所写的报道所登的新闻，只是往关于灾情的信息海洋中注入无足轻重的一滴水。多写一篇报道，多拍一张图片，对救灾并无助益，只是满足自身在灾难报道中的存在感，只是可能说一声“我们没有缺席”。不能为了这种虚荣和功利的存在感，去给灾区增加拥堵。没必要都派记者去采写灾区新闻，媒体间为什么不能合作和共享资源？

批评更需要节制和慎重，特别想对那些充满讨伐激情的网友说一句：这个时候抹黑壹基金，是很不好的；这个时候痛批红十字会，是极不合时宜的；这时候去逼问企业捐多少，也是极不合适的。放下成见和偏见，丢掉平时那种“找一个敌人去讨伐”的习惯性对抗思维。灾难之下每个人都非常渺小，灾害是人类共同的敌人，不要做伤害救灾凝聚力的事情。

煽情退场，回归一个专业有序的救援

灾难当前，民众同舟共济守望相助，有钱出钱，有力出力，看到需要救援的信息就转发，即使只是千里之外默默的关注，也是一种力量。这种全民的凝聚力，对一个社会应对灾难不可或缺。而媒体在汇聚这种凝聚力中，起到了很好的作用：对灾难现场的报道，让公众的心与灾难中人在一起；在后方的打气，让身在一线的救援者感到了力量；爱的召唤下，社会爱心涌向需要的地方。

灾难会自然催生出社会一种同仇敌忾的情感氛围，灾难越大，这种凝聚力也越大，悲壮的情怀会使人们站到一起去感受彼此的温度；而且，灾难之初，受灾害所震撼而感到无力的人们，也需要情感的表达去寻找一种力量支撑。很多时候并不是灾难中人们需要这种情感支撑，而是远在千里之外的人，借助这种表达来释放自己的焦虑。

这就是灾难之下媒体“煽情”的社会心理基础。其实也不算是“煽”，而多是真情的自然流露和人类对灾难的应激反应。即使有一定程度的煽情，也是救援的精神需要。这不是中国特有，每个社会面临灾难的时候，国家和社会都会本能地被动员起来，媒体会表现并推动社种情感凝聚。不过，随着抗震救灾进入新的阶段，煽情应该退场了，回归一个专业有序的救援。

关于情感表达的适度问题上，一个网友说得非常好，他说：希望这次地震，媒体别再煽情了。煽情是艺术家们做的事。成熟的国家和人民做事靠的一定不是激情和眼泪。否则恢复常态之后，人们会显得失落和尴尬。灾难临头，大家做的，都是应该做的。灾区不是舞台，不是造明星的地方。媒体应该首先成熟起来，这里最需要传递的应该是灾区人民的声音。

确实如此，煽情虽然营造了一种有利于救援的情感氛围，但这种情感煽乎得越高，人们越容易失落。这种情感往往是短暂易逝的，激情和热情来得也快，去得也快。当我们在灾难中过度地消费这种激情时，不得不问，当激情很快退场的时候，我们拿什么来支撑接下来更加艰巨的救灾和需要耐心的善后，拿什么来在热点转换和习惯性遗忘后让人们继续关注灾区。救援、善后与重建，需要一种真正的情怀。靠一时的热情，很容易像潮水一样地奔来，又像潮水一样地离开。

更重要的是，救援并不是靠煽情搅动起的人海战术和全民动员就可以解决，并不是人越多越好，钱越多越好。可以看出，当下灾区最缺的不是人，也不是钱，也不是物资，而是调度和秩序。已经不需要的地方堆满了物资，而最需要的地方却缺衣缺食缺帐篷，嗷嗷待哺。有些地方挤满了人，形成了严重的拥堵和过剩，而有些地方却无人问津。甚至有些地方人满为患，跪求志愿者别进来了。灾区一些地方堆着很多物资，但最缺的物资却一直缺着。救援只有专业、科学和有序，才能有效。

还有必要明白一个道理，并不是非要到现场才叫救灾，理性地守望，转求助的微博，捐一份爱心，不转发谣言，甚至仅仅是静默地守在电视前，也都是一种帮助。救援需要能力，需要统一的组织，盲目地凭着一腔热情奔向灾区，对救援并没有帮助，还可能添了麻烦。这种热情其实是自私的，只是为了寻找一种“我在现场”的存在感，而并没有真正想清楚能为灾区做些什么。

煽情退场之后，需要更深沉的情怀的支撑。无须煽情的支撑而理性地守望，这是一种更成熟的情怀。

宽容对待救灾背后的网络杂音

雅安地震牵动国人心。黄金72小时后，又救出一人的消息，让守望相助者振奋。国务院特别强调“72小时后仍不轻易放弃”，这种坚守让国民感受到了团结的力量。灾难当前，民众同舟共济守望相助，有钱出钱，有力出力，看到需要救援的信息就转发，即使只是千里之外默默的关注，也是一种力量。这种全民的凝聚力，对一个社会应对灾难不可或缺。

尤其是网络，在灾难面前表现出了可贵的团结。平日里，我们无比厌烦于新媒体和社交网络无处不在的娱乐化，但当灾难来临时，我们看到人们自觉地抛弃了不合时宜的娱乐，而去凝聚救灾的正能量；平日里，我们无比反感微博中那种一点就燃的情绪，那种互唤“公知”“五毛”的站队，那种喋喋不休的争吵和无处不在的谩骂，但面对大灾，人们迅速抛弃了异见和偏见，主动团结到救灾事务中，以“都是雅安人”的悲悯和共识关注灾区；平日里，微博里的热点此起彼伏让人眼花缭乱，但这几天微博里刷屏的中心话题，都是关于雅安地震各种消息和评论。这是舆论的一种自觉。

不过，显然在主流之外还是有很多让人听起来感觉比较刺耳的，似乎与救灾不太合拍的“杂音”。很多人都感受到了这种杂音，一个媒体人就在微博里感慨：从汶川到雅安仅仅过去5年，同是面对国难，社会心理却变化迥异。5年前举国同悲，众志成城，有钱出钱，有力出力；5年后，有人冷漠，有人观望，甚至有人谩骂。官方慈善机构失去公信，社会自救陷于无序，人心碎片式迷失。

其实倒没有“陷于无序”和“人心迷失”，只是有了一些与合力救灾不合拍的不同声音。与5年前的汶川相比，出现这种杂音有很多因素。其一，地震的危害没有上一次大，面对着大灾难大死亡，民众更容易在灾难震撼下无条件地站到一起，而面对震级和危害都相比上次弱一些的雅安地震，人们的心理会有微妙变化；其二，5 年前的地震是这一代人经历的最大的灾难，巨大的冲击下人们更容易形成一个万众一心的舆论场，而5 年后再发生同样的灾难时，人们在情感凝聚上就会弱化很多。

更重要的是舆论环境的变化。5 年前汶川大地震时，社交网络尚不发达，5 年后的今天，自媒体已然成为一个不可忽视的力量，社交平台甚至已经超过了传统主流媒体的影响力，而使自己成为真正的主流。而社交平台引领的新媒体一个显著的特征就在其易冲突性。一个段子描述了这种冲突：每次点开一个评论过千的帖子，你就发现中国永远不可能有一致的意见。“五毛”“二毛”互相争斗，“脑残”“凶残”咬成一片，夹带着求关注的、卖粉丝的、淘宝店促销的，构成一幅动人的场景，你只能仰天长叹：做人真他妈的难。只有苍井空帖子下评论比较一致：今天我又在硬盘上看你了，期待新作品。

地震发生了，自然也难免各种杂音。这就是网络，这就是新媒体，不要以为灾难会让每个人都有同样的悲痛表情，不要以为地震会改变微博。救灾的归救灾的，微博的归微博的，有的质疑地震局，有的批评红十字会，有的指责记者去添乱，微博的救灾舆论场七嘴八舌。不要大惊小怪，这是很正常的舆情。

地震后，微博上很快出现不少谣言和虚假图片，比如有人用汶川时的灾难场景冒犯雅安，还有假冒受灾者发信息，等等。但这些信息也是在微博上很快被澄清，很快有博主指出图片的虚假，并识别出受灾者是假冒的。不要害怕谣言，网络某种程度上有自我净化的能力。微博上也出现了一些借灾难营销和炒作的人，也无须担心，因为我们能看到，这些人很快被众网友批得体无完肤，成为众矢之的。不要担心网络的杂音，面对灾难，虽然没有一个人在指挥着网友们应该如何判断，虽然有各种杂音，但有一种力量自然会使网络形成一种与救灾合拍的主流声音。

别借别人的灾难寻找自己的存在感

抗震救灾，社会表现出了前所未有的团结，“有钱出钱，有人出人”的凝聚力让人感受着社会的温情。不过在如何参与救灾的问题上，也引发了一些争议和讨论。比如，热情的志愿者扎堆奔向灾区，无序中救命通道发生了拥堵；记者过多涌向灾区，也会挤占救灾资源，像空降食品时，两三个记者挤上飞机航拍，为了不超重只能少装食品；还有企业捐赠时，过于强调自己的身份，是不是一种借机营销之嫌。参与救灾贡献力量，而又不让人觉得添乱和喧宾夺主，分寸感在哪里？

我觉得，对各方爱心首先不要苛责，不要用尖酸刻薄去冷对人家的热情和热心，而需要呵护。远离灾区坐在电脑前看电视的人，无权苛责那些在灾区冒着风险参与救灾的人。即使爱心导致了一些问题，但绝非志愿者、媒体人和企业家的本意，比如，奔向灾区绝不是为了表现，前去采访绝不是为了表演，捐钱捐物绝不是为了营销，而都是出于内心本能的爱和关怀，出现的问题都是行动者非意图、无意识的后果。

首先要有将心比心的尊重和善意，避免伤害爱心，然后再去讨论，怎么做才能更有利于救灾，更有利于灾区民众，更有利于抗灾资源的科学配置，避免发生好心误办成坏事的尴尬。

跟一个曾在汶川地震期间参与过救灾的志愿者交流过这个问题，他说，避免尴尬其实也很容易，就是看以谁为中心。救灾，当然应该以被救者为中心，参与救灾者不能只想着“自己做好事”，不能怀有某种“我是在救灾”的优越感去行动，而应顾及被救者的尊严，被救者的意愿，还有被救者的处境、需要，等等，设身处地为灾区民众着想，谨小慎微地考虑到自己的行为可能对被救者造成的影响。身处灾难中的人是真正的弱者，你的一腔热情应该以“如何做对救灾更有利”为中心，而不是“怎么做对自己最方便”。

以谁为中心？这个提醒很有价值。如果明白了“救灾应以被救者为中心”，就不会只顾自己的热情而不顾拥堵地涌向灾区；就不会为了“做好看的新闻”而让幸存者回忆痛苦的经历，让有亲人遇难的老人对着镜头哭诉，而不顾这样做对他们的伤害；就不会不问前方最需要什么物资，受灾者最缺什么，而只是按自己的需要去行善；也不会亢奋地想在报道中表现自己，而是忠实地履行报道者的角色，真实准确地报道灾情，并提供力所能及的救助。

是的，灾难当前，我们满腔热血万众一心，我们发自内心地想要为救灾做点什么，但有必要时刻提醒自己，不要陷入自媚的幻觉中，不要用虚幻的道德感掩饰内心的自私。到底真是为了帮助别人，还是为了借机表现自己？我们要防止陷入那种“自私的爱心”中：借别人的灾难，寻找自己的存在感。急于证明“灾害发生时我去过现场”，急于宣示“地震发生我们没有缺席”，急于让别人看到自己的身影，我转发了，我关注了，我“点了一根蜡烛”了，我骂红会了，带着“以我为中心”的功名心、虚荣心和道德优越感涌向灾区，无意中自然会给救灾制造一些麻烦。

对个人和媒体是如此，对企业也是如此，不是企业寻找自己存在感的机会。企业承担社会责任，慷慨解囊纷纷献爱心，让人尊敬。可我们的企业如果在捐赠时更低调一些，弱化自我宣传的色彩，而更多地以服务于救灾为中心，就不会让人有不舒服之感了。同时，媒体也应该弱化对企业捐赠的宣传，不要搞捐赠排名，不要办晚会让企业举着牌子高调捐赠，一方面避免对其他企业造成道德绑架，一方面也避免借救灾营销。很多国家在这种情况下媒体都不报道企业的捐赠，就是避免绑架和营销。企业做广告可以买版面，慈善要与广告完全分开。

越是满腔热血地觉得自己是在掏心掏肺地帮别人的时候，越需要警惕和克服被道义感包裹着的自私，善良的人们请共勉，给予对方想要的，而不是自己想给的，才是真正的善。

不要仅把地震和救灾当成一个热点

这么说，并非否认雅安地震和救灾是当前最大的热点。救人还在继续，无论是总理，还是各部门，还有前方的救援者，都强调“72 小时后仍不轻言放弃”。从灾难新闻传播的角度看，这段时间有关救灾的信息仍将是最大的热点，人们无法背过身去关心其他事务。热点不是谁规定的，而是舆论在信息传播中自然形成的，这么大的地震，这么重的伤亡，举国关注，必然会无法回避地成为热点。报纸头条，网络重点，电视直播，都会集中关注来自雅安的消息。

不要仅把地震和救灾当成一个热点——我的意思是，不要以围观热点的心态来看待地震，不要把救灾当成一时的热点、几天的新闻，而应该持续关注地震造成的伤害，持续给受灾的人给予帮助，持续关注地震所暴露出的种种问题。

作为一个媒体从业者，我深知热点转换的浮躁性和残酷性。再大的新闻，再有冲击力的事件，再让舆论狂欢、悲痛、震惊、愤怒、尴尬、耻辱、泪流满面的事情，在热点的舆论场过后，人们很快会把它遗忘，在新一个热点中狂欢或震惊、愤怒或流泪、争论或追问。人们的眼球，就被这些此起彼伏的热点牵着走，每天根据最新的热点露出不同的神情。

我担心人们也把今天的地震和救灾当成其他的热点一样，过几天就忘了。人们今天关注雅安，众志成城万众一心，仅仅因为它是一个热点。等救灾的舆论场一过，就无人问津了。我们每天都在冷观着各种热点的起起落落，地震好像只是众多热点中的一个，只不过是比较大的热点。我们看过太多这种热烈后的遗忘，更对此充满焦虑。

想说的是，不能把地震当成一个热点。毕竟，对灾区的救助不是政府、社会、媒体、企业、个人扎堆几天就能完成的，雅安的救援和重建是一个琐碎的过程，它需要的关注和关怀远比“时事热点”给的时间要长远得多。时事热点变换的节奏，是那么的喜新厌旧，以小时和天来计算，而灾区重建的节奏，则缓慢和漫长得多，需要耐心，需要制度化的援助和更深层次的关怀，需要细致地关怀每一个人，关怀他受重创的家园、遇难的家人，还有留下伤痕的精神和心灵。对雅安的关注不能被时事热点的浮躁节奏牵着鼻子走。

时事热点中的救灾和关怀，很多时候也只是浅层的热闹，它有的是扎堆的热情、全民的动员、四面八方的人海、抽象数字的滚动、热烈的煽情、席卷一切的信息爆炸，来如山倒去也如山倒，爱如潮水般涌来又如潮水般退去。人群散去，热闹没了，并不是救灾的结束，相反，那时候灾区可能才开始真正的援助。人山人海和媒体围观下，总有点儿不太真实。外面的人争相涌来救灾时，受灾的人也许会有一种精神支撑；可都争着散去而回归常态时，他们更会感到一种巨大的落差和难熬的孤单。——更考验一个社会在救灾上成熟度的，可能正是热点过后的时候。热点后的善后和热闹后的重建，需要更深切的关怀，每个人每颗心灵都需要抚慰。

所以，人们不能把地震和救灾当成一个热点，地震造成的伤害并不会随着热点效应的散去而消失，那都是一个具体的伤害：塌掉的房子需要重建，受伤的人需求救治，重创的心需要抚慰，伤痛的精神需要平复。雅安遭遇地震，对外面的人可能只是一条“突发新闻”，对雅安人却是灭顶的灾难。灾难需要社会持续关注和关怀，需要迸发的热情更需要守望的耐心。热点下的舆论场，很多人可能都是被爆炸性信息推着去关注，热闹过后，才真正考验着我们对灾难的痛感和对人的关怀。

这几天，各大媒体都在把雅安地震当作头版头条，其实相比前几天，新闻已经淡化很多了，前方的记者开始逐渐撤回，新闻开始回归常态，这是新闻和传播规律。初期的过度反应后，微博上的讨论也在降温。媒体终会淡化关注，头条新闻终会换成其他，可雅安人的地震伤痛并没有减少，善后和重建才刚刚开始，我们不能随着热点的消逝而慢慢淡忘雅安。

新闻终会淡去，热点终会冷却，热情总要散去，但人心不能淡，对灾难的悲悯和救助不能弱化，雅安需要一个恒定的关怀温度。

哀悼雅安，建震不倒的房子胜过一切

2013 年 4 月 27 日是四川全省哀悼日，其实不仅是四川的哀悼日，也是全国人民心中的哀悼日，各地民众都在以自己的方式表达对死难者的哀悼和对受灾者的抚慰。雅安不只是四川的雅安，更是中国的雅安，经历了这震撼、悲痛、守望的一周后，雅安已经像汶川那样成为中国人灾难记忆的一部分。人们选择头七时默哀，在默哀中凝聚力量，在哀悼中纪念、铭记和反思。

一周为民间丧事的"头七"，这符合国人哀悼逝者的传统。更重要的是，灾后一周是雅安人心理要过的一个关。时间是最好的疗伤灵药，而时间又是这样的残忍，关于这一天的所有痛苦、沉重和惨烈的集体记忆，都会在"头七"时被全部唤起。一周前，4 月 20 日上午 8 点 02 分前，孩子们也许还在憧憬自己的五一假期，大人们也许还在盘算着在城里买套房，可一周后，一切都变了，亲人没了，房子塌了，眼前都是死亡、毁灭和绝望。救灾的"热闹"无法消除灾难对他们心灵的冲击和精神的打击，需要一个集体的哀悼仪式帮他们一起走过这段艰难与煎熬。

人们都在选择自己的哀悼方式，但我想，这种哀悼可能是虚幻和空洞的，至多只能滋养个人内心的一种哀怜癖，跟灾区没什么关系。哀悼的情绪也是易逝的，时光的流逝和热点的转换中，人们轻易就会遗忘甚至健忘。所以，哀悼不只是一种空洞的形式，更需要在静默的哀悼中反思，我们做些什么才能避免在地震前的这种集体的无力与无奈，避免一次次的大死亡，避免我们在灾难前的那种不堪一震的脆弱。

哀悼雅安的集体反思中，有必要形成一个共识，建震不倒的房子胜过一切。没有这种共识以及共识后的行动，徒有形式的哀悼也许一文不舍。

灾难冲击下，这一周来我们一直在反思。很多人都把矛头指向了地震预测，把灾难归咎于地震预测经费的投入不足，未能在地震预测上有所突破；或尸位素餐的地震局未能成功地预测到此次地震，甚至有不少人用一些民间的预测和“大师”的预言来质疑地震局。这是对地震预测不切实际的期待。对灾难的恐惧和死亡的愤怒，不能让我们放弃对科学的尊重，我们不能狂妄自负地以为人类有能力驯服所有的灾难。地震预测非常专业，这时候我们这些不懂地震预测的行外人，去苛求地批评地震局为什么没有预测到地震；地震不可预测，却集体义愤填膺地讨论如何才能预测到地震。这样的反思是毫无价值的，甚至就是无理取闹。尤其是灾难当前，这种苛责更显得很轻飘。人类既有的认知下无法预测地震，无法阻止地震的发生，却可以通过预防将灾害的损害控制到最低程度——这才是务实并理性的反思。阻止不了地震的发生，却可以把房子建得地震震不垮。

所以，少点儿不切实际的高谈阔论，建震不倒的房子胜于一切，这是历次灾难后血的教训。有地震专家对历次地震的分析显示，人员伤亡总数的 95% 以上是由房屋倒塌造成的，仅有不足 5% 的人员伤亡是直接由地震及地震引发的水灾、山体滑坡等次生灾害导致的——上一次汶川大地震也不例外，地震中倒塌、受损数万户房屋，绝大多数人死于房屋倒塌中。日本抗震专家分析，与日本相比，中国一般建筑物的支柱较细、混凝土质量较差、钢筋数量较少，地方上的老房子几乎没有使用新的建筑技术，中国的建筑抗震标准不足日本的一半。所以汶川大地震后，“把校舍建成世界上最坚固的建筑”成为最强的呼声。

这一次雅安地震也是有力的证明，四川省住建厅称，根据专家普查，汶川灾后重建项目没有一个全部塌下来，经受住了考验。房子不塌，人员伤亡就会减少。

所以，对雅安地震的哀悼和纪念，少一些空洞的形式，少一些象征，不要什么纪念馆纪念碑，不要什么哭墙，不要赈灾晚会，不要抗需救灾总结大会，不要一切消费灾难的形式主义。建无数堵震不倒的墙，让幸存者生活在震不垮的房子中，让幸存的孩子们在震不倒的墙的护佑下安稳地读书——如果亡灵有知，这应该是他们最想看到的，他们不希望自己幸存的亲人和孩子再重复自己的苦难。

舆论不要配合恐怖分子传播仇恨

无法理解，怎么能忍心对那么多无辜的平民下手；无法理解，罪恶的刀怎么忍心砍向老人和孩子；无法理解，怎样极端的仇恨才让屠杀者这么丧心病狂——这是很多人看到昆明血案的照片和新闻后愤怒的追问。是的，这就是恐怖主义的特征，用常人的思维根本无法理解，暴徒用我们正常人无法理解的残暴、对无辜平民的疯狂杀戮去向社会输入恐惧、制造恐怖和传播仇恨。

面对这血腥的屠杀，相信很多人都跟我一样，根本无法抑制住内心的强大愤怒，都有一种想说点什么、想做点什么来表达愤怒感的冲动。这时候，我们需要警惕自己内心被恐怖主义暴行激发出来的愤怒感和仇恨感，不要在集体情绪上滑向恐怖分子制造暴行所希望达到的效果。舆论应该选择理性的克制，不要配合恐怖分子去传播他们想制造的仇恨。

昆明的市民在表达愤怒的时候，正在用爱心弥补暴行给这座城市带来的巨痛，有人去广场献花，有人排队去献血，有人去医院去捐款。千里之外却对灾难感到身受的我们，应该怎么表达正义的愤怒感呢？

当然应该去谴责制造这起暴力恐怖事件的新疆分裂势力，谴责屠杀平民的恐怖主义。这种谴责虽然听起来很无力，也没有用处，但却是基本的是非。这样的基本常识和是非，强调一万遍也不为过，这是作为一个人、一个公民在面对罪恶时应有的责任，我们没有权利保持沉默。一个人的谴责听起来无力，但数千万人、十几亿人的谴责，就能汇聚成对社会底线和共识价值观的捍卫和强化。

不过，这种指责应该指向具体实施恐怖行径的施暴者，指向策划暴行的恐怖组织，而不应该标签化地将矛头指向一个民族和一个地区。我们不能因此对维吾尔族有什么偏见，更不能因此给新疆人贴上恐怖的污名标签。新疆分裂势力制造的恐怖暴行血迹斑斑，新疆人民也是恐怖主义的受害者，他们也对这些惨无人道的暴徒深恶痛绝。

还有，我们应该无视网络上个别人为暴徒暴行辩护的声音，这些极端声音很少很少，在舆论场中并不具有代表性——无论怎样的悲剧和血案，这种极端声音都会跳出来，无视罪恶而高谈阔论分析其后的社会原因。应该不理会这种不值一驳的极端声音，理会它等于是放大了它。对待恐怖主义，社会需要凝聚共识，不必因为小分歧而去撕咬彼此，使恐怖主义在杀戮生命、破坏稳定的同时，还带来阶层情感的撕裂。

当然，我们也应该拒绝使用“报复社会”这样的字眼去描述血案，避免进入恐怖主义的逻辑。“报复”这样的字眼正是恐怖主义所希望使用的，进入了他们的邪恶逻辑：自以受到了不公正的对待，就可以去屠杀平民报复社会。暴徒与“报复”毫无关系，就是恐怖主义可耻的屠杀。不要听暴徒分析原因，不要听暴徒讲述他们“报复”的故事。

最后想说的是，我们可以用各种方式表达愤怒，但不要传染仇恨。不要沉浸在“代表正义消灭你”的优越感在网络上发泄仇恨，这只会传播戾气和仇恨。这也是恐怖分子所希望看到的，用恐怖煽起仇恨，在集体对抗的仇恨中走向混乱。被愤怒感主宰的我们，很容易认为我们怎么骂、怎么发泄、怎么对待“某个想象中的敌人”都是正当的，这极易滑向与恐怖主义一致的极端逻辑。公众越是正义凛然慷慨激昂的时候，越需要一种冷静的能量。

对不起，孩子！

是在竭力克制住自己悲痛的心情和颤抖的手后，才写下这个标题的，心中无数次默念着这几个字：对不起，孩子。

2011 年 11 月 16 日，对我们许多人是一个普通得不能再普通的日子，可是，这一天上午 9 点后，许多家庭将从此陷入无尽的痛苦中，这一天他们将在泪水中度过，此后漫长一段时间，他们将沉浸在失去孩子后的绝望之痛中。这一天上午 9 点左右，甘肃正宁县榆林子镇“小博士”幼儿园的接送校车被撞，初步核定，事故造成 18 名幼儿、1 名司机及 1 名陪护教师死亡。

普通的交通事故死这么多人，就足以能震撼我们了——那么多柔弱的、毫无自护能力的幼儿遭此劫难，揪痛撕扯着每个人的心。这样的事实更让我们无法释怀：校车是核定载客 9 人左右的小型面包车，可发生事故时该校车实载 64 人。60 多个孩子，是怎么塞进去的？如此严重超载，已经将孩子们置于无比可怕的险境中。更让我们感到无法面对那些悲痛欲绝的家长们的眼神的事实是：这不过是一件在我们的新闻日历中一再重演的悲剧，又是校车，又是孩子，又是超载，离上一次湖南衡南导致 14 名儿童死亡的校车事故还不到一年。

死的是 18 个孩子，疼的是 18 个孩子的父母，痛的是每一个目睹这悲剧的人。面对悲剧，我们只能说一句：对不起，孩子。

对不起的地方，太多了。对不起，孩子，你们也许正在憧憬即将要到来的圣诞礼物和元旦假期，本来，今天上完课后，你们可以快快乐乐地回到家中，回到爸爸妈妈爷爷奶奶的身边，可是，你们被塞进了一辆回不了家的车；对不起，孩子，核载 9 人的车，却像卖猪仔一样把你们塞进 60 多人；对不起，孩子，上一场事故沉痛的教训，并没有阻止这更大悲剧的发生；对不起，孩子，我们的校车不堪一撞，不像美国的校车那样拥有世界上最完善的标准，没有客车的设施、卡车的筋骨、坚硬的钢板保护你们弱小的身体。

对不起！孩子，我们不仅没有用最严苛的保护措施来呵护最柔弱的你们，甚至连起码、最底线的保护都没有做到。都说，一个国家对孩子的态度，也是对这个国家未来的态度，是文明程度的标志，考验着社会良心。在 18 个幼小的生命面前，我们无地自容无颜以对。大地震过后，痛定思痛的我们，一直在说要建世界上最坚固的学校，要建“震不垮的学校”，可是，在尚没有地震检验我们是否兑现了“震不垮的学校”的承诺之时，“撞不破的校车”尖锐地撕痛着我们神经。

难道，只有这样一次次让无数家庭悲痛欲绝的事故，一个个幼儿的生命的沉痛代价，才能让我们提起对校车问题的关注。偌大一个国家，花不起这点儿钱吗，没有这方面的技术吗？还有什么比这件事更重要的吗？对不起，孩子！

这样的标题，非常俗套，依稀记得，每一次这样的悲剧中，都会有这样的标题、这样的悲鸣——不是我们思维枯竭，想不到更好的标题，而是作为成年人的我们良心不安，是我们确实有无数的对不起要说；不是我们想不出新的标题，只是，这悲剧的重复发生，让我们无法不去重复着这样无力的哀号。

很多朋友都在诉说着自己看到这条新闻时的无力感，有的说请媒体屏蔽这样的新闻吧，我放弃这样的知情权；有的说：无论我们写多少稿子，发多少评论，打字时流多少泪，在不久的将来，一定还有同样的事情会源源不断地发生。我们吁求的价值和意义又在哪里？作为媒体人，我不愿意将这样的无力感传给其他人。这样沉痛的教训，这么多生命，难道还不能警醒那些有能力避免这些事故发生的那些人吗？即使自己的孩子没有这样的危险，人同此心，幼吾幼以及人之幼。

避免幼童闷死悲剧更需爱的伦理

2010 年 7 月 31 日西安市一家幼儿园发生一起惨案，一名两岁大的小女孩子被遗忘在幼儿园接送孩子的校车内不幸身亡。医院开出的死亡证明上注明死因是“窒息”，事发当天西安的最高气温达到了 37.9℃，这辆面包车一直在太阳下炙烤，可想而知被闷在车里的孩子经受了怎样的悲剧。校车闷死幼童的惨案震惊了舆论，责令幼儿园停园和严惩责任人的处理并未平息舆论愤怒，人们纷纷追问着悲剧的深层次原因。

西安这次的悲剧所以让舆论分外震惊，不仅因为“闷死两岁幼童”的令人发指，还有这种疏忽的不可饶恕，更因为，这样令人心痛的悲剧已经不是第一次发生了。近年来已经连续发生了多起，甚至今年就发生了好几起——最近的两起发生在 7 月的广东，悲剧惊人的相似，茂名一名 4 岁女童被幼儿园老师和校车司机遗忘在封闭的校车内，高温烘烤下被活活闷死。几天后，江门一所幼儿园又发生校车闷死学童事故。这样的悲剧，发生一次就足以让人触目惊心了，竟然连续发生了。这种“无人从悲剧中吸取教训”的集体性冷血、制度性迟钝让人无法接受。

成人世界的这种残酷的健忘，对教训惊人的无视，对孩子生命的不负责任，让每个人面对两岁幼童被活活闷死的悲惨新闻时，都有一种深切的歉疚感和负罪感：对不起，孩子，你是被成人世界对生命的冷漠所谋杀。我们的成人世界有许多可耻的遗忘，将孩子遗忘在校车中被闷死，是最可耻、最不可饶恕的一种遗忘。

这确实足够让人震惊。把孩子遗忘在校车中致其被闷死，这样的低级疏忽本就不该发生并不可饶恕的——如果这样的悲剧是第一次发生，还可以勉强用“疏忽”作为借口的话，可接连发生第二次、第三次……第八次、第九次甚至连绵不绝，疏忽就更不可饶恕了。那样可耻的大人们！这样的疏忽有多么难以避免吗？如果对教训稍微重视一点儿，对孩子的生命稍微负一点儿责任，为人师者多一点关爱，为领导者多一点谨慎，下车时多一个清点人数的环节——甚至将车上每一个座位都认真检查一下，又能多花你多少时间和多少精力呢？可是，山东的惨痛教训，没有被广东所吸取，广东的惨痛教训，并没有被西安吸取，孩子，死在了同样的致命疏忽中。

这样的疏忽是天底下最低级的疏忽，只要成年人稍微多一丁点儿责任感，孩子就可免于被闷死的惨剧；同样的惨剧发生之后，教育主管部门甚至只要采取最笨的办法，强制要求校车送完孩子后必须进行一次清空，就可避免悲剧——这正是让人扼腕悲愤和强烈震惊之处。我们已经习惯了生病后吃药，可广东生病了，西安并没有一起吃药，没有举一反三，也没有起码的警戒和防范措施。我们也已经习惯了悲剧后的“紧急排查”，可这一次西安的悲剧，会触动其他地方也进行一次“紧急排查”吗？所以，过失杀人的，不仅仅是园长、司机和老师，更是这种对孩子生命麻木不仁的社会反应体制。

反思这样的悲剧时，许多人都会谈到“完善制度”，仿佛这样的惨剧是由于制度的缺失和监管的缺位所导致，有的甚至把问题归咎于这所学校是缺乏资质的“黑校”上。这些归咎都有些道理，确实，西安发生惨剧的这所学校是一所黑校，可是，以往校车闷死孩子的学校，不也有好几所是正规学校吗？比如江门那所，就是按照“市一级幼儿园”标准建设的幼儿园。所以，避免幼童闷死悲剧，完善制度之外更需爱的伦理。

“在多个环节上，他的生命本可挽回。杀死孩子的魔鬼，就藏在细节中，尤其是对于幼儿保育这样的特殊行业。严格的规章当然是必须的，但我们还要进一步呼吁超越职业伦理的更普遍的人性伦理，比如良善，比如爱。很多时候，机械的职业操作难免疏忽于细节，但爱与关切总能战胜那个魔鬼”——这是半个月前江门一个儿童被校车闷死时中青报的评论。可惜这样的呼声并没有得到重视，被淹没在一片喧嚣浮躁、夸夸其谈的高谈阔论中。

孩子是最脆弱的群体，他们处在发育时期，活泼好动但体力不强、心理不成熟、缺乏社会经验与自我保护意识，自救能力非常差，无论生理、心理都处于绝对的弱势——基于孩子应对灾难的脆弱性，从事这一职业的人应充分考虑到孩子的弱势身份，尽最大限度地考虑到他们可能面临的危险，避免将他们置于某种危险的境地。如果有这份体贴孩子的情怀，永远不可能有“将孩子遗忘在校车”上的疏忽；如果没有，再多的制度也阻挡不住那个魔鬼。

对矿难，我已无话可说

2004年11·18重庆茶馆爆炸案，11·20沙河特大矿难，11·21包头空难——今天是11月28日，本以为带走了137条人命（14、68、55）的“黑色11月”应该结束了，可又一场矿难突如其来，为11月增添了最后一抹悲怆的黑色，将11月的黑色进行到底。

新华社的消息，11月28日上午7时左右，陕西铜川矿务局陈家山煤矿发生一起特大瓦斯爆炸事故。截至上午10时，在井下工作的273名矿工已被救出85人，剩下188人情况不明。因井下烟雾过大，抢救人员在入井口415米处受阻，抢救正在紧张进行中。

剩下188人情况不明——这句话让我心惊胆战：不知道又会有多少人的命永远留在这个黑色的11月了。

记不清这是今年第几次矿难了，也记不清今年的矿难已经死了多少人了，只知道自己打开搜狐网看到这条新闻时的第一感觉：对矿难，我已无话可说。

一种道德上的愧疚感让我说不出话来。此时的京城刚有冷空气经过，室外的温度应该在零度以下吧，温度计显示，我房间里的温度是22度——是暖气让我在北方的冬天里可以仅穿一件衬衫在房间里工作。而暖气的燃料是什么，很大一部分是黑色的煤，是矿工兄弟窝在黑色的矿井中挖出来的煤。我不知道我身上的热量跟远在万里之外的陈家山煤矿有多少直接的关系，但我分明从不断发生的矿难中深切地感觉到，冬季供暖用的煤里沾染着煤炭工人的血！

一边享受着煤的热量，一边浏览着万里之外的矿难，其中包含的悖论让我对正在黑色中挣扎的矿工兄弟有一种道德上的愧疚感，我想，所有正从煤炭燃烧所产生的能量中获利的人们，都会有这种感觉吧——无论怎么说，说什么，都脱不了矫情和苍白无力的底色。

一种视觉上的“审丑疲劳”让我不知道还能再说什么，在接连不断的矿难面前彻底失语了。差不多每次矿难发生后，我总会写文章说些什么，总结点儿什么，顺着媒体调查的真相，把批评的矛头指向唯利是图的矿主、贪得无厌的官员、得不到实施的制度、落后的安全管理体制、触目惊心的利益链，等等，抨击“隔靴搔痒的高度重视”“灾害后才高度重视”等现象，提出“理清产权”“关停非法煤矿”“加大安全投入”等建设性意见。

可到如今，话已经说尽了，道理也讲烂了，制度也分析透了，警钟快敲碎了，“理性、建设性”也榨干了，可一个个催命的矿难依然接踵而归，我还能说什么，还能怎么说？重复说那些众所周知、说了也白说的话吗？

看惯了一幕又一幕矿难后领导们的高度重视，看惯了一次又一次悲剧后雷厉风行的整改，死者的惨状，生者的悲伤，专家的分析，还有媒体敬业的特别报道——我们对于矿难的理解，已经没有了多少对生命逝去的痛感，没有了灾难下的人性震撼，更多只是一套习以为常的程序。在频发的矿难中，一切都变得那么轻飘，轻如鸿毛：正义感疲惫了，理性厌倦了，愤怒蒸发了，同情心都变得非常慵懒。

相比于血淋淋的矿难，可能这是最可怕的吧：矿难之下，我们已经失语，已经变得麻木——高频率的灾难已经让我们内在的人文关怀枯竭了，只能麻木地做一个看客：眼看着惨剧的发生，却说不出话来。

唉，实在无话可说了，只能发一通“无话可说”的牢骚。在为 188 名矿工兄弟的生命祈祷时，习惯地等待有关部门公布的死亡人数和矿难原因，等待那一套习以为常的程序——还能怎么说？

灾难报道为什么不会说人话

2014年9月26日14时30分许，昆明市明通小学发生踩踏事故，已造成学生6人死亡、26人受伤，其中两人重伤。悲剧让几个家庭陷入撕心裂肺的痛，也让公众悲伤。云南当地一份党报的报道引发了舆论争议，《云南日报》一则题为《省长李纪恒到医院看望明通小学踩踏事故受伤学生时要求：提供最好医疗服务全面加强校安管理》的报道中写道：

“李纪恒走进小儿科病房，逐一仔细察看并询问每一位孩子的伤情。一夜过去，不少孩子恢复了欢声笑语，有的已经在病床上挤在一起玩游戏了。看到这一幕，李纪恒露出了欣慰的笑容。”

悲剧撕痛人心，家长悲痛欲绝，教训非常惨痛，暴露出的问题也非常严重，可党报记者却习惯性地把目光聚集到领导身上，以领导为中心、拿受难者作背景写出一篇“领导关切关怀”的报道，让关心踩踏事故的公众非常反感。习惯性的“领导高度重视”，习惯性的“接到事故报告后立即作出批示”，习惯性的“第一时间赶往现场”，习惯性的“亲切看望受伤者”，甚至习惯性的“现场欢声笑语”，这哪里是灾难报道，分明是展示领导光辉形象的赞歌。

这样的报道公众已经见惯不怪，记者更是已经深入骨髓，不这样写，不以领导为中心，记者就不会写灾难报道了。完全不遵守灾难报道的新闻规律，不理睬公众对灾难新闻的关注点，而想着“宣传”灾难发生后领导是多么重视，以这种“高度重视”去维稳和引导。这，就是正能量了吗？错，虽然在记者看来是“正面报道”，却让公众无比反感，传递的其实是损耗党报和政府形象、伤害人心的负能量。

这种总把灾难报道写成“领导亲切关怀”的官话套话，不仅仅是话语的问题，背后是“以领导为中心”的僵化宣传思维。网友根据这种思维编了一个官方灾难话语叙述的套路。花果山发生水灾，唐僧问：死了多少猴子？悟空：26 个洞穴都淹了。唐僧问：问你死了多少猴子？悟空：有 5000 颗桃树被淹。唐僧：到底死了多少猴子啊？悟空：已经将活的猴子安全转移了。唐僧急了：我问你到底死了多少猴子？悟空忙拭眼泪：16 位领导正迅速、立即、有序、果断、全力以赴地组织救援。

这个段子惟妙惟肖地嘲讽了那种灾难宣传腔调。这种腔调不仅是以领导为中心，还有很多配套的词。比如有一家电视台报道此条新闻时进行现场连线，外景记者在详细介绍了 6 个孩子遇难情况后，结尾习惯性地来了一句："遇难者家属情绪稳定。"这句"家属情绪稳定"激起了公众的不满，很多网友追问这家电视台：情绪稳定是你们新闻报道的标配吗？不说这句你们能死吗？

做这样的报道时，记者能不能设身处地将心比心一下。如果你是遇难者家人，你会"情绪稳定"吗？如果你是观众，你是关心领导在灾难中的行踪，还是关心事件的真相和悲剧的根源？作为记录真相的记者，屁股坐错了地方，不是与公众将心比心，而总是比政府和官员的心，设政府的"身"处官员的"地"，坐在官员的位置居高临下地报道，自然就成了现在这种不近人情、不通人性、不说人话。

这种"以领导为中心"的报道话语下，甚至连描述"笑"都带着浓厚的官本位色彩。有网友总结的很生动：领导总是"幽默地说""诙谐地说""极为风趣地说"，群众总是"憨厚地说""激动地说""兴奋地说"，听完领导极为风趣的话，也都是"满屋子哈哈大笑"。充满套话的话语背后，是根深蒂固的官本位思维。

官方一再强调新闻报道要改作风转文风，要求接地气，而这类总写成"领导亲切关怀"的灾难报道的文风就很坏：因为不接地气所以不说人话，因为不设公众的"身"不处"受灾者"的"地"，就不会站在受众角度尊重新闻规律写报道。

不能让对踩踏悲剧的健忘再跨年

不敢相信，更不愿相信，早晨打开手机看到的2015年第一条新闻竟然是：上海外滩跨年夜发生踩踏，35人身亡43人伤。2015年的新闻日历，竟以这样的惨剧翻开，我们看到的只是一个冰冷的数字，可以想象每一个数字背后亲人的悲痛欲绝。亲历者描述着自己与死亡一步之遥与死神擦肩而过的那一刻，微博微信以碎片化的方式还原着跨年前那十几分钟可怕的踩踏细节，那恐怖的程度，甚至让无数不在场的事后听闻者都能嗅到那里死亡的气息。

踩踏悲剧发生后，网络舆论场在还原现场的同时，也在猜测悲剧原因中陷入了混乱。愤怒的人们习惯性地陷入灾难情绪中，从网络碎片化的传闻中寻找导致悲剧的原因并义愤填膺地脑补当时现场：有传闻称当时有人往下抛洒美钞造成哄抢，立刻便有人把矛头指向了可能的抛洒者，并进行人肉和攻击；有传闻称踩踏源于几个“大叔”的推搡，网友立刻又把愤怒指向了“大叔”；又有传闻对“怎么又是碰巧35人死亡”的数字提出质疑，议论着“人祸35人死亡上限”这个传说。

这种不辨真假的混乱归咎，是另一场可怕的舆论踩踏。对悲剧确实要寻找原因和追问责任，但归咎永远不能跑在调查的前面，评论不能跟在新闻的前面，情绪不能代替理智的思考。踩踏事故的原因尚在调查之中，不能听信传闻不分青红皂白就随意“制造敌人”，应该根据警方通报和权威调查作调查。踩踏是在失去理性的混乱中发生的，舆论场的信息和情绪混乱，同样会制造“踩踏”。这时候公众不能像广场通道中失控的人群那样无序狂奔踩踏，不是先找个靶子去批判，不是随意找个“原因”，而应该在等待调查结果和还原现场中追问问题。

有人在反思“跨年活动”，有人在感慨“以后不敢再去人多的地方了”，有人在总结“看以后谁还敢凑热闹”，这些都属于对突发悲剧刺激后的情绪反应，而不是冷静的思考。反省如果缺乏理智，只不过是一时的浅层、偏激情绪罢了，很快就会健忘。“跨年活动”并没有错，“去人多热闹的地方”也没错，真正的教训需要在对真相的调查和责任的追问中吸取。

看亲历者的讲述，那在疯狂的人群中无力挣扎无力呼吸的窒息感，是那么的熟悉，我们在无数的新闻报道中看到过亲历者在踩踏事件中的类似描述。没有想到，这样的悲剧重演了；没有想到，会发生在这个欢乐的跨年时刻；没有想到，会发生在上海外滩。有人说：从城市管理水平而言，上海恐怕是中国最不应该发生公共悲剧的城市，太遗憾了。

为什么没有想到呢？惨剧以残酷的方式教训着人们的习惯健忘并以为别人的教训跟自己无关。踩踏悲剧的幽灵本就紧追着人群容易聚焦的节日，从德国音乐节的踩踏事件到柬埔寨的节日踩踏悲剧，再到印度宗教节日发生的踩踏，乐极生悲一再重演。类似踩踏事件在安哥拉、科特迪瓦、刚果（金）、赞比亚、坦桑尼亚等发展落后国家时有发生，在搜索关键词时踩踏这个词常与贫穷落后联系在一起，被视为发展落后、管理落后的一种符号，没想到竟然发生在头顶着“国际性大都市”光环的上海，对这座城市的管理水平是极大的拷问。踩踏悲剧的具体原因需要调查和报道的跟进，不能情绪化地归咎，但踩踏暴露出的管理问题却无可回避。

踩踏事件发生后，很多评论在反思“悲剧本可以避免”。面对 35 个生命，这句灾难后貌似深刻的反思显得多么空洞苍白无力，如果习惯健忘，这种事后反思一文不值。查清问题，让那些有责任避免悲剧却没有尽职的人受到追究，才是真正应该做的。

可想而知，悲剧之后类似的跨年活动会被一刀切地取消，类似公共活动会出现断崖式下降。这也只是浅层次的本能反应，如果不能在事件调查中真正吸取教训，断崖式的下降之后可能是如山倒的复原。要从问题中吸取教训，必须先承认问题。悲剧发生在跨年时，不能让对踩踏悲剧的健忘再跨年。

城市应该让生活更美好

人们只会宽容和忘记那些与自己无关的事情，息息相关，必会刻骨铭心。时事热点的此起彼伏中，即使外滩踩踏事件在跨年时刻产生再大的震撼和冲击，人们也会渐渐淡忘。但死者的亲人不会忘记，这会成为他们一生永远的痛。亲历过这场踩踏并感受到与死亡只有一步之遥的人不会忘记，可怕的记忆常常会被拥挤的人群所唤醒。上海人也不会，毕竟悲剧发生在身边。媒体人也不会，因为对这起死亡 36 人震惊舆论的悲剧的调查和追问还没有结束，还没有看到一个负责任的交代。

面对 36 个生命的逝去，面对这个血的教训，更不能忘记的是这座城市的管理者。不能忘记要彻底反省踩踏所暴露的每一个环节的问题，不能忘记必须坦诚地向公众公开调查结果并给公众一个交代，不能忘记对市民“城市让生活更美好”的美丽承诺。是啊，城市确实应该让生活更美好的，让生活在这座城市里的人有惬意并尊严，能享受到城市文明带来的便利，能够免于人的聚居所带来的拥挤和冲突。

可是，在这场悲剧所暴露出的种种问题之下，面对 36 个未能跨过年的生命，面对那黑色的十多分钟的野蛮失控状态，如何能说出“城市让生活更美好”，如何让他们的亲人和其他市民相信这座城市能够让他们的生活更美好？

这一次上海外滩的踩踏事件之所以震惊舆论，不仅在于这座城市的发达，在中国各大城市中最具国际性大都市气质，城市文明与发达国家接轨，更在于这座城市经历过世博会的历练和洗礼，在迎接世博会中提升了城市管理水平，在应对高密度的城市生活引发的空间冲突上作出很多努力，对市民对世界都有了“城市让生活更美好”的承诺。可后来踩踏悲剧的亲历者们还原的那黑色十几分钟，以及媒体的追问所还原的制造悲剧的问题链条，都暴露了在城市管理方面离“让生活更美好”还有不小的距离。

城市的硬件设施让人眩目，景观灯光与世界媲美，但城市软实力却远落在了后面，无法管理蜂拥而至的人群，无法让人们诗意地栖息和生活。面对踩踏悲剧，无法用这个偶然个案来回避，无法用发达国家的城市也会发生踩踏来卸责，更无法把责任推到人们爱扎堆爱凑热闹上，只能在彻查每个环节的问题中面对“为什么没有让生活更美好”的尖锐拷问。

城市让生活更美好，就应该保持公共信息的透明和通畅。生活中时时刻刻都需要对信息作出判断。如果信息不对称，信息沟通出现问题，就无法作出准确的判断，人们的生活就会陷入一团糟，对城市整体来讲就会陷入混乱。既有信息显示，导致悲剧的一个原因是信息沟通出现障碍，跨年灯光秀活动往年都在外滩举行，今年却突然改在了另一个地方外滩源，而很多人却不清楚这个信息。这导致人潮涌往外滩，官方却没有在这个地方布置足够能疏导人流的警力和采取措施。

城市让生活更美好，就应该能让市民享受到保障基本公共秩序的城市管理。有人反思踩踏悲剧是“羊群效应下互为凶手”，有人痛省“每一朵雪花都应该愧对雪崩”，但很难苛求人群这时的理性。关键问题在，让如此巨大的人群集中到一个地方而管理又出现真空，就是置他们于巨大险境之中了，就是管理的失职。城市越大，有时越脆弱，让人们在高密度的城市生活中保持美好的生活，必须对密度有敏锐的监控与管理能力，使人们保持安全的距离。

当然，还有太多值得去追问，美好的城市生活不是外滩美丽夺目的繁华夜景可以带来的，一边是地狱般的死亡惨叫，一边是辉煌夜景下的跨年倒数，这个反讽意味极强的悲剧场景一再被媒体提及，它揭示的正是城市人对“何为美好生活”的悲情拷问。那黑色的十几分钟，城市再多的光荣与梦想都黯然失色和一文不值，它以窒息的死亡逼着管理者反思：城市景观越来越炫，可有能力管住来观景的人群吗？硬设施世界前列了，可跨年的那黑色十几分钟就把硬设施打得稀里哗啦，将软实力的缺陷暴露得淋漓尽致。我们不能辜负了世博留下的那么多遗产。

如何才能真正让生活更美好，城市的管理者应该背负着这种沉重的拷问去追问责任，去铭刻教训，去重新审视当初面对世博的承诺。

Part 9 第九辑 围观名人窘事

名人常常成为舆论焦点，民众喜欢围观名人，评论需要拿名人当典型，名人的小问题常常被放大。这个问题上名人不必抱怨，当你从这种名气中获得了无数商业利益时，也要承受这种名气带来的围观困扰。看点名人不快乐的事，让自己快乐快乐，这是很正常的大众心态。名人被万众的鲜花掌声追捧时，千万不能沉浸于幻觉中把自己当成上帝，当你倒霉的那一天，那些追捧的力量会立刻变成狠踩你的力量。

卖力的春晚毁于用力过猛

如果不是微信红包和微博吐槽的拯救，2015 年这一届“史上最新闻联播化”春晚的收视率可能会创历史新低。不是导演哈文不用力，不是众口难调，也不是公众对其有太多太高期待，而是其强大的政治说教惯性和已僵化到超稳定状态的面孔、语态、形式已经远远落后于这个时代，积重难返无可救药，越用力越面目可憎。

导演非常卖力，想上接天听、下接地气、融合综艺、通吃各人群；主持人非常卖力，老的想扮嫩，嫩的想扮嗲，一本正经地想追时尚、扮清新、秀幽默；演员非常卖力，唱的、说的、跳的、玩魔术的、耍杂技的拿出了最好的状态；形式上、技术上、服装上、内容上都很卖力，舞台很炫，成像新技术很酷，反串表演让人耳目一新，贴近时事世象的反腐内容也有力度。

不过，在生硬说教的惯性基调下，越是卖力用力，越透着一股装点着浮华的空洞和虚假。

就拿蔡明的小品来说，蔡明前几年的毒舌形象给观众留下了深刻的印象，这几年蔡明便固化和放大着这种“刀子嘴豆腐心”的毒舌形象。前些年还可以，她创造了不少流行语，不过今年明显退步了，退回到当年和郭达合作时的水平：情节生硬，表演做作，结尾突兀，一惊一乍。她使劲想让人笑，使劲想表现毒舌，使劲拿潘长江的矮小调侃，使劲想让人感动，急于想从毒舌调侃回到温暖感动的氛围，但用力都过猛了。这种用力过猛贯穿于始终，莫名其妙的抒情煽情，只是自 HIGH 的兴奋。

几个主持人也都非常努力，尤其是挑大梁的董卿和朱军，想用自己卖力的投入带动和感染现场氛围，太不容易了。可春晚舞台留给他们发挥的空间太小了，他们的力量便都用在了毫无节制的煽情和不顾观众感受的说教上了。春晚一向很政治化，但在我印象中，似乎没有哪一届春晚集中了如此多的政治语言和宣传，尤其是春晚某一段落完全成了综艺版的新闻联播。这种政治宣传并非不可以，但如果宣传说教的意图太直接，语言太生硬，效果只会适得其反。如此生硬地把那些大话空话套话塞进本该让人娱乐的晚会上，主持人越是激情澎湃、字正腔圆、中气十足，朱军和董卿越是卖力，观众的抵触可能越强烈，完全没有形成共鸣和共情。

春晚导演组可能缺乏一种用心将僵硬的政治语言变成柔软的百姓叙事的耐心，缺乏把“套话”变成“人话”的努力，觉得这样的表现是往届春晚的习惯，是硬性的政治任务，觉得这里没有创新空间，便偷懒地直播复制新闻联播语言了。不管你看不看，不管你喜不喜欢，不管这部分收视率如何，反正我已经完成“任务”了。

在反腐、反四风、从严治党的大背景下，2015 年春晚加大了批评和讽刺的力度。此前说反腐相声的讽刺力度“达 30 年之最”，最终看来倒也一般。看来，春晚相声小品还是娴熟于拿矮小、肥胖、残疾、女汉子开玩笑，习惯批评不文明现象，而对讽刺贪官污吏下不了狠手。局长是大好人，问题都是下面的小科长，这倒是没有跟上中央“打大老虎”的步伐。贪官问题出在道德觉悟和心态上，而没有触及制度层次，这种浅层的表现让人觉得很不解渴。

当然，让过去甚至连讽刺贪官都当成敏感词的春晚，去触及反腐败深层次的制度层面，用艺术表达和完成“把权力关进制度笼子”的反腐叙事，这也太苛求他们了。他们习惯了在宣传和说教上用力过猛，而在这种针砭现实上轻轻拂过，不敢、不想、不习惯用点儿过度。

相信哈文导演已经尽力了，其他都是她作为一个导演无能为力改变的。

那英的"泄密"击中了公众的焦虑

那英现在肯定非常后悔发了那条显摆的微博，那条微博将一向有着不错公共形象的她拖进了一场网络口水。她于 2011 年 1 月发了一条参加交管局春晚的微博："今天特早就把妆化完了，刚到国家体育馆来参加交管局春晚，一进后台，演出服没带！我？我？这时交管局滴全冲上来咧！警车开道带着我那笨助理飞奔而去！交警这时不用啥时用啊！"

一向厌恶特权和反感交通管制的网友在她这条微博里敏锐地发现了"特权"：凭什么你可以享受警车开道？一句"交警这时不用啥时用"，更似乎用得理直气壮。加上那英随后回应中的粗口，又进一步激怒了网友，板砖一时如潮地砸向那英。

无论那英承不承认，起码在潜意识中，那英发这条微博时是带着显摆、炫耀意味，以享受到了别人享受不到的特权为莫大的荣耀。是啊，警车专门为自己开道，别人的车看到自己都得让道，这是多么耀武扬威的感觉，让自己显得多么重要！芸芸众生中，能有几个人能享受到这种"被警车开道"的尊荣？又有几个人在忘带了某件东西后，会有警车开道帮他回家拿东西？多数时候，公众只是警车开道的旁观者、出行受影响者。

那英原以为这种"炫耀"会赢得微博围观者的羡慕妒忌，没想到却招来一片痛骂。她实在低估了民众的法治意识，误读了民众对特权的态度。那英会以享受到警车开道的特权待遇为荣，会非常享受这种被警车开道的感觉，可常被警车开道刺痛双眼、常被交通管制影响出行的公众，对这样的特权是深恶痛绝的。当炫耀特权者在网络上遭遇一群痛恨特权的网友时，必将是一场网络血案。从网络留言看，网友尤其不能接受的是那英那种享受特权时心安理得、洋洋自得的态度。

那英的这个显摆，无意中也泄露了一个"国家机密"：原来"警开开道"

竟这么被公共部门随意滥用，一个演员忘带了演出服，交警就可随意为其警车开道。这样的“泄密”，将交管局也拉到了舆论审判台上。

那英的这个“泄密”所以会引发这么大的舆论影响，很大程度上在于其击中了公众对“警车开道”的焦虑。到底什么样的人、在怎样一种情况下才能享受“警车开道”的特权，法律缺乏明确的约束和规范。公众只频繁地看到警车常耀武扬威地拉着警笛在被交通所管制的公众围观下扬长而去。虽然出行受到了影响，可公众以为那些开道的警车都是在为公众服务，是为了公共利益而赶时间，可那英的“泄密”让公众知道，原来，一个演员回家取东西，竟然也可以享受到这种特权。各地大街小巷中每天那么多警车开道，有多少是为了真正的公益服务，有多少是像这样为了交警追星服务?

交管局的春节晚会，不过是部门年终聚会的一场PARTY而已，跟公共利益挂不上什么钩。到了年终，各系统各部门都在办这样的晚会，名为慰问基层工作者，实际上不过是领导追星，领导借机炫耀一下政绩，做做形象工程。对于这类劳民伤财的春节晚会，有关部门早就叫停了，可许多系统还在办。交管部门办晚会，请演员参加，演员忘带东西了，交警“靠山吃山，靠水吃水”，掌握着“警车开道”特权和资源的他们，就顺手拈来了。自己的土特产随便用，交警也趁势向那英这样的明星显摆一下作为交警的特权和威风，表达一下作为主人的殷情。于是，“警车开道”就顺理成章了。

交警向那英显摆，那英没藏得住，又在微博里向享受不到那种特权的公众显摆，公众当然很不爽了。

高晓松醉驾被拘何以成大新闻

2011年5月10日，没有哪一条新闻比“高晓松醉驾被拘”更引人注目了。9日晚，高晓松驾驶一辆英菲尼迪越野车在东直门十字坡附近连撞多辆车。经交警检测，他每百毫升血液中酒精含量为243.04毫克。10日上午，他因涉嫌危险驾驶罪已被刑事立案。依照新法，他将被处拘役4个月，这意味着这个夏天他将无法出现在公众视野中了。

醉驾入刑近来实施，各地媒体都报道了本地“醉驾被刑拘第一人”——新法实施之际，“醉驾被拘第一人”自然很有新闻性，可更大的新闻当然是“醉驾被拘第一名人”，名人的新闻性自然比普遍人强多了。可想而知，媒体一着在等着这样一条新闻，不幸的是，这一次高晓松成为新闻主角，贪杯的高晓松撞进了媒体早就在蹲守的新闻中成为主角。

高晓松醉驾成为大新闻，当然与媒体和大众对名人的关注有关。大众不仅喜欢关注名人的八卦琐事，喜欢看他们站在舞台上那光鲜的一面，更喜欢看他们倒霉和窘迫的时候，这就是窥私和猎奇。高晓松醉驾，媒体报道后立即成为一个全景观的娱乐事件，立刻进入到娱乐文化工业的信息生态中：他当时开的是什么车，在什么活动上喝的酒，喝的什么酒，车上有没有女主角，等等，都成为媒体热炒的新闻。

当然了，大众和传媒倾注这么大的热情关注高晓松醉驾，不仅是普遍娱乐事件中对明星的窥私和对名人的娱乐消费，不仅是一种娱乐趣味，也是一种公共监督。因为醉驾事关公共利益，明星醉驾并不是简单的娱乐事件，而是一起公共事件，尤其是在新法刚实施的时候，“高晓松醉驾”的公共性就更强了。这也正是很多媒体一直在“等”这条新闻的原因所在。

媒体和公众关注高晓松醉驾，是期待这起名人的负面示范，能更好地普及“醉驾入刑”这条新法，更好地警示公众。传媒法学界有“影响性诉讼”一说，所谓“影响性诉讼”，是指具有制度意义、较大社会影响的诉讼，比如乙肝歧视的公益诉讼，它是能引起立法和司法变革，引起公共政策的改变，影响公众法治观念，促进公民权利保障的典型个案——而像普及“醉驾入刑”这样的新法，也需要“影响性事件”的推进。无疑，名人所拥有的社会影响力，具备这样的功能。一条高晓松醉驾被拘的新闻，可能比一万次空口强调法条的普法效果更好。

如果每个名人和明星都遵纪守法，当然能对社会起到更好的示范效应，可这是不可能的，名人根本无法承载这种道德期待。他们也是人，他们也有人所具有的种种弱点，会说谎，会贪杯，也会在贪杯后开车上路——这时候，示范意义就在于，通过对违法名人的惩罚，借助于名人的影响力，把违法的名人当反面典型，树立法律的权威和尊严，普及法条。这就是像高晓松醉驾这类“影响性案件”的影响力所在。媒体“等”这样的新闻，不是等着看名人明星的笑话，而是“等”一个更好的普法机会。从这个角度看，高晓松在事发后“永不醉驾”的忏悔，对社会起到了不小的警醒作用。

当然了，人们关注高晓松，也是在关注执法的公平，看警察是否能严格执法，对待普通人与名人是否一视同仁，是否会因为名人的身份而降低法律的严厉度。记得看过一条新闻，说交警也追星，查出某人醉驾，后来发现这人竟是说相声的冯巩。小警察见到明星很兴奋，忘记了执法，屁颠屁颠地亲自开车把冯巩送回家了。这样的新闻自然会引起公众对法律公平性的质疑。这一次，人们不仅盯着高晓松，更盯着法律。

马化腾“为谁说话”不是问题

腾讯年轻的老总马化腾近来似乎都处于舆论的风口浪尖，隔几天就会因某个话题卷入新闻中，先是“3Q 大战”，再是以富豪身份从政府领房补，最近是“公权私用”：在今年的深圳市五届人大二次会议上，作为该市人大代表的他联名 20 多名人大代表提交议案，提出要加强互联网信息安全立法，维护互联网产业的良性发展。该议案提到了去年发生的“3Q 大战”事件，该条议案被深圳市列为“一号议案”。(2011 年 1 月 22 日新华网)

一些网友据此认为，“一号议案”是马化腾公权私用，借他人之酒杯浇自己之块垒，是借机敲打对手之举——一时如潮的质疑奔向马化腾：作为人大代表，你是为自家企业说话，还是为选民、为公众说话?

这不是马化腾一个人的问题，人大代表和政协委员中企业老总扎堆，这些老板提涉及本行业、本企业利益的议案时，总会被许多公众认为这与“人大代表履职应当坚守公共利益”的定位相冲突。2008 年全国两会时，全国政协委员、当年中国女首富张茵就炮轰《劳动合同法》，称会向全国政协提交提案建议取消“签订无限期合同”。她认为这个规定不但对企业而言非常难操作，对劳方也不是件好事。在市场经济时代，这种大锅饭的劳动条例是要不得的。张茵这个站在资方的提案也招来了同样的质疑：作为老板反《劳动合同法》可以，作为政协委员却有公权私用之嫌。

我并不这样认为，而是觉得像马化腾和张茵这样的代表委员在两会上为谁说话的问题，不是什么问题。舆论和公众不必学某些官员质问记者那样质疑代表委员“为谁说话”。这样的质问，既会窒息两会议政自由言说的空间，也不符合两会议政规则，是对“公共利益”褊狭的理解。

马化腾议案指向互联网信息安全，说的是本行业的事，是为本行业的良性发展建言献策，这应该是一种值得其他代表效仿的议政取向，而不能反成为负面典型。作为互联网企业的老板，马化腾不提自己最熟悉的互联网，而提自己并不熟悉、也没什么见解的医疗体制改革、社保体制改革、怎样推进文化产业，难道那样才好？内行人说内行事，既符合“代表委员分界别”的议政制度安排，更符合议政效率。代表委员“跨界”就非内行的公共事务表达观点，这种公益心和公共精神值得赞赏，可对自己最熟悉的本行业的发展贡献智慧，那是代表委员的本职工作。为自己、为本行业说话天经地义，甚至是一种美德。

说本行业的事，屁股决定脑袋，就难免涉及行业利益，很多人据此认为代表委员“为公益代言”的公共角色被异化了。将“为行业利益代言”与“公共利益”对立起来，这是对公益错误的理解。其实，公共利益不是一种结果，不是某种利益有着天然的“公共”身份，它主要是一种程序——通过某种正义的程序实现公共利益，这种程序是不同利益的公平博弈的程序：不同利益身份的人把符合本群体的利益表达出来，经过博弈后，各种利益都融入了最终决策中，每一方的利益都得到了尊重，那就是公共利益。马化腾只是提出一个议案，议案形成行业规范还须经由民主程序，即使马所提议案中包括了行业私益，那也是正当的。有些网友的观点很理性：如果马化腾的议案内容触犯了公共利益，所有代表都可以起来反对；如果议案内容损害了其他群体的利益，属于该群体的人大代表也可以提出针锋相对的意见。人大议案，本就是一个诸种利益群体博弈的平台。

很多人批评马化腾公权私用，这也是对人大代表权利的误解。其实，人大代表作为个人，并没有多大的权力。为什么这么说呢？因为人民代表大会的权力主要是一种集合权。正如议会专家所说，代议机构是一个众多代表组成的议事体，这个议事体是一个整体，需要集体共同行使职权。每一个议事体成员都有在议事体中表达和作出决定的权利，但每一个代表不能按照自己个人的意志决定问题，而必须按少数服从多数的原则决定问题。在议事体以外，任何代表没有作为议事体个人的权力，而只有一种影响力和号召力。从这个角度看，马化腾的议案无关公权私用，因为它本身并没什么权力，最终结果得由人大开会集体讨论作出决定，马化腾至多只有一票。

有人会说提议案也是一种设置议题的权力。可考察其到底是否公权私用，主要是看他有没有借此直接为自己企业牟利，比如以代表身份向政府要补贴，要求政府对本企业提供优惠政策，打击竞争对手，等等，那才是公权私用。要像马化腾这样以“行业利益”的名义提议案，无关公权私用。

“张艺谋回绝伦敦”迎合的大众虚荣

“张艺谋回绝伦敦开幕式邀请”的新闻前几天传得沸沸扬扬，让国人很是自豪了一把——这是一件让中国人集体倍儿有面子的事情：连人家伦敦奥组委都邀请张艺谋导演开幕式了，可见我们的张艺谋是多优秀，北京奥运开幕式是多牛，中国人是多么杰出，中国是多么强大。可近日《中国青年报》一篇文章对此进行了质疑，认为这很可能是一条假新闻。（2008 年 9 月 10 日《中国青年报》）

作者的理由有三。一来这是孤证，只是从张艺谋口中透露出的信息，全部是张的一面之词，没有第二条信源。二来从新闻看，这很可能只是一种类似日常生活中“吃了吗？没有。到我家吃。不用，不用”之类的客套话。这种非官方、客套性的邀请当不得真。三来新闻语焉不详，既没有伦敦奥组委具体的邀请人名，也没有邀请的时间，也没有哪个证明人。作者的分析非常有道理，我也认为这很可能是一条假新闻，至少伦敦奥组委官方没有正式、公开地向张艺谋发出过明确的邀请，否则不会至今只有张艺谋一人透露这个信息，而人家英国那边没有任何这方面信息。

就这样一条语焉不详、充满疑点的传闻，就被许多人当了真，不加求证就放到了新闻首页上当成了特大新闻——为什么连一些简单的求证都不想去做呢？追问一下张艺谋的邀请细节有多难吗？打个电话到伦敦奥组委确证一下会花费多少电话费吗？可似乎没有几个人愿意做这些简单的事情，而是轻易就接受了张艺谋在一个电视访谈中随口谈到的一个信息，并冠以“张艺谋回绝伦敦邀请”的大标题传播开来。

毫无疑问，这种轻信中包含着一种集体性虚荣：我们需要别人欣赏的眼光来证明自己的能力，需要通过别人的赞赏来抬高自己，需要外人的认同来滋养自己的骄傲——当某种传闻迎合了我们这种虚荣和挠着了我们的痒处后，我们就对真实性失去了戒备心，就会将这种经不住多少推敲的传闻毫无质疑地接受下来，当作某种炫耀的谈资。

如此集体虚荣下，我们在这方面出过不少丑了。1990 年 2 月某天，中央人民广播电台向国人传播了一个“惊人”的消息：著名的美国西点军校大厅里，挂着 5 个他们所仰慕的英雄像，雷锋排在第一。这则消息确实让国人好好地自豪了几年。令人难堪的是，这个彰显国人荣誉的画像最终被好几个去过西点军校的人证明为子虚乌有，西点军校根本没有悬挂雷锋像。还有另一条传得更多的新闻，说在太空中唯一能看到的地球建筑物就是中国的长城，这句从“1972 年登上月球的美国宇航员”吉恩·塞尔南这个外国人口中说出来的话，不知滋养了多少国人的民族虚荣感。小学课本中有这篇课文，长城简介中有这句话，爱国主义教育常提这句话——可后来科学家实证研究确认，从太空用肉眼看不到长城，中国第一个飞上太空的宇航员也称在太空用肉眼根本看不到长城。

苍蝇不叮无缝的蛋，假新闻所以能一传十、十传百地传成真事，有时候击中的正是我们某种集体性的弱点，挠到了你的痒处，迎合着你的偏好，按摩着你的虚荣，把你伺候得非常舒服、无比享受。这时候，每个人都成了甘心被愚弄、情愿被欺骗的傻瓜，相信它是真的对大家都好，能让我们倍儿有面子，为什么要质疑它呢？

记住了，越是让你很爽的好消息，越要质疑它的真实性，不要被虚荣冲昏了头脑，不要被自己骨子里的那种虚荣所绑架。

冯小刚与评论家要互相理解

电影受到评论家苛评的冯小刚近来向媒体大倒苦水。记者问他，怎么谁也不讽刺了，片子（《非诚勿扰》）看下来挺温暖的。冯导满脸无奈地回应说：现在，你讽刺谁呀，你只能找弱势群体开刀，稍微强势一点的，你谁都不敢说，说了谁都承受不了，都没有这种承受力，早就不是那个时代了。（2009 年 1 月《青年周末》）他说，其实我也不太想你好我好他也好，我本来很喜欢讽刺喜剧，但是现在喜剧没办法讽刺，你能讽刺谁？

冯小刚近来在许多场合表达了对电影管制的不满，比如接受《三联生活周刊》采访时也抱怨现在的审查尺度已越来越紧。他举例说：《非诚勿扰》里原来有一句台词叫“开奥运会堵车，来晚了”，连这句话也不行，得拿下。他觉得自己面前已经不是一条窄道了，而是在一条钢丝上，走不好就要掉下去，要不就别走——据透露，当初《天下无贼》也差点被领导枪毙，领导就一句话：为什么拿贼做主角，社会意义在哪儿？

冯小刚并非乱炮，这些牢骚是说给评论家听的：你们站着说话不腰疼，别动不动用那些激烈的语言批评导演这不行，那不行，这缺乏讽刺，那里太温和，这里太肤浅，那里又太远离现实和缺乏社会意义。在既有的电影管制下，在连“开奥运会堵车”这样的台词都算犯忌的钢丝尺度下，电影能拍成这样已经算不错的了。冯小刚委屈地说：我们批评一个电影时，要考虑到电影的处境。电影审查这塑料膜绷在那儿，怎么也冲不出去，但导演们都在那儿拱。

非常理解冯小刚的抱怨，中国的电影导演和其他艺术家们的创作空间很不自由，他们是戴着镣铐跳舞，他们头上有太多的婆婆和太多的条条框框。任何批评都要考虑到既有条件的约束，考虑到环境的限制，考虑到艺术家的苦衷。很多时候并非导演不想把电影拍得更深刻一些，离社会现实更近些，更有社会批判意义，而是上面的婆婆不让这么做，评论家们不能用完美的标准去苛求电影导演。

评论家要理解冯小刚的处境，给戴着镣铐跳舞的冯小刚更多宽容和理解——不过我认为，这种宽容应该是双向的，冯小刚也要对评论家的批评多一点宽容，理解评论家面临的处境和苦衷。要知道，不仅是你冯小刚之类的导演受到种种管制的约束，放不开手脚，评论家头上也有，甚至可能条条框框更加多，很多时候他们只能那样评论。

比如，现在许多时政类事件和话题并不能自由评说，这个话题不能碰，那个领域是禁区，这个方面只能点到为止，那个方面必须以某种口径评说——而由于体育和娱乐无涉政治和意识形态，所以这两个领域相对宽松一些，可以说得透一些、狠一些，于是就有了那些苛评。因为其他许多领域不能淋漓尽致地批评，而文化娱乐相对宽松，评论家的炮火都报复性地集中到了娱乐领域和文化工业中。当文化娱乐的评说成为唯一开放的言论空间，它就不可避免地会集中所有的口水。

而且，由于批评的限制，他们很多时候只能将矛头指向导演，而不能指向管制者——就好像冯导自己在谈自身“讽刺创作”上的无奈时说：现在，你讽刺谁呀，你只能找弱势群体开刀，稍微强势一点的，你谁都不敢说，说了谁都承受不了。电影导演相比广电总局的官员是弱势群体，批评官员会犯禁，评论家们也只能找“弱势群体”开刀。

电影导演和评论家其实是一个战壕里的战友，大家彼此彼此，都在管制压力下不能自由言说，他们共同的“敌人”是管制，大家互相理解吧，以把矛头指向共同的“敌人”。

黄海波嫖娼不可能得到主流认同

2014 年 5 月演员黄海波嫖娼被曝光后，引发舆论热议。一个在众多热播影视剧中以“居家小男人”“憨厚好男人”形象深入人心的演员，竟然干出这种丑事，让公众大跌眼镜。不过，从网络舆论来看，倒没有表现出一边倒地在道德上狂踩黄海波的狂欢，也没有用道德口水去淹死黄海波，相反，还有不少同情和声援的声音，甚至有一家媒体用了“为什么黄海波嫖娼却大受赞誉”这样的标题。

中国社会确实越来越开放、宽容和多元，想像过去那样用“生活作风问题”将一个人名声搞臭整臭，搞得一辈子在人前抬不起头来，已经不太可能。但难道已经多元到了能够接受卖淫嫖娼的地步，已经宽容到了去“赞誉”一个人嫖娼行为的滥情地步？这不是宽容和多元，而是没有了底线和原则，属于价值观错乱和是非不分了。如果嫖娼行为不受谴责反被“赞誉”，将对青少年产生多大程度的误导，对社会道德秩序产生多大的冲击？

其实不必担忧，不要误读了网络对黄海波嫖娼的态度，中国人还没有“开放”到可以接受这种行为的地步，嫖娼不可能得到中国社会的主流认同。

首先，不要把网友的恶搞当成对黄海波的同情。其实，公众并没有认为可以接受嫖娼行为，只不过与那种传统道学的批评有所不同。传统那种道学式的批评，多是站在道德高地带着道德优越感去劈头盖脸地将某种行为说得一无是处，充满义正词严的说教意味。而网民的“批评语态”发生了变化，他们反感一种行为，不是以高大上的道德语言去居高临下地谴责，而是喜欢用恶搞、反讽、解构、调侃等方式。

比如有网友说：黄海波一没有强奸，二没有潜规则，三没有使用公款，只是使用自己的钱解决自己的生理问题，在有些暧昧的娱乐圈，显得那么的难能可贵，堪称德艺双馨，绝对的正能量——这显然不是在认同或赞扬黄海波，而是正话反说，以反讽和恶搞的方式进行娱乐化调侃。“海波坚强，海波挺住，今夜我们都是海波”，这一类戏仿式的语言纯粹就是恶搞。

然后，不要把网友的“比烂”当认同。网友显然是不认同黄海波的嫖娼行为的，但人们更痛恨娱乐圈中其他比嫖娼行为更丑陋的行为。比如有网友说：没女朋友，没结婚，没出轨；不搞潜规则，不玩女明星；自己花钱解决，促进就业拉动生产；没用公款，不开发票，还想要怎样！艺人典范，业界良心！还有网友说：我觉得嫖娼比跟女人玩一夜情更道德；骗女人一夜情比用潜规则要挟女人等同半劫色更文明；潜规则比骗女人感情令人不能自拔还要背负小三骂名的手段要慈悲；所以我支持黄海波。

这真的是支持黄海波吗？当然不是，而是借此批判娱乐圈和社会中比嫖娼更丑陋的现象。言下之意是，黄海波嫖娼坏，可这个圈子中有更坏的现象和行为。当下社会中的“比烂逻辑”很是流行，不能用“比谁更烂”去衬托一些丑行。

再就是，不要将网友的“逆反”当支持。一些人之所以表现出挺黄海波，并不是真的支持其嫖娼行为，而是反感警方和媒体在这起事件中的过度曝光。媒体是如何知道这一信息的？警方抓人的细节是怎么公开的？甚至嫖娼的细节和卖淫女的信息都很快出现在网上，有一种要借此将一个人名声搞臭的倾向。出于对这种媒体过度亢奋和公权过度曝光的“逆反”，人们反而对黄海波表现出了某种程度的“同情”。这其实是反感过度曝光，而非真的同情。

最后就是不要把网络个别极端声音当成现实，网上需要有“支持黄海波”的声音，但那只是互联网上的边缘声音。到现实中去问身边人对嫖娼行为的看法，多数人会反对。依靠网络作判断，很容易被“互联网幻觉”所误导，然后将现实中沉默的大多数当作不存在。

没提案的刘翔与想参政的陈一冰

近几年全国两会的新闻大战，都是以报道政协委员刘翔的行踪开始的。他有没有缺席，有没有提案，会上有什么表现，都是媒体关注的焦点。今年当然也不例外。媒体报道说：身为全国政协委员的他，将参加政协会议。在谈到本次参会时，刘翔表示："虽然没有提案，但要珍惜这个难得的学习和交流的机会。"因为刚从德国征战归来，所以没有提案，是想多看看，多听听，多想想。(2011 年 3 月 2 日新华网)

毫不客气地说，刘翔参政，除了吸引了无数眼球，为媒体制造了无数两会话题外，没有拿出什么有价值的参政成果，不是一个称职的政协委员和代议士。参政三年中，第一年"为备战奥运而缺席大会"，第二年在舆论压力下来开会了，并拿出了一个希望提高体育教练员的待遇的提案，但看起来就没什么价值，刘翔也坦陈"并非他本人全部亲力亲为"。第三年，也来了，没带提案，说是来"看看听听想想"，珍惜这难得的学习交流机会。

拜托翔委员，当政协委员不是用来"看看听听想想"的，你要大声"说说"，要行驶赋予你作为一个代议士的批评权、建议权、监督权和表决权。一个受民众委托去监督政府的政协委员，你没有权利把开会当作"学习和交流的机会"。

刘翔对"没有提案"的解释是：因为刚刚从德国征战归来，正在全身心地备战室外赛季，争取在韩国大邱世锦赛能有出色发挥，所以没有时间静下心再写提案——这个理由是站不住脚的，作为一个运动员，并不是每天都在参加大赛和进行训练，若真正珍惜参政议政权，完全可以挤时间出来写提案的。不能像交差一样，非挨到快开两会时才想到写提案的事，一个真正负责的委员，更会注重日常中的履职。好一个"争取在韩国大邱世锦赛能有出色发挥"，世锦赛的发挥，并不能代替参政议政，再好的结果，也不能掩盖参政上交的白卷。体育比赛为国争光的成绩，与参政表现并不能抵消和兑换。

可以看出，如果刘翔真正有意参政，真正把政协委员的身份当回事的话，一定会珍惜这个机会的。可他只想当一个优秀的运动员，对这个政治身份毫无兴趣。其实，这个问题怪不了刘翔，怪只怪那个不尊重他的意见而把他“逼”上这个职位上的人。运动员当然可以参政，不过首先要考察他有没有参政能力和参政兴趣。

写到这里，想起近来一个在微博上公开表示想当政协委员的运动员——体操运动员陈一冰。就在两会即将召开前夕，中国体操男队队长陈一冰在自己的微博里透露，他非常渴望自己能成为政协委员，希望在退役运动员保障、体操项目的推广等方面，做一些积极的提案。他甚至很前沿地提出了，如何让体操走市场化道路的新思路。（2011 年 3 月 2 日中新网）

从这条微博看得出来，陈一冰很想当政协委员，很有参政议政的冲动和兴趣，从其对体操市场化的新思路来看，参政能力也不成问题。可想而知，如果他能成为政协委员，应该是不会缺席的，也不会交白卷，而会尽职尽力地为运动员代言。可惜，他并没有成为委员，即使他公开表达了这样的意思，今年换届时也不一定能如愿。因为委员的产生靠的不是竞选，而是上级单位和主管部门的推荐和酝酿。这种产生机制中，无意于成为政协委员的刘翔，能无奈地成为委员；而有意于参政议政的陈一冰，很可能只能望洋兴叹。

一个正常的机制，应该给陈一冰机会，也尊重刘翔当一个优秀运动员、在运动场上发挥更大作用的自由。让刘翔当委员，让无力履职的他处于舆论压力下，既是对刘翔们的伤害，也是对陈一冰们的伤害，更是对民众利益的伤害。

张绍刚是畸形电视文化的牺牲品

2012年1月，某卫视《非你莫属》栏目的一段“海归女对掐主持人”视频爆红网络。想谋求文字编辑工作的“85后”海归女孩刘俐俐，被认为“态度傲慢”而在节目现场与主持人张绍刚掐上了。视频传出后，网友普遍认为主持人张绍刚临场反应慢，没有气度。微博上，很多名人也公开力挺刘俐俐，姚晨甚至表示“欢迎她加入我们团队”。舆论一致把矛头指向主持人，批评其没文化、没气度。张绍刚几乎已成网络公敌。（综合2012年1月媒体报道）

舆论总体都将矛头指向了作为主持人的张绍刚个人，其实，我觉得问题可能不仅仅在个人，而在于当下那种过分追求冲突、追求刺激、追求收视率、走火入魔的电视文化。无论是主持人，还是求职者，甚至陷入漩涡的那个求职节目，都是这种浮躁电视文化的牺牲品和受害者。

《非你莫属》是新打造的一个求职栏目，栏目越是新，越是有吸引眼球的渴求和焦虑。现在很多电视节目，为了收视率，为了场面上的火爆和好看，都非常强调冲突和硝烟。没有冲突，要制造和编造冲突，无论是导演还是制片人，都巴不得现场冲突到掐起来、打起来，大打出手才好。无冲突，不新闻，不节目——他们是怎样制造冲突呢？比如，会请两个观点对立的人来做嘉宾，对着镜头吵架，即使本来观点不对立，并没有那么具有冲突性，也得让主持人煽乎和忽悠地对立起来。主持人在其中煽风点火，把现场的火药味给点起来。冲突越厉害，好像越能显示主持人操控和调动现场的能力很强。

一般的选秀节目，还会对评委进行分工，比如这个评委负责煽情和温情，那个评委专门负责挑刺儿，用尖锐、麻辣的点评制造冲突。在冲突中设置议题，以牵着舆论的鼻子走从而制造热点吸引眼球。公众很多时候对这样的议题义愤填膺，其实不过是被“导演”牵着鼻子走，陷入他们编造和设置的冲突议题之中。公众自以为在坚守正义和原则，不过是陷入了导演们编造的议题中而已。

于是，这种对冲突的追求和审美中，我们看到越来越多的节目呈现出这种激烈的冲突性和对抗性。表面上很好看，其实苍白无力，一切都是“人造”的冲突。实际上，冲突并不是什么坏东西，新闻和评论本身就是对冲突性的发现和揭示。可是，不能刻意为了追求冲突效果而制造冲突，甚至不顾职业底线、不顾原则、不负责任地展示和渲染冲突。我不知道像这一次这个节目中主持人与求职者出现的冲突，是导演安排的、主持人操纵的、刻意追求的效果，还是突发的冲突。总之，与近年来那种刻意追求冲突效果的电视文化有很大的关系。

舆论一片讨伐声，但是，这也许正是这个节目的制片人刻意追求的效果。一个冲突，一个争议，让一个节目被公众所熟知了，火了，热了，正是很多人所梦寐以求的。正是如此，很多节目、很多演员、很多新进娱乐圈的人，都学习并选择以这种不同寻常的方式搏出位，吸引眼球。越是争议越是有名，吸引出越来越多的人这么干，这是一个恶性循环。娱乐圈于是成为一个大酱缸。

“冠军逃课”何以引发舆论围观

前段时间因“超学时”而名列华中科大清退名单的奥运冠军杨威，近日再度成为焦点人物：遭清退后的杨威被北体大冠军班录取，可媒体发现，新生杨威并未现身首堂必修的教学课。该班39名学生仅到3人。据知情人透露，鉴于要经常参加比赛、活动等原因，冠军班的研究生们时常翘课已是“公开的秘密”。(2010年9月27日大江网)

逃课本不算什么新闻，舆论一向对学生的逃课非常宽容，认为不能过于苛责学生的逃课，教师应为“留不住学生”而反思。可因为这一次逃课的是奥运冠军，就引发了媒体的围观和批评，“冠军逃课”一时成为众矢之的。这样的围观和批评，不仅因为他们是名人，不是为了追星，更多是为了表达多重的嘲讽。

首先是对那些在奥运冠军面前毫无尊严和原则、自贬身价的高校的嘲讽：你们打破规则、死乞白赖地请奥运冠军拿你们的学位，以“引来多少冠军前来就读”为荣，又开设专门的班级，又设置专门的课程，可冠军们根本不买高校的账、不守大学的校规，高校在奥运冠军面前毫无尊严。既然连学校都“想上哪所就上哪所”，更不把上课当回事了，想上就上，想逃就逃。

冠军们随意逃课，不过是那种“大学追星”体制的必然后果。大学求着冠军们读书，冠军当然会凌驾于高校之上。

然后是对奥运冠军们的嘲讽：既然根本不想读书，不想提升自己，何必要去大学呢？既破坏了大学的制度，又浪费了大学的资源，挤占了本属于其他人读大学的机会。“参加比赛和活动”根本不能成为逃课的借口，既然现在训练、比赛和活动那么多，为什么又要上学呢？每种身份都有每个身份的原则，运动员身份并不高于学生。你是运动员的时候，就应该当好一个运动员，而不能占着其他；你是学生的时候，就应该老老实实地当一个学生。

既想当运动员，又想拿个学位，还想不耽误赚钱到处走穴拿广告费，这种“通吃”思维是不正当的。别以为当了个奥运冠军，就可以通吃一切了。

再就是想揭开高校与冠军间这个“公开的秘密”。大学招冠军读书，冠军随意逃课，其实早就是一个公开的秘密，大学与冠军间也已经形成默契。大学盛邀冠军到本校读书时，实际上已默认了“冠军可以逃课”——冠军们训练那么忙，活动那么多，怎么可能亲自前来听课和考试，多数不过走个形式罢了。双方达成默契，冠军给学校面子，替学校增光，学校给冠军送个学位，各取所需，互相利用罢了。所以，你看这一次北体大冠军班上课，39 名学生仅到 3 人，学生没有请假，学校根本没当回事，教师也没有点名，一个愿打，一个愿挨，大家都心知肚明。媒体围观“点名”，曝光冠军逃课，不过是多管闲事罢了。

媒体其实深谙高校与冠军间的这种默契，不过通过公开的报道，将这种见不得阳光的默契公之于众接受舆论的审视罢了。

倪萍委员不必跟媒体闹别扭

全国政协委员倪萍似乎正在和媒体闹着别扭，闹得非常不愉快。

两会报到的时候，倪萍就对记者充满情绪。2012 年 3 月 2 日，全国政协委员、著名主持人倪萍悄悄来到报到点。当记者围堵提问今年提案时，倪萍却摆摆手，大步流星地走向门口。“不说，不说，你们总是歪曲我的意思！”面对记者向来滔滔不绝的倪萍变得提防抗拒起来。她说，自己“今年就是要当哑巴”。

随后，当倪萍出现在文艺界小组讨论会议厅中的时候，早已驻守在外的记者立刻拥围上去，但倪萍依旧给了记者一个冷脸，“我已经很出名了，不想更出名了”，毫不留情地拒绝了记者的采访。

可以理解倪萍对媒体的这种情绪。起码两件事让倪萍很不愉快，其一是前年两会时，倪萍接受采访时“我爱国，不添乱，从没投过反对票或弃权票”的言论，引起舆论极大争议，不少人将其与那位保持 55 年未投反对票的记录的人大代表申纪兰联系起来，批评他们不敢投反对票和狭隘的爱国观。加上去年“中国脊梁”一事，加剧了倪萍与媒体的矛盾。她认为媒体不断地在歪曲她中制造新闻。

即使在这两件事上，媒体的报道确实有一些问题，但政协委员倪萍还是别把媒体当成自己的“敌人”，不要带着情绪去面对媒体，而应该节制这种情绪，在媒体的监督下履行参政议政的职能。

比如说当“哑巴”，就太情绪化了。作为一个平民，在两会的问题上，在公共事务上，可以当哑巴，但作为一个政协委员，是没有权利做“哑巴”的。政政委员是被选出来参政议政，受民众委托履行监督政府的权利的。多一个“哑巴”，就少了一个监督的机会——如果认定要做一个“哑巴”委员、花瓶委员，当初就不应该接受这样的身份，占这个位置，浪费议政的席位。每年的两会，纳税人花在代表委员身上的成本也非常庞大，不能花钱供养一个“哑巴”委员。

再说“我已经很出名了，不想更出名了”——这句话就更不应该了。在平常的采访中，记者采访倪萍这样的明星，也许有助于提升媒体的名气，并通过曝光率提升明星的人气。可在两会这样的议政场景中，记者采访一个政协委员，跟“出不出名”没有关系，而事关公共事务。一个政协委员，有义务通过媒体向公众介绍自己是怎么履职的，有责任通过媒体介绍自己的提案和建议，尤其是明星代表委员，更应利用自身的影响力引领对某个公共议题的讨论。

你已经很有名了，更应该用这种“名气”去在公共事务的讨论和参政议政中有所作为，这也是明星代表委员存在的正当性。如果选娱乐文化明星做政协委员有什么理由，这是唯一正当的理由。

倪萍委员还是应该消消火，跟媒体闹别扭，于公于私都不利。作为一个政协委员，一个公众人物，难免会比常人承担较多的批评和关注，不必将这种关注看成一种跟自己为难的敌意。起码在参政议政的问题上，媒体是政协委员的朋友，是政协委员扩大自己的声音所要借助的一种力量，不必将往日的私怨带到公共事务中来。

正常的柴静生子遭遇不正常的舆论

一个女人嫁人正常吧？当然正常。嫁人怀孕生孩子也正常吧？必须正常。到美国去生孩子也正常吧？也十分正常。在这个开放的全球化时代，选择在哪里生孩子都正常，特别是那先富起来的一群人，有条件选择一个更符合自己要求的生育环境（自然环境和医疗条件，回避中国的生育限制，等等），也有为孩子将来教育和生存环境的考虑，甚至就是出于对某个国家的喜爱，而选择在那个国家生孩子。这事儿发生在一般人身上，人们会觉得正常，但发生在柴静这样的公众人物身上，就被当作不正常了。

当正常的柴静生子遭遇到不正常的舆论，就成了一场群魔乱舞的微博乱掐。有娱乐媒体爆料称《看见》大卖后沉寂的柴静，原来是结婚生女了，在美国产下一女宝宝，已从“柴女神”变成了“柴妈妈”。一个捕风捉影的“柴静美国产女”，在微博上引发了一场激烈的口水战。围绕着这件事立刻形成了观点鲜明的两队人，支持者从中看到的是这位名人对政府的批评，以“把孩子生在美国”的方式表达对中国现实的不满，甚至设计了“如果有条件，你会不会把孩子送到国外”的议题；而反对者则将此看成不爱国的表现，国家电视台的主持人竟跑到美国去生孩子，一边喊爱国一边让孩子入美国籍，人格太分裂。

后者的一个代表人物尖锐地发问：知名公众人物到美国产子，为什么呢？不愿意和这个国家患难与共吗？对这个国家的未来没有信心吗？有案底在身随时准备脚底抹油吗？最后，你在媒体总是一副忧国忧民的样子，我能相信吗？

对持这两种观点的人，关注微博的人会非常熟悉，一类被称作“公知”，另一类被称作“五毛”，是微博上最活跃的两类人。“公知”所以会成为污名化的标签，是因为其“公知腔调”：凡我们的政府做的都是错的，美国就是好的，他们能将一切事情解读或解释为对政府的不满和批评。而“五毛”所以成为一个标签，也源于其与公知对立的“五毛腔调”：凡我们的政府做的都是对的，而美国都是错的，他们能在一切事情上作敌友的划分，并区分出爱国者与汉奸。微博的活跃度很大程度上就是这两类极端声音吵起来的。

“公知”和“五毛”是一对冤家，有“公知”的地方必有“五毛”，“五毛”的腔调必会受到“公知”的炮轰，两种声音甚至掐出了火花、掐出了瘾。他们会热衷于在任何公共事件和热点新闻上去强化自己的观点，证明自己的存在感。“公知”与“五毛”对掐出的混乱舆论场，见证着改革转型时代中国社会的撕裂和对立，缺乏宽容与共识，缺乏讲理与交流的耐心，理性平和的声音被淹没，而极端声音大行其道。当正常的柴静生子遭遇这种不正常的舆论场，便不幸地成为两方对掐的话题。

选择柴静一事来强化自身观点，在这两类人看起来是那么的理想。柴静在公共平台上以知性形象著称，社交圈中与自由派知识分子走得更近一些，文章和节目中的观点也表现出对自由亲近与亲和，所以被很多年轻人当成偶像，被公共知识分子当成“自己人”，当然，也会被一些人骂成“公知”。这种语境背景下，柴静美国生子就被赋予了过多沉重的象征而被过度阐释。自由派那边把柴静的选择当成了论证“中国不如美国”的有力论据：就是用“把孩子生在美国”投票，表达对中国现实的不满。反对者观点虽然对立，但思维其实是一致，就是将“在哪里生孩子与国家忠诚”进行挂钩：把孩子生在美国，就是不爱国。

“公知”与“五毛”在这个问题上的判断其实惊人的一致：将孩子生在哪个国家，就是爱这个国家，而不爱那个国家。只不过他们得出的结论不一样。这仿佛两个孩子情绪化的争吵，“五毛”说，到美国去生孩子，怎么能这么不爱国呢？而“公知”说，就不爱国了咋的，这国家有什么值得爱呢？支持的左派和反对的左派，同时用“爱国”这个词绑架了柴静。

能用把孩子生在哪里去评判一个人对国家的忠诚吗？需要以这种方式对国民进行这种忠诚度测试吗？一个人的选择能承载那么多象征意义吗？沉浸于对抗快感中的左右派，也许是没有能力正常地思考这些问题的。

效忠祖国还是效忠耐克

在本国选手在奥运赛场上与别国选手交锋时，是效忠祖国、希望本国选手赢，还是能够超越国家意识，甚至站到外国选手的那一边？这对绝大多数人都不是问题，但对一些跨国公司的老板和奥运赞助商们却是个问题。

比如中国人李宁，他在2008年北京奥运会开幕式上夸父逐日、嫦娥奔月式的惊艳点火让无数中国人热泪盈眶。但在8月12日中国与西班牙的男篮对决中，他会选择站在哪一方呢？是希望祖国的小伙子们赢球，还是支持西班牙？那天比赛中，中国男篮身上穿的是耐克运动衫，耐克是中国男篮的赞助商。而西班牙男篮身上穿的则是帅气的李宁服饰，李宁赞助了西班牙男篮。作为赞助商，他们当然希望自己赞助的队能赢，那样就有机会随着运动员站上奥运奖台，向全世界展示自己品牌的标志。让公司标签登上奖台被世界聚焦，这正是许多跨国公司不惜大把烧钱赞助明星球队的最大动力。你说李宁会希望谁赢？

面对这个问题，我们的李宁可能会笑而回避，而美国耐克的CEO就不会回避这个问题了。作为耐克美国基地的CEO，菲尔·奈特在1994年足球世界杯赛时这样阐述自己的团队忠诚：我们看到一个自然的演化……把世界分成他们的运动员和我们的运动员。我们以我们的运动员为荣。在世界杯赛中美国队与巴西队比赛时，我支持巴西队，因为那是一个耐克团队，而美国队是阿迪达斯队。奈特坚持自己的公司逻辑，运动队和运动员现在是根据标识来识别，而不是根据国籍。耐克的市场不止在美国，它是一个没有国籍、在全世界寻求利润的公司，这就是为何耐克赞助巴西国家队2亿元在世界杯上推销耐克产品的原因。当涉及国际体育比赛时，标识忠诚比国家忠诚更为重要。

正如全球化学者所言：随着公司联合或替代国家成为世界级运动员和运动队的赞助者，体育运动在新的政治层面上确立了自己的架构。约翰·霍兰在

《运动商品的智慧》一书中说：这不再是自由世界对共产主义了。现在你站在运动鞋公司一边，现在所有人都把奥运会看成是耐克对锐步的比赛。

在这种公司逻辑下，奥运赛场上传统的民族主义已经在消退，国籍身份已经很模糊。当中国的刘翔与德国人站在110米栏比赛同一起跑线上时，阿迪达斯会希望刘翔赢，因为刘翔身着阿迪战袍。耐克公司也会热烈地为中国选手的表现鼓掌，因为耐克赞助了28个大项中22支中国运动队。他们的支持无关国家和民族，而只是赤裸裸的商业利润。可口可乐的兴趣是尽可能地把更多可乐卖给全世界60亿人，而耐克的兴奋点在中国有26亿只适合穿耐克运动鞋的脚。锐步不可能赞助自己国家完全没可能登上奥运奖台的运动队，李宁在中国与西班牙男篮中也不会选择本国球队，尽管可能没有几个人比得上受益于爱国热情的李宁更有爱国主义热忱。

世界上100个最大的经济实体中有51个是跨国公司而不是国家，跨国公司富可敌国，从通用、福特到三井，每一个都比世界上80%的国家更富有，奥运更多需要跨国公司而不是传统民族国家，这种架构改变了奥运会上许多人对效忠的理解，对运动员身上标识的认知。阿迪达斯骄傲地宣称汉城奥运会穿戴阿迪达斯产品的运动员获得124块金牌、114块银牌和127块铜牌，而雅典奥运会中国的刘翔夺得110米跨栏金牌时穿的是耐克运动鞋，这成为耐克的象征。

这种架构有时甚至会造成冲突引起运动员的迷茫。比如在1992年巴塞罗那奥运会上，美国奥委会要求所有美国运动员在领奖时必须穿锐步公司赞助的统一服装，因为美国奥委会与锐步签订了一项4000万美元的合同。但乔丹、巴克利等巨星属于耐克团队，乔丹与耐克公司有约在先发誓效忠耐克，拒穿锐步服装。当时的美国奥委会新闻发言人威胁说："谁不穿锐步服装，就别想站在领奖台上。"一时双方互不相让，僵持不下。耐克老板为了顾全大局，写信劝乔丹退让。最后耐克与锐步紧急谈判，达成妥协，部分运动员可穿不显示任何商业标志的领奖服装。后来，乔丹虽然穿着统一的锐步服装登上了领奖台，但他将衣领卷了起来让人看不到锐步商标，并用一面国旗将正面的商标挡得严严实实。现代奥运和体育越来越依赖商业，所以他不得不臣服于公司意识形态。

柴静花自己的钱做了人大代表该做的事

2015 年 3 月两会开幕之前，微博微信被柴静的雾霾调查《穹顶之下》刷屏，史无前例地全面被刷屏。一打开朋友圈就看到熟人都在转发推荐，不到 12 小时数千万的惊人播放量见证着全民的刷屏。频发雾霾已让公众麻木不仁，纪录片以触目惊心再次刺痛人心。你抑制不住不去转发，无法做到不被刷屏，从家到国，从母爱到对国家之爱，她真正击中了人们的痛点。很多人做不到像柴静这样，只能通过刷屏向这个公民这个母亲这个纪录片致敬。

有人说，柴静的这个调查之所以能触动全民的心弦，除了作为一个母亲对孩子的爱、一个记者对职业的追求、一个公民对社会的责任外，除了她的真诚、深刻、专业、良心外，还有就是时机很好。刚过去的春节很多城市又经历了一轮雾霾锁城，中央吹响全面深化改革的号角，又是全国两会开幕前夕，这个时间点上以这样的方式谈雾霾更能形成冲击。不知道柴静团队推出这个调查时有没有时点上的考虑，这确实是一个好时机，成功地提起了一个严肃并重大的议题，并可能引领代表委员的思考和影响全国两会的舆论场，甚至影响决策者，促成向雾霾宣战的重大改革出台。

全国两会快开幕，柴静的调查就是一份绝佳的议案，也是人大代表的一份教材。柴静不是人大代表，但她花自己的钱做了人大代表应该做的事；柴静写的不是议案，但我不知道哪个人大代表写过的议案比这个调查更像议案。我觉得每一个政府官员，每一个人大代表，每一个公民，都应该看看这个虽然有点长却很厚重的调查。除了同呼吸共命运外，官员可以感受到压力，公民可以知道自己能做些什么，人大代表在汗颜之后可以学到如何更好地参政议政。

一个公民能够自己花百万去调查事关公共利益的雾霾问题，追问雾霾是什么？从哪儿来？我们该怎么办？被赋予了监督政府之权、承载着公众期待、花着纳税人钱的代表们更应该去做这样一件事。

提案议案应该怎么写？就需要柴静做雾霾调查这样的姿态。没有停留于对雾霾简单的批评、抱怨和愤懑——这样的情绪泡沫太多了，每个人都在发泄雾霾情绪，以至于如今都麻木了——而是从个体家庭承受的痛开始，以一个母亲对孩子的歉疚和痛感直抵每个人心，并没有沉浸于母亲的痛感中，而是迅速转向了严肃的追问。没有停留于以网络上铺天盖地的雾霾资料为依据去拼凑一个众所周知的大道理，而是带着问题意识、以记者的专业去为心中的种种困惑求解，问相关企业，问相关专家，回到不远的历史中去探寻大众忽略的问题，远渡重洋求问异邦的治霾之策。也没有带着某个成见去证明某个结论，而是对每一个流行的观点进行着专业的求证。

当然，更没有像很多流行的批评那样站在道义高地将矛头指向体制或政府，用抨击政府和利益集团来消费大众的雾霾情绪，而是传递了一种积极的公民道德观。她的这句话尤其打动人心：人类与污染之间的战争，就是千千万万个普通人，有一天他们会说不，我不满意，我不想等待，我也不再推诿，我要站出来做一点什么。我要做的事，就在此时，就在此刻，就在此地，就在此生。调查未必触及真相和本质，也未必很专业，但充满了建设性，向社会输送的是超越情绪的正能量。

人大代表参政议政，写议案提建议，不正需要这种代议士的情怀吗？需要关心这种重大、严肃，且关系到民之生存的社会问题，避免无关痛痒和鸡毛蒜皮；关心需要超越浅层的牢骚、抱怨和清淡清流式的批评，避免流于集体吐槽和全民宣泄；需要独立客观的判断，而不是人云亦云的迎合；需要专业深入的调查，而不是闭门拍脑袋键盘写议案；需要将心比心的公共情怀，谋利当为天下利，而不是一己一群一企业一部门之私利。

柴静的调查破了题，该人大代表们来接力了。

姚明面前，无比矮小的中国大学

从 NBA 退役后，当老板的姚明渐渐淡出舆论视野，但这几天又成为媒体聚焦的新闻人物——这一次，他是以“上海交大学生”的身份成为焦点的，被学生围观，被媒体围观。媒体报道说：2011 年 11 月 6 日，姚明以学生身份前往上海交通大学报到，并办理入学手续。整个 10 月份，姚明的行程被排得满满当当，这也就不难理解，作为“新生”的他只能无奈一次次将前往学校报到的时间推迟。

也许只有姚明这样的学生，才能在上海交大享受到“一次次推迟报道时间”的待遇。上大学不是遵守大学的报名时间，而是大学的报名时间必须看人的档期，这就是一个名人的特权。对这件事，很多媒体报道用的标题都是：姚明赴上海交大报到开启课程，百忙之中抽出时间——不知上海交大是怎么看这个“百忙之中抽出时间”的，我读到的是一种羞辱，是名人在大学面前一种居高临下的傲慢。这个“百忙之中抽出时间”流露出的意思是：到你们这边来上大学，是看得起你们，是对你们的一种恩赐，我在百忙之中抽时间上学来了，你们得好好感谢我！

向来谦逊的姚明未必会这样想，他一再强调“希望自己在念书的时候不会影响到学校和学生的生活”——但从这个“百忙之中抽时间报到”，还是看到了名人在大学面前流露出的那种虽非故意，却很明显、很让人不舒服的优越感。从新闻照片上看到，姚明推迟一个月报名时，校方热情地欢迎这位著名球星。在高大的姚明面前，校领导们显得很矮小——我觉得，这种矮小，绝不仅仅是身体上，而主要是精神上的。在姚明面前，我们的大学在精神上展现出了无比矮小的一面。

姚明很忙，这是肯定的，他从 NBA 转型成为老板后，甚至比做球员时更忙了。这从其 10 月份公布的日程可以看出来：前往北京中网现场，为一场 8

对新人的集体婚礼担当证婚人；出席在宁波举行的中国十佳劳伦斯冠军奖颁奖典礼，并领取杰出贡献奖；作为嘉宾，参加了世界上最大的民航飞机 A380 大型客机在中国的首航；回到上海，作为地主宴请了“老对手”奥尼尔……从这个行程，可以看到“上大学报到”在姚明的日程中，排在一个非常低的价值次序上，甚至没有“为新人当证婚人”“A380 的首航”“私人的宴请”更重要，可是，姚明对这些仪式都并非不可替代，而上大学报名，则真正是不可替代的。

如果真正尊重大学，尊重大学的规则，真正把上大学当回事儿，会选择推掉那些“并非一定需要自己”的活动，而去大学报名——去学校报个名，需要多长时间呢？如果连报名这点儿时间都没有，何谈上大学呢？更重要的对规则的尊重，学校有学校的规则，而且这种规则对每个学生都一视同仁。就拿报名来说，很多大学都有类似规则，超过一定的期限不报名，会被视为主动放弃读书机会——岂能因为姚明的身份，就完全无视规则？姚明上大学，应该让姚明尊重大学的规则，而不是反过来，让大学去顺应姚明的时间，想来就来，想什么时候报名就什么时候报名。

一句“百忙之中抽出时间”，如果中国大学还有一点儿自尊的话，是足以会被这种描述伤倒的。

大学在姚明面前的矮小，其实不仅表现在这种报名上，还有在“姚明是怎么进上海交大”这样的问题上。姚明是怎么进交大的，舆论一直很不清楚，只注意到 8 月份时这样的消息：姚之队负责人章明基在接受《新京报》专访中透露，“上海交大的校长向我们提出，可以安排姚明去学习，进行深造”。上海交大表示，将针对姚明的特殊身份，给予特殊照顾，为其量身订制一个个性化的培养方案，确保姚明学有所成。好一个“安排姚明去学习”，这么一安排，难怪姚老板会以“百忙之中抽出时间”的心态去报到。

想起国际体坛上的一个佳话：德国家喻户晓的足球明星巴拉克，一直希望能进入大学继续读研，两年前就向科隆体院递交了攻读体育管理学的申请书。但科隆体院却以巴拉克球赛繁忙，无暇顾及学习为由断然拒绝了他。相比之下，我们的大学，在明星面前是多么的矮小！